土地科学丛书

土 地 保 护 学

张凤荣　主　编

吴克宁
胡振琪　副主编

科学出版社

北　京

内 容 简 介

本书在概述气候变迁、新构造运动等地学因素对土地退化的影响和人类不合理的土地利用方式对土地退化的加速作用的基础上，详细分析了水蚀、沙漠化、次生盐渍化、土壤贫瘠化、物理性质恶化和污染等各种形式的土地退化的自然与人为影响因素的作用机理、土地退化过程、土地退化的结果及其生态环境效应；根据土地退化机理，介绍了各种土地退化的防治技术措施、土地保护的相关理论基础、土地用途保护，以及耕地、林地、草地、湿地等土地资源保护规划的目的、意义和规划内容、我国土地保护方面的有关法律、法规、政策及其出台背景。

本书可供科研院所和大学的资源科学、环境科学、土地管理等专业师生参考。

图书在版编目（CIP）数据

土地保护学/张凤荣主编；吴克宁，胡振琪副主编. —北京：科学出版社，2006

（土地科学丛书）

ISBN 978 - 7 - 03 - 017821 - 3

Ⅰ. 土… Ⅱ.①张…②吴…③胡… Ⅲ. 土地资源-资源保护 Ⅳ. F301

中国版本图书馆 CIP 数据核字（2006）第 093866 号

责任编辑：朱海燕 李秋艳/责任校对：纪振红
责任印制：徐晓晨/封面设计：王 浩

科 学 出 版 社 出版
北京东黄城根北街 16 号
邮政编码：100717
http://www.sciencep.com

北京教图印刷有限公司 印刷
科学出版社发行 各地新华书店经销

*

2006 年 10 月第 一 版　　开本：787×1092 1/16
2018 年 8 月第六次印刷　　印张：23 1/4
字数：522 000
定价：69.00 元
（如有印装质量问题，我社负责调换）

《土地保护学》编写分工

绪　　论　张凤荣

第一章　齐永华　姜广辉　张凤荣

第二章　张凤荣　齐永华　徐　艳

第三章　刘黎明　张虹波

第四章　宋乃平　徐　艳　张凤荣

第五章　陈焕伟　徐　艳

第六章　胡振琪

第七章　吴克宁　孔祥斌　赵婷婷

第八章　安萍莉　张凤荣

第九章　吴克宁　张军连　张凤荣

编 写 说 明

　　土地科学作为一门学科在我国的历史并不长，是我国科学园地里较为年轻的学科。由于土地具有多重特性和功能，因而土地和土地利用是多学科研究的对象和领域，学科的交叉性十分明显，这给人们认识土地科学的内容、地位、体系以及学科属性带来了复杂性和艰巨性。

　　土地科学学科建设有赖于完整的科学理论和知识体系的构建，对比较成熟的学科加以整理和深化，对一些尚不成熟但具有发展前景的新兴学科加以大力扶持，使其不断完善和成熟。为此，2002 年 3 月，中国土地学会学术工作委员会在南京召开工作会议暨学科建设研讨会，决定组织编写一套能全面反映土地科学学科体系、知识体系的《土地科学丛书》，并讨论通过了"《土地科学丛书》编撰实施方案和管理办法"。同年 11 月 10 日在北京召开的《土地科学丛书》编撰工作会议则进一步认为，《土地科学丛书》是"编著型"学术著作，要反映土地科学的基础理论、基本方法，并把握前沿，反映最新的研究成果，应充分吸收相关学科的新思想、新方法。

　　根据"《土地科学丛书》编撰实施方案和管理办法"，丛书中各书的第一作者通过竞标与不记名评议相结合的方式产生。中国土地学会学术工作委员会组织专家，对参加竞标的 9 本书共 27 份投标书进行了评审，最后确定了第一批——《土地资源学》、《土地生态学》、《土地经济学》、《土地利用规划学》、《地籍学》、《土地保护学》、《土地信息学》等 7 部书的第一作者。为保证《土地科学丛书》的质量并能顺利出版，中国土地学会还组织各书第一作者申请出版基金，《土地信息学》一书获得了中国科学院科学出版基金的资助。《土地科学丛书》的其他各书则由中国土地学会土地科学专项基金资助出版。

　　5 年来，在中国土地学会坚持不懈的推动下，在各有关方面的大力支持下，通过作者们的辛勤劳动，这套丛书将陆续与读者见面了。值此，中国土地学会衷心感谢关心支持这套丛书的领导，感谢热心参与这套丛书讨论和评审的专家学者，特别要感谢为此付出艰辛的各部书作者和审稿者，也要特别感谢科学出版社为此套丛书的出版给予的大力支持和协助。

中国土地学会

2006 年 8 月

丛 书 序 一

国以民为本，民以食为天，我们必须十分注意粮食问题和耕地问题。中国人多地少，又正处于经济快速发展的关键时期，土地问题是当前我国经济社会发展面临的一个大问题。

土地科学是以土地为研究对象的自然科学和社会科学的集成，是人们在长期开发、利用、保护和管理土地基础上，结合现代自然科学和社会科学新成果而发展起来的一门新兴学科。长期以来，我国的土地科学发展滞后于我国的经济社会发展，这在一定程度上已经影响到我国经济社会的健康发展。为此，中国土地学会自1980年成立以来，竭尽全力进行土地科学的学科建设。学会组织了多位长期从事土地研究而又具有丰富经验的学者，潜心总结新中国成立以来土地管理的实践经验与土地科学技术研究成果，经过多年努力，编写成了这套《土地科学丛书》。这是土地科学学科建设的重大成果之一。

这套丛书由多部著作组成。每部著作都分别研究了本领域的基础理论和基本方法，注意把握本领域的理论前沿和最新成果，对社会关注的难点、热点问题进行了深入的探讨，对未来我国土地管理工作提出了有益的建议，有助于我们更清楚地认识和把握未来的土地管理基本走势，有助于推动我国土地管理事业全面健康地向前发展。丛书可供从事土地科学技术和管理的专业人员使用，可作为大专院校土地管理及相关专业的辅助教材，也是一部很好的土地科学普及读物。

在科学时代，研究土地问题需要运用科学方法。我祝贺《土地科学丛书》的出版，期望各界人士对土地科学发展，土地的保护、利用、管理给予关注。

石玉林

2006 年 7 月

丛 书 序 二

  这套由多部著作组成的《土地科学丛书》终于要与大家见面了，这是一件大事，不只是对专业人士，对广大公众和各级行政领导，对国民经济的健康和持续发展都是一件大事。"有地斯有粮，有粮斯有安"。中国人多地少，又处于经济快速发展的关键时期，土地问题是当前我国经济社会发展面临的一个大问题。

  研究土地问题有经验方法，也有科学方法。早期，我们更多的是用经验方法，随着土地科学的进步和相关学科的日新月异，我们提倡用科学的方法和相关学科的最新成就来研究土地问题。

  土地科学是以土地为研究对象的自然科学和社会科学的交叉与集成，是人们在长期开发、利用、保护和管理土地的基础上，结合现代自然科学和社会科学新成果而发展起来的一门新兴学科。长期以来，我国的土地科学发展滞后于经济和社会的发展，为此，中国土地学会自成立以来，竭尽全力地推进土地科学的学科建设。这套丛书就是他们致力于土地科学学科建设的一项重要成果。

  这套丛书中的每部著作都分别研究了本领域的基础理论和基本方法，注意把握本领域的理论前沿和最新成果，对社会关注的难点、热点问题进行了深入探讨，对未来我国土地管理工作提出了有益的建议。这套丛书既有很强的自然科学理论和知识，又有丰富的经济和管理科学内容，有助于我们更清楚地认识和把握未来的土地科学及其管理的基本走势，有助于推动我国土地管理事业的健康发展。

  无论是在自然层面上，还是在社会经济层面上，土地都是处于动态状况下的。在几千年的农业社会里，这个动态过程进行得很慢，而且是在自然态的物质和能量循环框架下运行。进入工业社会，这个动态过程越来越快，人类社会对它的影响越来越大，而且是在大量非自然态的工农业化学物质投入状况下运行。土壤圈、水圈、大气圈和生物圈之间的物质能量交换关系发生了深刻变化，土地的社会经济价值和影响也在发生深刻的变化。我们必须用系统观和动态观去观察和认识土地。

"工要善其事，必先利其器。"这套丛书就是帮助我们去观察和认识土地的"器"。想必看过这套丛书的读者，也会有我这样的感受。

谨以此为序。

2006 年 8 月于北京

前　言

由于学科背景或认识不同，不同的学者对土地保护的定义不一样。2002年，当我们承担编撰《土地保护学》的任务时，专家们对这本书涉及的内容存在诸多分歧。经过多次讨论，我们决定将《土地保护学》的内容界定在土地质量保护和土地用途保护两个方面，以土地质量保护为主。虽然，现代意义上的土地保护内容还应当包括土地生态系统的保护；然而，我们认为，土地生态系统的保护是通过保护某种土地类型不改变、其质量也不降低从而维护其结构相对稳定、功能持续发挥而实现的；土地生态系统保护实际上就是保持一定地域的土地利用结构稳定和保持各种用地功能不退化。因为土地生态系统保护已经寓于土地用途保护和土地质量保护之中，所以，就不将土地生态系统保护内容单列在《土地保护学》的框架结构之中。

土地资源学家亚历山大·马瑟（Alexander S. Mather）有关保护土地是为了防止土地遭受损害、衰退和流失的定义很好地界定了土地质量保护的内涵。土地质量保护是相对于土地退化而言的；如果没有土地退化现象，也就没有人类保护土地的实践，土地质量保护是伴随土地退化发生的。因此，土地质量保护的研究对象是退化土地和潜在退化的土地。土地退化的表现形式多种多样，包括土壤的水蚀与风蚀、土壤次生盐渍化、土壤肥力衰退与土壤物理性质恶化、土壤污染等。土地质量保护就是治理那些已经退化的土地，恢复其功能，防止那些具有潜在退化风险的土地发生退化。

土地退化问题已经被提到全球环境变化的高度，并直接导致了土地利用/覆盖变化（LUCC）国际研究计划的形成。"压力-状态-响应"（PSR）模型是当前研究土地利用/覆被变化的一把"钥匙"。我们有理由相信，用这把"钥匙"也可打开土地退化的"黑箱"。在全书的写作过程中，作者力图以"压力-状态-响应"模型为线索，分析各种土地退化的影响因素或驱动力，揭示各种影响因素的作用机理和土地本身对土地退化影响因素的响应机制，阐明土地退化过程及其结果和生态环境效应；在洞悉各种不同土地退化过程、阐明各种不同土地退化机理的基础上，"对症下药"，提出科学可行的土地保护技术措施。防治土地退化，保护土地质量是维护土地资源的生产和生态等各种功能的根本。因此，本书从第三章到第七章共用了5章的篇幅来重点阐述土壤的水蚀与风蚀、土壤次生盐渍化、土壤肥力衰退与土壤物理性质恶化、土壤污染等土地退化类型的驱动力、发生过程、退化结果及其环境效应，以及防治土地退化的技术措施。虽然，经济手段与法律、政策也是土地退化防治的有力措施；但考虑到它们对不同的土地退化防治的作用机制相同，就没有在这几章中分别表述。

土地用途保护往往是保护那种被以一定的价值观念判定为符合人类当前和长远目标的某种土地的存在形式。中国人口众多，土地资源，特别是耕地资源紧缺，生态环境状况日趋恶化。土地用途保护是通过土地利用规划以及法律、政策等途径实现的。虽然土地用途保护不是本书的重点，但借鉴土地利用规划的理论与方法，用了一章来论述耕地、林地、草地和湿地等对中国食物和生态安全重要的这些土地资源的保护，介绍保护这些土地资源的目的和意义，以引起政府和公众的关注。

作为一门独立的学科，土地保护学提出较晚，研究的系统性也不够，因此，无论在基础理论上，还是在方法体系上，都尚未成熟。但"他山之石可以攻玉"，利用其他学科业已成熟的一些理论与方法，可以对土地退化进行机理上的分析，也可提出科学的、综合的土地保护措施；这就是本书第一章介绍土地资源学、生态学和经济学等相关理论的缘由。

土地退化是在自然与人为因素的交互作用下发生的。认识土地退化的发生发展，必须将其放在地学的大背景下；因此，在本书的第二章，我们介绍了气候变迁、地质构造运动等地学因素对土地退化的影响；其中，着重介绍了近代气候变化和新构造运动对土地退化的影响。另一方面，为了充分反映人为因素对土地退化的加速作用，在本书第二章，我们也介绍了现代人类活动，特别是不合理的农业和工业生产方式对土地退化的影响，认识影响土地退化发生的社会经济背景，以便发挥人的积极能动作用，防止或延缓土地退化。

在本书的最后一章，介绍了中国有关土地保护的法规和政策。

迄今为止，还没有《土地保护学》的专著或教科书问世。当我们承担编撰《土地保护学》的任务后，确实有"众里寻她千百度"的感觉。在大家的努力下，《土地保护学》终于到了"丑媳妇见公婆"的这一天。虽然作者殚精虑竭，但由于水平有限，还是存在许多不如意的地方。我们希望这本书的出版能起到抛砖引玉的作用，以便与广大同仁共同发展和完善土地保护的学科理论体系。

张凤荣

2005 年 10 月于北京

目　　录

绪　　论

　　一般来说，土地保护是针对土地退化而言的。所以，土地保护学的基本内容应该是介绍各种形式的土地退化现象产生的驱动因素、退化的过程及其机理，土地退化的结果及其生态环境效应；在阐明土地退化机理的基础上，提出科学可行的土地保护措施，包括技术措施、经济手段和法律与政策手段。从地力维护到水土保持，再到土壤健康保护，土地保护走过了单纯的土地生产力保护到土地生态保护，再到土地可持续利用的发展历程。

　　当然，由于土地资源紧缺，各种土地利用需求的矛盾冲突时有发生，需要进行土地利用规划，使土地保护的内容扩展到对关系到人类生存与发展的土地资源进行特殊保护，即对这类土地资源不仅是质量保护，还包括面积或数量的保护。

第一节　土地保护学的发展历史

　　土地保护行动伴随着土地退化现象而产生。土地保护实践先于土地保护理论而出现。回顾有关土地保护学的发展史，是为了"寻根认祖"，界定土地保护学的范畴，指出土地保护学的发展方向。但由于土地保护涉及内容广泛，总结土地保护的发展历史时，难免挂一漏万。

一、土壤肥力的保护

　　史前人类捕捉动物、采食植物的活动还不能算是土地利用。人类对土地的利用是从农业开始的。翻耕土壤和栽培作物改变了土地的自然状态，产生了真正的土地利用。人类在发现"万物土中生"的同时，也发现了连作会使作物的产量越来越低，从而认识到了"地力"。于是，人们采取了各种各样保护"地力"的耕作和栽培措施。在我国，它表现为施粪、耕、锄、耙、耱等一整套耕作技术措施；而在西方表现为休闲、轮作等技术（威廉斯，1957）。"地力说"在漫长的人类历史中对保育土地的作物生产能力发挥了无与伦比的指导作用。

　　虽然古人们很早就通过施有机肥和休闲、轮耕等手段维持地力，但对于土壤肥力的认识还是相当朴素的，并没有从科学上认识到土壤肥力的本质。直到德国化学家李比希（1803～1873）创造了植物营养元素归还学说，人们才真正认识到保护土壤肥力的本质（北京农业大学，1980）。

　　李比希提出的营养元素归还学说意义重大，开创了化肥工业，促进了休闲耕作制的终结，对近代农业土地的持续利用有深远的影响。由于施用化肥，不但提高了产量，而且保证了在一个更高的生产水平上的土壤养分循环；由于施用化肥，不但没有使"地力"衰退，而且提高了土壤养分水平（孔祥斌等，2003）。然而，由于大量施用肥料，导致土壤的"富营养"，以致污染了地下水；于是，人们今天提出了平衡施肥或改进施肥方法，防止施肥污染地下水（李晓林等，2000）；也正因为施用化学肥料使单产提高，才能够以较少的耕地养活大量人口，减缓了垦荒对于草地、林地、湿地的压力；才使"生态退耕"等保护生态环境的理念得以实现。

二、水 土 保 持

如果说，土壤养分含量降低还可以通过施肥和休闲恢复的话，那么由于土壤侵蚀导致的土层变薄、沙化等造成的土地质量降低相对于养分下降来说更是致命的。因为，发育一定厚度的疏松土层需要的时间不是以人类的生命周期可以计量的，而是地质历史时间概念。土层的变薄和沙化不但损失植物养分，而且随之而来的是储藏土壤水分的容量降低，容易造成地表径流和干旱发生。水土流失不但造成局地土地质量的降低，而且引发异域相关效应，即对其下游的土地造成水冲沙埋危害。因此，水土保持必然成为土地质量保护中比土壤肥力维持更为重要的内容。

提出"水土保持"这一响亮的口号，起因于20世纪美国在其两次西部开发中发生的土地急剧退化问题，促使了水土保持法律、法规的出台和水土保持技术措施的研究（严金明，2001）。

在水土流失机理研究方面，1961年魏斯曼发表的水土流失方程应该说是水土流失和水土保持原理的集大成者（王礼先，1995），成为研究水土流失规律和进行水土保持工程的理论基石。

三、土壤健康保护

土壤健康的概念起因于现代"工业三废"对土壤的污染。日本最早发现了因食用受镉污染的土壤生产出的稻米后出现的骨痛病（李天杰等，1995），从而将土壤污染防治或土壤健康保护提到科学研究和生产实践日程。

有关土壤健康保护研究工作，首先是土壤背景值调查和环境容量研究等工作，以便为土壤污染程度或环境质量评价提供参照基础（李天杰等，1995；朱荫湄等，1999）。如我国于1995年颁布的《土壤环境质量标准》（GB15618—1995），确定了多种重金属、有机物的土壤环境质量标准。其后，土壤健康保护研究发展到对于污染源的调查研究，为防止土壤污染提供了科学基础。今天，土壤健康保护已经发展到对各种污染物在土壤中的积累、转化、植物吸收原理和毒理，以及污染物的固化、降解和生物修复等原理的研究（朱荫湄等，1999），为治理污染土壤提供了科学基础。

土壤污染是工业化和现代化过程中出现的与可持续发展目标不相和谐的新问题。防止土壤污染，保护土壤健康，生产绿色产品已经成为现代土地保护又一响亮的主题，这是人类在解决了温饱问题之后，对提高生活水平的新要求。土壤保护也由最初的土壤肥力保护，发展到今天的土壤污染防治和土壤健康保护。可见，土地保护的研究内容随着时代的发展在不断变化着。

四、生态学对于土地保护的影响

起初，土地保护基本上是围绕着保护土地的生产能力而开展的，如保护土壤肥力。发展到水土保持阶段，保护土地就不再是单纯的保护土壤肥力，而开始涉及水土流失带来的土地退化、作物生产力丧失及其异域相关效应（对下游的危害）；这时，土地保护的生态学思想已经萌芽。土壤健康保护也不再是仅仅研究土壤污染与农产品质量的关系，而且研究土壤污染对于土壤生态系统的影响。由土壤肥力保护，到水土保持，再到土壤健康和土壤环境质量保护，生态学思想在土地保护领域不断深入，而且土地保护也由以工程技术范畴为主上升为生态学理论与工程技术相结合的综合性保护。是生态学的发展将土地保护带到了更高更宽广的视角。土地保护不再限于保护土地本身，而把土地看作为生态系统的载体，把土地保护作为维护生态平衡的手段。

生态学对土地保护的影响还表现在土地保护的范围扩大到对一些具有特殊生态功能的土地资源的保护，如林地保护、草地保护、湿地保护等。这些土地保护行为用以维护陆地生态系统的平衡。

五、土地利用规划学对土地保护的影响

土地保护不仅限定在对土地质量或健康状况的保护；也包括为了人口－资源－生态－环境的协调与可持续发展，对某些土地资源采取一定面积、规模和区域位置的保护。

土地利用规划的目标是追求人口－资源－生态－环境的协调与可持续发展。各国的土地利用规划都是旨在促进土地资源的有序开发和优化配置，尽量减少由于土地利用而出现的某些问题和冲突。这是由土地资源面积和位置的局限性，而各种土地利用需求有矛盾冲突的现实决定的。

由于保护土地是土地利用规划目标的一部分，近年来土地利用规划的方法和思想也开始影响土地保护的研究；进而形成了一种新的土地利用规划方向：土地保护规划。

土地保护规划不等同于土地利用规划，它专门针对紧缺、生产或生态意义上重大的土地资源，以保护这类土地资源的生产力和生态功能为重点进行的土地利用规划。但是，土地保护规划也遵循土地利用规划的一般原理、方法和程序。

六、可持续发展思想对土地保护的影响

可持续发展不仅要求土地资源不被破坏，而且要求土地利用能够持续满足人们各种各样的需求。

20世纪60～70年代以来，世界经济取得了显著增长，同时人口、资源、环境等危机又困扰着人类社会的发展，因而可持续发展的思想得以迅速发展。

国际上一些土壤学家、土地保护和评价专家将可持续发展的概念引入到土地利用管理领域，提出了持续土地利用的概念。1991年9月，在泰国清迈（Chiang Mai）举行了"发展中国家持续土地利用评价国际研讨会"，1993年6月又在加拿大剑桥（Lethbridge）大学举行了"21世纪持续土地利用国际研讨会"。在这些国际会议的基础上，FAO于1993年正式发表了《持续土地利用评价大纲》（FAO，1993）。持续土地利用问题还被列为《21世纪议程》的优先项目，分别写入第十章"土地资源的统筹规划与管理"及第十四章"促进农业和农村的可持续发展"中。

不再单纯地针对土地退化采取保护措施，而是从持续发展的角度，从土地利用是否符合生产性、稳定性、保护性、经济可行性和社会可接受性的原则出发，综合评判土地利用是否可持续（FAO，1993），是土地保护由被动保护到积极保护寓于持续利用之中的飞跃。

持续土地利用评价指标的研究（FAO，1993；Preri et al.，1996；张凤荣等，2003）从与土地退化指标相对应的角度，来确定人类对土地各方面功能要求的标准，是人类改造自然，让自然更好地为人类发展服务思想的延续，是一种积极的对待土地利用的态度，因为全面保护土地的原始状态是不可能的。

在土地持续利用的技术和模式的研究方面，国内外都有着长期的历史。我国的施粪、耕、锄、耙、耱等一整套耕作技术措施和西方的休闲、轮作（包括三圃式、二圃式、谷草式）等技术都是人类较早的有关持续利用土地的发明。水土保持学中着重介绍的保护土地的"工程措施、生物措施、农业措施"则是对人类保护土地和持续利用土地的研究成果和技术发明的总结。像"桑基鱼塘"、"立体农业"、"小流域综合治理"等这些土地利用模式则是中国人民发明的既从土地上获得高产出，又保护土地质量的土地持续利用的典范。

第二节　土地保护学的理论基础

虽然作为一门独立的学科，土地保护学无论在基础理论上，还是在方法体系上，都尚未成熟与完善，但是有关土地保护的实践和相关学科的发展，已为构建土地保护学的理论与内容体系打下了坚实的基础。利用其他学科的业已成熟的一些理论与方法，分析土地退化发生机理，提出科学的土地保护措施，是土地保护学的基本内容；这些学科的理论与方法也就构成了土地保护学的理论基础。

一、土地保护学的土壤学基础

如果没有土地退化现象，也没有土地生产的边际规律约束，那么，就不会有人类保护土地的实践，土地保护与土地退化是相伴发生的。土地保护的目的是保持和维护土地的功能的持续发挥。土地的大多数功能，包括植物生产功能、生物环境功能、水文学功能、储备功能、废物或污染缓冲与净化功能，都是通过土壤这一土地的"肌体"来实现的。一旦土壤层被侵蚀掉，土地虽然还存在，但土地的这些功能就丧失了。各种土地退化现象，包括地力衰退或土壤贫瘠化、水土流失（水蚀与风蚀）、土壤次生盐渍化、土壤渍水或土壤沼泽化、土壤板结、土壤酸化、土壤污染等各种形式的土地退化现象都发生在土壤上。

因此，土壤学的一些基本理论必然成为研究土地退化机理和采取相应的保护措施的科学基础。比如，防止土壤贫瘠化或保护地力，应用到土壤肥力学说；防止水土流失或保持水土，应用到土壤侵蚀原理；土壤酸化防治和污染治理应用到土壤化学；防止土壤板结应用到土壤物理学；土壤次生盐渍化防治要应用盐渍土形成学说等。总而言之，土壤学的一些基本理论和原理，特别是土壤过程机理是我们分析各种土地退化的影响因素，揭示各种影响因素的作用和土地本身对土地退化的驱动因素的响应机制，阐明土地退化过程、土地退化的结果及其生态环境效应，提出科学可行的土地保护技术措施的科学基础。因此，土壤学是土地保护学的最重要的基础理论支撑。

二、土地保护学的生态学基础

土地是地球陆地生态系统中各种生物的生存环境：微生物大量存在于土壤中，植物生长在土地上，动物以植物为食，并将土地作为它的栖息地。任何一个土地单元都是一个生态系统，或称土地生态系统，如耕地系统、草地系统、林地系统。土地生态系统的尺度不同：大尺度可以是一个河流的全流域，如长江流域、黄河流域；小尺度可以是山区的一个小流域，山前的一个洪积扇形地，河流入海处的一个三角洲等。土地不但是生物群落与其生存环境之间的各种物流、能流交换的场所；各土地生态系统之间也存在着相互联系、相互作用以及各种物流和能流的交换。

研究土地退化，必须应用生态学的理论和方法，研究土地生态系统内部发生着的各种物理的、化学的、生物的过程。只有这样，才能深刻认识土地退化的本质，认识土地保护的作用和意义。土地保护研究也不要把目光局限于保护土地本身，而应从更高更宽广的视角，把土地看作一个开放系统，是陆地生态系统的载体，研究土地退化或土地保护对于全球变化、维护生态平衡的作用和意义。

三、土地保护学的经济学和管理学基础

土地利用过程与一般的物质生产过程存在着很大的不同，表现在任何土地利用都会产生外部效应。一般来说，土地退化产生负外部效应，比如水土流失不但使"局地"土地质量退化或土地生产力降低，而且还会对"异地"造成影响，比如上游的水土流失可能给下游带来水冲沙埋的危害。而采取保护土地的措施可能产生"效益外溢"或正外部效应。因此，要应用经济学的基本原理，或者更精确地说，应用经济学的分支——环境经济学或生态经济学的基本思想与方法，研究土地退化或保护土地的外部效应或社会成本，重新建立土地利用的成本核算体系；对于土地利用造成土地退化的，要通过"罚款"让其付出足够的代价来补偿社会损失，即将土地利用退化的外部成本"内化"；对于采取保护措施而产生"效益外溢"的，社会或政府就应该给予执行保护方案的土地利用经营者以财政补贴，以激励其采取积极的保护措施。

正是因为土地利用的外部性，以及各市场土地利用主体（包括个体和企业）在利用土地时的无序性和趋利性，促使政府制订和运用《中华人民共和国土地管理法》、《中华人民共和国水土保持法》、《中华人民共和国森林法》、《中华人民共和国草场法》、《中华人民共和国环境保护法》等法律法规及公共政策，来监督和规范各土地利用主体的个体

行为，使土地利用达到既可保护土地所有者或使用者的利益又可保护社会公共利益的土地资源开发目标。一般来说，社会公共利益目标是长远的；符合社会公共利益目标的土地利用是可持续的。尽管从长远的角度来看，保护土地的行为无论是对土地利用主体来说，还是对社会来说，都是有益的；但在具体的时间段内或某种情形下，还必须使用法律、法规和政策等强制性手段，促使土地利用主体采取土地保护措施。

第三节　土地保护学的学科性质、研究内容和框架体系

一、土地保护学的学科性质

土地是一个自然与社会经济综合体，形成因素复杂。土地退化的因素也多种多样，既有自然方面的因素，也有其深刻的社会经济背景。这就使土地保护学具有自然科学与社会科学交叉的综合性质，保护土地还涉及一定的工程技术。因此，土地保护学是地学、经济学和工程技术交叉产生的一门综合性的应用基础学科。

二、土地保护学的研究对象和研究内容

狭义上，土地保护是针对土地退化而言的，土地保护学的研究对象是退化土地和潜在退化的土地，土地保护学就是研究土地质量保护。广义上，除了土地质量保护外，土地保护也包括土地用途的保护，比如目前社会各界关注的有关食物安全和生态环境安全的耕地保护、草地保护、林地保护和湿地保护等。土地用途保护也属于土地规划学的研究内容。

本书土地保护学的重点研究内容是研究土壤的水蚀与风蚀、土壤次生盐渍化、土壤肥力衰退或贫瘠化、土壤酸化、土壤渍水或沼泽化、土壤压实、土壤板结、土壤污染等各种形式的土地退化现象产生的驱动因素、退化的过程及其机理、土地退化的结果及其生态环境效应；并在阐明土地退化机理的基础上，"对症下药"，提出科学可行的土地质量保护措施，包括技术措施、经济手段和法律与政策手段。技术措施包括工程措施、生物措施、栽培耕作措施等。经济手段包括税收和财政转移支付等。法律和政策手段就是通过立法和制定政策，强制执行土地保护。同时，也简略介绍涉及到可持续发展问题的有关耕地、草地、林地和湿地等土地的保护规划及其法律政策。

三、土地保护学与相关学科的区别

虽然土地保护学与其他相关的土地学科存在着一定的交叉与关联，但土地保护学因为有其特定的研究对象和相应的理论与方法体系，而不同于其他学科。

1. 土地保护学与水土保持学的关系

从亲缘关系上说，土地保护学与水土保持学（王礼先等，1995）的关系最近。但土地保护学不仅包括水土保持学中的水土流失防治，它还包括水土保持学中没有涉及的土

壤次生盐渍化防治、土壤污染防治等内容。因此，水土保持学的内容已经远远不能覆盖土地保护学的内容。

2. 土地保护学与土壤改良学的关系

土地保护学也不同于土壤改良学。土壤改良学（南京农学院土壤教研组，1961）是介绍改良具有各种障碍因素的劣质土壤的原理和方法的应用技术学科，而土地保护学则主要对应的是土地退化的防治，不涉及劣质土壤的改良。

3. 土地保护学与土地生态学的关系

土地生态学研究土地生态系统内部生物群落与其生存环境之间和各种生物群落之间的各种物流和能流交换过程，研究各土地子系统之间的相互联系和相互作用；研究土地生态系统对环境的影响和环境对土地生态系统的影响。土地生态学中的土地保护不局限于某一具体的土地利用类型的保护，而是站在陆地生态系统的角度来保护合理的土地类型结构，以满足人类的多种需求和生态系统的平衡与维护；这时具体土地类型的质量与功能保护已经属于维护土地生态系统总体功能的辅助手段。

4. 土地保护学与土地资源学的关系

土地资源学是研究区域土地资源的发生发展和时空变异规律，探讨土地系统内部各构成要素间以及土地与环境间关系等的基础理论，探讨如何因地制宜合理开发和利用土地资源的学科。土地资源学研究的对象是区域的全部土地，而土地保护学则主要限定在退化土地上，以及特殊土地资源的保护。

5. 土地保护学与土地资源经济学的关系

土地资源经济学（雷利，1989）是研究地租、地价、土地资源的供需关系和土地市场以及与土地有关的人与人之间的经济关系的经济学的分支学科。而土地保护学则仅仅是利用经济学中的成本效益分析方法去研究土地退化和某一类型土地的丧失造成的损失和保护土地的成本。

四、土地保护学的框架结构

根据以上对土地保护学发展历史、学科性质及其与相关学科关系的分析，土地保护学应该涵盖以下内容：

第一部分是土地保护学的基础理论，介绍与土地保护学有关的土地资源学、生态学、经济学等相关学科的基础理论，以及可持续发展思想等，将这些理论有机地与土地保护学的原理、方法结合在一起，构筑土地保护学的基础理论。

第二部分是土地退化驱动力分析，包括气候变迁对土地退化的影响、现代人类活动（农业和工业化）对土地退化的影响以及社会经济因素对土地退化的影响等。

第三部分是土地保护学的主体部分，分别介绍地力衰退、水蚀、沙化、次生盐渍化、污染等主要土地退化形式的形成（影响因素和发生过程）、与这些类型对应的土地退化的结果及其危害、防治这些土地退化的技术措施与方法。

第四部分是土地保护规划，包括土地保护规划的目的、任务、原则与程序，耕地、林地、草地、湿地等具有生产功能和生态功能的各类土地的利用规划，从合理利用角度论述这些土地保护。

最后一部分介绍我国土地保护的法律、法规、政策及其出台背景。

第四节　当前土地保护学的前沿研究课题

一、土地退化机理研究

土地退化机理的研究内容包括：

对土地退化的影响因素或驱动力的研究　研究导致土地退化的因素有哪些，是人文因素，还是自然因素，还是它们的组合；从时间上看，它们孰轻孰重？这些影响因素对于土地退化的作用机制是什么？

研究土地退化的发生过程　虽然我们目前看到了一些退化现象，但对某些土地退化过程并不清楚，需要利用一些学科知识和原理解释这些过程，这也是土地退化机理的研究内容。

二、土地退化的生态环境效应研究

土地利用/土地覆盖变化是目前全球变化研究的核心主题之一。不合理的土地利用导致的退化是土地利用与土地覆被变化研究的重要内容。对于土地退化产生的一些结果我们已经认识得很清楚，但对土地退化结果产生的系统性（systematic）变化和累积性（cumulative）效应却不是很清楚，特别是土地退化对全球变化的影响，比如土壤碳库的变化对全球气候变化的影响，现在都没有明确的研究结论。

三、土地退化的社会经济学研究

虽然大多数人（无论是学者，政府官员，还是平民百姓）都认识到土地退化的危害，但由不合理的利用而导致的土地退化却依然发生，其社会经济背景是什么？农户或其他土地开发利用者的社会经济地位如何影响他们利用土地的行为；是什么让他们决定是采取保护土地的可持续利用方式，还是采取"今朝有酒今朝醉"的短期行为；什么样的产权制度安排和宏观经济政策能够防止土地退化和保护土地？这些问题都需要从社会学和经济学的角度来分析，运用社会学和经济学的方法来研究。

四、土地可持续利用评价指标体系的研究

土地退化的评价指标体系由于难以找到每个指标的背景值，因而不容易确定；而且土地退化是一个历史过程，也难以界定现实的土地退化的危害程度，比如土壤侵蚀程度

分级指标就面临着这样的困境。持续土地利用评价指标的研究从与土地退化（如土壤侵蚀分级、土壤污染分级等）衡量指标相对应的角度，来确定人类对土地各方面功能要求的标准，是人类改造自然，让自然更好地为人类发展服务思想的延续，是一种积极的对待土地的态度，也是可行、有效的土地利用评价方法。

五、新型土地保护技术的研究

有关地力保持、水土保持、次生盐渍化防治、土壤板结防治等技术已经相当成熟，而且效果显著。相比之下，土壤污染是近代土地利用产生的新的土地退化问题，土壤污染的防治研究则更晚。因此，各种污染物在土壤中的积累、转化、植物吸收原理和毒理，以及污染物的陈化、固定、降解和生物修复等问题成为当前研究的热点。

第五节　正确处理土地资源开发利用和保护的关系

一、人类文明史就是建立新的土地生态系统的历史

人类对土地的改变是从农业开始的。而农业是人类从原始采集野果和狩猎发展到摆脱受季节节律限制而生存的文明进步。农业必然对土地产生干扰，破坏土地的原始状态；若做到既利用土地，而又不改变土地的原始状态是不可能的。

如果这种干扰不造成土地退化，就不能说这是破坏。什么是土地退化？土地退化就是土地的植物的生产功能、生物环境功能、水文学功能、储备功能、废物与污染控制功能的减弱或丧失。如果人们改造利用土地，不但没有使土地的上述功能减弱或丧失，而是增强了这些功能，虽然土地原有的状态改变了，但这并非是土地退化，甚至可以说这是土地进化。我们不能够说土壤健康而且有完善的灌溉与排水系统的高产稳产田相对于其原来的利用类型，比如草地或湿地，是退化了。人类开发利用土地的目的就是期望这种进化的发生。

我们不能够以保护生态环境的名义将我们的地球退回到原始状态。同时，现实的社会经济生活也不容许我们恢复原来的景观环境。无论怎样，人类是不会重新回到那种茹毛饮血或刀耕火种（尽管在部分地区还存在）的时代去，人类只能生活在受人类干扰的景观环境中。问题是我们如何在开发利用土地时，认识自然规律，采取合理的利用方式，不引起土地资源的破坏或者至少是所引起的土地资源破坏不影响可持续发展。同时，我们在打破旧的自然生态系统时，建立更为有效的而且是可持续发展的人工生态系统，这就是所谓的景观重建。

二、土地保护更为重要的是积极地建立
效率更高的土地系统

保护土地应该有两种涵义，一种是保持土地原来的面貌，另一种是指建立人工干预下的生产力更高、系统稳定性更强的土地生态系统。今天，持续土地利用的提出，正是

基于后一种考虑。而保持土地原来的面貌，多是从生物多样性的理念出发。被动的保护是保护不住的，积极有效、有节制的利用才能使土地利用系统的功能与服务即满足人类社会发展的需要，又能够维持土地生态系统处在人类利用干预下的一个新的平衡。

土地保护绝不是保护土地的原始状态不变，人类的文明发展史本身就是一个利用土地的历史，利用就意味着有干扰或干预，必然产生变化，关键在于这种变化是否能够维持人类持久的需求，即从持续发展的角度来衡量土地变化，来选择土地保护对象和采取合适的保护措施。

三、只要开发利用措施得当，就能实现土地资源的持续利用

当今一切形式的土地退化都是因为对土地的开发利用不合理造成的。开发坡度陡峭的山地丘陵地区的土地为农田，破坏了原有的植被对土壤的保护，而又没有采取水土保持措施，水土流失就发生了。但是，如果将坡地修成梯田，再加上适当的耕作栽培措施，比如留茬与免耕，可能就不会有水土流失。我国某些地区的梯田已经有几百年的历史，依然保持了良好的生产力。干旱区的一些人工绿洲，如甘肃的武威、新疆的吐鲁番，比其原来的土地生态系统有更高的生产力，而且生机勃勃。

在没有从土地利用系统之外调入物质与能量的情况下，只要开发适度，不超过土地的负载能力，土地就可持续地利用下去；当然，这种利用只是维持一个低产出水平，像不施肥的草田轮作系统。而当我们从土地利用系统之外调入物质与能量时，比如肥料、水分等，这个土地利用系统会在一个高产出水平下运行；现代许多农业土地利用系统就是这样的系统。当然，物质与能量的调入也要适度，不能超过土地的生态环境容量，否则也会出现退化问题，使土地利用系统不能持续下去；比如，大量施用化学肥料造成地下水的富营养化，大水漫灌造成土壤次生盐渍化或沼泽化。

虽然存在着这样那样的土地退化问题，而且在某些地区，土地退化问题严重，甚至威胁到人类的生存环境；但是，总体上说，人类的大多数土地利用方式是持续的，许多土地利用系统持续了几千年。由于科学技术的进步，人类开发利用土地的能力在不断提高，满足了人类日益增长的物质需求；由于人类对保护生态环境的意识不断增强，在开发利用土地时，采取了各种各样的土地保护措施，保持和维护了土地的各项功能在更高的水平上发挥。历史证明，只要开发利用措施得当，就能实现土地资源的持续利用。

参 考 文 献

北京农业大学.1980.农业化学（总论）.北京：农业出版社

孔祥斌，张凤荣，齐伟等.2003.集约化农区土地利用变化对土壤养分的影响.地理学报，(3)：333～342

雷利·巴洛维.1989.土地资源经济学：不动产经济学.谷树忠等译.北京：北京农业大学出版社

李天杰.1995.土壤环境学.北京：高等教育出版社

李晓林，张福锁.2000.平衡施肥与可持续优质蔬菜生产.北京：中国农业大学出版社

南京农学院土壤教研组.1961.水利土壤改良.南京：江苏人民出版社

王礼先.1995.水土保持学.北京：中国林业出版社

威廉斯.1957.土壤学－农作学及土壤学原理.傅子祯译.北京：高等教育出版社

严金明．2001. 美国西部开发与土地利用保护的教训暨启示．北京大学学报（哲学社会科学版），(2)：119~126

张凤荣，王静，陈百明等．2003. 土地持续利用评价的指标体系与方法研究．北京：中国农业出版社

朱荫湄，周启星．1999. 土壤污染与我国农业环境保护的现状、理论和展望．土壤通报，(3)：132~135

FAO. 1993. FESLM：An International Framework for Evaluating Sustainable Land Management. Rome. World Soil Resources Report 73

Preri C，Dumanski J，Hamblin A et al. 1996.，Land Quality Indicators. Washington World Bank Discussion Papers

第一章 土地保护的基础理论

土地保护受到自然规律与经济规律的双重制约，是一门涉及到土地资源学、土地经济学、土地生态学和生态经济学等许多相关学科的交叉应用学科。这些学科的基础理论构成了土地保护的理论基础。它对于我们辨识土地保护系统的运行特征与机制，有效发挥保护土地的主观能动性，对探索和研究土地保护技术措施和制定土地保护的法律、政策与经济手段，都起着巨大的理论支撑作用。本章将从土地资源学、土地经济学、土地生态学、生态经济学和土地持续利用理论等五个方面来阐述土地保护的基础理论。

第一节 土地资源学理论

一、土地资源特性的形成

土地资源是由地球陆地表面一定立体空间的气候、地形、水文、基础地质、土壤、生物和社会经济等要素组成的复杂的自然经济综合体。在其长期形成、演变过程中，各种要素以不同方式，从不同的侧面，按不同程度，综合地影响着土地资源的特性。

1. 气候条件对土地资源特性的影响

气候条件主要是指地球表面 10 000～12 000m 高空下，对流层的下部与地球表面直接产生水热交换的大气层的各种统计状态（如积温、降水量、蒸发量等）。在诸多气候条件中，影响土地资源特性最主要的是太阳辐射、大气温度和大气降水这三个要素。气候要素的地带性使土地资源特性具有显著的地理空间分布特征。

（1）气候影响土壤有机质的含量

由于各气候带的水热条件不同，造成植被类型的差异，导致土壤有机质的积累分解状况，以及有机质组成成分和品质的不同。研究结果表明：降水量和其他条件保持不变时，温带地区土壤的有机质含量随着温度的增加而减少。如我国温带地区，自北而南，从棕色针叶林土到暗棕壤再到褐土，土壤有机质含量逐渐减少。但是，有机质含量随着温度的增加而减少的规律并不能够无限外推；比如，由于植物繁茂，许多湿润热带的土壤也含有较高的有机质（张凤荣，2002）。

另一方面，在同等的温度条件和其他条件类似的情况下，随着降水量的减少，土壤有机质含量也会随之降低。如我国中温带地区自东而西出现黑土—黑钙土—栗钙土—棕钙土—灰漠土的更替规律，对应有机质含量也逐渐减少（张凤荣，2002）。这是因为随着降水量的减少，植被高度和覆盖度逐渐降低，生物量减少的必然结果。

(2) 气候影响风化速度和土壤的化学性质

水分和热量直接参与岩石矿物的风化过程。在所有其他条件相同的情况下，温度增加伴随而来的是土壤风化速度的增加。风化速度也与降水量有关，水分的存在会加快风化速度。因此，高温高湿的气候条件促进岩石和矿物的风化，而导致最低程度风化的环境条件是温暖且干旱或寒冷且干旱的气候。

在年降水量少而蒸发迅速的地区，通过土壤的下渗水量很少，这不足以洗掉土壤胶体上的代换性盐基。因此，土壤盐基饱和度大多是饱和的，土壤呈中性或偏碱性，这是我国中部和北部地区的一般情况。但在较湿润的地区，土壤中下渗水量较大，淋洗掉了土壤胶体上的部分代换性盐基，其位置被 H^+ 所代换，导致盐基饱和度的降低和土壤酸度的增加，这是我国东南地区土壤的一般情况。

降水量的多寡也影响土壤中易溶盐的含量。在西北荒漠和荒漠草原地带，降水稀少，土壤中的易溶盐大量累积，只有极易溶解的盐类，如 $NaCl$、K_2SO_4 有轻微淋洗，而 $CaCO_3$、$MgCO_3$ 则根本未发生淋溶，于是出现大量 $CaSO_4$ 结晶，甚至出现石膏层。在内蒙古及华北草原、森林草原带，土壤中的一价盐类大部分淋失，二价盐类在土壤中有明显分异，大部分土壤都有明显的钙积层。在华东、华中、华南地区，二价碳酸盐也都被淋失掉，进而出现了硅酸盐的移动。

2. 地形对土地资源特性的影响

地形一般分为正地形与负地形，正地形是指高起的部位，负地形是指凹陷的部位。正地形是物质和能量的分散地；负地形是物质和能量的聚集地。地形通过坡度、坡向和海拔高度起作用。它一方面表现为使物质在地表进行再分配；另一方面是使土地接受的光、热、水或土地潜水条件等方面发生差异或重新分配。这些差异都深刻地导致了土地性质的不同。

(1) 坡度和坡向

不同的坡度造成不同的太阳辐射角，从而影响了太阳辐射能量的接收，造成温度的差异。坡地上的物质在重力影响下有向下移动的趋势。降水在坡地上沿坡面下流，水分携带土壤下移，这就引发了水土流失。因此，坡地上的土壤水分条件较平地上的差，坡地土壤一般也较浅薄。

坡向不同也影响接收的太阳辐射能量，造成土壤温度的差别。在北半球，南坡接受的辐射比北坡多，因此南坡土壤温度比北坡土壤温度高，南坡土壤的昼夜温差也比北坡大。在大气降水量相同的情况下，这使得阳坡土壤水分蒸发量高于阴坡，造成阳坡的土壤水分条件比阴坡的差；同时，这也造成阴阳坡的植被生长状况不同，一般阴坡植被好于阳坡。东西坡称半阴半阳坡，水热条件和植被情况处于阴阳坡之间。比如，在北京地区，阳坡森林带出现在海拔 1000m，阴坡在 800m 就出现森林带（张凤荣，2002）。

(2) 海拔高度

随着海拔的升高，气温下降，相当于气候带的北移，土地的生产力呈现下降趋势。

但在一定的海拔范围内，随着海拔的升高，降水量也增大，水热耦合反而使土地的生产力提高。例如，在温带北京地区，低山丘陵区是干旱森林灌丛，而在中山地带则是湿润森林。

3. 土壤对土地资源特性的影响

土壤是陆地上能生长植物的疏松表层，是土地的主体部分，直接影响一个地区的土地资源的利用、开发及生产力。它是土地资源特性的直接体现者，其他资源特性都通过土壤而间接起作用。土壤质地、土层厚度、土壤可溶盐含量与pH、土壤中的障碍层次、剖面构型、有机质含量与养分等土壤性质都影响着土地资源的特性。

4. 植被对土地资源特性的影响

植被是一定地区内植物群落的总称，包括森林、草地及农田栽培的作物。植被中各种植物把分散在母质、土壤、水圈和大气中的营养元素选择性地吸收起来，通过光合作用，把太阳能转变成为化学能储存到有机质中，再以有机残体的形式聚集在土壤中。同时，各种植物在其生长发育过程中，与自然环境及土地其他构成因素相互作用，不断发生物质与能量交替。它既是土地资源质量的代表，又是其综合特征的反映，并可指示出土地类型演替的方向。植被对土地资源特性的影响主要体现在对土壤有机质和理化性状的影响上。

(1) 植被类型影响土壤中有机质的数量和分布

用草原土壤与森林土壤来做比较。一般来说，草原土壤和森林土壤的有机质含量和分布状况是不同的。在同样气候条件下，尽管森林与草原生态系统中有机产物总量可能相近，但由于它们各自地上与地下部分有机质含量的比例不同，以及拓荒时清除有机产物的方式不同，造成开垦后森林土壤与草原土壤有机质含量有差异，一般来说，草原土壤有机质含量约为森林土壤的两倍。分布上，森林土壤的有机质集中于地表，并且随深度锐减，而草原土壤的有机质含量则随深度增加逐渐减少。草本植物有机质的主要来源是地下部分的根系，根系数量随着深度增加而逐渐减少。与草本植物相反，树木的根系占整个树木有机产物总量的比例较低，因此，土壤有机质的来源主要是掉落在地表的枯枝落叶。至多这些枯枝落叶被土壤动物搬运混合到距地表不深的层次，这是造成有机质含量随深度增加而锐减的原因。

(2) 植被类型对植物营养元素和土壤酸度的影响

植物从土壤中吸收养分建造植物体。植物死亡后，其残体经过分解又将养分释放到土壤中去。但是，不同植被类型所形成的有机质的数量和累积的方式都不一样，它们在成土过程中的作用也不相同。

不同木本植物类型的有机残体的数量和组成也不尽相同。木本植物的组成以多年生者为主，每年形成的有机质只有一小部分以凋落物的形式堆积于土壤表层之上，形成粗有机质层。而草本植物进入土壤的有机残体的灰分和氮素含量则大大超过木本植物，其C/N要低。

有机残体分解释放盐基到土壤中时，由于归还盐基离子的种类和数量不同，从而对土壤酸化的进程以及与酸化相伴发生的其他过程起到不同的影响。一般来说，草原植被的残体与森林植被残体比较而言，前者的碱金属和碱土金属含量比后者高；因此，草原土壤的盐基饱和度高于森林土壤的，前者的 pH 也较后者高。阔叶林与针叶林比较，前者灰分中的 Ca、K 含量较后者高，后者灰分中 Si 占优势。因此，针叶林下的土壤酸度比阔叶林下的土壤酸度大。当然，这个比较是在其他条件相同的前提下进行的。

5. 人类活动对土地特性的影响

自从有了人类文明史，人们就开始干预土地。与一般的自然因素相比，人类生活和生产对土地的干预有如下特点：

（1）人为影响的快速性

人为影响是快速的，并随着人类社会生产力和技术水平的提高，其影响的速度和强度都将加快。

（2）人为影响的叠加性

土地利用过程中，自然因素的"烙印"还是很深的，如北方水稻土与南方水稻土相比，在土壤温度状况方面和供给矿质养分水平方面，均存在着很大的差别。但各自然因素对土地特性继续影响的程度主要取决于人为影响类型的干扰程度，如灌溉、排水、耕作等措施；水耕就比旱耕对土壤熟化的影响剧烈；如果不是人为干扰程度太大，以致产生不可逆的质变（如城镇垃圾堆垫）的话，那么，当人类退出对土壤的干扰后，人类活动留下的痕迹会逐渐消失，土壤又会恢复到与自然成土条件相吻合的状态。这也是生态恢复观点的基础。

（3）人为影响的两重性

人为活动对土壤造成的影响有时是有益的，有时却是有害的。如对沼泽地进行人工排水，改善了土壤的水、气、热条件，促进土壤熟化，成为高产土地；在盐化土壤区，通过深沟排水，降低地下水位，引淡水洗盐，改良了盐化土壤，使之能够种植作物；施肥、耕作等措施改善了耕层土壤的肥力和物理性状；这些活动都促使土地向高肥力水平和高生产力方向发展，是有益的。另一方面，人类活动给土地带来的不利影响也很多。如我国 20 世纪 50 年代引黄灌溉，造成大面积土壤次生盐渍化；大量施用农药和灌溉污水，造成土壤中有毒物质的残留；只向土壤要粮，不给土壤施肥的掠夺性经营，造成土壤肥力水平的降低，等等。因此，要充分认识人类活动对土地发生发展的影响，充分发挥人类活动的积极因素，尽可能避开人类活动对土地质量影响的不利方面，促使土地向着提高生产力水平的方向发展。

（4）人为影响的目的性

人类活动作为一个影响因素，对土地的影响与其他自然因素有着本质上的不同，这个不同就在于人类活动是有意识、有目的的。

二、土地资源特性的利用

1. 光照、温度和水分特性的利用

(1) 光照

"万物生长靠太阳",太阳辐射是地球上所有生命和活动的源泉。绿色植物通过光合作用合成有机物质,为我们提供粮、油、棉等生活必需产品。影响植物光合作用的太阳辐射因子有光照强度和光照长度。光照强度通过影响光合作用影响作物的生物学产量和经济产量,光照强度大有利于光合产物的积累。新疆是我国光照强度最大的地区之一,因而那里作物的千粒重特别高,棉花纤维长,瓜、果糖分含量高。光照时间长短对光合作用产量也有重要影响。

(2) 温度

植物生长和人类生产活动要在一定的温度条件下进行。以温度为指标,可把全球划分为不同的气候带,在不同的气候带,土地覆被及适种作物也不同。极地冰沼地带,虽然土地宽广,但因为气候寒冷而只有低等植物生长,对于人类来说,是不能或难以利用的土地。

我国东部湿润地区作物种类受温度影响显著。自北而南依次是:北温带,只有靠近南部中温带的边缘地区才能种植短生长期的马铃薯、荞麦;中温带,适种作物是玉米、冬小麦、大豆,一年一熟;暖温带,适种作物是玉米、冬小麦、大豆、甘薯、棉花(南部地区)以及苹果、梨等果树,可实行两年三熟或一年两熟制;北亚热带,种植水稻、小麦、棉花等,可一年两熟或一年三熟(包括一茬绿肥);中亚热带,一般是双季稻或稻麦两熟,适种茶、柑橘等经济作物;南亚热带,是我国主要的双季稻区,可一年三熟,适种香蕉、甘蔗、菠萝、龙眼、荔枝等经济作物;热带地区,一年三熟,适种橡胶、咖啡、椰子等经济作物。

(3) 降水

水是地球上一切生命活动的源泉。地处亚热带的非洲撒哈拉大沙漠,还有我国青藏高原和新疆地区,太阳辐射很强、温度高,土地有着相当高的光温生产力,但是因为干旱缺水,实际生产力水平却很低;在那里,只有在有水或有水灌溉的地方,光温水才能耦合,土地才能表现出巨大的生产力。

表示降水特征的变量有降水量、降水强度和降水变率。在相同的降水量条件下,降水强度大,容易引起水土流失和洪涝灾害;在相同的年均降水量下,降水变率越大,则旱涝灾害越频繁,作物生产的稳定性越低。我国属大陆性季风气候,降水变率和降水强度都较大,在西北地区尤为强烈。在这种影响下,我国广大地区雨季集中,旱涝灾害频繁。因此在农业生产上必须加强防洪排水和灌溉抗旱的农田基本建设,以增加产量和生产的稳定性。我国气候也有水热同步、有利于作物生长的优势条件,通过选择优良品种和适宜的种植制度,充分利用生长季优越的水热条件,以获得高产。

2. 地形特性的利用

(1) 海拔高度

海拔高度变化造成水热条件的差异，土地利用要根据海拔高度的不同进行立体布置。如在太行山的低山丘陵区，可以安排粮食和果树种植业，在中山地带安排水土保持林和用材林，在高山地带只能是天然草场，进行季节放牧。

(2) 坡度

坡度的陡缓不仅直接制约着水土流失的强度，也影响着农业机械化和农田基本建设的难易。一般坡度<3°的缓坡耕地无多大侵蚀危害，可以使用大型农业机械；坡度≥3°则对土壤侵蚀和机械的使用影响增大。我国多把坡度25°作为种植业的上限；国外不少国家将坡度15°作为耕地上限。

开垦坡地必须采取一定的防止水土流失的措施，包括工程措施、生物措施、栽培耕作措施。这样才能保证土地资源的永续利用，否则，土地资源就会由于水土流失而退化直至破坏，乃至彻底丧失生产力。

(3) 坡向

不同坡向接受太阳辐射的情形不一样，阳坡比阴坡能接受较多的太阳辐射，东西坡接受太阳辐射的情形介于阴阳坡之间。要根据坡向种植喜阴或喜阳的作物。

3. 影响土地利用管理的土壤特性

土壤是土地的主体部分，直接影响一个地区的土地资源的利用、开发及其生产力。以下从土层厚度、土壤质地、土壤障碍层次、土壤酸碱度、土壤养分和有机质含量等方面说明土壤条件与土地利用管理的关系。

(1) 土层厚度

土层厚度关系到植物的扎根条件。深厚土层不但为植物扎根提供了良好的立地条件，而且对养分和水分的保蓄能力强，对农林牧业利用均有利；而薄层土壤对深根性植物的生长就有限制。土地利用时，要根据具体土层的厚度，选择农林牧业和安排对土层厚度适宜的植物或作物品种。比如，谷子是须根系作物，只要有20～30cm厚的土壤就可生长，而洋槐是直根系的树木，需要较厚的土壤才可立地生长，至少要50cm厚的土层。

(2) 土壤质地

土壤质地关系到土壤的物理性质、蓄水保肥能力以及工程性质。沙性土、轻质地的土壤耕作容易，要求耕作投入的能量少；黏质土壤湿时黏重，干时坚硬，耕作需要较大的能量投入。但沙性土对水分和养分的保蓄能力较差，大量灌水施肥时很容易造成水肥淋失，利用率低。因此，施肥时要采取少量多次的方式，灌溉时要避免大水漫灌，采取喷灌或滴灌方式。黏质土壤对于养分和水分的保蓄能力则较强。含有砾石的土壤，因为含有大量空隙，对水肥的渗漏更迅速；大块的砾石还干扰耕作，撅犁打铧，因此不适于耕作，最好用作林用或牧用。而壤质土壤对于养分和水分的保蓄能力则较强，也宜于田间管理。

(3) 土壤可溶盐含量和 pH

当土壤中的 $NaCl$、$MgCl_2$、$CaCl_2$、Na_2CO_3、$NaHCO_3$、Na_2SO_4、$MgSO_4$ 等可溶性盐达到一定含量时，土壤溶液的渗透压增大，影响作物吸收水分，从而对作物生长有抑制作用。一般来说，可溶盐总含量在 0.3％以上时即开始影响作物根系对水分的吸收从而阻碍作物生长，当含量达到 0.5％时即产生明显的抑制作用，达 0.7％时即严重减产，达 1％时，则土壤成为难以生长植物的盐土。

一般情况下 pH 为 6.0～8.5 的土壤对大多数作物生长都是适宜的。但也有些喜酸性或喜碱性的作物例外。比如，茶树要在酸性（pH6.0～5.0）土壤上才能生长好，板栗适宜于在微酸性（pH7.0～6.0）土壤上生长。土壤的 pH 影响土壤中的某些养分元素的有效性，从而影响植物生长。土地管理上，对于盐碱土或盐化、碱化的土壤，要采取改良措施才能种植作物，或者是选择耐酸、耐碱品种；对于酸性土壤可以通过施用石灰中和其酸性。施用肥料也要注意 pH 对养分有效性的影响。

(4) 土壤的障碍层次

某些土壤具有阻碍植物扎根和水分渗透的层次，这些层次如沙姜层、黏土磐、铁磐、石灰磐等。这些障碍层次对作物生长的影响视其出现深度的不同而不同，一般在 50cm 深度就出现严重影响。在选择土地利用方式时，要充分考虑这些障碍层次对植物或作物的影响。当然这也也与种植的作物种类有关。如对于果树，即使这些障碍层次在 100cm 深度出现，也会对果树生长产生明显影响；而这个深度对一般的谷类作物的影响就不太大；对于水稻，因为水稻需要一定的保水层次，这些障碍层次即使在 50cm 深度出现其影响也不大。

剖面中黏土层的厚薄与层位，对土壤水运动也有重要影响。研究表明，毛管水在有黏土夹层的土壤中的上升速度均比砂质土和黏质土小，其上升速度随黏土夹层厚度的增加而减慢，相同厚度时，毛管水上升速度随黏土层位的升高而减轻。一定厚度的黏土层会产生滞水作用，造成内涝，比如白浆土，其上种植玉米在雨季可能产生内涝；而种植水稻则可利用其黏土层的滞水作用，成为高产优质耕地。

(5) 土壤有机质和土壤养分

土壤有机质不但是植物养分供给重要来源，也是保持土壤良好物理性质的必要物质，因此，土壤有机质含量的高低可作为表示土壤综合肥力的一项重要标志。土地开垦后，如果归还到土壤中的有机物少于土壤有机质的减少量，土壤肥力就会下降，土壤结构也会变差；反之，土壤肥力会上升，土壤结构也会变好。施用有机肥，或通过施用化肥促使作物生长，再通过根茬或秸秆等形式归还到土壤中去，都可能提高土壤的有机质含量。

土壤中的速效养分含量也影响耕地生产力。人们可以通过施肥，特别是速效化肥来调节土壤中的速效养分含量。但速效养分的变化大，受耕作施肥的影响大。在土地利用活动中，要根据养分归还和平衡原理，合理施肥，避免掠夺式经营；在施肥品种上，要根据最小养分律，追施作物最需要的肥料；同时，注意不要过量施肥以至于造成地下水污染（张凤荣，2002）。

第二节 土地生态学理论

土地是一个生态系统，因而产生了以土地生态系统为对象的土地生态学。土地生态学是一门研究土地生态系统的特性、结构、功能、空间分布及其相互关系和优化利用的学科。它在生态学一般原理的基础上，阐述土地及其环境间物质与能量循环转化规律，研究土地资源开发利用与保护过程中的有关生态问题，并以此指导土地资源的开发利用与保护。本节主要探讨以自然生态过程为主导的土地生态学相关理论。

一、土地生态系统的概念

土地生态系统是在一定地域范围内，由土地上非生物因子与同一地域的生物因子之间形成的一个能量流动和物质循环的有机综合体。生物因子是土地生态系统内物质和能量转化、储存的主体，主要是指地上的动植物（也包括人类）和地下的微生物，它们构成了系统的食物链。非生物因子是组成系统结构的物质基础，即所谓环境系统，包括大气、土壤、水、地貌和地质环境等。生物因子和非生物因子之间，通过水循环、大气循环、生物循环和地质循环相互联系、相互制约，有机组织在一起。

二、土地生态系统的结构

结构是组成系统的要素和单元之间的相互结合关系。由于土地生态系统在一定空间中环境组分和生物群落存在差异，所以呈现出不同的结构。

1）土地生态系统的环境条件差异很大，生物种类繁多，两者相互结合形成了多种多样的土地生态系统，主要有林地生态系统、农田生态系统、草地生态系统、水域生态系统、和城市土地生态系统等。

2）由于土地生态系统中生物种类和数量因垂直方向、水平方向的差异而导致系统的空间结构产生分异。空间结构包括垂直结构和水平结构两方面。垂直结构表现为生态系统内部不同的种群占有不同的空间和生态位置，如林地生态系统中的地上的乔木、灌木与地被物，地下的土壤动物与微生物。土地生态系统的水平结构，也就是土地和植被的平面配置，表现为各种子系统在地球表面连续不断的分布，受地形、土壤、植被分布和土地利用状况影响。

3）土地生态系统中，通过营养结构把生物与环境联系起来，使生产者、消费者和分解者之间，以及它们与环境之间不断地进行物质循环和能量流动，以维持生态系统的稳定。不同土地生态系统有其独特的能量交换和系统功能，是进行土地利用系统分析和土地利用结构研究的基础。

土地生态系统的这三种结构并不是彼此孤立的，而是一个错综复杂、相互影响和相互作用的有机整体。任何一个生态系统，无论是环境组分还是生物组分，都是各种因子纵横交错而成的复杂网络结构，各个因子相互联系、彼此制约而又协调一致。

三、土地生态系统的功能

发挥土地生态系统的各种功能是人们进行土地利用活动的主要目的，不当的利用活动会带来土地退化现象，进而对这些功能的发挥产生消极影响。一定程度上说，土地保护就是围绕这些功能的保护而展开的综合治理活动。

1. 生产功能

土地具有一定的生产力，即可以生产出人类需要的植物产品和动物产品，这是土地的本质特征之一。土地生态系统的生产功能有生物性生产和社会性生产两种形式。相应的土地生产力可分为自然生产力和劳动生产力。

土地的自然生产力是自然形成的，即土地资源本身的性质。它体现为自然植被第一性净生产力，意指绿色植物在单位时间和单位面积上所能累积的有机干物质，包括植物的茎、叶和根等的生产量以及植物枯落部分的数量。劳动生产力是施加人工影响而产生的，即人类生产的技术水平。主要表现为对土地限制因素的克服、改造能力和土地利用的集约程度。人类通过对自然的改造，大力发展集约化经营，大大提高了土地的生产能力，满足了人类日益增长的物质需求。但以化肥、农药的大量投入为特征的现代化集约经营，也对周围环境产生了严重的污染。

2. 土地生态系统的交换功能

土地生态系统及其环境之间以及土地生态系统内部各成分之间，通过各类营养关系，相互联系在一起，期间不断地进行着能量流动、物质循环和信息交流，这就是生态系统的交换功能。物质循环是生态系统最根本的实现方式，能量流动与信息传递统一于物质循环中。这三者是一切生命活动的"齿轮"，三者不可分割缺一不可，它们互相联系紧密结合，成为生态系统的核心动力，使生态系统得以存在和发展。

3. 净化功能

土地生态系统具有净化功能，包括自然净化和人工净化两种形式。自然净化还原功能是通过自然的物理、化学和生物的分解和同化作用，使自然生态环境得以恢复原状的能力。进入土地生态系统的污染物质在土体中可通过扩散、分解、沉淀、胶体吸附、生物和化学降解等作用，使污染物变为毒性较小或无毒性甚至有营养的物质，或者变为难以被植物利用的形态存在于土地中，暂时脱离食物链退出生物小循环。如果处理得当，土地对 BOD、COD、TOC 三项有机污染物的净化效率可达 80% 以上。当然，土地的净化功能是有限的，必须在其容量范围内进行。

土地生态系统中人工净化形式则是通过人的作用，利用技术手段结合自然环境的净化功能来达到净化的目的。在发挥人工净化功能的同时，应注意不断调整生态系统的各种结构关系，增强生态系统的自我净化能力与良性循环的能力。

4. 土地生态系统的景观美学功能

土地生态系统的景观美学功能主要包括自然景观美学功能和文化景观美学功能两个方面。

土地生态系统的自然景观是地球表面经千百万年演化形成的，是具有价值的景观客体。自然景观结构性最强，和周围的环境相比最有序，具有"最大的差异性"与"最大的非规整度"，因此它最能吸引人，唤起人们追求奇异的特性。

土地生态系统又是人与自然长期作用的产物。在长期的人类干扰下，它带有深深的人类活动烙印，具有一定的历史、文化价值和档案功能以及作为旅游资源的价值，这种景观被称为文化景观。

当今世界人们生活空间狭迫、生活节奏紧张，享受着人类文明成果的人们长期脱离大自然，面对生态环境的持续恶化，有着返璞归真、回归大自然的强烈渴望。于是具有良好美学功能的土地生态系统已经成为一种稀缺资源，越来越多地受到了人们的重视。

四、土地生态系统的特性

1. 整体性

任何一个土地生态系统都是由多种因子、不同层次和多个子系统构成的。若干小的土地生态系统单元可以构成一个大系统，若干个大系统再构成一个更大的系统，以此类推，直至构成全球土地生态系统。在某个子系统中，无论是环境组分还是生物组分，都是各种因子纵横交错而形成的复杂网络结构，各个因子相互联系，是一个彼此制约而又协调一致的整体。土地生态系统的整体性特征决定了土地资源的开发利用必须具有综合性和系统性。

2. 开放性

不管是人控的还是自然的土地生态系统都是不同程度的开放系统，不断地从外界输入能量和物质，经过转换，一部分以有机物的形式积累在系统内，另一部分以热量或废弃物的形式输出到系统外，从而维持系统的有序状态。任何生态系统没有物质和能量的输入输出，就谈不上系统的生存和发展。

3. 区域性

土地生态系统有明显的区域性。由于各地气候条件多样、地形各异，森林、草地、农田和水域等土地生态系统地域性特征明显。因此，土地生态系统的保护和发展要遵循因地制宜的原则。例如，山区应以林地生态系统为主，平原区建立以粮、油、棉为主体的农田生态系统。我国在西部进行的生态建设，就要根据当地具体的自然环境条件，仔细考虑生态退耕后的土地应以"还林"为主，还是以"还草"为主，以实现理想的生态恢复效果。

4. 可变性

土地生态系统的边界、结构和功能都具有一定的不确定性。这是由于土地生态系统内部组成要素的多样性和复杂性所决定的。引起土地生态系统变化的因素也是多样的，既有自然的也有人为的，这都存在较大随机性，人们目前还无法对其变化进行长期精确的预测。一般说来，生态系统层次越多，结构越复杂，系统就越趋于稳定，受到外界干扰后，系统自我调节及恢复能力也越强。相反，食物链越单一，系统越趋于脆弱，稳定性也越差，稍受干扰，就可能导致系统的崩溃。对于系统结构简单的农田生态系统，只有通过人工调控才能维持系统的稳定性。

5. 土地生态系统是各种过程最活跃的场所

土地生态系统是岩石圈、大气圈、生物圈和水圈等相互作用的中心，是各种物理过程、化学过程、生物过程、物质和能量交换转化过程最活跃的场所；自然界的四大基本循环——大气循环、地质循环、水分循环和生物循环都在土地生态系统中有不同程度的表现。

五、土地生态系统的类型

土地生态系统具有多样性，其中主要的生态系统有农田生态系统、林地生态系统、草地生态系统，水域生态系统和城市土地生态系统等几种类型。

1. 农田生态系统

农田生态系统是土地生态系统的重要子系统，是农作物群落与农田土壤、动物、微生物和空气之间进行物质循环和能量转化的综合体。它既是农业生产的物质基础，同时也是人类经济活动的场所。在农田生态系统中起主导作用的生物成分是受人为控制的，它是典型的人工复合生态系统。为了消除杂草的竞争，提高作物产量，农田生物群落总是以某一种或某几种作物为主；这样使得生态结构单一，系统比较脆弱。由于人们希望单位面积农田能够生产出人们需要的尽可能多的产品，从外界输入大量的物质（如水分与养分）和能量来维持平衡，是对人类的依赖最强同时也是人类对其依赖最强的生态系统。农田生态系统包括很多不同的类型，可分为水田、旱地、园地、菜地等，不同的农田形成不同的生态系统，具有不同的经济功能。

2. 林地生态系统

林地生态系统是土地生态系统中最复杂的系统之一，它是以森林生物群落为主体的土地生态系统。其生物组成在垂直结构上可分为乔木层、灌木层、草本层和地表层四个层次，栖息其间的各种动物和微生物组成了复杂的生物群落，增强了系统的自我调节能力。林地生态系统作为陆地上最强大的生态系统，在生物圈的能量转化和物质循环中起着关键性的作用，是维护土地生态平衡的主体。林地生态系统具有防风固沙、调节气候、净化空气、防治污染，保护和美化环境等多项生态功能，并在改善和提高人类生存和生活的环境质量、城市生态系统等方面具有重要的作用。

当前，林地生态系统面临的主要问题是森林的破坏和消失。这是导致 CO_2 浓度升高从而引起"温室效应"的重要原因之一。同时，森林减少还引起生物多样性减少、水土流失、自然灾害的频发和危害加剧等生态问题。因此，森林生态系统的保护、恢复与重建对于维持地球的生态平衡十分重要。

3. 草地生态系统

草地生态系统是干旱、半干旱地区具有地带性草本植物群落及与之相适应环境条件的结合体。草地生态系统不仅是发展畜牧业的重要基地，还具有保持水土、净化空气、改善生态环境的作用。它的能量流动与物质循环类似于林地生态系统，但固定的能量、初级生产力以及平均生物量均较低。在我国处于森林生态系统向荒漠生态系统过渡地带的北方干旱、半干旱地区，草地对防止土地沙漠化、保持生态平衡的作用显著。

4. 水域生态系统

水域生态系统包括江河、湖泊、水库、池塘和海洋。地球生物圈中的水域面积远大于陆地，是土地生态系统的一个主要组成分，它不仅为人类提供了丰富的水产资源，而且还有极为重要的生态效应，如调节气候、大气水分循环和二氧化碳平衡以及全球范围的物质循环等。目前污染严重是水域生态系统存在的主要问题之一。

5. 城市土地生态系统

城市土地生态系统相对于自然生态系统有许多不同的特点。首先，城市土地生态系统是一种特殊的自然-经济-社会复合人工生态系统。它虽然也受自然生态规律的影响，但更重要的是要受人们的目的和能力所控制。其次城市生态系统是高度开放式生态系统。一方面需要从周围的生态系统获得物质和能量；同时对周围的生态系统产生着影响，城市中人类生产生活排放的"三废"等废弃物品，也需要输送到其他生态系统中。最后，城市土地生态系统改变了自然生态系统的调节机能，城市生态系统的有序运行需要人类的控制管理实现。

六、土地生态学的基础理论

土地生态学的基础理论包括了整体论、系统论、生态系统平衡及调控理论、渗透理论、等级理论、地域分异理论、生态动力的源和汇理论、土地利用与管理的生态系统原理等。其中的系统论与整体论、生态系统平衡及其调控理论在土地保护中有着尤为重要的指导意义。

1. 土地生态系统的整体论与系统论

土地生态系统是一个纵横交织的立体网络系统，土地生态学同时从"垂直"和"水平"两个方向研究土地生态系统和土地生态问题。所以，整体论和系统论在土地生态问题及土地生态系统研究中有重要的指导作用，主要体现在：

1) 要从整体性角度研究和把握土地开发利用和保护中面临的生态问题。土地开发利用和保护中产生的生态问题由多种因素造成，其形成原因也是非常复杂的，孤立研究其中任何部分或仅从个别方面思考和解决问题的办法将难以奏效，而必须从整体性角度研究和把握土地开发利用和保护中面临的生态问题。

2) 要把"土地生态系统"作为土地开发利用和保护对象。要把土地作为一个生态系统即土地生态系统来进行研究，从系统的整体性、有序性、层次性、动态性、开放性和目的性等角度出发来开展土地生态系统问题的研究，对土地的开发利用和保护才能更有效。

3) 应用系统论思想和方法来研究土地生态系统，研究土地生态系统的层次、结构、功能、反馈、信息、平衡、涨落、突变和自组织等。

4) 要将土地生态系统的结构性、开放性和动态性共同作为土地开发利用和保护问题研究的重要内容。

2. 生态系统平衡及其调控理论

(1) 生态系统平衡及其调控理论的基本内容

所谓生态平衡，是指在一定时间内生态系统中人类和生物与环境之间以及生物各种群之间相互制约、维护某种协调关系，使系统内能自我调节并遵循动态平衡法则，使能量流动、物质循环和信息传递达到系统结构和功能相对稳定的状态。生态系统的结构和功能具有长期的相对稳定性，它在环境改变和人类干扰的情况下，能通过内部的自我调节和修复调整，以维持结构和机能的稳定。这种调节能力的大小取决于系统成分的多样性、能量流动和物质循环的复杂性。一般来说，一个成分多样、物质循环和能量流动复杂的土地生态系统、具有更强的自我调节能力。这种自我调整的能力也是有条件、有一定限度的。如果环境的变化超出了生态系统所能够承受的周期性变化范围（生态阈限），生态系统的调节能力将不再起作用，生态系统便会受到伤害和改变，甚至出现不可逆转的破坏。

人类可以通过有意识的调控行为来维持土地生态系统平衡。这要求人们必须根据生态系统原理，应用系统分析的手段，测定出土地生态系统的阈值界限或系统的负载能力，使土地开发利用与土地系统的负载能力相适应，并通过一系列的保护活动来优化系统结构，防止系统退化。否则，如果土地生态系统受到根本性的破坏，人类的生存也必然受到威胁。

从人类的利益出发，人们调控生态系统以维持其相对平衡的原则主要有四个：①物质保护原则，即保证生态系统内部物质循环的连续性；②生产保护原则，即生态系统的生产者总是调整自己以适应环境的变化；③结构保护原则，即生态系统的结构是内稳态机制的载体，所有生态系统都有趋向于恢复因突变事件造成破坏的机制；④关系保护原则，即发生在生态系统中的各种过程都是由群落内稳态机制控制的，稳态机制的作用导致群落对生境条件进行调节，尤其是使某些因素和压力造成的被动减少。

(2) 生态平衡及其调控理论的指导意义

1) 在认识、研究土地及开发利用土地的实践中，必须充分考虑各类土地之间的生态联系及生态规律，以维护和保持土地资源开发利用的生态平衡为中心，注重协调各类土地之间的生态关系，不能只顾经济效益、而不顾生态效益。

2) 土地生态系统的平衡与其他生态系统的平衡一样，是相对的、动态的。维护和保持土地资源开发利用的生态平衡，并不是消极地维持现状，而是在开发利用和保护土地资源的过程中，要依据社会经济的发展和技术条件现状，按照生态平衡及其调控理论，不断地打破旧的生态平衡，扩大土地生态系统的物质循环和能量流动的规模，创建和发展比原土地生态系统更佳的新的生态平衡，使土地生态平衡向着人类所要求的方向发展，形成可持续的、最大的生产力和最佳的生态经济效果。

3) 实行土地生态保护。土地生态系统始终处于动态变化之中，对其利用如超出其可承受能力，土地生态系统就有退化甚至崩溃的危险。而且土地生态系统类型多样，要因地制宜，按照生态系统的自然规律，对各种土地生态系统采取相应的有效措施，才能达到保护生态环境的良好效果。在土地利用总体规划、土地利用工程规划设计、土地开发整理及复垦规划设计等土地利用与管理工作中，要把生态平衡及其调控理论作为重要的指导理论，重视土地开发、整理、复垦、土地利用管理等工作过程中的生态调控，防治生态失调，将维护土地生态系统平衡作为主要工作目标和任务之一，促进土地生态良性循环。

第三节　土地经济学理论

土地是一个自然经济综合体（周诚，2003）。土地保护受到自然规律与经济规律的双重制约，受到自然与人为因素的交互作用，土地保护不仅仅是一个资源问题，也是一个经济问题。当社会经济发展达到一定阶段之后，土地的生产性功能和资源功能会趋于弱化，而资产增值功能将趋于强化。

一、土地的资产属性

土地不仅具有资源的属性，而且具有社会资产的属性，是一切财富的源泉。正如马克思所引用的威廉·配第的一句话，"劳动是财富之父，土地是财富之母"。随着人类社会的发展，不仅土地作为资源的重要性越来越突出，土地作为资产的属性也表现得日益明显。土地已作为一种财富为人们所拥有，并在经济上作为资金运用的同义语。土地这种资产属性，表现在以下几点：

1. 土地是一种特殊商品

与一般商品相比，土地也具有使用价值和交换价值，可以进入商品流通领域进行交易。但相比一般商品，土地是一种特殊的商品，表现在：

1) 一般商品是用来交换劳动产品的，而土地这个特殊商品，它具有非劳动产品与劳动产品的二重性，是一种自然经济综合体。从土地的根本属性来看，或就其整体而言，它并非是人的劳动所能创造的，是天然赐予的自然物；但从对它利用的角度来看，现今土地大多经过人类长期直接或间接的开发，凝结着大量的人类劳动，人类的经济活动可以改变其性质，从而影响到土地的功能和用途，这是土地具有劳动产品的一面。

2）土地的价格具有两重性：一方面是作为自然物的土地价格。另一方面是作为开发的土地的价格。从现实的经济生活来看，这两个部分的土地价格是融合在一起的，因为人类投入土地的劳动与土地本身是不可分的。造成这两部分价格在土地价格上的融合。因而，与一般商品相比，土地的估价有着特殊的理论和方法。

2. 土地是不动产

土地的不动产特性主要源自于其空间位置的固定性和使用的永久性。地产不能随着土地产权的流动而改变其空间位置。地产也不同于社会的其他资产（或财产），它不是一次性的消费品，不会因使用而损耗或消灭。相反，它可以反复使用和永续利用，并随着人类劳动的连续投入而不断发挥它的功能。甚至，它还可以随着社会经济的发展，实现其自然增值。地产的这种永久使用特性使其在现代金融活动中，成为最可靠的融资手段。当然，地产使用的永久性并不意味着可以不注意保护，如果违背自然经济规律，则也会导致地产的使用价值贬低。

3. 土地具有明显的产权内涵

土地产权是指存在于土地之中的排他性权利。它包括土地所有权、土地使用权、土地租赁权、土地抵押权、土地继承权等多项权利。土地产权也像其他财产权一样，唯有在法律的认可下才能产生。如某人利用欺骗或暴力等手段占有土地。并不表示他拥有某项土地产权。正如生产资料归谁所有决定着一个社会的生产关系性质一样，土地归谁所有决定着社会的土地制度性质。土地制度对于土地利用的种种约束，实质上表现为对土地产权的约束，土地产权性质反映着特定的社会形式和土地关系。因此，土地的产权特性是土地社会经济属性中最重要的内容之一。

但是，无论实行何种土地产权制度，必须强调土地的公共性；即任何土地的使用都产生外部效应，而不能够为所欲为。

二、土地利用的经济学原理

1. 稀缺原理

所谓土地的稀缺性，主要是指在某一地区、某种用途的土地供不应求，形成了稀缺的经济资源，这是导致土地有价的原因之一。在人类出现以前，没有人类对土地的利用和需求，当然也就无所谓土地供给的稀缺性。只有当人类出现以后，特别是由于人口不断增加和社会经济的发展，对土地需求不断扩大，而可供人类利用的土地又是有限的，因而产生了土地供给的稀缺性，并日益增强。土地供给的稀缺性，不仅仅表现在土地供给总量与土地需求总量的矛盾上，还表现在由于土地位置固定性和质量差异性导致某些地区（城镇地区和经济文化发达，人口密集地区）和某种用途（如农业用地）的土地的特别稀缺上。土地的稀缺性决定了土地所有权或使用权的价值或价格，土地的稀缺性越强，价格越高。并且由于土地稀缺性日益增强，土地供求矛盾的日益尖锐化，导致一系列土地经济问题的产生。

2. 供给与需求关系

供给和需求是经济学中两个相对应的概念，供给指的是可以利用的商品或资源的数量；需求指的是人们需要并愿意购买的商品数量。供给和需求相互联系、相互作用，最终决定实际供给量。经济学中用供给曲线和需求曲线说明这个问题（图1-1）。

土地的供给与需求是人地关系的表现，并制约着人地关系的状况。土地资源的资产特性使土地供求关系及其制约因素不限于自然条件，而且涉及社会经济技术条件，因而有其特定的规律和机理，这是人们研究人地关系以至一切土地问题必须遵循的一项基本原理。

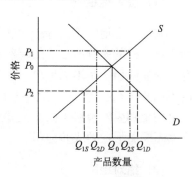

图 1-1 供需曲线

土地的供给是指在一定的技术经济环境条件下，对人类有用的各种土地资源的数量，包括已利用的和未利用的后备储量的总和。按其性质可以分为土地的经济供给和自然供给。土地以其自然固有的属性供给人类利用，以满足人类社会生产和生活的需要，成为自然供给，它是无弹性的供给。土地的经济供给是指在土地的自然供给允许的条件下，在一定的时间和地区因用途利益和价格变化而形成的土地供给数量。土地的经济供给是有弹性的。而所谓的土地需求就是人类为了生存和发展进行的各种生产和消费活动。

由于土地的稀缺性和位置的固定性，土地供求平衡是相对的、暂时的，而土地供不应求是绝对的、普遍的；土地的经济供给量将日益不能满足土地需求量的增长。正因为如此，地价总的趋势是上升的。只有控制人口对土地的需求，才是缓解土地压力的根本；只有合理开发利用和管理好土地，才能缓解土地经济供给的短缺，充分有效合理的利用有限的土地，保障人民对土地产品及其收益的增长需求。

3. 替代原理

由于土地利用的可替换性和不同土地利用方式或开发带来了不同的效益，因此，受利润的驱使，土地资源向着能带来更大收益的土地利用方向流动。原始的森林和草地被开垦为农田，农田又被开发建设为城市用地就反映了这种土地利用的变化。

替代原理，支配着土地从一种用途转向另一种用途。在城市中，对于同一宗地来说，商业用地带来的纯收益要高于住宅用地，而住宅用地又高于工业用地。在农用地中，特种经济作物用地收益高于一般经济作物，更高于大田粮食作物。在土地规划所许可的条件下，土地用途会从低收益使用转向高收益使用。如在城市中，当地价上涨过高，这些土地不宜用以建筑住宅的时候，就有把它转向商业用途的趋势。

4. 地租理论

地租理论是土地经济学的基本理论，对于土地的分等、定级、估价、合理规划利用及制定地价、地税制度与政策，调节和完善土地有偿使用管理制度，实行税、费、租体系改革，促进经济社会发展，均具有重大的指导意义。

地租是土地商品化和土地产权分化的产物，是为了使用土地而支付给土地所有者的报酬，它是土地所有权在经济上的实现。在封建社会，地租分别采取劳役地租、实物地租和货币地租等三种基本形式。资本主义地租的基本形态有级差地租和绝对地租，它们是由不同的原因和条件引起的。

（1）级差地租

它是与土地的不同等级相联系的地租，其实质是土地产出品的个别生产价格低于社会生产价格的差额所形成的超额利润。级差地租分为两种形态：级差地租Ⅰ和级差地租Ⅱ。级差地租Ⅰ是不同地块间由于土地自然条件的差异（包括肥沃程度和距离市场远近的不同），造成等量资本投入等面积的不同地块上的生产率出现差异，导致不同地块上产品的个别生产价格不同。级差地租Ⅱ则是由于在同一块土地上连续追加投资的劳动生产率不同而形成的级差地租。

（2）绝对地租

租用任何土地，包括租用最差的土地也要交地租，这就是绝对地租。绝对地租是土地所有者凭借土地所有权的垄断所取得的地租（周诚，2003）。

5. 区位论

区位理论源自德国学者杜能（1783～1850）的农业区位理论。在工业经济时代早期，工业生产活动的场所主要取决于生产成本的大小，运费作为一个影响空间成本的重要因子，受到格外关注，因此最早出现了以成本（主要是运费）最小为依据的韦伯（1868～1958）工业区位理论。随着工业经济社会的发展，社会生产更多地受到市场的直接制约，市场因子备受关注，因此就有了克里斯泰勒与廖什的中心地理论和市场区位或城镇区位理论（周诚，2003）。第二次世界大战以后，人类生活方式和价值观进一步多样化，仅考虑单一的经济因素已不能全面地反映工厂区位选择的目标，从而重视非经济区位因子以及行为因素的新的区位理论应运而生。进入后工业化社会，人们的价值观念发生变化，距离市场远近不再是限制因素，人们对生态环境越来越重视，从而出现了追求居所周围良好的生态环境的趋势，生态区位理论得到了发展。选择土地保护的最优区位，以使土地保护取得最大的效益，是区位论应当解决的首要问题。

6. 比例原理

比例是事物的结构在数量上的反映。比例问题就是在各种不同的利用形式中，按照比例来分配全部自然资源的一个问题。土地的经济使用意味着，把一切在经济上可供应用的土地按照一定的比例使用到各项用途中去，使一切需求都能得到最适当的满足。对于土地利用者来说，最好的分配比例就是能够为投资者带来最高纯收益的那种比例。

7. 土地的增值性

这是土地与其他经济物品非常不同的一个特点。土地不仅是一种珍贵的自然资源，为人民提供产品和活动场所，而且是能产生增值价值的经济资本或生产性资本。首先，土地的稀缺性保证了土地供求关系从长远来看一直处于越来越紧张的境地。其次，与一般性的人工资产所不同的是，土地使用过程中的价值转移不受到折旧的影响，只要使用得当，就可以永续利用。而不断加剧的供求矛盾会造成土地的不断增值。另一方面，土地作为资产，人们在其上的创造性劳动会引起土地的增值。比如土地利用方式的改变（农用改用于工业、城建），或四周的环境、区位改变（如交通的修建）等都会产生土地增值。

8. 土地报酬递减规律

土地报酬递减规律已经有200多年的发展历史。它一直被农业经济学视为最基本规律，同时也广泛地应用于资源经济学、土地经济学、生态学等领域，随之成为工农业生产的普遍规律，并被抽象为"报酬递减规律"或"收益递减规律"。这个规律揭示出，在一定的技术水平下，对土地追加投资，当投入一定量资源时，产出量会因此而增加；而当投入的资源数量超过一定量即会随着投入的增加而呈现投入等量资源带来的产出量递减之势。

从土地利用全过程看，土地报酬的运动规律在正常情况和一般条件下，应该是随着单位土地面积上劳动和资本的追加投入，显示递增然后趋向递减。在递减后，如果出现科学技术或社会制度上的重大变革，使土地利用的生产资料组合进一步趋于合理，然后又会转向递增；技术和管理水平稳定下来，将会再度趋向递减。由于"土地报酬递减规律"的存在，在技术不变的条件下对土地的投入超过一定限度，就会产生报酬递减的后果。这就要求人们在利用土地增加投入时，必须寻找在一定技术经济条件下投资的适合度，确定适当的投资结构，并不断改进技术，以便提高土地利用的经济效果，防止出现土地报酬递减的现象。至于土地肥力及土地生产力的发展变化趋势，在土地合理利用条件下总的趋势是递增的，但利用不当也会趋于下降和衰退，关键在于科学技术和管理水平的主导作用。

从投入产出关系（生产函数）来看，报酬、生产力的递增、递减主要在于投入的变量资源与固定资源（土地）的比例关系是否配合得当，二者在配合比例上协调与否以及协调程度的大小，决定着土地报酬（收益）和生产力。土地报酬递减规律对我们确定合理的土地利用经营规模和集约度有着重要的指导意义。

9. 土地利用外部性原理

土地是自然生态系统的基础因子，土地互相联结在一起，不能移动和分割。因此，每块土地利用的后果，不仅影响本区域内的自然生态环境和经济效益，而且必然影响到邻近地区甚至整个国家和社会的生态环境和经济效益，产生巨大的社会后果；这就是土地利用的外部效应。外部效应有正反两面，即所谓的外部经济性和外部不经济性。向江河排放污染物对排放者是"经济"的，但这是一种典型的外部不经济现象，因为污染者自己没有承担环境成本却最终让社会来承担，给社会造成损失。植树造林给周围带来良好的生态环境，这是外部经济性。国家应该通过经济、法律和行政措施，鼓励外部经济活动，惩罚外部不经济的行为。这也是通过经济手段促进土地保护的主要理论依据之所在。土地利用外部性，使得任何国家都以社会代表的身份，对全部土地进行宏观的管理、监督和调控。

三、土地保护的经济手段

所谓经济手段是指国家运用经济政策和计划，通过对经济利益的调整而影响和调节社会经济活动的措施。它主要包括国家掌握的重要物资和资金、采取的经济政策及经济杠杆等。

1. 土地保护的经济学含义

狭隘的土地保护可定义为"保护地球上的资源效率不降低、或是保持近似于自然状态下的条件，或只容许明智地耗用资源"。但这种为了未来的利用而不触动土地资源的保护概念，永远不会为大多数人所接受。因此，经济学在讨论保护时，重点多放在资源有秩序的长期高效利用、消除经济浪费和社会浪费，以及使社会净收益长期最大化等方面。简言之，经济学的土地资源保护的含义是合理、明智、高效地利用土地资源，使其利用效率不降低、净收益长期最大化。土地经济学家雷利·巴洛维（1989）认为，保护关系到土地资源在目前和未来之间分配决策的问题，即为提高土地资源未来可用量而采用的政策和行动。

2. 土地资源保护类型

尽管人们经常泛泛地谈论土地资源保护，但是只有讨论特定土地资源类型的保护时才是有意义的。从经济学的角度讲，只有那些稀缺而又不能或不易更新的土地资源才有保护的意义。为保护的目的而进行的土地资源分类多是依据资源的相对稀缺性和可更新性。比如说，耕地是一种稀缺的土地资源，而且一旦丧失就很难更新。耕地的难以更新性，是因为坚硬的岩石风化形成深厚、有肥力、可耕作的土壤需要相当长的时期。而其他非农用途则对土壤肥力没有要求。人口不断增长引起对食物更大的需求，造成对耕地的持续压力。我国地大物博，但是人口众多，实行世界上最严格的耕地保护制度非常必要；通过划定基本农田保护区等措施，以实现在发展经济的同时，最大限度保持耕地的生产能力，确保国家粮食安全的目标。

3. 保护的经济障碍

（1）缺乏了解和预见性

土地资源的保护不利或没有保护土地资源，首先是人们对土地资源的面积固定性、稀缺性、资产性、生态环境功能等认识不够，对利用过程中可能出现的问题缺乏预见。实现土地资源的可持续利用是全人类的事情，单单靠国家制定法律法规是远远不够的，应加强对全体国民的教育，使土地使用者具有保护和可持续利用土地的意识。同时，还要通过让经营者了解与己有关的资源储备量、市场的资源储量和供求情况、未来市场需求和期望价格、保护成本以及期望收益等，使他们明白保护是值得的。

（2）缺乏土地资源保护投资

保护土地资源以备将来利用而获得更大效益是需要投资的，但是很少有人拥有按其希望方式进行经营的全部资本。这种限制因子往往使得他们从自己的资源中抽取资本或采取较短的计划期，这仅仅是由于他们觉得必须增加自己生活和经营所需要的眼前收入。在这种情况下，特别信贷优惠可以帮助经营者有财力采取保护措施和帮助他们渡过收入少或减少的困难时期。也可以制定对于保护土地资源的投资补偿计划，以促使个人采取对整个社会有利，但对个人不利或暂时不利的保护措施。我国农用耕地的基础设施投资少，就是因为农民缺乏资金。

（3）经济的不稳定性

经济的不稳定是阻碍采取保护措施的第三个主要经济障碍。许多经营者采取短的计划期和高的利率，原因是他们觉得自己不能够预测未来的成本、价格和市场条件。如果采用旨在减少不确定性、稳定经济的措施，是可以提高经营者对保护投资的信心的。在不能采用这些措施时，建立和完善国家保障体制、或社会与个人分担保护的成本和收益的体制，可能有益于促进一些土地资源的保护。

4. 利用税收保护土地

保护土地的经济手段中应当首推税收手段。对由于改换土地利用类型而带来的土地增值进行课税，是一种有效的控制手段。这种增值税最明显的例证是不动产交易中的资本增值税。美国政府早在1921年前就对出售不动产的资本收益作为固定收入征税。对收获、开采、抽取或挖掘自然资源，包括木材、金属、煤、石油、天然气、盐等进行征税，有利于保护资源。按开采量征税，避免了"采完快走"。影响土地资源利用的其他税收还有土地转让税、销售税、营业税、遗产税、赠与税等。

5. 利用补贴保护土地

1985年美国政府付给农场主损失补贴，让农民从4500万 hm^2 的侵蚀强烈的土地上退耕10年，保护土壤；同时规定如果农民耕种侵蚀量大的土地，将不能获得农产品价格补贴、作物保险等；1990年的农业经费中有相当部分支持"有机农业"，减少农药和化肥的使用量，以及保护湿地。1999年起，中国在西部实行"生态退耕"政策，对于退耕还林的农民每亩（1亩＝ $1/15hm^2$）地给予100kg原粮和50元钱的补贴，鼓励农民将陡坡耕地和严重风蚀沙化的耕地退下来种植林（灌）。而2004年政府又给种粮农民每亩50元的补贴，鼓励农民种粮。这些都是利用经济杠杆鼓励某种土地利用或限制某种土地利用的具体措施。

6. 利用土地价格调控土地利用

土地价格是地租收入的资本化。土地价格为土地所有权的有偿转让与使用提供了有偿付费的理论和计量依据。土地价格的高低对土地市场及土地供求关系具有调节作用，土地价格直接制约着土地需求，土地价格高会直接迫使土地需求下降，土地价格低会刺激土地需求增长，从而使土地供求趋于相对平衡。土地价格可以引导土地生产与利用的方向，对土地使用者对土地用途及其利用程度与利用方式的选择有重要影响。如提高建设用地供地价格会抑制房地产开发，促进土地的集约利用与保护耕地。

7. 制定土地利用专项规划

土地规划是指人们根据社会经济发展要求和当地自然社会经济条件，以及历史基础和现状特点，对一定区域范围内土地利用进行空间布局上的优化组合，并对实现优化组合在时间和措施上做出安排。它是对一定范围内全部土地的利用开发整治保护进行综合平衡和统筹安排，可以对大量土地利用过程进行控制。土地保护和生态环境的保护是土地利用规划编制的基本原则之一，制定一些防止土地退化和保护生态环境的土地保护专项规划，通过一些敏感区域的划定，把应该保护的区域以法律的形式固定下来，可以达到良好的保护效果。

8. 通过经济惩罚措施使环境成本内部化

对于带来外部不经济的土地利用，如向外排放污染物，政府可以通过罚款的形式迫使土地使用者进行技术改造，停止或减少污染物的排放，使环境成本内部化。也可以通过创建排污权交易市场，建立污染物排放许可证制度，政府主管部门对企业每年的排污量或资源消费量规定一个上限，许可证的价格由市场的供求关系决定；这也是将环境成本内部化、防止"市场失灵"的重要途径之一。

第四节 生态经济学理论

生态经济学是一门新兴的边缘科学，它是研究社会再生产过程中，经济系统与生态系统之间物质循环、能量转化和价值增值规律及其应用的科学（王松霈，2001）。生态经济学的研究对象是生态经济系统，其研究目标是实现生态经济系统的良性循环。生态与经济协调发展理论是生态经济学的核心，这是社会经济发展的必然，也是土地保护的基本原则。

一、生态经济系统

在经济系统未产生之前，就有了生态系统；但仅仅靠生态系统的自然物流能流是不能满足人类需要的。于是，人类通过土地利用活动逐渐建立了经济系统，并且与以自然过程为主导的土地生态系统相互耦合形成了转化效率高的生态经济系统；它是一个层次更高、更为复杂的大系统。任何土地利用活动，无不在这个生态经济系统中进行。在这个系统中，生态系统和经济系统相互联系、相互影响、相互作用，构成具有一定结构和功能的复合系统，这实际上也是生态经济系统的运行机制。生态经济系统不仅仅包括自然-生态过程，还包括经济-技术过程和社会-政治过程。

1. 生态系统是经济系统构成的基础，它制约着经济系统的结构与功能

经济系统的逐步建立与发展，要适应于它所处的生态系统，这样才能形成良性循环。在生态经济系统间流动着生态系统本身的物质和能量，进行劳动量和生物量的交换，进而形成经济系统的物质流、能量流和价值流。在这个过程中，人类社会利用各种资源和环境条件，生产出适合人类需要的各种物质，满足整个人类社会的需要，同时将废弃物排放到生态系统中。

2. 经济系统反作用于生态系统，可对生态系统产生有利和不利的影响

经济系统作用于生态系统的机制，主要是通过经济活动的直接或间接的正负反馈作用施加给生态系统，生态系统的反应又会影响经济系统的发展。经济活动一般具有较强的正反馈机制，使得自我不断增强，这样便会对自然生态系统提出更多的需求；然而自然生态系统具有较强的负反馈机制，使得其供给越来越少。

随着人类社会的发展，经济系统的结构日趋复杂，功能也日益强大，其对自然生态系统产生的影响也越来越大。如果人类在进行经济活动时，给予生态系统以高度的重视，协调经济活动与生态系统之间的关系，使经济系统的调节手段（技术的、经济的）不仅符合经济系统的反馈机制，也符合生态系统的反馈机制，那么，整个生态经济系统就会处于一种健康的状态中，生态系统也会得到加强，从而提高了生态系统生产力。相反，如果人类在进行经济活动时，不注意对生态系统的影响，或给予的重视程度不够，那么，生态经济系统就会处于不稳定的状态中，积累到一定时候就会导致系统的崩溃，生态系统同时也会恶化。

二、生态经济系统的特征

生态经济系统是一个复合开放的大系统，它除了具有大系统的整体性、关联性、目的性、自适应性、有序性等属性以外，还具有以下特征。

1. 协同性

"协同性"是指系统各部分相互作用、相互制约，共同使系统稳定运行的特征。主要体现在系统结构、功能、目标、运行机制、再生过程等诸多方面。传统经济学和传统的生态学在研究中是并行互不交叉涉及的，而生态经济学则研究自然规律和经济规律相互影响、相互作用的关系，将人类经济活动与自然生态环境作为一个整体，研究人口、资源、环境与经济、社会的发展关系和系统的规律。这实际上就是系统协同作用的结果。

2. 技术性

生态系统与经济系统的连接和耦合，是在社会不断的发展的情况下，具有了为二者耦合的技术条件才形成的。技术系统实质上是人类开发、利用、保护自然的物质、精神和信息手段的总和，它能提高生态经济系统的自然生产力和社会生产力；促进环境和发

展的协调以及生态经济系统稳定有序的演进。只有充分利用技术系统，才能使生态经济系统处于良性的循环中；当然如不从系统的角度来利用技术系统，就会影响和破坏生态环境的质量，导致生态经济系统恶化。

3. 复杂性

由于生态经济系统的组成、结构、功能、目标、规律等具有多样性，使得生态经济系统显得异常的复杂。生态经济系统的复杂性决定了我们对它的认识的长期性和困难性。

三、生态经济系统的结构及其类型

1. 生态经济系统的结构

生态经济系统结构是指生态经济系统内部的人口、资源、环境、物资、资金、科技等要素在空间或时间上，以社会需求为动力，通过投入产出链渠道相互联系、相互作用所构成的有序的立体网络关系，也就是由一定经济结构通过相应的技术结构与一定的生态结构相互交织密切联系而成的有机的整体结构。

生态经济系统的基本单元是链条，包括食物链、生产链和交换链。食物链普遍存在于生态系统中，是生物之间以捕食与被捕食关系而连接起来的链条。生产链是生态经济系统中的主体链条，它将生态、经济以及整个生态经济系统的生产和再生产联系在一起。交换链则是由食物链和生产链反映出的物质循环和能量流动在价值上的体现形式，表现为价值流。

2. 生态经济系统结构类型

生态经济系统结构是处在不断演化之中的动态结构，从其演化历史看，大致可分为：

(1) 原始型生态经济结构

所谓原始型生态经济结构是指在生产力水平比较低的条件下，经济系统与生态系统组成比较简单的复合结构。这种类型的结构主要存在于自然经济和半自然经济时期的以生物产品为原料的家庭工业中。原始型生态经济结构是一种自然生态系统起主导作用类型的结构，更多地显示出生态系统食物链网络特征，经济系统与生态系统相互连接的技术手段简单；人们的经济活动也不会造成资源的枯竭；排放的废弃物一般也都能自然净化，而不会造成生态环境的破坏。工业革命以前的世界经济基本上是这种发展模式，人与自然是低水平同步发展的。

(2) 掠夺型生态经济结构

掠夺型的生态经济结构是一种粗放的经济主导型的生态经济结构，其特点是高资源、能源投入、高经济产出、环境质量不断恶化。

掠夺型生态经济结构单纯追求经济增长，把发展经济建立在贪婪地向自然生态环境索取资源的基础上，以巨大规模地消耗自然资源和环境质量为代价。这种结构虽然能使经济在一定时期内快速发展，但对环境和资源损伤到一定程度，会出现严重衰退，使生态失去平衡，带来的种种问题反作用于经济系统，成为制约社会经济发展的严重障碍。

(3) 协调型生态经济结构

所谓协调型的生态经济结构是指开放的经济系统按照生态规律和生态系统结合成低耗、高效、优质、多种产品输出的生态经济系统结构。

协调型生态经济结构的主要特征包括：

1) 生态系统与经济各要素是互补互促的协调关系。经济系统通过自身运动变化和技术手段，向生态系统投入物质和能量以改变生态系统组合结构，并依据生态规律，运用技术手段加速生态系统的演化发展，使之向生态经济和社会的多数量、多产品、多功能目标发展。

2) 协调型的生态经济结构具有循环和充分利用功能。首先，协调型的生态系统结构能够维持系统现状多余的物质和能量，这部分物质和能量是系统自身的产物；其次，通过外界的投入，在技术手段作用下协调型的生态经济结构能够利用这些多余的物质和能量促使原有生态经济结构关系发生新的变化，输出更多的剩余物质和能量，产生更加有序的结构变化，进而形成新的协调型生态经济结构。

3) 协调型生态经济结构具有不危及生态环境的特征。协调型生态经济结构在生产过程之前就采取各种措施，使污染不发生或发生在环境可承受限度之内，对生产过程中已出现的严重污染则会通过净化处理，使最后排放的废物对环境无害，建立起高效良性循环的生态经济系统结构，从而实现经济建设的发展和生态环境质量的同步提高。

四、生态经济系统的基本矛盾

1. 生态经济基本矛盾的含义

随着现代社会人口猛增、人们生活水平不断提高，对物质、能量的需求超过生态系统的自我更新能力，在生态供给与经济需求之间产生结构性、功能性的不适应状态，这种不适应状态就成为生态经济的基本矛盾。

2. 生态经济系统基本矛盾的产生

生态经济系统的基本矛盾产生的主要原因是生态负反馈机制和经济正反馈机制之间的不协调性。生态负反馈机制导致其内部物质能量更新量的稳定性，即有一个上限和阈值，而经济系统正反馈机制决定了对其物质能量的需求是无限的。如果在某个周期内没有足够的物质能量供经济增长的消耗，就会出现一个负反馈过程，迫使经济系统调整发展速度，即降低经济增长目标。但这时却遇到了永远为正的内在需求的驱动力，于是矛盾形成了。当然，矛盾的形成或加剧也可能由于经济系统本身调控不当而引起的；但是就生态经济系统而言，当今世界最重大的问题是能源不足，环境容量变小，人口剧增和生态系统失调。生态经济系统基本矛盾就是这些问题的集中反映，而其焦点是生态系统物质能量的更新和储量限制了经济增长的加速运行。

3. 生态经济基本矛盾的主要表现

(1) 生态生产力更新的长周期与社会生产力更新的短周期之间的矛盾

由于生态系统负反馈机制的制约，物质和能量的更新速度十分缓慢。而社会生产的需求和消耗速度则极为迅速。随着社会的发展，自然生产力已越来越赶不上社会生产力的需求，形成了生态生产力更新的长周期与社会生产力更新的短周期之间的矛盾。

(2) 单纯适应经济增长的技术体系与恢复生态平衡技术滞后之间的矛盾

技术进步的目标，不仅仅是短期内获取高额利润，也不仅仅是在局部上实现经济增长，而是着眼于长远的、全局的经济发展，包括恢复生态平衡目标在内。当前突出的问题是，废物资源化技术、消除污染技术、促进资源再生技术的研究和推广大大落后于污染、生态结构和功能失调的速度。

(3) 生态系统要素的自然有序与经济系统要素的社会有序之间的矛盾

在一个生态系统中，能量必然沿着植物—动物—微生物……的顺序转换，因此能量是节省的，系统是稳定的。而在经济系统中，能量可越过植物生产而直接向高耗能的工业部门传递，而且能量转化的立体网络十分庞大，过多的转化环节导致能量的浪费，而某些产品也未必是符合人类经济需求的。要想创立稳定发展的生态经济系统，必然是经济有序主动向生态有序耦合，而不是相反。

(4) 生态系统负反馈机制与经济系统正反馈机制之间的矛盾

经济系统总体上是不断增长的正反馈机制控制着系统运行，而生态系统的物质、能量积累在达到一个顶极状态后便稳定在这一阈值上，其负反馈过程必然与经济系统的正反馈过程经常处于矛盾状态中。生态经济持续发展就是在不断克服这一矛盾的过程中实现的。没有能量、物质输入的经济系统不可能持续发展。

五、生态经济学的基本思维：生态伦理和生态与经济协调发展

（一）生 态 伦 理

1. 生态伦理的基本思想

随着人与自然之间关系的恶化，环境问题日益突出，人们不得不重新认识人与自然之间的关系，生态伦理的思想便应运而生，并逐渐达成共识。

生态伦理，又称环境伦理学，它在人与自然的生存和发展层次上，把价值、权力和利益的概念扩大到非人类自然界及其过程，承认自然与人类的平等关系，以及承认当代人与未来人在共享基本生态资源方面的平等关系。生态伦理要求人类对自然界生态系统、对动植物种的关注，并以人与自然协同进化作为出发点和最终目标。生态伦理观认为自然环境有其自身的作用和权利，人与社会的一切活动都应充分考虑到自然环境的伦

理权利。人类如果侵犯或者破坏了这种不被人感知的价值，那么整个生态系统将会失去动态平衡。尽管人类创造了高度发达的技术及其人造设施，但人类之根正在越来越深地植入自然之中。

生态伦理理念、态度和规范的确立依赖于对自然界整体的看法和对人在自然界中的地位的认识，它包括人与自然的道德关系及受人与自然关系影响的人与人之间的道德关系两方面，其中以非人类为中心的深层生态伦理更受人关注。深层生态伦理的主要原理是：①人类和非人类生命的福利和繁荣本身具有价值（天赋价值、内存价值），这一价值不依赖于人类出于自身利益而对非人类世界的使用；②生命形式的丰富性与多样性有助于上述价值的实现，因而它们本身也有其内在价值；③人类无权削弱这种丰富性和多样性，除非是为了满足其最低限度的基本生存需要；④人类生活和人类文化的繁荣同实质性的小规模人口相适应。非人类生命的繁荣要求人类只有比较少的人口数量；⑤当今人类对非人类世界做出了太多的干预，非人类世界的状况在急剧恶化；⑥必须改变现行的影响基本经济的、技术的和意识形态的结构的各项政策；⑦意识形态的改变将主要表现为珍视生命与生活的质量。后者在于体现天赋价值的场合中，而不在于日益增长的更高生活水准。人们对数量的巨大和质量的优良之间的区别将有明确而深切的意识；⑧一旦信奉上述要点，人们就有直接或间接的义务去实行必要的变革。

2. 生态伦理的价值取向

生态伦理将人类置于生物圈有机体的分工和协作中，既考虑生物进化底层和高层的目的和需要，也考虑现存发展中生物圈的结构、功能与人类社会发展的关系。其总的价值倾向是：①要考虑人的社会需要和有机体的目的，不仅涉及人与人（社会）的关系，也涉及人与有机体、有机体之间与环境的关系。即尊重生命社会，同时也要改善人类生活质量。遵循人的生存利益高于其他物种的非生存利益，其他物种的生存利益高于人的非生存利益原则；②要保护地球有机体的活力和多样性。即保护生命支持系统，保持生物多样性；保持永续地利用可再生的资源；③要最低限度地耗用不可更新资源；④要使人类的活动保持在地球生物圈承受限度之内；⑤要考虑人与物种的关系，保护物种的存在。要求人们活动依据人类—大地—物种的三角关系整体综合考虑，一切有助于保持生物群落的完整、稳定和美丽的事情就是正确的，否则就是错误的；⑥要考虑当代人与未来人的关系，把人类的近期利益扩展到长远利益，对当代人与未来人在最基本的生存需要、社会需要方面做出平衡；⑦共同的利益、价值和权利是保持人与自然协同进化的关键。人类面临双重任务，即关心保护人类的整体长远利益的同时，也必须对其他生物和整个地球生态系统的健康和完善竭尽义务和责任。

3. 发展的生态伦理原则

基于对可持续发展的理解，把传统的个人公正、社会公正的范畴扩大到人与自然关系的领域，公正就可作为生态伦理原则范式的基础内涵。因此，从一般伦理原则和特殊实践需要相结合的角度，得到发展的生态伦理原则。

（1）禁止危害自然的原则

反对毁灭生态的战争，反对掠夺性开发资源。我们需要相应的道德原则，增强人类共存的信念，从观念层干预危害自然界使之毁灭的行为。

（2）尊重和爱护自然的原则

这是最高的行为准则，应据此对人类行为加以规范和调节，以重新确定生命和自然界的尊严。

（3）遵循生态规律原则

社会经济活动生态化即人类要选择符合生态道德的发展途径。人类活动应遵从生态规律，按照生态学的观点和生态原理对工业生产、农业生产和其他经济活动进行生态设计。要放弃和避免把经济增长作为唯一的目标经济学，建立把经济与生态统一起来的经济学，使工农业建设成果既符合最大经济效益指标，又符合最佳生态效益的要求。

（二）生态与经济协调发展

生态与经济协调发展理论是生态经济学的基本思想，也是生态经济学诸多理论中的一个最基本的理论，在生态经济学科的理论体系中居核心和基础地位。它体现了生态与经济实现协调发展的迫切需求，也指明了生态时代人类社会经济发展的必然方向。

1. 生态与经济协调发展理论基本内涵

生态与经济协调发展理论认为，处理经济发展问题时要着眼于整个系统，既重视发展经济所取得的经济效益，又重视发展经济所取得的生态效益，避免过去只注重经济而不顾生态的片面性，实现生态与经济的全面协调。生态与经济协调发展理论强调的不仅仅是经济增长，而是整体的社会进步，即包括生态、资源和环境的良性循环在内的社会、科技、文化、生活水平的进步。

2. 生态与经济协调发展理论在生态经济学中的关键地位

（1）生态与经济协调发展是经济社会发展的必然趋势

人类的生产活动是人与自然关系的纽带，正是通过这个纽带才使土地生态系统和社会经济系统结成有机的统一体。生态系统是经济系统赖以发展的物质源泉，社会再生产所需的一切物质和能量都来自于土地生态系统。当经济系统的运行破坏了生态系统的生物资源和环境资源的结构、布局和自我更新能力时，经济系统本身就会陷入恶性循环之中。

在人类社会发展初期，由于人口较少，生产力水平低，人类满足自身的生产和生活需要基本没有超出生态系统的承受能力范围，因此经济与生态不协调的问题尚不明显。随着科学技术和生产力的高度发展，人对生态系统的利用强度日益加大，生态与经济不协调的问题成为当代的一个重大问题。生态危机频发给一味向自然界索取的人类敲响了警钟，但是回归自然原始状态的生产生活方式无疑又走向另一个极端。人类要发展，但又不能以破坏生态环境为代价。因此，走生态与经济相协调的可持续发展之路就成为人类的必然选择。

（2）生态与经济协调发展理论是经济与生态矛盾运动的产物

生态环境是人类社会发展的物质基础，经济的发展必须依托生态环境来进行。生态系统所蕴含的自然资源是十分丰富的，但同时也是有限的。因此，发展经济不能超出生态系统的承受能力，否则就会造成生态系统的破坏。

人是经济社会发展的主导。发展经济和建立人类社会都是人类有意识的经济活动。人对发展经济的需求是无限的，发展经济对自然资源需求的无限性与生态系统对自然资源供给的有限性之间，就必然会出现愈来愈尖锐的矛盾，从而出现生态与经济的日趋严重的不协调。要依靠人发挥正确的主观能动作用，使生态与经济的关系从不协调走向协调。

3. 生态与经济协调发展理论是生态经济学的核心

（1）生态与经济协调发展理论体现了生态时代的基本特征

人类社会从过去的农业社会向工业社会，又向今后的生态化社会转变是一个不以人的意志为转移的客观过程。它的发展是以生态和经济的不协调和实现协调的矛盾运动为动力，它以实现社会经济的可持续发展为目标。

（2）生态与经济协调发展理论奠定了生态经济学理论体系的基本框架

生态与经济协调发展理论是适应新的生态时代的要求而建立的一个基本理论。它以兼顾生态与经济两个方面的要求和指导经济发展，实现生态与经济协调发展为基本特色。生态与经济协调发展的生态经济学基本理论是生态经济学理论体系的基础，它奠定了生态经济学理论体系的基本框架。

六、生态经济系统的三个基本观

生态经济系统是人们对整个社会发展的一种新的认识，要全面的认识生态经济系统，就必须树立以下三种基本观念。

1. 生态经济价值观

生态经济价值是生态价值和经济价值有机结合的产物。对于经济价值，人们早已公认。现代生态经济学认为生态具有价值，而且自然资源、环境均有价值和价格。

所谓土地生态价值，就是指土地自然物和自然力复合的价值，是土地作为自然生态系统总体才具有的价值。土地生态价值不是单个或部分自然物所具有的，而是各个组成要素综合之后表现出来的价值（王万茂等，1992）。比如林地生态系统具有的涵养水源、调节气候、降低污染、美化环境等功能。靠近林地的地块,其生产力和价值高于远离林地的地块,这正是土地具有生态价值的一种反映。临近污染的土地,也可能被污染,导致相应的经济损失,这种损失则从反面说明了土地生态价值的存在。

实质上,人类社会所需的一切资源和生产资料都直接或间接地来源于生态系统,社会生产和消费过程中产生的废弃物最终也要回归到自然生态系统中,自然生态系统对人类社会的效用可以说是巨大的,生态具有价值也是很自然的。生态价值应如何衡量呢?目前国内外的学者在实践中多采用替代的方法来衡量生态价值,可以假设生态系统在遭到影响和破坏后,要用一定的投入和社会劳动来将其恢复到未遭受破坏前的状态,也即生态的破坏所造成的损失表现为一种社会成本,是社会价值的净损失。这种方法可以从某种程度上反映生态环境的价值。

在目前由传统经济发展模式转入可持续发展模式的新时代里,客观要求人口、资源、环境和经济协调发展,生态环境必须保证为下代人所利用,做到持续的开发与利用。因而,确定自然资源、环境的价值和价格,将其纳入到国民经济核算体系,才能真正实现可持续发展。

2. 生态经济效益观

生态经济效益是生态经济系统中自然生产力和社会生产力共同作用所产生的效益。它的成分包含了生态学的生态效率和经济学的经济效益,但它的涵义又有别于二者各自的概念。

生态效益包括自然生态效益和人工生态效益之和。前者属于自然生产力范畴,是自然生态物质的积累、能量的转化和循环,一般受自然规律支配,不以人的意志为转移。后者属于社会生产力范畴,是社会生产和再生产过程中,从自然环境中摄取自然资源,并加以利用以取得物质和能量,又归还给自然环境一些有利或不利的物质以及能量,使生态环境受到影响后而产生生态效益,其值可正可负。生态经济系统是否协调稳定、生产力的高低就反映在生态经济效益上。

生态经济效益通常由三部分同等重要的效益组成,即生态效益、经济效益和社会效益。需要说明的是生态经济效益中的社会效益,不仅反映产品狭义的使用价值,更主要的是反映社会公平合理的分配的效益,这是可持续发展所要求的重要内容。生态经济效益的完整概念是在处理人与自然的关系和生态与经济的基本关系的基础上形成的。在过去,人们认识的生产力是人类征服自然、改造自然的能力,强调对自然环境的索取,这样的认识导致的是全球性的生态环境危机。而生态经济系统理论,则是基于人是自然中的要素之一,它的作用是协调人类社会、经济发展和自然的关系,使生态经济能够持续发展。

3. 生态经济平衡观

生态经济系统的平衡是实施可持续发展战略的理论依据之一,是支持人类社会生存与发展的保证。生态经济平衡是生态平衡和经济平衡相对统一、稳定有序的动态平衡状态,是生态系统与经济系统之间物质、能量、信息和价值的循环、传递和交换处于协调、不断发展的动态平衡中。

生态经济平衡，既是相对的、动态的，也是可控的。只要人们遵循生态规律、经济规律，正确运用科学技术，协调生态、经济、社会要素，便可使生态经济系统走向生态、经济、社会效益三者的统一，实现综合效益最佳。

生态经济的平衡包括了宏观和微观的平衡，微观平衡是宏观平衡的基础，宏观平衡能影响微观平衡。任何地区的生态失衡和经济危机，都会对全球的生态和经济产生影响；而全球的生态和经济危机无疑会对各地区和国家生态和经济产生不利影响。因此，生态经济的平衡必须做到微观平衡和宏观平衡的统一。

七、生态经济系统的调控与管理

在生态经济体系中，生态系统是被控制、调节的对象；经济系统是调节控制的主体，这个"主体"是通过人们的生产活动、管理活动而体现出来的。在生产和管理过程中，人们运用一定的经济手段、技术手段、行政手段以及其他社会手段（如政策、法令等），在调控经济过程的同时，来控制、调节生态系统与经济系统之间的物质和能量的交换、积累及流动。如果人的调控与管理能使生态系统负反馈机制与经济系统正反馈机制相互耦合为一个机制——生态经济调控机制，则可以达到生态经济的良性循环。

调控和管理生态经济系统的基础理论包括系统调控理论、运筹学理论等。生态经济的调控机制分为三个层次：第一个层次是社会动力机制；第二个层次是经济与管理动力机制；第三个层次是技术动力机制。社会、经济、技术这三个层次的调控手段中如使生态、经济反馈机制耦合为一个整体，便可以发挥其整体反馈效应。

生态经济调控机制反映主体与客体、被动与主动的关系。由于生态系统的自我反馈机制起的基础作用，生态经济的调控实际上要求人们在遵循社会经济规律的同时，按照自然规律的要求去获得多种生态资源，以满足经济发展需求，并持续的维持增强其物质、能量输出力，以避免破坏生态环境的自我反馈机制。生态经济系统的调控方法主要有五类：①疏导性的政策、计划和战略方针、策略思想；②强制性的法律、税收，罚款甚至行政命令；③启发教育式的宣传、灌输手段；④价格、信贷等经济杠杆的调节；⑤补偿、更新、强化生态生产力技术。生态经济宏观管理是生态经济系统调控与管理的最高层次。

第五节　土地资源持续利用的理论及其评价指标体系

土地资源作为一种可更新资源，只要科学管理和使用，便可保持其再生和恢复的能力，从而保证人类社会持续繁衍发展。然而不恰当的利用，便会引起土地的生产能力下降，最终威胁到人类的生存。因此，随着全球人口的日益膨胀，土地资源的持续利用与管理已成为全球持续发展这一主题中的核心问题。

一、持续发展理论的提出及其涵义

人是自然的产物，人类发展的历史就是人类逐步认识自身与环境，利用和改造自然的历史。但是，随着人类对自然资源与环境的影响和改变的规模与强度的不断发展，人口、资源、环境等危机开始困扰人类社会的发展。

20 世纪六七十年代以来，世界经济取得了显著增长，但同时人口、资源、环境等危机也困扰着人类社会的发展。在人口问题上，由于世界人口的急剧膨胀，人口与经济发展、人口与资源环境的矛盾日益突出；在资源环境问题上，人类对资源的需求量越来越大，资源的耗竭越来越严重，在资源消耗量不断增加的同时，环境不断恶化；在经济上，一味追求经济的发展，忽略了经济发展与资源、环境的协调，产生了一系列的生态环境问题。因而，"可持续发展"的思想得以迅速发展。

为探索如何解决经济增长与环境恶化的矛盾，联合国成立了"环境与发展世界委员会"（WCED）。该委员会于 1987 年针对全球环境与发展问题向联合国提交了一份里程碑式的报告——《我们共同的未来》（*Our Common Future*）。该报告提出人类社会"可持续发展"的概念，并把它明确定义为："既满足当代人的需要，又不对后代人满足其需要的能力构成危害的发展"。

"可持续发展"概念的出现，迅速得到国际政治领域的广泛讨论与响应。1992 年 6 月，联合国在巴西里约热内卢召开了世界环境与发展大会（UNCED），与会的 178 个以上的国家和地区通过了《21 世纪议程》（以下简称《议程》）、《环境与发展里约宣言》以及《持续森林管理原则声明》三个重要文件。在这三个文件中，可持续发展的概念得到了进一步强化，并被作为一种国际政治理念和社会发展准则推广到世界各国。从此，可持续发展作为一个专门概念，从国际政治领域扩散到政治与学术领域，并开始了其在世界范围内的研究热潮。

二、土地持续利用概念的提出及其涵义

在 1992 年 6 月的巴西里约热内卢的世界环境与发展大会上，持续土地利用和管理问题已被列为《二十一世纪议程》的优先项目。在《二十一世纪议程》的第 10 章——"土地资源的综合管理与规划"中，突出自然资源（包括土壤、矿产、水和生物）开发与持续利用决策中的部门交叉问题。这种对于土地资源的一体化观，是《二十一世纪议程》和持续发展委员会（CSD）考虑土地问题的基础。他们认为，日益增长的人类需求与经济活动正在给土地资源带来越来越大的压力，造成竞争与冲突，导致土地与土地资源的不合理利用；通过一种综合的方式分析所有土地用途，有可能使冲突最小化，实现最优利用，并使社会经济发展与环境保护与改良结合起来，进而实现持续发展的目标。CSD 在 1995 年第三次会议和 1997 年的 5 年回顾会议上，把沙漠化、森林与生物多样性以及山地开发等认定为主要的土地利用问题。在关于"土地资源综合管理与规划"的第三和第八次会议上，CSD 注意到了通过"生态系统管理"等全局方法解决持续发展问题的重要性，并确立了 6 个未来优先课题：土地退化防治、土地使用权准入与产权安全、关键部门与问题（如生物多样性、干旱地、采矿区恢复、湿地与海岸带、珊瑚礁、自然灾害、城乡与土地管理相互作用）、信息提供与土地权利人参与、国际合作（包括能力建设、信息共享、技术转让）以及矿产、金属与工矿废弃地恢复。

为了支持《二十一世纪议程》第 10 章"土地资源综合管理与规划"的实施，联合

国内部专门指定由 FAO 来具体负责土地持续利用与管理相关的技术问题。1993 年，FAO 在"土地评价大纲"的基础上，提出了一个主要针对农业土地的持续利用评价框架——"土地持续利用与管理评价纲要"（以下简称 FESLM）（张凤荣，1996）。FESLM 中，把土地持续利用定义为："土地持续利用是指本着社会、经济要求和环境问题相统一的宗旨，综合运用技术、政策、或其他活动手段，同时实现、保持或提高土地的生产或服务功能（生产性）；降低生产的风险水平（稳定性）；保护自然资源潜力，防止土壤和水质退化（保护性）；经济上可行（可行性）；社会可接受（接受性）。"

三、土地持续利用准则

FESLM 中提出了土地持续利用的五个准则，即生产性、稳定性、保护性、可行性和接受性（张凤荣，1996）：

1）生产性就是指土地利用方式有利于保持和提高土地的生产力，包括农业的和非农业的土地生产力以及环境美学方面的效益。土地的生产性决定了土地利用的经济可行性，是土地持续利用的基础，如果土地丧失了其生产性能，土地的利用自然不能持续下去。

2）稳定性就是指土地利用方式有利于降低生产风险的水平，使土地产出稳定。稳定性是保证土地能够有稳定的产出，以抵御自然灾害和市场风险的基础。

3）保护性就是指土地利用方式有利于保护自然资源的潜力和防止土壤与水质的退化，即在土地利用过程中必须保护土壤与水资源的质与量，以公平地给予下一代。保护性是土地持续利用的核心，只有保护土地资源质量不下降或不退化，才能够保护土地的生产力，使其永续利用。

4）可行性就是指土地利用方式经济上可行，如果某一土地利用方式在当地是可行的，那么这种土地利用一定有经济效益，否则肯定不能存在下去。经济可行性既决定于土地的生产力，也决定于土地利用经营者的管理方式；土地产品的市场供求关系对经济可行性也起到重要作用。

5）接受性就是指土地利用方式在社会上可以接受。如果某种土地利用方法不能为社会所接受，那么，这种土地利用方式必然失败。接受性更多的是涉及土地利用的外部性问题，产生负外部性的土地利用肯定受到社会的制裁或制约，而不能维持下去。

FESLM 提出，必须以这五点来检验和监测土地利用的持续与否；不能满足这五个持续性准则中的任何一个，则认为这种土地利用方式是非持续性的。

四、土地持续利用评价指标

自 FESLM 公布以来，不同国家、地区、个人都以此为指导，从自然资源、生态环境、经济学等不同方面和角度探讨持续土地利用管理评价的指标体系（张凤荣，1996）。

1995 年 6 月，WK、FAO、UNDP、UNEP 共同发起 LQIs（Land Quality Indicators）项目，针对全球主要农业生态带的不同地区，按照"压力-状态-响应"（PSR）模型，分别初步建立了土地质量指标体系。2000 年 12 月，*Agriculture Ecosystems and*

Environment 杂志第 81 期发表了一个关于土地质量指标和持续土地利用管理评价的专辑，集中反映了这一项目领域的研究进展，Dumanski J 和 Pieri C（2000）总结了该项目的研究成果，并建议了土地质量指标的核心指标（Core LQIs），Core LQIs 分为两类，一类是通过短时间研究就可识别判断的指标：包括养分平衡（nutrient balance）、经济增长潜力（yield gap）、土地利用强度和多样性（land use intensity and diversity）及土地覆盖（land cover）；另一类需通过较长时间研究才能识别的指标：包括土壤质量（soil quality）、土地退化（land degradation）和农业生物多样性（agro-biodiversity）；还有一些相关指标，如水质量（water quality）、林地质量（forestland quality）、草地质量（rangeland quality）和土地污染（land contamination/pollution)等。

在这些土地质量指标中，与土地退化最直接相关的评价指标有：

1. 养分平衡

该指标描述的是与各个土地利用系统相关的养分存量与流量情况。养分循环指标要反映的主要问题是：①因产品收获（谷物与作物残余）、侵蚀、渗漏而造成的养分超采、不平衡和产量下降问题，这主要发生在化肥施用率低的发展中国家；②因过量施用化肥或农家肥而导致的养分超载与环境问题，这在发达国家以及化肥施用量高的发展中国家（如中国）较普遍。

2. 土壤质量

土壤质量反映了土壤作为植物生长条件的根本。土壤质量指标要反映的关键问题是：①当前的土地利用管理是维持、提高，还是降低了土壤支持植物生长的能力；②当前的土地利用管理是否保持了土壤的生物学特征及其生物多样性，进而提高了土壤的环境恢复力，以利于全球生命支持功能的维持。土壤质量指标应该与土地利用强度、农业多样性、土地覆被等指标紧密联系起来使用。

3. 土地退化

反映土地退化的指标包括侵蚀、盐渍化、板结化、有机质流失等过程的状态指标，这些在当前已经有了良好的研究基础。土地退化指标要反映的关键问题是：①当前的土地利用管理措施是否导致了农业生产潜力的损失；②当前的土地利用管理措施是否导致了外部环境破坏，进而削弱了环境恢复力（弹性）。

4. 土地污染

这类指标主要反映因人类活动造成的土地污染类型、程度及其影响，特别是重金属污染和有机污染问题。

《土地持续利用评价指标体系与方法》一书在研究国内外土地持续利用评价已有研究成果的基础上，结合我国土地资源特点、土地利用状况和持续发展目标，系统地提出了区域、县域和城市用地、耕地（表 1-1）、林地、草地等不同尺度和类型土地利用系统的持续性评价指标体系和方法。评价指标体系包括了各种土地利用系统在生产性、稳定性、水土资源的保护性、经济可行性和社会接受性方面的评价指标、评价指标的阈值和权重。评价方法包括了评价指标的分析与提取方法、评价指标的量化方法、权重确定方法、评价指标阈值或标准的确定方法、综合评价方法等（张凤荣等，2003）。

表 1-1　耕地持续利用评价指标体系框架

评价准则	评价指标		评价元指标
生产性	农产品产量		单产、总产
	农产品质量		农产品营养质量（蛋白质、油脂、淀粉等）、农产品健康质量（农药残留、各种重金属含量）
稳定性	抵御自然灾害的能力		灌溉保证率、排水体系健全程度、植物保护体系
	生产保证体系		机械化水平、道路通达度
	生产稳定性		单产的波动幅度、洪涝灾害、旱灾、病虫害的成灾率
保护性	耕地质量		有效土层厚度、土壤质地、有机质含量、含盐量（盐渍化程度）、pH、障碍层次、土壤养分含量等
	土壤污染		重金属、农药残留、塑料薄膜残留
	土壤侵蚀		土壤侵蚀模数、地面侵蚀沟占耕地面积的比例、流动沙丘和固定沙丘占耕地面积的比例、地面砾石度、地面裸岩面积比
	水资源保护		地下水位、地下水与地面水质量（亚硝酸盐含量，矿化度，COD，BOD）
经济可行性	经济效益	投入产出比	生产（化肥、农药、薄膜、机械、动力、劳力等）投入、产出（经济学产品和副产品）
		单位面积净收入	
		总成本的净收益率	
社会接受性	耕地利用的外部环境效应		水土流失和风蚀是否对下游（下风向）的土地造成危害、土地利用径流是否危害了周围的土地与水域
	产权制度		因耕地原因农民上访案件数量
			耕地承包期的长短、承包期的处置权
	耕地税费		农业税收数目、各种收费的数目与多少、耕地税费与净收益的比
	耕地利用或管理的合法性		有无违背国家关于耕地保护与利用或管理的法律法规

　　注：表中有些评价单元指标依然是复合指标，还可以再分解为更为具体的单项评价指标。如土壤养分含量可分为氮、磷、钾等，重金属污染可以再具体分解为 Pd、Ni、Cd、Cr 等，投入和产出可再分为农产品产出量及其价格，各种农业投入量及其价格等。

　　综观国内外持续土地利用管理评价的研究，可以得出如下结论：
　　1）目前，在全球范围内，公众对于土地利用要有持续性已经取得了共识；在持续土地利用管理评价指标体系和程序方面，也基本取得了一致意见。但由于各国、各地区的自然条件和社会经济条件不同，所面临的问题不一样，在持续土地利用管理的某些具体评价指标上存在差异，这些评价指标的"临界值"更是不同。如在当前化肥农药投入已经引起或将要引起水土污染的情况下，是继续增加投入，进一步提高单位面积上的产量，以保证食物安全；还是限制投入，控制水土污染的进一步加剧；发达国家和发展中国家在"生产性"和"保护性"评价指标的"临界值"上肯定不同，其社会"接受性"

也不一样。因此，应开展区域性持续土地利用管理评价指标体系的研究，针对具体地区的特点，提出切合实际的区域性的评价指标，以指导区域持续土地利用。

2）在一个特定的地域里，什么样的土地利用方式和利用程度是持续的，其持续程度如何，这是进行持续性评价的基础。目前对这方面的研究还很缺乏，因此基于系统分析和科学实验相结合，深入研究土地利用的内在机制，科学确立持续利用标准，并进一步建立持续评价指标体系，是深化持续土地利用的核心内容。

另外，国家、地区和农户等不同层次（尺度）的土地利益集团对于持续土地利用管理的评价指标的认识肯定不同。如对于水土流失问题，国家、地方政府和具体的农户肯定有不同的标准；国家和政府往往从比较长期的生态经济利益考虑，而农民则更关心眼前的温饱问题。

3）"综合评价"仍是一个难以解决的问题。受专业知识领域的限制，到目前为止，现有的评价指标和评价方法都有局限性和片面性。经济学家偏重于经济可行性的研究，注重的是利润或投入产出率等方面的评价指标；环境保护学者特别注意水土质量的保护，着重水土质量评价指标的研究；土地资源学者注重的是资源有效性、土地退化和资源利用效率方面的评价指标研究；社会学者注重社会公平与效率方面评价指标的研究。如何在持续性评价中将这些方面的评价指标有机地结合起来，采用什么方法将它们结合起来，仍有待研究。

4）需要开展持续土地利用系统的研究。土地利用无论是从利用过程还是利用结果来说都可称得上是一个复杂的系统，用传统的、静止的、定性的方法来分析复杂的土地利用系统已不适应现代土地利用的要求，需要用系统的、动态的、定量的方法来研究土地利用问题。采用系统分析的方法模拟土地利用过程是客观评价土地利用的基础，也是持续土地利用评价指标及其阈值确定的客观依据。在这方面目前研究还比较少，因而加强对持续土地利用系统的研究是非常必要的。

参 考 文 献

雷利·巴洛维.1989.土地资源经济学：不动产经济学.谷树忠等译.北京：北京农业大学出版社

王松霈.2001.生态经济学.西安：陕西人民教育出版社

王万茂等.1992.土地生态经济学.北京：科学技术文献出版社

张凤荣，王静，陈百明等.2003.土地持续利用评价指标体系与方法.北京：中国农业出版社

张凤荣.1996.持续土地利用管理的理论与实践.北京：北京大学出版社

张凤荣.2002.土壤地理学.北京：中国农业出版社

周诚.2003.土地经济学原理.北京：商务印书馆

第二章　土地退化驱动力分析

造成土地退化的原因是多种多样的，有自然的因素，也有人为的原因。其中，来自自然界的驱动因素包括气候变化，大地构造和新构造运动等等，它们是土地退化的最基本因素，决定着区域土地退化的方向。人为的原因主要是由于人类不合理的开发利用活动，人类活动已成为土地退化驱动力中最活跃的因子。自然和人为的种种因素错综复杂的交织在一起，决定着土地退化的方向和速率。

第一节　气候变化对土地退化的影响

我国有一句成语"沧海桑田"，指的就是由于气候变化导致的环境变迁。普遍认为，气候变化与土地生态系统的演替有着密切的关系，它不仅影响到土地生态系统的生存与发展，而且还对水土流失和沙漠化等自然灾害起到推波助澜的作用（方精云，2000）。

一、第四纪以来的气候变化对土地退化的影响

（一）我国第四纪气候变化的特征

第四纪从距今 248 万年开始，是地史发展的最新阶段；虽然现代海陆分布及地貌起伏形势已经形成，但新构造运动仍很强烈，气候变化和气候波动仍很频繁。第四纪的主要特征是多个冰期-间冰期旋回（刘嘉麒，2001）。黄土中的多层古土壤是第四纪以来气候干冷与湿热交替变化的反映。

从第三纪开始至更新世初期，大兴安岭、阴山、大青山、祁连山、阿尔泰山、天山、昆仑山等不断隆起，水汽侵入逐渐减少。整个第四纪时期，随着青藏高原在第四纪期间的阶段性上升，在历次冰期中冬季风越来越强烈，一次次向南推进，干冷气候环境逐步扩大，青藏高原高寒地区发育了永久冻土层。这里形成明显的内陆性和干燥条件的自然地理景观，西北内陆地区向干旱的荒漠化方向发展（夏正楷，1996）。

（二）全新世气候变化

全新世是第四纪最后一个分期，开始年代距今 12 000～10 000 年，它与更新世的分界是以第四纪最后一次冰期结束，气候由寒转暖为标志，因此也称为冰后期。全新世气候总的趋势是转向温暖，但气候波动非常明显（夏正楷，1996）。竺可桢根据中国古代物候记录，重建了我国 5000 年来的气候序列，认为我国近 5000 年来的温度变化明显存在 4 个温暖期和 4 个寒冷期（竺可桢，1973）。在前 2000 年中，即从仰韶文化到安阳殷

墟时期，黄河流域年平均温度比现在高 2℃，冬季平均温度高 3～5℃。在后 3000 年中，气候有一系列冷暖波动，周期约为 400～800 年，年平均温度变化范围为 0.5～1℃（夏正楷，1996）。随着气候的暖冷转换，多雨期与少雨期交替出现，在很大程度上影响了区域土地覆盖变化的方向。

（三）第四纪气候变迁对我国土地退化的影响

受第四纪气候变迁的影响，我国北方的森林带呈现扩大和收缩的节律变化，据有关研究，植被对水热条件非常敏感，并且有着良好的储水和保土能力。在北方的干旱半干旱地区，天然乔木如得以成林生长，年降水量大都要在 400～500mm 以上。无论过去还是现在，森林带的扩大和收缩总是要受到气候变化的制约。3000aBP 发生在陕甘的持续干旱标志着全新世气候最适宜期的结束，气候由暖湿转为干凉，对应的发生了从农业到牧业的改变（侯向阳，2002）。自从有文字记载，这一带就是有名的草原，秦代以来，活动在这一地区的猃狁、匈奴等民族从事着单一的畜牧业活动（史念海，1980）。

二、人类历史时期的气候变化对土地退化的影响

中国历史文献中极为丰富的有关当时气候的记载，是研究历史时期气候变化的重要资料来源。另外考古学证据和高精度的古代孢粉纪录都为这一时期的气候和植被重建提供了有力的支持（张丕远，1994）。

（一）中国历史时期的气候变迁

从整体上看，中国 2000 多年来的气候变迁存在着明显的东西差异，即东部季风区以暖湿期与冷干期交替出现为主要波动韵律，西部内陆干旱区相应呈冷湿期-暖干期演替为主要变动规律，且东部暖湿期与西部冷湿期对应，东部冷干期与西部暖干期同步（杜忠潮，1996）。无论是 2000aBP 还是 500aBP 以来，中国东部南涝北旱的气候形势一直存在，可以认为，这种形势是中国东部旱涝气候的一种基本形势。

（二）人类历史时期气候变化对自然植被分布的影响

气候变化对自然植被、土地退化和农业布局等都有着重大的影响；而自然植被最为敏感。一种自然植被类型的出现，代表着环境要素的一种组合，不同植被类型之间的过渡带则反映了两种环境状态的临界点。当外界环境条件发生变化时，必然影响到临界点的变化，即表现为植被过渡带位置的推移。因此，不同类型植被带之间的过渡地带成为对气候变化相应最为敏感的地带。在很大程度上，一定时间内植被类型过渡带的变化幅度反映了土地退化的速率。

很多的研究表明，我国植被带曾数次迁移，5000～3500aBP 我国东南地区的植被带曾向南推移 1～3 个纬度，过渡类型的植被增多，而在 2500～500aBP 向北推移 1～2 个

纬度（张丕远，1996）。在地域分布上，我国南方的植被带变化比较稳定，而北方植被带变化比较敏感，即在自然状况下，中低纬度地区变化较中高纬度地区相对稳定。

从植被带迁移和变化的规律可以看出，人类历史时期的气候变化对北方的生态系统影响更为剧烈，其中以对北方农牧交错带的影响最为严重。南方地区降水量非常丰富，冷期和暖期降水量的变化对其生态系统和土壤发育影响不大；西北内陆的沙漠地区由于本来降水稀少，降水量的增加也不足以使其生态环境得到根本好转，沙漠中的少量绿洲主要是受雪山融水的补给，气候变化对其影响也有限；而北方地区，尤其是农牧交错带，降水量处于临界状态，降水变率大，暖期和冷期干湿交替对其生态系统能够产生根本性的影响。在历史上，农牧交错带的位置多次波动，主要是受气候变化的影响所致。我国北方在历史上土地退化的方向和程度主要与气候变化相关。

（三）人类历史时期气候变化对土地退化和社会发展的影响

在人类历史时期，土地退化的程度是非常严重的。气候变化可能比人类影响扮演了更重要的角色。土地退化地区受气候变化影响最大的莫过于气候脆弱地区（当然有些地区也可能有好的影响）。

我国西北地区，在人类历史时期主要呈现出冷湿-暖干交替出现的气候波动，直接影响到土地的退化方向和速率。水是干旱区绿洲赖以生存的基础，水量的变化直接影响到各绿洲的繁荣与消失。而气候的变化控制着水量大小，水量周期性的波动特性决定了绿洲系统的可变性和脆弱性。在冷湿期，不仅蒸发量小，而且降水偏多，两者相互配合，有利于土地生产条件的改善，在农业上的表现就是绿洲面积扩大。在暖干期，不仅降水偏少，而且蒸发量大，区域的干旱化趋势显著，结果导致绿洲的萎缩甚至消失，土地荒漠化扩展。沙尘暴的发生频度也显示出周期性变化，它与地质时期气候变化和地面沙尘物质的消长有关，遇气候湿润时期，地面植被生长茂密，生态环境条件好，沙尘暴发生频率低，反之，在干旱气候时期，则沙尘暴发生频率高。

东部地区以暖湿-冷干期相互交替为主，间或有暖干、冷湿期出现。由于受东亚季风的影响，东部地区的降水量要比西部大得多。在气候的暖期，往往降水丰沛，植被生长茂盛，粮食生产丰富，尽管有的地区因为开发利用不当导致土壤肥力下降，但总体来讲土地的生产力和肥力是提高的。夏商（公元前 25～前 12 世纪）、春秋（公元前 8 世纪中叶～前 5 世纪中叶）、西汉中叶至汉末（公元前 2 世纪中叶～2 世纪末）、隋至盛唐（6 世纪中叶～8 世纪初）、五代至元前期（10 世纪初～13 世纪末）是我国东部的暖期，在我国历史上，这些时期大多社会稳定、经济繁荣、人民安居乐业。其他时期是相对的寒冷期，降水变率增大且降水量偏少，灾害频度和强度增加。北方出现旱年的次数增加，土壤盐渍化和沙化发展，土地退化严重，遇到连年大旱的年景，常常闹饥荒，往往是战争不断、诸侯割据、社会经济的发展停滞；冷干期南方的生态环境比北方要好，水涝灾害出现的强度减小，频次降低，土地的进一步的开发为社会、经济发展提供了良好的基础。元明清时期（13 世纪末～19 世纪末）是 5000 年来最后一次冷干期，从 13 世纪末，中国进入现代"小冰期"，气候变冷，尤以 17 世纪末和 19 世纪为甚。这一时期，元、明、清三代的政治中心虽然都在北方，但其经济中心却在南方，由于北方生态环境恶化，封建统治主要依靠南方经济的支撑。

纵观 5000aBP 以来的气候变化与社会、经济和生态环境之间的关系，可以看出，植被类型分布、农作物分布和种植、社会经济发展等与之都有相应的匹配关系，尽管有人类活动等因素的干扰，但是气候变化的影响无疑是决定性的。

三、近代气候变化对土地退化的影响

一般说来，近代气候研究的时间范围是近百年来的器测时期。器测时期的气候变化资料与地质时期和历史时期的资料相比，具有无可比拟的精度，是人们了解最为清楚的一个时期。以此为基础，可以对未来的气候变化进行分析预测。

（一）近百年来的气候变化及未来气候变化预测

近百年来的气候变化的独特之处在于人类活动的强烈干预已成为气候变化的主要因素，致使气候变化速率之快前所未有。如果目前这种趋势继续下去，则地球将面临突破任何历史记录的气候冲击。

各种大气科学的研究都得出了一致的结论，即温室气体的排放将使全球平均温度增加。有证据表明，大气中 CO_2 的浓度在 1870 年时约为 280×10^{-6}；而直接观测显示，1958 年为 315×10^{-6}，1985 年为 345×10^{-6}（Rosenberg，1987）；1870～1958 年的平均增率是 0.1%，而 1958～1985 年平均增率是 0.3%。其他温室气体（如甲烷、氧化氮、臭氧、氟利昂）加起来对地球变暖的作用也与 CO_2 相当（Ramanathan，1985）。如果目前温室气体的排放趋势继续下去，则地球表层将以 0.3℃/10a 的速率增温。到 21 世纪中期，累积的变暖效应将使地表平均温度比工业革命开始前的"自然背景温度"提高 1.5～4.5℃（IPCC，1990）。现代全球气候变化的证据已经出现，地表平均温度已在过去 100 年来上升了约 0.5～0.7℃，极端天气时间的频率和强度都在增加（Mintzer，1992）。从我国平均来看，20 世纪 40 年代是百年来气温最高的时期，其次为 20～30 年代的暖期，50～70 年代是相对寒冷的时期，80 年代略有回升，90 年代则是 20 世纪最热的 10 年，这可能是自然因子（气候波动）和人为因子（温室效应）相互叠加的结果。

虽然区域气候对全球温室气体积累的响应还不甚明确，但从古气候记录和其他证据可知，地表平均温度哪怕是很小的异常变化，也足以对地方气候产生严重的影响。例如，现代与小冰期气候差别的平均温度体现不过就是 1℃，但在欧洲，出现于 14～17 世纪的小冰期却使传统农作物频频歉收或绝收（Mintzer，1992）。中国小冰期的开始早于欧洲，其间作物产量亦显著下降（竺可桢，1973）。若地表平均温度在目前水平上提高 5℃，则地球将比过去 300 万年中的任何温暖期都热（Mintzer，1992）。

近百年来全球平均地面温度上升了 0.6℃，而全球陆地降水则以平均每百年 1%～2% 的量级增加（杨昕，2002）。未来中国的降水可能会有明显的变化，东北及南方沿海地区有变暖变湿的趋势，而华北、华中和西北大部地区则有可能变暖变干。百年来江淮流域旱涝频繁，大涝多于大旱；西北地区自 19 世纪末进入干暖期，降水量偏少。从 40

余年的降水量看，全国 20 世纪 60 年代以后降水一直呈减少趋势，华北平原是减少最明显的地区。若以干旱的 80～90 年代与多雨的 50 年代比较，则减少最剧烈的是山东、河北两省（张丕远，1996）。

（二）气候变化对土地退化的影响

1. 灾害性天气对土地退化的影响

全球气候变化造成的灾害性天气，如干旱、大风、暴雨等，直接导致土地退化。

（1）干旱

干旱是荒漠化的最主要的自然因子。我国的荒漠化地区分布在中纬度干旱、半干旱和亚湿润干旱地区，荒漠、戈壁、荒漠化土地横贯我国西北、华北和东北西部，这里是受全球气候变化影响的最大的地区。由于干旱，地表自然生态环境系统便失去水分的协调功能，使生物链（植物链）中断，地表植被覆盖度降低，而导致生态环境脆弱，结果是荒漠化极易发生并导致人类生存环境的丧失。干旱的直接表现是降水稀少而蒸发强烈。

1984～1985 年，估计在非洲 21 个国家中的 3000 万～3500 万人受到严重的旱灾影响。这次大规模的旱灾加速了荒漠化在非洲的扩展，引起全球关注和震惊。我国北方干旱及半干旱地区从 20 世纪 50 年代到 80 年代，增温明显，但总降雨量减少了 8 ％左右，造成荒漠化发展（罗健，2001；王澄海，2003）。

荒漠的出现并不仅仅只是气候变化的结果，荒漠一旦出现了，可以通过凝结核、辐射平衡、地表反射率等的影响反过来影响气候，而使气候进一步变干。

另外，土壤次生盐渍化的形成与气候干旱也密切相关，高强度、大量的蒸发是造成盐渍荒漠化（土壤次生盐渍化）的主要原因之一。

（2）大风

因气候异常而造成的势力强盛或频繁的冷空气活动及持续干暖的气候背景等均可对沙尘暴的活动产生明显的影响。春季是冷暖空气活动频繁的过度季节。一般情况下，当高空处在急流带里，中层又有快速移动的冷性低压槽，地面有冷锋存在时，由于冷锋后面冷空气的下沉，动量下传使锋后地面风速加大；冷锋后上空出现较大的正变压中心，变压风亦加强了地面风；而一些独特的地形还会产生“绕流”和“狭管效应”，使风力不断加强。而空气流动过程中常与地面发生摩擦，挟裹地表面的尘沙，形成扬沙和浮尘等现象，造成恶劣的大气环境。当风速超过一定值后，在缺乏植被保护的疏松和沙质地表，就会产生风蚀，在风沙物理学中，把这一风速的临界值叫做起沙风速。

（3）暴雨

暴雨是水土流失的主要外营力，暴雨冲刷容易引起水土流失。暴雨雨滴直径可达 4～5mm，下落速度可达 9m/s，降雨强度可达 2mm/min。雨滴具有很大的动能，打击在地形破碎而缺乏植物覆盖的地面，严重破坏土壤团粒结构，极易造成土壤侵蚀。

2. 全球气候变化对土地退化的影响

以气候变暖为特征的全球气候变化还会引起陆地生态系统发生相应地变化，如生物多样性降低、海平面发生变化、湿地分布及其水文情势的改变等，间接导致土地发生退化。

气候变化导致物种生存危机。如果全球变暖的趋势得不到有效遏制，物种灭绝的可能性及速度将远高于以往。到2100年，全世界将有1/3的生物栖息地发生根本性的改变，这将导致大量物种因不能适应新的生存环境而灭绝。随着全球气候的变化，物种的分布有沿海拔和纬度梯度移动的趋势。按海拔每升高500m气温下降3℃来推算，物种在海拔上移动500m相当于在纬度方向移动大约250km。而在温带地区，全球温度上升3℃则会迫使许多物种在纬度方向的移动至少300km。这个速度远远大于物种的天然迁徙速度，如果某物种迁徙的速度跟不上环境变化的速度，这个物种就有灭绝的危险。生物群落的改变会引起土地覆被发生改变，在某些区域会引发土地退化。

全球气候变暖使得全球山区冰川体积正在减少，冰川消融的后果，必然引起海平面上升。在过去100年中，全世界海平面上升了10～80cm，近几十年来中国沿海地区海平面每年以平均1.5mm的速度上升，今后有加速上升的趋势（张丕远，1996）。海平面上升，将导致一些土地的沼泽化和次生盐渍化。

全球气候变化引发厄尔尼诺及拉尼娜现象。厄尔尼诺是指在秘鲁沿岸和赤道东太平洋洋面上几年发生一次的大规模的高水温现象；拉尼娜是指上述洋面上水温异常变冷的现象，是经常出现在厄尔尼诺现象之后的一种使气候发生骤变的现象。厄尔尼诺通常将一个地区一贯的气候特征给打乱，即本该多雨的季节却出现严重干旱，本该低温的季节却是异常的高温；而拉尼娜不会扭曲某一地区的气候特征，但其有加强该地区气候特征的作用，即使干旱的土地变得更加干旱，潮湿的土地变得更加潮湿。厄尔尼诺及拉尼娜现象对海洋和大气环境会产生明显的气候效应，它们的发生会导致全球气候的明显异常。它们对我国气候有着非常复杂的影响。据专家分析，在20世纪70年代，拉尼娜事件占优势，80～90年代，厄尔尼诺事件占优势。1997～1998年是有观测记录以来20世纪全球厄尔尼诺最强的一次，1998年的长江巨洪与这次厄尔尼诺事件具有较密切的关系（冯利华，2001）。这次厄尔尼诺现象在1998年迅速向拉尼娜转化，引发1999～2001年连续3年我国北方干旱和2000年的一场数10年未遇的西北和华北地区春季连续发生12次沙尘暴天气。

全球气候变化对湿地生态系统造成极大影响，政府间气候变化委员会（IPCC）的报告指出，气候变暖，华东草本湿地的面积趋于减少，主要因为降水总量下降，蒸发加强。有人研究了半干旱区以水生植物为主的湿地生态系统对气候变化的响应，结果表明，气温升高3～4℃，适应于水生植物生长的湿地面积在5年之内将减少70%～80%。如果气候变暖，而河川径流变化不大，湖泊由于水体蒸发加剧将加快萎缩，并逐渐转化为盐湖。湿地生态系统水文情势的改变将会对湿地生态系统的生物、生化、水文等产生影响，进而影响湿地生态系统的经济和社会功能。泥炭在湿地中形成与积累主要受控于气候条件，因而气候变化必将导致湿地生态系统和大气之间碳通量的变化，而碳通量的变化又会对全球气候变化形成反馈。

IPCC 在针对全球变暖问题提出的报告中强调，全球变暖造成的气候改变，将严重冲击 21 世纪的人类生活，而且各洲所受到的冲击不尽相同（钟晗等，2001）。

（三）气候变化的适应对策

尽管气候变化的预测存在很大的不确定性，但人们仍然可以通过制定或调整相关政策以消除或减缓气候变化对土地生态系统产生的可能影响。研究适应全球气候变化的对策以及采取相应的措施已刻不容缓。

1. 森林资源的保护和管理

森林生态系统具有复杂的群落结构，对于异常的、甚至少有的大幅度气候变化也有较强的适应性。因此，对于受未来气候变化影响较大地区的森林生态系统，应加大保护力度，维持生态系统的多样性，提高森林的稳定性。完善自然保护区网络，扩大自然保护区范围，可以为物种和植被适应气候变化提供一定的条件和空间。

2. 农业生态系统的调控

由于全球变化是一个长期的进程，应对全球变化对农业影响应着重于强化人工调控、适应机制。在建设集约高产基本农田的基础上，通过农林结合、秸秆还田、免耕法推广等措施，增加单位土地的生长量和土壤有机质含量。针对水资源紧张的问题，发展高效灌溉农业，实行节水农业和雨养农业并举。受全球变暖的影响，我国大部分地区农业灾害将进一步加重，因此搞好灾害的预测和防治工作，提高农业生态系统的多样性，大力推行生态农业，可以增强农业对旱、涝、盐碱、风、病虫害的抵御能力。

3. 荒漠化和水土流失的防治

未来的全球变化会加剧荒漠化和水土流失的进程。受温室效应的影响，西北地区干旱化的发展，将导致沙漠的进一步扩张，变率更大的降水状况，将使水土流失加剧。为遏制这一趋势，应主要采取以生物防治为主的技术措施，通过封育、营造植物来达到防治荒漠、稳定绿洲、提高荒漠化地区环境质量和生产潜力，通过退耕还林还草、营造小流域水土保持林等措施防止水土流失。

4. 建立完善气候变化监测、预警机制

全球气候变化会导致异常天气发生率增高，气象灾害加重，特别是干旱、暴雨、连阴雨、干热风等灾害给工农业的生产带来了严重的影响。对气候的性质、空间解析水平和时间解析水平进行研究，建立气候变化监测预警机制，能够对已发生的气候灾害及时做出客观的评估，以使政府和有关部门能及时利用气象信息做出相应的预防计划、救灾措施和搞好跟踪气象服务，最大限度地减少气象灾害带来的损失。

第二节　新构造运动对土地退化的影响

由于地球的内力作用引起地壳乃至岩石圈变形、变位的作用，叫做构造运动。构造运动塑造了多种多样的地貌类型。根据构造运动发生的时间，可以分为两类，一类是老构造运动，一类是新构造运动。一般认为，晚第三纪和第四纪的构造运动称为新构造运动，现今全球基本的大地构造和海陆分布格局是在第四纪期间形成的。但是新构造运动仍然在时时刻刻进行。土地退化包括土壤侵蚀和水土流失等自然地质灾害，这些灾害与新构造运动关系密切。地球内动力作用形成了自然地质灾害的生态地质环境背景，它对区域土地退化具有明显的控制作用（段怡春等，2002）。如果忽视了地球内动力作用机制，而过分强调人类不合理活动，可能造成对土地退化成因研究及综合治理的误导（张殿发等，2001）。

一、新构造运动导致侵蚀基准面变化，影响土壤侵蚀

新构造运动是引起侵蚀基准面变化的根本原因。根据戴维斯侵蚀循环理论，新构造运动导致地面隆起或侵蚀基准面下降，促使水土流失加剧，抬升面将不断被夷平，最终形成起伏和缓的侵蚀准平原，到达地貌发育的"老年期"，如果再有一次新的地面升降运动，将会使侵蚀再度活化，地表侵蚀再次进入一个新的循环。曾发生过强烈地震的地区，地面物质松散，很易碎裂滑塌，水土流失速度和土壤侵蚀强度都要大得多。

在新构造运动比较强烈的地区，断块间差异性抬升非常显著，区域侵蚀基准面下降的结果，将会加剧河流的溯源侵蚀。海平面是全球性的基本侵蚀基准面，由于冰期或新构造运动导致的海平面升降，将导致全球性的土壤侵蚀和水土流失强度降低或增加。

在地壳运动相对稳定时期，河流以侧蚀作用为主，河谷不断侧向迁移，形成宽阔的河谷，河谷中形成由冲积物构成的河漫滩。如果地壳运动使该区域处于上升状态，则河流侵蚀基准面下降，河流的下蚀作用重新加强，使河床降低，原有的河漫滩相对升高，形成一般洪水不能到达的分布于河谷谷坡上的阶地。若该区域地壳运动表现为多次的上升—稳定—上升的过程，就会沿河谷出现多级阶地。因此，河流阶地常可看作地壳垂直运动的标志之一，阶地面的相对高差大致反映了地壳上升的幅度。在地壳相对稳定时期经长期演变已经发展成河曲，若地壳转为上升，河流下蚀作用加强，河床降低，并深切至基岩，形成在河谷横剖面形态上成"V"形谷，而河谷在平面上仍保留极度弯曲形态的不协调现象，称为深切河曲。它反映了地壳由相对稳定转向强烈上升运动的特征。

二、青藏高原隆起对我国土地退化的影响

青藏高原的隆起是第四纪以来的最重大的新构造运动，它彻底改变了中国大地构造地貌的结构形态，对中国气候与土地退化影响巨大。

青藏高原隆起对亚洲季风形成起着重大作用，是新生代全球进入冰期的主要原因（Ruddiman et al.，1989），使世界气候环境发生了巨大变化，它极大地改变了亚洲环流

的形势，导致了世界上最强大的季风系统的发生，并对北半球的环流产生重大影响（施雅风等，1998）。随着青藏高原的逐渐隆升，喜马拉雅山的崛起，阻挡了印度洋暖流季风向北运移，使中国西北部变得干旱、少雨和寒冷。在冬季，亚洲北部形成了强大的西伯利亚－蒙古高压，黄土高原的形成与西北干旱地区的沙化，与冬季风的出现有密切关系。青藏高原隆升造成的地形差异导致中国西北内陆干旱化程度明显加剧。中更新世时期盆地内的荒漠气候使沙漠和戈壁不断扩展，形成了巴丹吉林沙漠、腾格里沙漠以及塔克拉玛干沙漠（李智佩等，2002）。塔克拉玛干沙漠正是青藏高原隆升的构造背景下，受构造气候系统的耦合作用发育形成的一个典型范例（刘晓东等，2001）。总而言之，青藏高原隆起使亚洲形成的季风环流系统造成了我国北方大部分地区的干旱、半干旱气候，是形成现代戈壁、沙漠等自然景观也即自然造成的荒漠化的根本原因。

第三节　现代人类活动对土地退化的影响

毫无疑问，开垦土地、种植谷物来获取食物是人类文明史上摆脱受季节限制的历史性进步；农业相对于原始狩猎和放牧业养活了更多的人口。人类向土地索取生存的资本，在土地的开发利用过程中改变了地球表层的组成状况。人类对土地退化的影响集中在使土地利用/覆被发生了变化。包括不合理的土地利用方式（类型），如开垦草原、毁林开荒、开发矿藏，改变了土地覆被和地表水文等从而使得土地退化；以及不合理的土地管理方式，如过度放牧、灌溉不当、工业产生的废水、废气和废渣的随意排放、农业生产中化肥及农药的不合理施用等造成土地退化。

一、开垦草原导致的土地退化

由于人口的增加和短期利益的驱动，一些草原区在单产不可能提高的情况下，就靠将草原开垦为耕地增加粮食产量。因开垦草地而使土壤沙化或沙漠化的例子比比皆是，如哈萨克斯坦、蒙古和中国的内蒙古地区。美国 20 世纪 30 年代的"黑风暴"，就是因为开垦西部半干旱草原引起的。在我国西北地区出现过三次大规模开荒，尤其是 20 世纪 50 年代到 70 年代，在牧区"牧民不吃亏心粮"口号的误导下，大量开垦和破坏了优质草场植被，开垦草地 6.67 万 km² 以上，影响范围从最北部的呼伦贝尔到科尔沁、浑善达克、毛乌素直至青海共和，开垦的土地发生严重沙化或沙漠化（孙金铸，1994）。如内蒙古锡林郭勒盟的阿巴嘎旗，1961 年开垦草场 1.5 万 hm²，开垦之初 2~3 年，小麦、糜子、燕麦的产量为 500~600kg/hm²，几年以后连种子也收不回了，只好撂荒退耕。撂荒后生长的全是臭蒿等劣质草，草场也随之破坏了（李爱贞，2003）。当地群众说："一年开草场，二年打点粮，三年五年变沙梁"。

在干旱、半干旱和半湿润地区开垦草地种地，加重了土壤风蚀沙化的风险。草地被农作物替代以后，土壤无植被覆盖，裸露的时间增多，致使遭受风蚀的时间增长，而且翻耕后土壤松散也加大了风蚀的强度。根据土壤风蚀风洞模拟实验结果，无防护措施条件下，风速加大时翻耕地总风蚀量相当于未翻耕地的 14.8 倍（董光荣等，1987）。另据董治宝等（1997）研究，沙地土壤风蚀率随土地开垦率的增加而迅速增加。

据全国第二次土壤普查资料，我国沙化耕地面积达 256.21 万 hm²，占全国耕地普查面积的 1.93%，主要分布在干旱、半干旱和半湿润地区。其中，西北区、东北区和华北区，沙化耕地面积分别达 53.96 万 hm²、68.40 万 hm² 和 57.74 万 hm²，分别占全国沙化耕地总面积的 21.06%、26.70% 和 22.54%；占本区耕地总面积的比重分别为 4.09%、3.20% 和 2.22%。青藏高原耕地总面积虽小，但沙化耕地面积占全国沙化耕地总面积的 1.58%；占本区耕地总面积的 4.17%（中国农业科学院农业资源和农业区划研究所，1995）。

二、乱砍滥伐导致的土地退化

森林与水土保持关系极大，特别是原始森林，与生活在其下层的大量其他植物和地面厚实的枯枝落叶层，有极强的水土保持功能。乱砍滥伐、放火烧山、开垦山地丘陵区土地，使植被受到破坏，失去保持水土的作用；地面裸露，使降水径流引发水土流失成为可能。由于耕地资源的匮乏，迫使人们在山区"垦荒"，使处于坡地上的土壤失去了植被的保护，造成更严重的水土流失。中国是世界上水土流失最严重的国家之一。水土流失现象遍布全国各省（自治区、直辖市），尤以黄土高原和南方红壤丘陵区最为严重。据 2000 年《中国环境状况公报》，全国水土流失面积 367 万 km²，占国土面积的 38.2%，其中水蚀 165 万 km²，风蚀 191 万 km²。在水蚀和风蚀面积中，水蚀风蚀交错区土壤侵蚀面积为 26 万 km²。按流失强度分，全国轻度水土流失面积为 162 万 km²，中度为 80 万 km²，强度为 43 万 km²，极强度为 33 万 km²，剧烈为 38 万 km²。黄河流域水土流失状况最为严重，目前已达 45 万 km²，占流域总面积的 60%。我国每年流失土壤约 50 亿 t，为世界陆地剥离泥沙总量的 8.3%（李爱贞，2003）。

水土流失不但损失肥沃的表土，造成土壤肥力下降，而且还会导致下游河床淤积和洪水泛滥。黄河的输沙量一直居全球各大河流之冠，平均每年流沙量高达 16 亿 t，比尼罗河高出 37 倍。而长江也在步黄河的后尘，由于长江流域两岸特别是上游植被遭到严重破坏，水土流失面积已达 3600 万 hm²，泥沙流量不断增加，长江流域年土壤流失总量 24 亿 t，其中上游地区达 15.6 亿 t（李爱贞，2003）。如果不注意防治长江流域的水土流失，长江今后迟早会变成第二条黄河！虽然化肥的投入掩盖了由于土壤侵蚀造成的土壤肥力下降的某些影响，但却无法弥补土层变薄的损失，有时这种损失至少在人类的生存期间是无法弥补的，因为岩石风化产生土壤的速度是非常缓慢的。

据原国家土地管理局统计，我国有坡度>15°的坡耕地 1484 万 hm²，占耕地总面积的 11%，其中，坡度 25° 以上的坡耕地有 507 万 hm²，坡度 15°～25° 之间的坡耕地有 977 万 hm²。这部分耕地耕作条件差，产量低而不稳。坡度 15° 以上的耕地主要集中在贵州、云南、陕西、四川、甘肃 5 省，这 5 个省的耕地占全国的 23%，而粮食产量却只占全国的 9%（李元，2000）。据水利部调查，全国有急需治理的水土流失坡耕地约 4700 万 hm²。我国黄土高原丘陵沟壑区，坡耕地每年每平方公里的土壤流失量为 15 000～25 000 t。虽然石质山区的土壤流失量没有黄土高原区的那么大，但因为山区土层薄，水土流失的危害更为严重。许多山区由于水土流失已造成土壤全无，留下的只是裸露的坚硬基岩，成为"石化地"，彻底丧失了肥力，不得不弃耕。在湖北省的勋西县、四川省的会理县等地，有些坡耕地表层土壤全部流失，群众无法生活被迫迁居外地，成为"生态难民"。水土流失造成肥沃的表土流失，导致土壤肥力下降，土壤养分越来越贫瘠。据黄河水利委员会陕西绥德水土保持试验站1986～1989年的观测，由于水土流失，坡耕地每年每平方公里流失氮素9275kg、磷素1521kg、钾素44 274kg、有机质13 592kg；相当于20 152kg尿素、21 735kg过磷酸钙、88 555kg氯化钾和56 632kg干草（蔡典雄，1998）。

而在荒漠化地区，由于贫困及其他原因，即使处在煤炭能源基地的老百姓也主要以樵采各种灌木作为燃料，使植被破坏，造成地面植被覆盖度整体减小。由于北方地表多为疏松的沙质沉积物，一旦植被破坏，必然造成沙丘活化、古沙翻新，地表风蚀沙化，从而使沙化土地面积扩大。北方大部分地区经济落后，当地人民常常以采挖麻黄、甘草、发菜等药材作为一项收入，过度采挖大范围地破坏了植被，造成土地沙化。

三、灌溉不当导致的土地退化

灌溉是作物增产的最有效的途径之一。在水分短缺的地区，为了获得更高的产量，人们往往引水灌溉土地，这种需求在干旱和半干旱区特别强烈。但过度灌溉或灌溉方法不当以及缺少有效的排水系统也会造成地下水位升高，使土壤渍水或沼泽化；而在干旱和半干旱区，含盐的地下水沿毛管上升，水分蒸发后，留下盐分，从而造成次生盐渍化。历史上曾多次出现因错误灌溉而导致失败的农业系统。而且这种过度灌溉对土地的破坏往往是永久性的，它能把过去富饶的耕地变成荒地。

在我国西北干旱区，由于渠系不健全，田间工程不配套，灌溉普遍采用深浇漫灌方式，灌溉定额很高，导致盐渍化不断发展。宁夏引黄灌区随着灌溉面积的扩大，耕地的盐渍化面积也日益扩大。1949年总耕地面积12.8万 hm^2，其中盐渍化面积6.07万 hm^2；至1958年耕地扩大到26.4万 hm^2，扩大1.06倍，而盐渍化耕地面积扩大到14.9万 hm^2，扩大1.46倍。以新疆为例，灌溉定额高达15 000～22 500 m^3/hm^2，有的甚至达到37 500 m^3/hm^2，超过全国平均水平的三倍以上；渠系利用系数平均为0.4～0.45，年渠系渗漏损失水量为14.2亿 m^3；全区灌区每年引水量460亿 m^3，排水量只有30亿～40亿 m^3，灌排比远远高于通常要求的3∶1的比例，导致严重的土壤次生盐渍化。目前全区现有的443万 hm^2耕地中，有120万 hm^2由于缺水和盐渍化而弃耕；在已利用的323万 hm^2耕地中，次生盐渍化面积达100万 hm^2。耕地盐渍化影响了作物对水分和养分的吸收，甚至对作物产生生理毒害，特别是碱化后土壤结构变坏，降低了土壤养分的有效性，这些都使耕地地力退化，给农业的可持续发展造成危害。据估计，土壤盐渍化使新疆每年损失粮食2亿～2.50亿 kg，棉花2.5万 t（田长彦等，1997；张丙乾，1993）。

四、过度放牧导致的土地退化

牧业地区人口增加，为了维持生活，必然增加牲口数量，使草原的载畜量增加，草场负担加重。目前，我国大部分草场放牧超过了其承载能力，荒漠化地区草场牲畜超载率为50%～120%，有的地方甚至高达300%。过度放牧，不但使草地的覆盖率降低，土壤发生沙化，而且使草场的草质下降，杂草和有毒草的比例上升。过度放牧条件下，最适口的多年生天然草本植物难以得到及时恢复和更新，比例逐年减少；而生产力和营养价值低的一年生草本植物增加，适口性差的草和有毒草的比例增加更快。

目前，中国90%的草地不同程度地退化，其中中度退化以上草地面积已占半数。全国"三化"草地面积已达1.35亿hm²，并且每年还以200万hm²的速度增加，草地生态环境形势十分严峻（中国环境状况公报，2000年）。草原质量不断下降。20世纪80年代以来，北方主要草原分布区产草量平均下降幅度为17.6%，下降幅度最大的荒漠草原达40%左右，典型草原的下降幅度在20%左右。产草量下降幅度较大的省（自治区）主要为内蒙古、宁夏、新疆、青海和甘肃，分别达27.6%、25.3%、24.4%、24.6%、20.2%。昔日"风吹草低见牛羊"的地方变成了"老鼠跑过见脊梁"。

五、污染导致的土地退化

工业"三废"，废气、废水、废弃物，以及农业不合理的施用农药、化肥等正在造成土地的退化和破坏。

工厂排放的废气中含有相当数量的SO_2、SO_3，它们被降雨洗刷形成酸雨。在我国南方，酸雨造成的危害相当严重；酸雨更进一步增加了南方土壤的酸度，使土壤中的钙、镁、钾等营养元素淋失，磷和其他微量元素的肥效降低，土壤愈益贫瘠化。

湿地长期承接工农业废水、生活污水，仅长江水系每年承载工业废水和生活污水就达120亿t。污染日益严重。目前，辽河、海河、黄河、淮河、长江、珠江、松花江等七大水系63.1%的河段水质污染失去了饮用水功能。全国2/3的湖泊受到不同程度的富营养化污染危害（李爱贞，2003）。城市周边的湖泊如滇池、巢湖、太湖。大多处于严重污染，湿地污染不仅造成了水质恶化，也对湿地生物多样性造成了严重危害。

北方因为缺水而引污水灌溉，造成土壤中汞、镉、铅、铬、砷等重金属和毒素污染，以致农产品中这些重金属富集。据我国2001年"世界环境日"的宣传资料，全国利用污水灌溉的面积已占总灌溉面积的7.3%；2000年30万hm²基本农田保护区土壤有害重金属抽样检测发现，有3.6万hm²土壤重金属超标，超标率达12.1%（中国环境状况公报，2000年）。

大量施用化肥和农药促使了我国粮棉油产量的快速增长，但有机氯农药，如六六六、DDT等很难分解，在我国土壤中有明显的残留积累。硫酸氨化肥易造成土壤酸化板结。过量施用氮肥造成的地下水硝态氮积累问题日益严重。

特别值得一提的是近一二十年出现的"白色革命"，即塑料地膜覆盖造成的土壤污染也不容忽视。无疑地，塑料地膜提高了地温，增加了生长期长度，对保墒和抑制杂草也有一定作用，大大提高了产量。但塑料地膜难以分解，残留在土壤中造成土壤通气透水性能的降低，甚至有可能导致土壤微生物区系的变化等其他诱发问题。据2001年"世界环境日"的宣传资料，新疆被调查地区地膜平均残留量为38 kg/hm²。

第四节　土地退化与土地持续利用的社会经济背景

一、经济发展水平对土地退化与土地持续利用的影响

经济不发达，以农业为主的经济结构，往往采取过度开垦土地，从土地上抽取资本发展工业的做法，结果造成土地退化。大多数国家都经历了这样一个阶段。早期美、加移民开垦西部生态脆弱区的土地，出售谷物，从土地上积累资本发展工业即为一例。当时，农场主为了赚取利润，扩大农业生产规模，将自然生产力不高，生产风险性高的土地，如西部草原地区的土地投入谷物生产，结果造成土壤风蚀沙化，上演了 20 世纪 30 年代的"黑风暴"一幕。新中国成立初期，百业待兴，为了发展民族工业，国家靠从农业上积累资金发展工业。那时虽然国内粮食也很短缺，但国家仍然依靠农产品的出口换取外汇，购买发展工业的生产资料和技术。从 20 世纪的 50 年代，直至 70 年代，我国政府一直鼓励开荒，造成开垦过度，结果是草原地带发生风蚀沙化，山地丘陵区发生水土流失。

随着经济的发展，经济结构转向以第二、三产业为主以后，不再依靠农业积累资金，会注重土地的保护。美国在 20 世纪 30 年代"黑风暴"之后即成立土壤保持局，防治土地退化。第二次世界大战以后，进入后工业化时代，更注重土地资源和生态环境的保护。如 1985 年国家付给农场主补贴，让农民从 4500 万 hm² 的侵蚀强烈的土地上退耕 10 年，保护土壤；同时规定如果农民耕种侵蚀量大的土地，将不得获得农产品价格补贴、作物保险等；1990 年的农业经费中有相当部分支持"有机农业"，减少农药和化肥的使用量，以及保护湿地。加拿大虽然是西方"七个工业国家"之一，但农产品的出口是其对外贸易的主要基石之一。据加拿大统计局统计，1988~1992 年，加拿大出口的小麦占据全世界小麦出口总量的 18%。为了保证小麦在世界谷物市场上的竞争力，加拿大政府采取了一系列直接和间接的农产品补贴政策，鼓励种植谷物。这种农业补贴鼓励了谷物种植，保持了一定面积的土地用于谷物种植，当然也包括了一些在加拿大标准意义上的边际土地，造成土地退化。为了持续发展，加拿大对农产品补贴政策进行了一些调整，如在 1995~1999 年削减农业经费 40%，主要削减的是农产品补贴和农产品运输补贴经费，而用于持续农业研究的经费反而有增加的趋势（张凤荣，1996）。改革开放以来，我国经济持续快速增长，工业化与城市化发展迅速，出口贸易改变了以往依靠农产品的局面，变为主要依靠轻工业产品；反而，利用对外贸易的外汇盈余进口农产品，自上世纪末以来，我国成为谷物净进口国。同时，1995 年以来，我国粮食生产持续处于较高水平，5 年的平均年产量达 5 亿 t；一个时期以来，粮食出现了供大于求的局面。因此，我国政府从 1998 年推进"生态退耕"的政策，国家拿出资金对"退耕还林"和"退耕还牧"进行补贴。退耕的耕地恢复林草植被，有效地遏制了水土流失的进一步发展，恢复了地力。近年来，国家提高农产品收购价格，对农户发放种粮补贴，也促进了农民在土地上的投资，提高了农田质量。

二、土地产权制度对土地退化与土地持续利用的影响

土地产权制度决定着土地的利用形式并影响其社会经济效益，制约着土地使用中土地直接收获物和盈利的占有分配形式。因此，不同的土地产权制度，影响和制约着土地资源开发利用的方式和用途，进而影响土地的持续利用。

在土地私有制的社会，虽然国家对土地所有权进行了限制和管理，但相对来说，国家对土地的控制还是相对松弛的，土地利用方式是自发的；土地利用不合理、不经济的情况常有发生，难以解决公益建设、土地保护等重大社会问题。因此，从国家的大层面上来说，土地私有制是不利于土地资源的合理开发与持续利用的。但是，对于个体来说，在这种体制下，土地所有权神圣不可侵犯，土地所有人对土地利用有完全的自主权。土地私有，土地所有人会更注意土地的合理利用和保护，切实考虑到所拥有土地的持续利用。而且，在土地私有制下，土地可以通过所有权的转移而在不同个体之间流转，有利于实现土地资源的合理利用和最优配置。

社会主义土地公有制，从国家角度，为土地资源的合理开发与利用创造了有利条件。这种体制下，土地资源开发利用的决策权集中掌握在政府各部门手中，有利于国家解决公共利益、土地保护和整体可持续发展等重大社会问题。但同时也存在一些弊端，在这种体制下，土地资源开发利用的决策权集中掌握在政府各部门手中，由各政府部门通过指令性计划层层下达，垂直管理，影响或支配企业和农民的土地投入和土地利用活动。企业或农民等土地使用者都没有土地利用决策权，影响他们合理利用土地的积极性，土地利用不能因地制宜合理利用。同时，因土地无偿使用，各部门使用土地不讲究经济效益，有扩大用地的积极性，而没有提高土地利用集约度、节约用地的主动性。因此，土地利用经济效益常常不高，土地资源浪费严重，容易造成土地占用失控、土地质量退化等问题，不利于土地资源可持续利用目标的实现。

家庭承包责任制从总体上说是与我国现有的人地资源状况及农村生产力水平相适应的，在改革初期也的确刺激了农民的生产积极性，使农业产出快速增长。但是，随着农业生产和社会经济的发展，这种一家一户的小生产模式所固有的小地块、小规模、空间分散等特征，导致了农田基本建设停滞、水利失修、机械化受阻等弊端，逐渐影响土地资源的有效配置和合理利用。承包期的不确定性，也已成为农户土地保护性投入的重要障碍。

所以，在这种体制下，要同时加强土地资源开发利用的宏观管理和微观经济手段调节，通过政策、法律、经济等多种手段，协调各方面的利益，调整土地利用结构和布局，进行基本农田建设和地力保护，保证土地资源的可持续利用。稳定土地承包制度，甚至给予农民永久的农地承包经营权，可以鼓励农户增加土地保护性投资，特别是长期的农田基本建设投资。

三、文化背景对土地退化与土地持续利用的影响

文化背景以许多不同的方式影响土地利用。草原民族以放牧为生，保护草场；农业

民族以种田为生，开垦土地。当然，随着人口的增加，食物短缺，迫使人们由低产出的放牧业向高产出的种植业转移，越来越多的人从事农业，越来越多的土地被开垦。不过，源于牧业的民族继承了偏好动物食品的饮食习惯，在其土地利用中，就有相当大面积的土地用来种草养畜。美国和加拿大东部湿润地区是主要的畜产品生产区，这里的土地主要用来种植牧草和精饲料，农场主要是奶牛场和肉牛场；而在中国，东部湿润和半湿润地区基本上全是农田，即使在半干旱的中西部地区也成为粮食生产区。

在亚洲、非洲和拉丁美洲的潮湿热带地区，农民往往以游耕（刀耕火种）的方式在森林中开辟一块空地，种植作物两到三年后撂荒，使之发生演替，然后在另一块地重复这一过程。这种休耕养地制度保持了地力恢复，并未发生严重的土地退化。可是，随着人口增加，土地压力增大，不能够实行休耕养地制度，又没有施肥习惯的情况下，土地发生了严重退化。而在中国，虽然由于人口大，耕地少，许多地区早就告别了"休闲制"，耕地常年耕种；但长期以来讲究"精耕细作"和施用农家肥，有效地延缓了地力下降和土地退化。

四、技术进步对土地退化与土地持续利用的影响

毋庸置疑，技术进步可以有效地防治土地退化，促进土地持续利用。施用农家肥，特别是施用化肥促使了耕地"休闲制"的终结，使得地力得以维持，乃至提高。旋切犁机具的发明，使得不翻耕土地也能够播种；切碎的秸秆覆盖着地表，减少了土壤侵蚀。梯田、防护林等水土保持措施的发明使得人们可以开垦坡地和沙地，而不至于造成过度的水土流失。特别是高产抗逆作物品种的出现，以及高产稳产栽培技术的发明，使得人们可以以少量耕地生产出更多的食品，不再靠扩大耕地规模来满足农产品需求，从而避免了开垦那些不适宜耕种的生态脆弱区土地造成的土地退化。

参 考 文 献

蔡典雄，张燕卿，王小彬．1998.21 世纪我国旱农区保持耕作发展对策．农业技术经济，(1)：42～45

董光荣，李长治，金炯等．1987. 关于土壤风蚀风洞模拟实验的某些结果．科学通报，32 (4)：297～301

董治宝，陈渭南，李振山等．1997. 风沙土开垦中的风蚀研究．土壤学报，34 (1)：74～80

杜忠潮．1996. 中国近两千多年来气候变迁的东西分异及对丝绸之路兴衰的影响．干旱区地理，19 (3)：50～57

段怡春，陈建平，厉青等．2002. 沙漠化：从圈层耦合到全球变化．地学前缘，9 (2)：277～285

方精云．2000. 全球生态学——气候变化与生态响应．北京：高等教育出版社；海德堡：施普林格出版社

冯利华，张强．2001.1998 年长江巨洪与厄尔尼诺事件．东海海洋，19 (4)：13～16

侯向阳．2002. 中国主要农业生态过渡带的变迁及其景观意义 (I)：农牧交错带．见：邬建国等主编．现代生态学讲座（二）：基础研究与环境问题．北京：中国科学技术出版社，191～196

李爱贞，刘厚凤，张桂芹．2003. 气候系统变化与人类活动．北京：气象出版社

李吉均．青藏高原隆起与环境变化．人民日报．1998-06-19

李元．2000. 中国土地资源．北京：中国大地出版社

李智佩，张维吉，王岷．2002. 中国北方东部沙质荒漠化的地学观．西北地质，35 (3)：7～22

刘嘉麒，倪云燕，储国强．2001. 第四纪的主要气候事件．第四纪研究，21 (3)：239～248

刘晓东，李力，安芷生．2001. 青藏高原隆升与欧亚内陆及北非的干旱化．第四纪研究，21 (2)：114～120

罗健，郝振纯，2001. 我国北方干旱的时空分布特征分析．河海大学学报，29 (4)：61～66

施雅风，李吉均，李炳元.1998.青藏高原晚新生代隆升与环境变化.广州：广东科学技术出版社，381～382

史念海.1980.两千三百年来鄂尔多斯高原和河套平原农林牧地区的分布和变迁.北京师范大学学报（哲学社会科学版），(6)：1～14

孙金铸，陈山.1994.内蒙古生态环境预警与整治对策.呼和浩特：内蒙古人民出版社

田长彦，宋郁东.1997.新疆土地退化及其防治对策.干旱区研究，14（2）：63～67

王澄海.2003.气候变化与荒漠化.北京：气象出版社

王世杰.2003.喀斯特石漠化——中国西南最严重的生态地质环境问题.矿物岩石地球化学通报，22（2）：120～126

夏正楷.1996.第四纪环境学.北京：北京大学出版社

杨桂山.1999.全球变化与中国自然灾害趋势研究.地球科学进展，14（1）：83

杨昕，王明星，黄耀.2002.地-气间碳通量气候响应的模拟 I. 近百年来气候变化.生态学报，22（2）：270～277

张丙乾.1993.新疆土壤盐渍化及其防治.干旱区研究，10（1）

张殿发，王世杰，周德全等.2001.贵州省喀斯特地区土地石漠化的内动力作用机制.水土保持通报，21（4）：2～5

张凤荣.1996.持续土地利用管理的理论与实践.北京：北京大学出版社

张丕远.1994.有关气候变化及其影响研究的展望.地理学报，49（增刊）：719～722

张丕远.1996.中国气候与海面变化及其趋势和影响中国历史气候变化.济南：山东科学技术出版社

中国农业科学院农业资源和农业区划研究所.1995.中国耕地.北京：中国农业科学技术出版社

钟晗，徐成新.2001.全球变暖动物搬家.环球时报.2001-12-07

竺可桢.1973.中国五千年来气候变迁的初步研究.中国科学，16（2）：226～256

IPCC. 1990. Assessment Report of the Intergovernmental Panel on Climate Change. World Meteorological Organization/United Nations Environment Programme, Geneva, Swizerland

Mintzer I M. 1992. Living in warming world. In：Mintzer I M（ed.）. Confronting Climate Change：Risks, Implications and Response. Cambridge University Press

Ramanathan V, Cicerone R O, Singh H B et al. 1985. Tracegas trends and their potential role in climate change. Journal of Geophysical Research, 90（3）：5547～5566

Rosenberg N J. 1987. Climate Change：A Primer. Resources for the Future. Washington D C

Ruddiman W F, Kutzbach J E. 1989. Forcing of Late Cenozoic Northern hemisphere climate by plateau up lift in Southern Asia and the American West. J. G. R. , 94：18409～18427

第三章　土壤水蚀及其防治

本章的所谓"水土流失"主要是指因为水力造成的土壤侵蚀；即本章讨论的是土壤水蚀，不包括由风力造成的土壤风蚀。

在自然条件下，生成1cm厚的土层平均需要120～400年的时间，从这个角度讲，土壤基本上是一种不可再生的自然资源。据联合国粮农组织的专家估算，全世界约有2500万km²土地遭受水土流失，占陆地总面积的16.7%，每年流失土壤260亿t。水土流失造成严重的土地退化，影响生态环境，严重威胁着人类的生存和发展。因此，正确认识水土流失的严重性，水土保持工作的重要性，合理开发利用与保护土地资源，对于可持续发展具有特别重要的意义。

第一节　水蚀影响因素分析

影响水土流失的因素可分为自然因素和人类活动因素两方面。自然因素是水土流失发生、发展的潜在条件，人类活动是水土流失发生、发展和保持水土的主导因素（辛树帜，1982）。影响水土流失的自然因素主要是气候、地形、地质、土壤、植被等。不同因素对于水土流失的影响各不相同，就是对于同一类型区的水土流失在这些因素的不同组合下，其影响也是各不相同的，所以在讨论某一因素与水土流失的关系时，必须同时考虑到各种自然因素的相互制约、相互影响的关系。

一、气候因素对水土流失的影响

所有气候因子都在不同方面和在不同程度上影响水土流失。大体上可分两种情况：一种是直接的，如降水对土壤的破坏作用，一般来说，暴风骤雨是造成严重水土流失的直接动力；另一种是间接的，如降水、温度、日照等的变化对于植物的生长、植被类型、岩石风化、成土过程和土壤性质等的影响，进而间接影响水土流失的发生和发展的过程。

（一）降　　水

降水包括降雨和降雪，是气候因子中与水土流失关系最密切的一个因子。因为降水是地表径流和下渗水分的来源，是形成水土流失过程中水的破坏力的物质基础。

1）雨是造成严重的水力侵蚀的主要气候因子。这是因为：①只有当单位时间内的降雨量达到一定的数值，并超过土壤的渗透能力时，才会发生径流，而径流是水力侵蚀的动力；②暴雨由于雨滴大，动能也大，所以雨滴的击溅侵蚀作用也强。因此少数强大的暴雨往往造成巨量的水土流失。

所谓暴雨是指短时间内强度很大的降水。根据我国气象方面的现行规定，一日降水量超过 50mm 或 1 小时降水量超过 16mm 的降水都叫做暴雨。一般说来，暴雨强度越大，水土流失量也越大。

2）充分的前期降雨是导致暴雨形成径流和严重冲刷的重要条件之一。这是由于充分的前期降雨已使土壤含水量增大，再遇暴雨易于形成径流所致。我国各地降雨量的年内分配都很不均匀。各地连续最大三个月的降雨量一般均超过全年总降雨量的 40%，有的甚至达 70%。降雨量的高度集中，形成明显的干、湿季节。雨季土壤经常处于湿润状态，这就为强大暴雨的剧烈侵蚀活动打下了基础，也使得多雨季节水土流失量往往占到全年的 2/3 以上。

3）降雪对水土流失的影响。在北方和高山冬季积雪较多的地方，由融雪水形成的地表径流取决于积雪和融雪的过程和性质。在冬季较长的多雪地区，降雪后常不能全部融化而形成积雪。积雪受到风力的再分配和地形的影响，常在背风的斜坡和凹地堆积较厚。融雪时产生不同的融雪速度和不等量的地表径流，尤其是当表层已溶解而底层仍冻结的情况下，融雪不能下渗，形成大量地表径流，也常引起严重的水土流失。

4）降雨侵蚀力是能够引起侵蚀的降雨的潜在能力，是降雨量、降雨强度、雨型和雨滴动能的函数。降雨侵蚀力与雨滴能量、降雨强度等的大小有着密切的关系，直接决定着土壤侵蚀的程度。通过某些降雨指标，可以准确的计算出降雨侵蚀力的数值。在水土流失单因子观测试验中，如果每次降雨的侵蚀力都能计算出来，则使分析各个因素对土壤侵蚀影响的工作大大简化。所以对降雨侵蚀力的研究，可以加深对水土流失过程的认识，也有助于水土流失分布规律的探讨以及水土保持措施的设计、配置工作。

由以上分析可以看出降雨和水土流失的关系是：一般情况下，降水量越大、降雨强度越大、前期降水量越大，则水土流失量亦越大。因此，研究降水因素与水土流失的关系，可为水土保持工程、林草、耕作措施的设计和实施提供理论依据。

（二）冻结和解冻

温度的激烈变化不仅能影响融雪水，而且对重力侵蚀作用也有直接影响。尤其当土体和基岩中含有一定水分，温度反复在 0℃附近变化时，其影响就更明显。春季回暖后，在冻融交替下，常形成泻溜、滑塌、崩塌等重力侵蚀。高山雪线附近也常是由于温度的激烈变化引起重力侵蚀活跃的地段。

二、地形因素对水土流失的影响

地形是影响水土流失的重要因素之一。地面坡度的大小、坡长、坡形、坡向、分水岭与谷底及河面的相对高差以及沟壑密度等都对水土流失有很大影响。一般在平地上水土流失是不显著的，除在降水或灌溉水大量下渗时，引起淋溶侵蚀，土壤养分跟着损失外，暴雨中有时也产生径流，但对土的冲刷很微小。水土流失主要是在坡地上发生的。

（一）坡　　度

地面坡度是决定径流冲刷能力基本因素之一。径流所具有的能量是径流的质量与流速的函数，而流速的大小主要决定于径流深度与地面坡度。因此，坡度直接影响径流的冲刷能力。

刘善建（1953）分析了天水水保站径流小区资料认为，坡度与冲刷呈指数相关，即坡度愈大，冲刷量愈高，当坡度增至15°以上时，冲刷量更为显著。

Zingg A W（1940）应用小区的模拟降雨和野外条件证实坡度每增加1倍，土壤流失量增加2.61～2.80倍；斜坡水平长度每增加1倍，土壤流失量增加3.03倍。

在其他条件相同时，一般地面坡度越大，径流速度越大，水土流失量也越大。冲刷量是随着坡度的加大而增加，但径流量在一定条件下，随坡度的加大有减少的趋势。据中国科学院地理研究所通过黄土地区水保站观测资料分析，认为坡度对水力侵蚀作用的影响并不是无限地成正比增加，而是存在一个"侵蚀转折坡度"。在这个转折坡度以下，冲刷量与坡度成正比，超过了这个转折坡度，冲刷量反而减小。在黄土丘陵沟壑区，这个转折坡度大致在25°～28°之间（陈永宗，1988）。国外对侵蚀量与临界坡度的关系也有不同观点，该问题值得进一步研究。

（二）坡　　长

当其他条件相同时，水力侵蚀的强度依据坡的长度来决定。坡面越长，径流速度越大，汇聚的流量也越大，因而其侵蚀力就越强。但结合降雨条件分析时，坡长对侵蚀的影响呈现较为复杂的关系，主要随降雨径流状况而变化。

黄土丘陵区安塞县的实验研究证明，在特大暴雨及大暴雨情况下，坡长与径流量、冲刷量呈正相关；当降雨平均强度较小，或大强度降雨持续时间很短的情况下，坡长与径流量呈反相关，与冲刷量呈正相关；当雨量小，且降雨强度不超过3～5mm/h时，坡长与径流量、冲刷量均成反相关（江忠善，1992）。

（三）坡　　形

自然界中山岭丘陵的坡形虽然十分复杂，总的来说，不外乎以下四种：凸形坡、凹形坡、直线形坡和台阶形坡。坡形对水力侵蚀的影响，实际上就是坡度、坡长两个因素综合作用的结果。一般说来，直线形坡上下坡度一致，下部集中径流最多，流速最大，所以土壤冲刷较上部强烈。凸形坡上部缓，下部陡而长，土壤冲刷较直线形坡下部更强烈。凹形坡上部陡，下部缓，中部土壤侵蚀强烈，下部侵蚀减小，常有堆积发生。台阶形坡在台阶部分水土流失轻微，但在台阶边缘上，就容易发生沟蚀。

此外，坡形对风蚀也有一定的影响。在土壤裸露的情况下，坡度越小，地表越光滑，则地面风速越大，风蚀越严重。迎风坡的坡度越大，土壤吹蚀越剧烈。背风坡上，因坡度大小不同，风速减缓程度亦不同，有时形成无风带，出现沙土堆积。

(四）坡 向

坡向是指丘陵斜坡的朝向。根据太阳入射角，一般将北半球的 S、SW、SE 及 W 的坡向称为阳坡，将 N、NW、NE 及 E 向坡称阴坡。阳坡获得的太阳辐射角大于阴坡，二者的差异随纬度增高和坡度增大而增大。

坡向对侵蚀的影响主要是水热条件和降雨量的差异造成植被生长状况和土地利用的不同，而导致的土壤侵蚀强度的不同。

南方花岗岩丘陵区的土壤侵蚀分布规律显示，阳坡的水土流失程度一般比阴坡严重，崩岗侵蚀分布较为明显。

黄土高原西峰水土保持站的观测资料（1957～1958 年）表明：气温、地温和土壤蒸发都是阳坡大于阴坡；但相对湿度是阴坡大于阳坡，因土壤含水量高于阳坡。黄土高原的天然植被已遭破坏，侵蚀强度主要决定于土地利用情况。在相同的利用情况下，侵蚀强度主要决定于地面土壤水分状况和径流深。一般阴坡水分状况好，植被容易恢复，或生长较茂密，侵蚀强度较阳坡轻微。据绥德水土保持站观测资料，迎风坡降雨量大于背风坡，侵蚀量也是迎风坡大于背风坡。

三、地质与土壤因素对水土流失的影响

(一）地 质 因 素

地质因素中岩性和构造运动对水土流失的影响较大。

1. 岩性

岩性就是岩石的基本特性，对风化过程、风化产物、土壤类型及其抗蚀能力都有重要影响；对于沟蚀的发生和发展以及崩塌、滑坡、泻溜、泥石流等侵蚀活动也有密切关系。所以一个地区的侵蚀状况常受到岩性的很大制约。

(1) 岩石的风化性

容易风化的岩石常常遭受强烈的侵蚀。如花岗岩和花岗片麻岩等类结晶岩，主要矿物是石英和长石，其结晶颗粒粗大，节理发育，在温度变化的作用下，由于它们的膨胀系数各不相同，易于发生相对错动和碎裂，促进风化作用加强。因此，这类岩石风化强烈，风化层较深厚。我国南方花岗岩风化壳一般厚 10～20m，有的甚至厚达 40m 以上。这种风化壳主要含石英砂，黏粒较少，结构松散，抗蚀能力很弱，沟蚀和崩岗普遍发育，引起水库和河道的严重淤塞。紫色页岩、泥岩等岩石多分布于丘陵地区，常被垦殖，风化较快也易受侵蚀。

(2) 岩石的坚硬性

块状坚硬的岩石可以抵抗很大的冲刷作用，阻止沟壑扩张，沟头前进和沟床下切，并间接地延缓沟头以上坡面的侵蚀作用，常常形成沟身狭小，沟壁陡峭，沟床多跌水等特点。岩体松软的黄土和红土，沟道下切很深，沟坡扩张和沟头前进很快，全部集流区可以分割得支离破碎。黄土具有明显的垂直节理，沟道下切、扩张时，常以崩塌为主。如沟床停止下切，沟壁无侧流掏淘，直立的黄土沟壁可保持很长时间。红土由于比较黏重紧实，沟道下切较黄土慢，沟壁扩张以泻溜、滑坡为主，不能形成陡坎、陡崖，沟坡亦较平缓。

（3）岩石的透水性

这一特征对于降水的渗透、地表径流和地下潜水的形成及其作用有显著影响。地面为疏松多孔透水性强的物质时，往往不易形成较大的地表径流。在深厚的流沙或砾石层上，基本上没有径流发生。若浅薄的土层以下为透水很慢的岩层时，即使土壤透水很快，但因土层迅速被水饱和，就可以发生较大的径流和侵蚀，甚至土层整片滑落，形成泥流。若透水快的土层较厚，在难透水的土层上则可形成暂时潜水，使上部土层与下伏岩层间的摩擦力减小，往往导致滑坡的发生。

此外，岩性对于风蚀的影响也十分明显。块状坚硬致密的岩体，不易风化，抗风蚀性也强；松散的砂层，最易遭受风力的搬运。质地不匀的岩体，物理风化较强，容易遭受风蚀。

2. 新构造运动

新构造运动是引起侵蚀基准变化的根本原因。水土流失地区如地面上升运动比较显著，就会引起这个地区冲刷的复活，促使冲沟和斜坡上一些古老侵蚀沟再度活跃，因而加剧坡面侵蚀。六盘山附近曾发生强烈地震，该区地面物质松散，一经震动，很易碎裂滑塌，形成当地称为"青沙露面"的情形，使水土流失更为严重。

（二）土 壤 因 素

土壤是侵蚀作用的主要对象，因此，它的特性，尤其是透水性、抗蚀性和抗冲性对水土流失有很大的影响。

1. 土壤的透水性

地表径流是水力侵蚀的动力之一。在其他条件相同时，径流对土壤的破坏能力，除流速外主要取决于径流量。而径流量的大小，与土壤的透水性能关系密切。所以土壤对于水分的渗透能力是影响水土流失的主要性状之一。土壤的透水性能主要决定于土壤的机械组成、结构性、孔隙率及其特性以及土壤剖面的构造、土壤湿度等因素。

（1）土壤的机械组成

一般砂性土壤砂粒较粗，土壤孔隙大，因此透水比较容易，不易发生径流。相反，壤质或黏质土壤透水性就较砂性土壤差。

（2）土壤的结构性

土壤的结构性越好，透水性与持水量越大，水土流失的程度越轻。西北黄土高原的调查研究证明，土壤团粒结构的增加，促进了土壤渗水能力的加大。如黑垆土的团粒含量在40%左右时的渗透能力，比松散无结构的耕层（一般含团粒小于5%）要高出2~4倍。生长林木的黄土，含团粒结构在60%以上，渗水能力比一般耕地高出十余倍。

（3）土壤孔隙率

土壤持水量的大小对于地表径流的形成和大小也有很大影响。如持水量很低，渗透强度又不大，那么在大暴雨时，就要发生强烈的地表径流和水土流失。土壤的持水量主要取决于土壤孔隙率，同时也与孔隙的大小有关。当孔隙很小时，土壤的持水量虽然很大，但由于透水性不好，吸收雨水也较弱。如果土壤孔隙率增加，同时孔隙加大，土壤吸收雨水的能力即加强。

（4）土壤剖面的构造

土壤剖面（不论发生剖面还是沉积剖面）如上下各层的透水性能不一致时，土壤透水性常常由透水性最小的一层所决定。透水性较小的一层距地面越近，这种作用越大，因而越容易引起比较强烈的水土流失。

（5）土壤湿度

土壤湿度的增加一方面减少了土壤吸水量，另一方面土壤颗粒在较长时间的湿润情况下吸水膨胀，会使孔隙减缩。尤其是胶体含量大的土壤更为显著。这就是土壤湿度影响地表径流的基本原因。所以暴雨降落到极其潮湿的土壤上的径流系数，要比降落在比较干燥的土壤上的径流系数大得多。但土壤流失量不一定完全和径流一样。中国科学院土壤研究所的资料说明：黄土含水量小于20%时，土壤愈干燥愈容易崩解。所以西北黄土地区久旱以后的暴雨常引起非常严重的水土流失。这主要是暴雨打击干土，土壤迅速分散堵塞下层孔隙，形成泥泞土表的结果。在一般情况下，很多资料证明，当土壤水分非常大时，透水性能就要显著地下降，并发生较大的水土流失。如辽宁省七家子水保站试验结果，当小雨时，在潮湿土壤上所引起的径流量要比稍湿润的土壤大18倍，冲刷量大30倍（辛树帜，1982）。

总之，质地疏松并有良好结构的土壤，透水性强，不容易产生径流或产生的径流较小；而构造坚实的土壤，则透水性低，就容易产生较大径流及冲刷。因此，在水土保持工作中必须采取改良土壤质地、结构的措施，以提高土壤的透水性及持水量。

2. 土壤的抗蚀性

抗蚀性是指土壤抵抗径流对它们的分散和悬浮的能力。其大小主要取决于土粒和水的亲和力。亲和力越大，土壤越易分散悬浮，团粒结构也越易受到破坏而解体，同时引起土壤透水性的变小和土壤表层的泥泞。在这样的情况下，即使径流速度很小，机械破坏力不大，也会由于悬移作用而发生侵蚀。

土壤中比较稳固的团聚体的形成，既要求有一定数量的胶结物质，又要求这种物质一经胶结以后在水中就不再分散，或分散性很小，抗蚀性较大。腐殖质是能够胶结土粒，形成较好的团聚体和土壤结构的。由于腐殖质中吸收性复合体为不同阳离子所饱和，使土壤具有不同的分散性。很多研究表明，土壤吸收性复合体若被钠离子饱和，就易于被水分散；若为钙离子所饱和，则土壤抵抗被水分散的能力就显著提高，因为钙能促使形成较大和较稳定的土壤团聚体。

土壤抗蚀性的指标有分散率、侵蚀率、分散系数等。

(1) 土壤的分散率及侵蚀率

在甘肃子午岭的试验研究表明：土壤愈黏重，分散率及侵蚀率愈小；就不同利用情况的黄土性土壤的分散率和侵蚀率来看，灌木地最小，草地及林地居中，农地最大。土壤的表层和下层相比，表层小于下层（田积莹，1964）。

(2) 土壤分散系数

一般随有机质和黏粒含量的增高而降低。

3. 土壤的抗冲性

土壤的抗冲性是土壤对抗流水和风等侵蚀力的机械破坏作用的能力。土体在静水中的崩解情况可以作为土壤抗冲性的指标之一。因为当土体吸水和水分进入土壤空隙后，倘若很快崩散破碎成细小的土块，那么它就容易为地表径流推动下移，产生流失现象。对西北黄土区一些土壤的研究表明，土壤膨胀系数愈大，崩解愈快，抗冲性愈弱；如有根系缠绕，将土壤固结，可使抗冲性增强（蒋德麟，1963）。

黄土及其所形成的土壤，由于它们所含黏粒的性质和富有石灰等，团聚作用较强，即抗蚀性较强，因此不易在水中分散悬浮而流失。但是，其抗冲性很弱，如果没有植物根系的缠绕，就是在静水中，也很容易崩解碎裂成细小颗粒，与团聚体形成了如砂土一样的物质，这就容易被流水冲刷。这个情况说明了为什么容易分散悬浮的红土，由于抗冲性较强，受到侵蚀的程度反而没有黄土严重。

西北水土保持研究所研究了子午岭不同土地利用情况下土壤的抗冲性能，结果表明：土壤抗冲性随土壤中根量和土壤硬度的减小而减弱；土壤的利用情况不同，抗冲性也有显著差别，其中以林地最强，草地次之，农地最弱；林地或草地经开垦后抗冲性剧烈变弱，农地放荒后抗冲性很快增强；林地及草地的抗冲性以表层较弱，即使被垦的农地也是如此。

此外，土壤侵蚀量的大小和土壤抗冲性的强度显著相关，因此提高土壤抗冲性能，对于防治水土流失具有重要的意义。

四、植被因素对水土流失的影响

植物覆被是自然因素中对防止水土流失起积极作用的因素，几乎在任何条件下都有阻缓水蚀和风蚀的作用。植被一旦遭到破坏，水土流失就会加剧。因此，土壤侵蚀的强度，通常与当地的植被覆盖率直接相关。例如，华北永定河中游的调查表明，当自然植被在70％以上时，不论地面坡度的大小和植被组成如何，基本上都可以防止面蚀；江南山地丘陵地区，由于雨量充沛，径流侵蚀比较强烈，据多处观测资料，当植被覆盖率在90％以上时，一般均表现为无明显侵蚀。随着植被的破坏和覆盖率的减低，土壤侵蚀趋向加剧。植被在水土保持上的作用主要有以下几方面：

（一）拦 截 雨 滴

植物的地上部分，即茎叶枝干，能够拦截降水，使雨滴不直接打击地面，速度减小，因而能有效地削弱雨滴对土壤的破坏作用。植被覆盖度越大，拦截的效果越好，尤其以茂密的森林最为显著。郁闭了的林冠像雨伞一样承接雨滴，使雨水通过树冠和树干缓缓流落地面，便于下渗，因而减少了地表径流和对土壤的冲刷。树冠截留降雨的大小因覆盖度、叶面特性及降雨情况而异。

（二）削弱降雨能量

有植物（乔、灌、草）覆盖的地面，其枝叶多层遮蔽着地面，且具有不同的弹性和张开角度，对降雨侵蚀起到了分散和消力作用。由于枝叶的截持作用，虽然也能因水量集中，而形成较大的水滴，但因落下高度大大缩小，从而有效地削弱了雨滴击溅侵蚀，防止土壤面蚀地发展。

刘向东等对森林植被垂直结构减弱降雨动能的研究表明：林冠截留削减的动能为降雨总动能的17％～40％，灌木草本层削减的动能为降雨总动能的44％，枯枝落叶层不仅因截留减弱总动能的9％左右，而且可将透过林冠层、灌木草本层的降雨动能全部削弱。冠层截留和缓冲不仅在数量上减少了林下雨量，削弱了暴雨对地面的直接溅蚀，而且在时间上也推迟了林下降雨开始的时间，缩短了土壤侵蚀的过程，减少了径流量（刘向东，1994）。

（三）调节地面径流

森林、草地中往往有厚厚的一层枯枝落叶，像海绵一样，接纳通过树冠、树干或草类茎叶而来的雨水，使之慢慢地渗入林地变成地下水，不致产生地表径流，即使产生也很轻微。这样枯枝落叶层就起到保护土壤、增加地面糙率、分散径流、减缓流速以及促进挂淤等作用。因此，保护林下的枯枝落叶层及在水土流失严重地区营造乔木、灌木、草本混交的水土保持林，实为控制水土流失的一个重要措施。

（四）固 结 土 体

植物根系对土体有良好的穿插、缠绕、网络、固结作用。特别是自然形成的森林及营造的混交林中，各种植物根系分布深度不同，有的垂直根系可伸入土中达10m以上，能促成表土、心土、母质和基岩连成一体，增强固持土体的能力，减少土壤冲刷。

（五）改良土壤性状

林地和草地枯枝落叶腐烂后可给土壤表层增加大量腐殖质，有利于形成团粒结构；同时植物根系能给土壤增加根孔，提高土壤的透水性和持水量，增强土壤的抗蚀、抗冲性能，从而起到减小地面径流和土壤冲刷的作用。

（六）减低风速，防止风害

植被能削弱地表风力，保护土壤，减轻风力侵蚀的危害。一般防风林的防护范围为树高的 20～25 倍。据观测，在此范围内，风速、风力可减低 40%～60%，土壤水分蒸发也可减少，有利于保墒，农田土壤含水率比防风林范围外的土壤高 1%～4%（辛树帜，1982）。

此外，森林还有提高空气湿度，增加降雨量，调节气温，防止干旱及冻害，净化空气，保护和改善环境等多种效益。正因为植被具有上述种种功效，所以它在保持水土上的作用十分显著。据黄河中游水土流失重点地区的离山、绥德等水土保持站多年观测，森林平均可减少地表径流和土壤冲刷 70%～80%。

森林对水土保持作用的大小，还因植被种类不同而有差别。我国一些水土保持试验站的观测结果表明：阔叶林、灌木林防止水土流失的作用大于针叶林；混交林的作用大于纯林；同龄树种中速生树种的作用大于一般树种。

五、人为因素对水土流失的影响

自从人类出现以来，就不断地以自己的活动，对自然界施加影响，往往打破自然界各种因素间的相对平衡，促使水土流失现象由自然侵蚀状态转化为加速侵蚀状态。许多研究表明，沙化的发展、沙漠的进退、湖泊的变迁、生态环境的平衡与破坏、水土流失产生与发展，都与人类活动密切相关。人类合理的生产活动，可以控制、引导生态系统向良性转化，变侵蚀土地为生产基地，改造沙漠为绿洲；相反，人类盲目地向自然索取，掠夺式地开垦土地却促进了水土流失的发展，也必然遭到大自然无情的报复和惩罚。

（一）人类活动加剧水土流失的发展

（1）破坏森林

乱砍滥伐、放火烧山、毁林开荒、使森林遭到破坏，失去蓄水保土作用，并使地面暴露出来，直接接受到雨滴的打击、破坏，加速了水土流失。

(2) 陡坡开荒

在生产力水平不高的情况下，对土地实行掠夺性开垦，片面强调粮食产量，忽视因地制宜的农林牧综合发展，把只适合林，牧业利用的土地也辟为农田。大量开垦陡坡，陡坡开荒破坏了地面植被，翻松了土壤，造成水土大量流失，以至陡坡越开越贫，越贫越垦，生态系统恶性循环。

(3) 不合理的耕作方式

顺坡耕种促使坡面径流顺坡集中在犁沟里下泄，造成沟蚀；不合理的轮作和施肥破坏土壤的团粒结构和抗蚀、抗冲性能；在坡地上广种薄收、撂荒轮垦，使土壤性状恶化，作物覆盖率降低，这些都会加剧水土流失。

(4) 过度放牧，铲草皮

过度放牧、铲草皮使山坡和草原植被遭到破坏，不能得到恢复，受到水、风等的作用，造成水土流失和风沙危害。

(5) 土地利用不合理

农、林、牧用地比例失调，单一农业经营，开荒播种，不发展林草，形成越垦越穷的恶性循环，造成严重水土流失。

(6) 工业交通及基本建设工程中的破坏作用

开矿、建厂、筑路、伐木、挖渠、修建水库中造成大量弃土、尾沙，若不妥善处理，往往冲进河道，也是加剧水土流失的一个人为因素。

(二) 人类保持水土的积极作用

随着人类越来越认识到生态环境乃人类生存之本，环境的恶化将会危及到人类的生息繁衍，人们开始主动地在改造自然的过程中，总结经验与教训，摸索规律，采取各种措施来保护环境，在水土保持方面主要有以下一些方面：

1. 改变地形条件

人们可以通过工程技术措施，改造局部地形条件，达到保持水土的目的，在地形条件中，以坡度对土壤侵蚀量的影响最大。如在山坡上修建水平梯田、水平台地、水平沟、培地埂，以及采取水土保持耕作法，均可减缓坡度、截短坡长，防止或减轻土壤侵蚀；陡坡造林时，当实施鱼鳞坑、反坡梯田等水土保持整地法，既可以保持水土，又能够促进林草生长；在沟道和溪流上，可通过修谷坊、建水库、打坝淤地、闸沟垫地等措施，提高侵蚀基准面，控制沟道侵蚀；在侵蚀沟活跃的陡坡地段，如采取削坡等工程措施，使坡角减缓，则可稳定沟坡，防止重力侵蚀现象的发生。

2. 改善植被状况

通过植树造林，封山育林，发展立地林业，筛选、培育推广优质牧草；以及改善耕作制度与农作物的合理密植，草田轮作、间作套种等人为措施，均可改善植被状况，这是人们实施水土保持时最主要的积极作用。

3. 改良土壤性状

抗侵蚀能力强的土壤，一般具有良好的通透性，抗蚀和抗冲性，这些条件可通过人的积极改造，予以实现。如在沙性土壤中，适当掺黏土，或在黏性土壤中适当掺沙土，多施有机肥，辅以深耕深锄等措施，均可增加土壤有机质和团粒结构，提高透水、蓄水和保肥能力，增强土壤的抗蚀和抗冲性能。

4. 实施生态经济模式的水土保持规划和农业规划

总结水土保持和农业增产的经验，对水土保持工程配置和农、林、牧综合发展实施科学规划是综合治理水土流失、改善生态环境、实现农业可持续发展的有效途径。

六、水土流失规律

水土流失是指在地球陆地表面由水力、重力和风力等外营力引起的水、土资源和土地生产力的破坏和损失。在我国从广义上理解，包括"土壤侵蚀"一词的含义，在生产上已习惯于叫做水土流失。土壤侵蚀是指地面组成物质（土壤及其母质）在外营力的作用下，被剥蚀、搬运和沉积的全过程。由于破坏土壤的外营力不同，土壤侵蚀可分为水蚀、风蚀、重力侵蚀和冻融侵蚀等。

水土流失规律是水土保持的基本理论依据。要做好水土保持，首先要弄清楚什么是水土流失，只有了解了水土流失发生发展的原因及其过程，认识水土流失的类型、形式及其危害，才能因害设防，因地制宜的制定水土保持规划，配置合理的水土保持措施，达到综合治理的目的。

经过各地实验站多年的记录和研究，现已基本掌握了水土流失发生发展的一般规律，主要有以下一些方面：

1. 雨量及雨量分配与水土流失的关系

降雨量是影响土壤侵蚀量的重要的自然要素之一。随着降雨量的增加，河流径流量和输沙量也相应增加。从多年观测土壤侵蚀情况来看，土壤侵蚀量和少数几次暴雨及许多次中等暴雨关系密切。日降雨量在 20mm 以下的降雨，所发生的径流很小，产生的土壤侵蚀量也很小。

水土流失量受雨型即雨强与降雨量不同组合的影响，在相同降雨强度下，降水量与水土流失量呈正相关，在相同降雨量下，降雨强度与水土流失量呈正相关。

2. 植被覆盖度与水土流失的关系

地面植被的覆盖可以减弱降雨冲刷的强度，截滞雨水，促进水分入渗。因此，坡地上植被的覆盖度对土壤侵蚀有明显的影响。植被的覆盖度在水土保持中起着关键作用。植被的覆盖度与水土流失量呈负相关。

3. 耕作方式与水土流失的关系

土壤侵蚀量与耕种方式密切相关，横坡平作比顺坡种植显著地削减了土壤侵蚀量。在红壤丘陵区进行的观测试验数据表明，等高耕种的侵蚀量仅为顺坡耕种的1/6。

4. 地形与水土流失的关系

地形是影响水土流失的重要因素之一。地面坡度的大小、坡长、坡形、分水岭与谷底及河面的相对高差以及沟壑密度等都对水土流失有很大影响。前文已有阐述。

5. 人类活动与水土流失的关系

人类活动对水土流失的影响具有双重性。一方面，不合理土地利用可以加速水土流失；另一方面，合理的人类活动可以控制水土流失。

6. 不同土地利用方式与水土流失的关系

从不同的土地利用方式来看，综合治理流域减蚀效果最为明显。在其他条件相同的情况下，不同土地类型的土壤侵蚀量一般为坡耕地＞林地＞荒坡草地。

从水土流失的规律中，我们可以得到如下一些启示：

1) 在影响水土流失的各个因子中，人类活动最易改变的因子为地形地貌因子和植被覆盖度，人类可以通过改变微地貌和植被覆盖度起到保持水土的作用。

2) 植被覆盖度对水土流失影响很大，因此营造水土保持林时，在不影响林木生长的情况下，水土保持应先密植，使其尽快郁闭，然后适时间伐，使其尽快发挥水土保持的作用。

3) 修筑水平梯田时，应严格等高布设，并修筑排水系统，以防止降低梯田的水土保持效果。

4) 水土保持综合治理效果最佳，因此，各种水土保持措施在水土流失治理中，宜综合配置，以发挥水土保持整体效益。

第二节　水土流失的危害

一、水土流失对河川径流的影响

严重的水土流失，不仅给人民生产和生活带来极大危害，同时也严重威胁着江河下游地区的安全。其主要表现在以下几个方面：

（一）造成江河湖泊的严重淤积

我国许多江、河从水土流失地区携带的大量泥沙，在中、下游河段沉积下来，使得河床不断淤积抬高，造成种种危害。黄河的大量泥沙进入平原后，堆积在下游的河床上，使下游河床普遍高出地面 3～5m。河南开封段，高出城区达 8m，现在仍以每年10cm 的速度向上加高，成为举世闻名的"地上河"，亦称"悬河"。长江干流年平均输沙量也达 5 亿 t 以上，大量泥沙下泄使河床及一些湖泊严重淤积。例如，20 世纪 50 年代以来，洞庭湖年淤积泥沙 1.45 亿 t，湖泊面积由 4350km² 缩小到目前的 2400 km²，蓄水调洪能力降低了 40%，这些泥沙主要来源于上游的毁林和陡坡开垦而激发的水土流失及滑坡、泥石流灾害（唐克丽，2004）。西辽河在郑家屯，年平均输沙量 8200 万 t。海河水系的永定河，年平均输沙量达 6000 万 t（辛树帜，1982）。这些河流下泄的泥沙都给下游的河床及湖泊造成淤积危害。

（二）造成江河湖泊的溃决泛滥

江河中、上游大量泥沙下泄，使下游河道淤浅，遇较大洪水位突然抬高时，往往冲决堤防，泛滥成灾，不但破坏工农业生产，而且造成人民生命财产的损失。为了防汛抗洪，在修建堤防，抢险堵口等方面要耗费大量资金，物资和人力。

1998 年长江特大洪水灾害的发生，除降雨因素外，因流域内长期土壤侵蚀而输入湖泊、水库的大量，加剧了灾情的发展。1998 年长江洪峰流量低于 1954 年及历史最高记录，但洪水水位却高于以上记录，从而造成了更大的险情。长江的九江站最高水位达 23.03m，比 1954 年高 0.95m，超历史最高水位 0.83m；信江梅港站 1998 年的洪峰流量 12 900m³/s，比 1954 年小 700 m³/s，水位却高出 1.08m，造成了触目惊心的险情（史立人，1998）。这种超高水位起因于土壤侵蚀所造成的河床、湖泊泥沙的淤积。

近年来，黄河断流、长江洪水及松辽、海河、淮河等流域频繁的旱、洪灾害，使人们愈来愈深刻地认识到，治理水土流失，改善生态环境，是防灾减灾、保证国民经济建设持续发展的根本。

二、水土流失对农业生产的危害

（一）造成农田跑水、跑土和跑肥

1. 跑水

在缺乏植被的情况下，坡地表面的土壤受到暴雨的打击、破坏，土壤空隙被堵塞，雨水下渗的速度随之减小，就出现大量的径流顺坡下泄。根据一些试验资料，在强烈暴雨时有 60%～70%，甚至更多的降水量从坡面流走，坡耕地只能吸收很小一部分降水量，因此，尽管在雨季，作物也常常遭到干旱的威胁。而且这种情况十分普遍。黄土丘陵区坡耕地平均每年约流失 $15\sim30m^3$，多的可达 $60\ m^3$。除坡面径流损失外，还有通过纵横下切得很深的沟壑系统的流失，以及裸露地表的强烈蒸发。这些跑水都加剧了土壤的干旱。

2. 跑土和跑肥

我国许多水土流失地区，每年水力侵蚀损失的土层的厚度达 $0.2\sim1.0cm$，严重流失的地方可达 2cm 以上。在黄河中游黄土丘陵区，每亩耕地上每年流失的土壤和有机肥达 $3\sim12t$。根据统计资料，全国丘陵、山区每年流失数十亿吨肥沃的表层土壤。如按照平均每年流失土壤厚度为 $0.5\sim2.0cm$ 计算，$1km^2$ 面积上将流失 $8\sim15t$ 氮、$15\sim40t$ 磷、$200\sim300t$ 钾。仅黄河流域每年所带走的泥沙中含氮、磷、钾总量即达 4000 万 t 以上，全国每年流失的氮、磷、钾总量近亿吨。这个数字还没有包括由于淋溶侵蚀所造成的损失（辛树帜，1982）。

除水力侵蚀外，风蚀也大量消耗土壤水分，刮走土壤表层细土粒和肥料，使土壤结构及肥力严重恶化。

水土流失的结果使土壤结构遭破坏，造成耕作土壤板结，并阻碍土壤微生物活动。当土壤水分减少时，土壤热量也会暴增，这又会加剧农作物及林木、牧草在生长期灼伤的危害。由此可见，水土流失会带来土壤条件的全面恶化，给农业生产带来危害。

（二）切割、蚕食、淤积和埋压田地

水土流失不仅使坡地上的土壤肥力遭到全面破坏，更为严重的是使农田本身受到毁灭性的切割、蚕食、淤积和埋压的破坏。

1. 切割、蚕食

我国有些水土流失地区，在每平方公里的土地上，支毛沟的数目往往有 $30\sim50$ 条或更多，沟道的总长度有的为 $2\sim3km$，有的达 $6\sim7km$（单位面积沟道总长度称为沟壑密度或切割密度）。这样稠密的沟壑网把土地切割成窄小、支离破碎的条块，轻者造成耕作上的许多困难，重者使土地完全丧失耕种的能力。至于变成荒沟的土地，不仅不能种植农作物，连造林种草也要付出很大的代价才能成功。

一般而言，我国许多水土流失地区，沟壑面积占总土地面积的 5%～15%。在黄河流域的不少地方，沟壑面积占总土地面积的比例达到 30%～50%，有些地区甚至达到 60% 以上，可见，沟壑纵横切割所破坏的土地面积之大是很惊人的。

2. 淤积、压沙

这是和切割、蚕食现象相反的一种灾害。在我国南方，风化花岗岩坡地上大量的大颗粒石英沙常被坡面径流挟带冲进水稻田里，使稻田遭到淤积埋压，当地称为"沙压田"。在南方各省（自治区），过去每年由于沙压田的危害，被迫停耕的农田估计约有数十万亩。

在南方，水土流失除了沙压田的危害外，还造成"落河田"的危害。这是由于河床被淤积太高，形成河床高于田面的现象，结果使得河流两岸的良田因排水不畅而难于耕作，造成严重减产。

（三）对水利设施的危害

不论南方或北方，一些为防旱抗旱修建的池塘、水库以及灌溉渠道，经常为径流挟带的泥沙所淤积，降低了效益，缩短了寿命，以至完全失效。有些通过山脚、山坡或沟道的渠道，常被陡坡上或沟道里的山洪冲毁或淤塞，以致失效，或者要花很多劳力和财力来修复。河流大量输沙，给水利枢纽的修建和管理造成一系列技术上的困难，并使造价显著提高。

（四）造 成 污 染

随同土壤流失了残存的化肥和农药，造成水体污染，影响水生生物的繁衍生长。如湖南省被流失的黄坭水严重污染的鱼塘达 80 多万亩左右，每年减少水产品 20 万担（郭廷辅，1997）。

综上所述，水土流失对农业的影响，从造成农田的跑水、跑土和跑肥到切割、蚕食土地本身，从埋压田地到淤积池塘、水库和渠道等水利设施等方面，破坏了农业生产的基本条件，阻碍了农业机械化的发展，直接影响到农业产量的提高。

三、水土流失对生态环境的影响

恶化生态环境。20 世纪 30 至 60 年代，人们对于水土流失灾害的认识还停留在对土地造成直接经济损失方面，但在 60 年代以后，开始联系到人类整个环境所受的影响，包括沉淀物的污染，生态环境的恶化等。

我国水土流失面积之大，范围之广，位居世界之首。严重的水土流失，导致自然生态平衡失调，耕地面积不断减少，土壤肥力衰退，致使耕地支离破碎，自然灾害加剧，农林牧业生产量降低，人民生活贫困；威胁城镇，破坏交通，淤积河床、水库、湖泊、渠道，阻塞江河，影响航运、灌溉、发电；并造成水源污染、水质劣变、影响人民健康；江河泛滥，威胁下游地区生产建设和人民生命财产的安全，且后续性的二次危害将更加严重，给国民经济的发展带来沉重的包袱。

联合国 1992 年资料表明，自第二次世界大战结束以来，因人类活动，农区有 12 亿 hm^2 的土地遭受侵蚀，毁坏了 10.5％的肥沃土地。遭侵蚀和退化的耕地，以亚洲最多，总计 4.5 亿 hm^2。地球上 35％的地区正处于沙漠化或已沙漠化，其中因人类活动直接造成的沙漠面积约 800 多万平方千米；仅在 20 世纪 80 年代，全世界就有 15 亿 hm^2 的牧场和耕地变成沙漠，受影响的人口达 2.53 亿。如果不采取有力措施，人口增长、土地退化和粮食危机的矛盾将趋向尖锐，直接影响世界经济的发展。

四、我国水土流失形势

我国是世界上水土流失最严重的国家之一。全国几乎各省（自治区、直辖市）都有不同程度的水土流失（表 3-1），其分布之广，强度之大，危害之重，类型之多，在全球屈指可数。我国的农业耕垦历史悠久，大部分地区自然生态平衡遭到严重破坏，全国森林覆盖率为 16.55%。有些地区不足 2%，水蚀、风蚀都很严重。据 20 世纪 50 年代初期统计，全国水蚀面积 150 万 km^2，风蚀面积 130 万 km^2，合计占国土面积的 29.1%，年均土壤流失总量 50 余亿 t，其中约 17 亿 t 流入海洋。到 1990 年，全国水土流失总面积达 367 万 km^2，占国土总面积的 38.2%，其中水蚀面积 179 万 km^2，风蚀面积 188 万 km^2（表 3-1）。从流失的严重程度来看，轻度流失面积为 186 万 km^2，中度流失面积 77.7 万 km^2，强度流失面积为 47.63 万 km^2，极强度流失面积为 25.76 万 km^2，剧烈流失面积为 29.95 万 km^2，其中中度以上流失面积占 50%。目前全国农耕地水土流失面积约 4867 万 hm^2，占耕地总面积的 38%，严重影响了农业生产，特别是粮食生产（郭廷辅，1997）。

表 3-1 全国水土流失面积

省（自治区、直辖市）	水蚀面积/km^2	风蚀面积/km^2	流失总面积/km^2
北京	4829.95	0	4829.95
天津	402.51	0	402.51
河北	58 085.52	12 877.12	70 962.64
山西	107 730.33	166.25	107 896.25
内蒙古	158 100.13	640 531.13	798 631.26
辽宁	63 714.98	1933.13	65 648.11
吉林	24 097.30	15 784.50	39 881.80
黑龙江	112 559.79	7666.42	120 226.21
陕西	120 404.95	11 572.57	131 977.52
甘肃	106 936.83	129 252.06	236 188.89
宁夏	22 897.11	15 975.95	38 873.06
青海	40 060.30	142 647.09	182 707.39
新疆	113 843.00	836 403.00	950 246.00
河南	64 754.67	0	64 754.67
山东	50 373.24	10 295.30	60 668.54
西藏	62 056.89	50 592.24	112 649.13
江苏	9161.91	0	9161.91
安徽	28 853.45	0	28 853.45
浙江	25 708.00	0	25 708.00
江西	45 653.08	152.00	45 805.08
福建	21 130.00	250.00	21 380.00
台湾	8887.60	0	8887.60
湖北	68 483.53	0	68 483.53
湖南	47 156.81	0	47 156.81

省（自治区、直辖市）	水蚀面积/km²	风蚀面积/km²	流失总面积/km²
广东	11 381.22	0	11 381.22
海南	455.04	0	455.04
广西	11 142.93	0	11 142.93
四川	184 153.96	0	184 153.96
贵州	76 682.45	0	76 682.45
云南	144 470.34	0	144 470.34
全国	1 794 169.22	1 876 099.19	3 670 268.41

根据地形特点和自然界某一外营力起主导作用的原则，可将我国水土流失类型区分为水力侵蚀为主的类型区、风力侵蚀为主的类型区和冻融侵蚀为主的类型区。水力侵蚀为主的类型区又可分为五个二级类型区，即：①西北黄土高原区，②东北黑土区（低山丘陵和漫岗丘陵区），③北方土石山区，④南方红壤丘陵区，⑤西南土石山区。风力侵蚀为主的类型区又可分为：三北（华北、东北和西北）戈壁沙漠及沙地风沙区和沿河环湖滨海平原风沙区。冻融侵蚀为主的类型区包括北方冻融土侵蚀区和青藏高原冰川侵蚀区两个二级类型区。

全国七大流域和内陆河流域都有不同程度的水土流失（表3-2），黄河中上游的黄土高原区 60 万 km² 面积中，严重水土流失面积达 43 万 km²，可以说黄土高原是世界水土流失之最，年均土壤侵蚀模数为 3700t/km²，最严重的地区高达 5 万～6 万 t/km²，每年从黄土高原输入黄河三门峡以下的泥沙达 16 亿 t，其中 4 亿 t 淤积在下游河床，造成黄河下游河床每年淤高 10cm。目前，下游河床高出地面 3～10m，最高达 12m，成为有名的地上悬河。每年虽耗费大量财力和人力加高河堤，但河堤越高越险，后患无穷。

表 3-2 中国水土流失分布

流域	流域面积/万 km²	水土流失面积		土壤侵蚀量/亿 t
		/万 km²	占流域面积/%	
长江	180.00	62.00	34.4	24.00
黄河	75.00	46.00	61.3	16.00
海河	31.90	12.00	37.6	4.02
淮河	27.00	5.90	21.9	2.30
珠江	45.00	5.80	12.9	2.26
松花江、辽河	124.60	42.00	33.7	7.68
太湖	3.60	0.296	8.2	0.14
其他流域（内陆河、直接入海河流、国际河流等）	473.00	193.00	40.8	

资料来源：水利部 1993 年发布资料。

北方土石山区水土流失面积达 54 万 km^2，年平均侵蚀模数为 1130～1750t/km²。东北三省和内蒙古部分旗盟的水土流失达 18.5 万 km^2。其中黑土区虽属缓坡，但多为长坡（1000～2000m），雨量集中，雨强大，土壤也容易流失，土壤侵蚀模数每年达 6000～10 000t/km²。内蒙古、新疆与东北西部的风蚀面积达 130 万 km^2，沙漠与戈壁东西绵延近万里，气候干旱。因风沙危害，土壤沙化、碱化，危及西北、东北及华北各省（自治区）。

南方红壤丘陵区，同样也存在严重的水土流失问题。长江流域以南的红壤丘陵地区水土流失面积达 67.48 万 km^2。这些地区，由于人多耕地少，山高坡陡，雨量充沛，特别是暴雨多，植被一旦遭到破坏，在高强变降雨径流的冲击下，很容易产生严重的水土流失，特别是有深厚花岗岩风化壳的红壤地区，严重者土壤侵蚀模数在 1000t/km² 以上，使土壤肥力下降，造成大幅度减产。仅长江上游 35.2 万 km^2 水土流失区的土壤流失量就达 15.6 亿 t，年均侵蚀模数达 4432t/km²。由于长江上游流失的泥沙颗粒粗者居多，只有 1/3 细泥沙进入干流，2/3 的粗砂、石砾以推移质形式淤积在上游水库、支流和中小河道中，给小河的防洪和水库灌溉、供水、发电带来很大危害。

第三节　水土保持的技术措施

一、水土流失方程与水土保持原理

坡面土壤水蚀是最基本的土壤侵蚀方式，是山区、丘陵区经济发展的重要障碍，为建立山区良性生态经济，科学地实施耕作和保土措施，指导农、林、牧业生产，众多学者经过长期的努力，在大量的观测试验基础上，产生了数十个预测土壤流失的经验公式，其中以美国土壤保持局提出的"通用土壤流失方程"（Universal Soil Loss Equation，USLE）最为著名，该方程已在美国广泛应用，而且也为欧洲、亚洲、大洋洲以及非洲的一些国家所接受。

方程式的形成和发展，是长期科学研究和实践的结果，早在 1940 年，R. W. 津格首次提出了表示土壤侵蚀的数学形式，确立了土壤侵蚀量与坡度（S）、坡长（L）的关系；1946 年，D. D. 史密斯发展了这一方程，不仅考虑了坡度和坡长，还考虑到作物因素的影响；1947 年勃朗宁又加以发展，增加了土壤因素；同年，出现了 G. W. 马斯格雷夫方程式，因为强调坡度和措施两个较重要的因素，故又称为"坡度-措施方程"。该方程式为 E（侵蚀）$= T$（土壤）S（坡度）L（坡长）P（农业措施）m（工程措施）R（降雨）。

该方程在美国水土保持工作中运用了十余年，直到 20 世纪 50 年代末才被"通用土壤流失方程"所取代。1961 年美国农业部农业研究局出版了《预报降雨侵蚀量的通用方程》一书，对方程式作了全面综述，1965 年美国农业部出版了《农业手册－282》，使方程式得以广泛应用。70 年代初，美国农业部水土保持研究所应用了多年约 8000 个流失试验小区的资料，对方程式进行了改进，1971 年由 W. H. 维希迈耶发表的最新方程式为

$$A = RKLSCP$$

式中：A 为预报区的单位面积多年平均土壤流失量，以 t/（hm²·a）或 t/（km²·a）计；R 为降雨和径流侵蚀因子，表示在标准条件下，降雨对土壤的侵蚀能力，也称侵蚀力。标准小区是人为选定的，美国选用坡长 72.6ft（22.1m），宽 6ft（1.82m），坡度 9%（5.16°），顺坡耕种，连续休闲地（$c=p=1$）作为标准小区，研究指出，在其他因子不变的情况下，休闲地的土壤流失量，与暴雨的总能量（E）和 30min 最大降雨强度 I_{30} 的乘积（即 EI_{30}）呈正相关，它是测定降雨侵蚀量的可靠指标。降雨能量可从降雨动能表查得或通过计算求出，30min 最大降雨强度值，可由降雨记录中求得。

一个地区全年的 EI_{30} 值之和，称为"降雨侵蚀指数"。美国应用了多年的降雨记录，得到了不同地区的降雨侵蚀指数，将多年计算值加以平均，得到年均降雨侵蚀指数，即为方程式中的 R 值。应用各地的 R 值，可绘制全国等侵蚀量线图。美国东南部 R 值的大致范围：西部半干旱平原低于 50，中北部和东北部为 75～250，东南部为 600。

K 为土壤可蚀性因子，表示在标准小区的状况下，每个 R 单位的土壤流失量（t/亩或 t/hm²）。当其他因素不变时，反映不同土壤类型的侵蚀速度。影响土壤侵蚀速度的有：土壤质地、结构体的大小和稳定性、土壤的通透性、有机质含量等。美国已对国内 23 种主要土壤的可蚀性因子作了测定，根据土壤的物理化学性质，结合田间测定，推求估算出几百种土壤的 K 值。

L 与 S 为坡长坡度因子，也称地形因子。L 是坡长因子，表示在其他因子相同的条件下，一定坡长的土壤流失量，与标准小区坡长下土壤流失量的比值，S 是坡度因子，表示已知坡度与标准小区坡度条件下土壤流失量的比值。坡长和坡度可以分别求得，但是，通常将坡度和坡长归并为单一的地形因素，以 LS 表示，在方程式中采用的即为 LS 的组合因子，标准状态下 $LS=1$。

C 为作物管理因子，表示在其他因子相同的条件下，特定植被和经营管理地块上的土壤流失量与标准小区上土壤流失量之比值。

P 为水土保持措施因子，表示采用某种措施（如造林种草、等高耕作、带状种植或修建梯田等）与顺坡耕作流失量的比值。观测表明：等高耕作、等高种植在中等坡度范围内（2%～7%）效果最大，其流失量大致为顺坡耕作的 1/2；等高带状作物地的平均流失量约为顺坡耕作的 25%～50%；梯田的截留保土效果更佳，采用梯田措施时，流失量可降到 20% 以下。

通用土壤流失方程式概括和总结了多年的研究成果，考虑了多种影响因素，通过科学的计算，完成了从定性到定量的突破，成为合理利用土地和选择水土保持措施的重要依据。同时，它的形式简单、直观，易为人们所接受，在世界范围内得到较广泛的应用和推广。但是，在具体应用时，需要结合当地实际资料，加以适当调整或修改。

这个方程式总结出了影响水土流失的因素。相应地，水土流失的防治也必须针对这些因素，对症下药。对于降水因子 R 来讲，我们人类难以控制。可蚀性可以定义为土壤对于侵蚀的敏感性。土壤可蚀性取决于土壤性质，如土壤的机械组成、化学组成、土壤松紧度、土壤结构等。对于土壤可蚀性因子 K 来讲，我们也难以控制。我们可以控制的大概有 L、S、C、P。

在通用土壤流失方程中，C 值的变化范围是从 0.001 到 1（0.001 是管理很好的茂密森林，1是无草的裸露休闲地）。土壤保护生物措施就是通过改变 C 值来达到保护水土的作用；主要通过植被保持水土，降低地面径流。

对于坡度 S 和坡长 L 因子，也可以改变。修筑梯田就是减小坡度，变长坡为短坡；等高耕作虽然不能改变坡度，但可以减小坡长。

关于土壤保持措施因子有梯田耕作、等高带状耕作、留茬免耕、覆盖砾石防冲等。

人们正是在逐步认识了水土流失规律的基础上逐渐掌握了水土保持的原理，并以这些原理为基础，在长期的生产实践中摸索并总结出很多有效的水土保持措施，对水土流失的地区进行综合治理。

二、水土保持工程技术措施

水土保持工程措施，主要是通过改变局部地形或利用构筑物等工程措施，达到控制水土流失的目的。如修筑水平梯田，打淤地坝，修建滚水坝，小型农田基建工程等。土地保护工程措施的特点是实施周期短，见效快，但一次性投资较大和用工多。按照水土保持工程的分布及其作用，可分为治坡、治沟和小型蓄水等工程。

（一）治 坡 工 程

由于不同地区的地面坡度、工程断面、种植的作物和修建的材料各不相同，因而有许多种类和名称，如：梯田、地埂、隔坡梯田、反坡梯田、水平沟、水平阶、地坎沟、水簸箕、卧牛坑、鱼鳞坑等等。虽有这些名称、形式和做法上的差异，但都有一些本质上的共同特点，即都是通过在坡面上沿等高线开沟、筑埂，修成不同形式的水平台阶，用改变小地形（截短坡长，减缓坡度，并造成小量的蓄水容积）的办法，起到蓄水保土的作用。可以说，大部分治坡工程，从本质上看，都是修建不同形式和不同尺寸的梯田。因此梯田的规划设计和实施，是治坡工程的主要内容。

梯田按不同的断面形式划分，有水平梯田、坡式梯田和隔坡梯田，其中以水平梯田为主；按田坎的建筑材料分，有土坎梯田和石坎梯田等，其中以土坎梯田为主；按种植的作物分类，有水稻梯田、旱作梯田、果园梯田、茶园梯田以及其他经济树种和用材林梯田等，其中以水稻梯田和旱作梯田为主。

梯田不同的断面形式反映了改造小地形的程度和蓄水保土作用的不同，同时，修建时所需的工作量也大不相同，是梯田工程上最本质性的差异，因此，在生产实践和科学研究工作中，主要以梯田的断面形式进行分类。

1. 水平梯田

在坡地上用半挖半填的方法，按照设计的宽度，把坡面修成若干台田面水平的地块，叫做水平梯田（图3-1）。这是我国农民用以改造坡耕地的主要形式。在我国南方主要用于种植水稻，少量用于种植旱作物。南方群众把前者叫做"梯田"，把后者叫做"梯地"或梯土。我国北方的水平梯田一般都是种植旱作物。

种农作物的水平梯田，一般沿等高线呈长条形带状分布，以便利耕作。种果树或其他经济林木的水平梯田，除一般呈带状分布外，还有因地制宜地修成小方块的复式水平梯田（图 3-2）。

图 3-1　水平梯田（辛树帜等，1982）

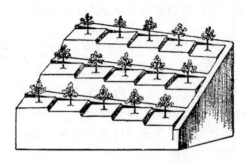

图 3-2　复式水平梯田（辛树帜等，1982）

2. 坡式梯田

在坡面上每隔一定距离，沿等高线开沟、筑坝，把坡面分割成若干等高带状的坡段，用来截短坡长，拦蓄部分地表径流，减轻土壤冲刷。除开沟和筑坝部分改变了小地形外，坡面其他部分保持原状不动，所以叫做坡式梯田（图 3-3）。20 世纪 50 年代初期，黄河流域及全国许多地方，在旱坡地上曾主要采取这种形式进行治理，一般叫做"地埂"。1958 年以后，坡耕地治理主要采取了水平梯田；而坡式梯田则主要用于果园、橡胶园和其他造林整地。

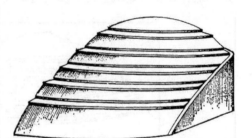

图 3-3　坡式梯田（辛树帜等，1982）

在坡式梯田中，还有若干种不同的类型。例如，在海南省的山坡上种植橡胶的沟埂梯田，根据沟和埂的相对位置，分为埂上沟（沟在上，埂在下）、埂下沟（埂在上，沟在下）。在黄河流域，缓坡农耕地上的坡式梯田，有的埂身被拍实、断面较小，埂上不能种作物的，成为硬埂；有的埂身是虚土，断面宽而低，埂上可以种作物的，成为软埝。

农耕地上修的坡式梯田，每两条沟埂间的距离一般约为 20～30m；果园、橡胶园或其他林地的坡式梯田，每两条沟埂间的距离主要根据树种所需的行距来决定，有的 3～4m，有的 5～6m 不等。

在我国西北和东北，有许多地广人稀的地区，要把坡地一次修成水平梯田，用工较多，劳力不足，许多地方采取先修坡式梯田，结合每年耕种，向下方翻土，把坡地逐渐修成水平梯田的办法。因此群众把这种坡式梯田叫做"过渡梯田"。

3. 隔坡梯田

水平梯田与坡式梯田相结合的一种形式叫做隔坡梯田，其特点是：在两个一次修平的水平台阶之间，隔着一个保持坡面原状的斜坡段。暴雨中，斜坡段上流失的水和土，被水平台阶所拦蓄。在地广人稀地区，可以在斜坡段上种草沤肥，水平面上种庄稼。利用斜坡段上的地表径流，浇灌水平面上的庄稼，既有利于农业生产，又能控制水土流失。虽然在大搞水平梯田之后，隔坡梯田这种形式未能大量推广应用，但因其本身具有某些优点特别适用于地多人少的地区，今后还需适当推广。

（二）治沟工程

　　沟蚀是面蚀的发展和继续。当坡面上的侵蚀沟尚未发生以前，努力搞好坡面水土保持工作，就可防止侵蚀沟的产生，但侵蚀沟一旦形成，就有它自己的受雨面积和发展条件，这时，搞好坡面治理，虽可大大减轻沟蚀，但要彻底解决沟蚀问题，还必须采取专门的治沟措施才行。

　　无论是西北地区的黄土侵蚀沟还是南方的风化花岗岩"崩岗"沟，在沟壑治理上，都有一些共同点，即：都是按照从上到下，从坡到沟，从沟头到到沟口，从沟岸到沟底，全面部署，层层设防，既要解决产生侵蚀的原因，又要处理侵蚀产生的后果。有些地方不但比较彻底地制止了沟蚀的发展，而且把原来的荒沟变成了有用的农、林、牧业生产基地。其要点是从上到下设四道防线（图3-4）。

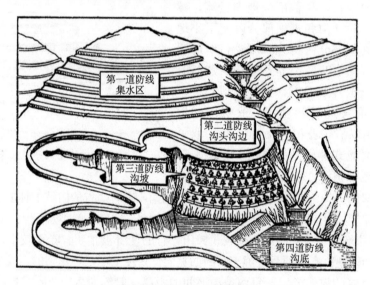

图 3-4　治沟的四道防线（辛树帜等，1982）

　　1）在沟头以上的集流面积上，加强坡面或塬面的治理，做到水不出田，从根本上控制导致沟壑发展的水源和动力。

　　2）在临近沟头的地方，修防护工程，将地表径流分散拦蓄，使之不从沟头下泄，制止沟头发展。

　　3）在沟坡上修鱼鳞坑、水平沟、水平阶、反坡梯田等工程，造林种草，巩固沟岸，防止冲刷，减少和减缓下泄到沟底的地表径流。

　　4）在沟底，从毛沟到支沟，到干沟，根据不同条件，分别采取修谷坊、淤坝地、小水库等各项工程，巩固和抬高侵蚀基点，拦蓄洪水泥沙。

　　上述四道防线中，前面三道的做法已在治坡工程中介绍，下面着重介绍沟底的各项工程措施。在一般的概念中，所谓"治沟工程"，也主要是指沟底的各项工程。但在研究沟壑治理的时候，必须认识到沟底工程只是四道防线中最后一道，也是重要的一道，单有沟底工程是不能完全解决治沟的问题的。

沟底工程，从本质上说，就是修坝——修各种不同形式的坝。按作用不同，可分为三类：一类是主要为巩固沟底侵蚀基点的小坝，叫做谷坊；另一类是主要为拦蓄沟中洪水，用以保护沟底其他工程，或用以发展灌溉和水产的，叫做小水库；还有一类是主要为拦泥淤地，作为基本农田的，叫做淤坝地。第一类也有少量淤地作用；后面两类也同时兼有巩固沟底侵蚀基点的作用。在黄土丘陵区，许多淤坝地在未淤成坝地以前，也可暂时作小水库用；同时，有许多按小水库要求设计的坝，如果没有可靠的防沙排沙措施，很快就可能把库容淤满，变成了淤坝地。

1. 谷坊

一般修在沟底正在下切的小支、毛沟中，因地制宜，就地取材作成。由于所用材料不同，主要有以下几种类型：

(1) 土谷坊

一般土质山区、丘陵区的小支、毛沟中及广东、湖南、江西、福建等地崩岗的沟底和沟口，常修土谷坊（图 3-5），高度一般 5m 左右，长度与沟底宽相等，有的 10～20m。容量很小，有的几十立方米，有的几百立方米。为了有效地巩固沟底侵蚀基点，往往在一座谷坊的回水范围以上，紧接着修第二座谷坊。

图 3-5　土谷坊（辛树帜等，1982）

(2) 石谷坊

主要在土石山区，就地取材作成。有的叫"闸山沟"。在土质山区、丘陵区，有些有条件的地方，也修石谷坊（图 3-6），目的除了提高侵蚀基准外，还为了抬高水位，引水灌溉。因其坝顶能漫水，又叫做滚水坝，不需在旁边另开溢洪道。

图 3-6　石谷坊（辛树帜等，1982）

(3) 柳谷坊 (图 3-7)

有柳梢谷坊和活柳谷坊两种。柳梢谷坊是用柳桩拦沟打上 3～4 排，每排间距0.5～1.0m，再把柳梢束成捆，填在里面修成。沟中洪水经过时，可以澄下泥沙，透过清水，从而使沟底侵蚀基点得到巩固。活柳谷坊是用新鲜柳桩，拦沟打上 3～4 排，并用柳梢编上，同样可以澄下泥沙和透过清水，巩固侵蚀基点；待柳桩成活后，可随淤泥面升高而上长；还可砍下新生的柳桩插在淤泥地上，逐步发展为成片的沟底防冲林。

图 3-7 柳谷坊（辛树帜等，1982）

2. 小水库

一般由土坝、溢洪道、泻水洞三大部分组成（图 3-8）。根据国家规定：库容100 万～1000 万 m³ 的，叫"小一型水库"；库容 10 万～100 万 m³ 的，叫"小二型水库"。与江河上大、中型水库相比，是"小型"；但与沟壑中谷坊、淤坝地相比，则是相对的"大型"骨干工程。在水土流失和干旱严重的地区，它能将水土流失的后果（洪水、泥沙）拦蓄起来，同时还能保护其下游的其他沟底工程（如淤地坝等）。因此，在治沟工程设施中，它是一项不可缺少的重要措施。

图 3-8 小水库（辛树帜等，1982）

3. 淤地坝

在沟道中修筑的主要用于拦泥淤地的小型坝称作淤地坝。坝后淤出的地称作坝地。淤地坝规划布局时，要有计划、有目的地在一条沟中修若干座坝，这些坝有的拦洪、有的蓄水、有的种地、有分工也有配合，构成一个有机的坝系。这样，不但能保坝保收，而且能实现坝地水利化，促进坝地稳产。淤地坝址选择时，要全面考虑集水面积，洪水量和水库库容三项因素，并要进行严格地计算，并使三者之间关系协调起来，进行合理的淤地坝布局。在黄河中游山西、陕西等省的黄土丘陵沟壑区，群众有几百年打坝淤地的经验。修淤地坝不仅能制止沟壑侵蚀，而且能变荒沟为良田，是我国劳动人民一项伟大的创造。

（三）小型水利工程

在水土流失地区，除沟中小水库属于小型水利工程设施以外，还包括蓄水池、水窖、水窑、防洪沟等。

1. 蓄水池

我国南方称作陂塘或称作山弯塘，在黄河中游一般称作涝地。根据需要和地形，有的布置在村旁、路旁坡凹或其他水流集中的地方，一般不采取防渗措施，池中蓄水，可供抗旱、洗涤和牲口饮用。

2. 水窖、水窑

在黄河中游的干旱区和苦水区，群众多修水窖以解决人畜用水问题。具体做法是在地下开挖一个瓶状的土窖，底部和四壁用胶泥捶实防渗，暴雨中，将地表径流经过初步澄清后，引入窖内储存，不仅可供人畜用水，有的还可用以抗旱点播。一般水窖的蓄水容积约 $10m^3$，蓄水容积 $100m^3$ 以上的称为水窑。

3. 防洪沟

又称盘山渠、撇洪渠，在我国南方较多。有的山丘地区坡面上土层较薄为林牧业基地、下层土层较厚，为基本农田，在两部分交界处沿等高线修防洪沟。有些地方在沟的一端或两端修蓄水池，暴雨中，山坡上部的地表径流为防洪沟所拦截，引入水池中。这样，既保护了下部农田不受冲刷，又可利用池中蓄水，浇灌下部农田。

三、水土保持生物措施

水土保持生物措施中最主要的就是水土保持林草技术措施，是解决水土流失问题的根本措施之一，其特点是实施周期长，见效慢，但较工程措施在用工和投资方面均较少。此外，该项措施还有多方面的生态效益和经济效益，它既能改善环境，防止水土流失，还能促进水土资源的合理利用，发展多种经营。

（一）水土保持林业措施

在水土流失区造林营林，提高森林覆盖率，使之有效发挥涵蓄雨水，调节河川、湖泊和水库的水文状况，防治土壤侵蚀，改良土壤和改善生态环境的功能，是水土保持生物措施的重要组成部分。通过这项措施还能提供燃料、饲料、肥料、木材、果品及其他林副产品，促进农林牧及商品生产的综合发展。因此，根据当地水分土壤条件，培育具有较高生态效益和经济效益的林种组成和林分结构，尤以乔灌草相结合，多林种多树种相结合，应作为水土保持林业措施的主体。根据防护目的和所处地形部位的不同，水土保持林可分为：分水岭地带防护林、坡面防护林、侵蚀沟道防护林、沟坡防护林、沟头防护林、护岸护滩林、池塘、水库防护林、护路林、水土保持经济林等。

在水土流失地区造林，与一般造林有不少共同之处，但也有其特点，主要有以下一些方面：

1) 水土流失地区造林目的主要是为了保持水土和解决饲料、肥料、燃料等问题，同时要求增加现金收入，以提高群众生活水平，这与一般林区造林以发展用材林为主要目的，在要求上是不相同的。

2) 水土流失地区造林的立地条件，一般是土壤侵蚀严重、土质比较瘠薄的陡坡。在西北黄土地区，还有气候干旱、寒冷等不利条件。

3) 在水土流失严重地区，特别是在地多人少的黄土丘陵沟壑地区，广种薄收旧习十分严重，许多地方陷于"越垦越穷，越穷越垦"的恶性循环中，在未有足够的基本农田解决吃饭问题之前，对于退耕陡坡造林，认识不足，工作不认真，管理跟不上，加以立地条件不好，以致许多地方"年年造林不见林"。

针对以上特点，在水土流失地区造林，从规划、设计、施工到管理，都必须采取一些独特的做法和有效的措施。

1. 林种的配置

既然造林的首要目的是保持水土，那么林种的配置就应该按照水土流失的严重程度、水土保持作用的大小和不同部位的轻重缓急来确定。主要有以下几方面：

1) 在我国南方山区、丘陵区植被遭到破坏，水土流失严重的光山和陡坡应该抓紧营造水土保持林。在我国北方，特别是黄土丘陵沟壑区，逐步退耕的陡坡地，是大量营造水土保持林的重点地区。

2) 我国各地各种形式的侵蚀沟，特别是南方风化花岗岩地区崩岗沟和黄河中游各地的黄土侵蚀沟的沟头、沟坡和沟底，都应该积极营造沟头防护林、沟坡护坡林、沟底防冲林，以制止沟头前进、沟岸扩张和沟底下切。

3) 无论南方或北方，河流两岸和库区周围，都应该营造护岸林，以防止河岸、库岸坍塌；水库、淤地坝上游的集水区都应营造水源涵养林。

4) 风沙区应该营造防风固沙林；塬区、滩区、川道区应该营造农田防护林；高塬区的塬边、丘陵区的峁边，分别营造塬边、峁边防护林。

5) 为了增加经济收入，各地还应在距村较近、土质较好、背风向阳的地方，选出适当面积，发展果树、木本粮油树和其他经济树种。

2. 造林的树种

作为水土保持的树种，总的要求是：繁殖容易，生长迅速，保土能力强，有一定经济价值。为了适应水土流失地区陡坡上的立地条件，还要求耐旱、耐寒（北方）、耐瘠薄。这是选择树种的一般原则。

我国北方和南方的自然条件差异很大，适生的主要树种大不相同。就是在同一地区，不同地形、不同土质条件下，都有不同的适生树种。所以应根据不同的气候、地形、土质等条件（即造林的立地条件），选用合适的树种，促进幼树的生长和迅速成林。

1）我国西北黄土丘陵荒坡上，气候干旱，土质瘠薄，应先采用山杏、刺槐、白榆、臭椿等耐旱、耐瘠薄的树种；在沟坡陡崖土质特别差的地方，则先种耐旱、耐瘠薄的柠条、紫穗槐、酸枣、酸刺等灌木。在背风向阳、坡度较缓、土质较好的地方，种苹果、核桃、梨、枣等。至于油松、侧柏等用材林，则适于种在阴坡或半阴坡。在坡面集流槽、沟底、渠边、水库周围、河滩堤岸水分较好的地方，则种植比较喜水的杨、柳、杞柳等树种。在风沙区种植能适应风沙条件的沙柳、沙枣、花棒、踏郎等树种和沙蒿等草类。在盐碱地上则种植红柳、胡杨等耐碱树种。四旁绿化，一般采用钻天杨、小叶杨等生长迅速、外形美观的各种杨树，以及泡桐等经济价值较高的用材林。在侵蚀沟无常流水条件下，有些地方在沟底成片种刺槐，采取根蘖繁殖，可迅速成林，制止沟蚀，解决烧柴和部分饲料。

2）东北漫岗丘陵区营造成片林或防护林带，可选用杨、柳、榆、落叶松、樟子松、水曲柳等乔木，以及苕条、柳条通、紫穗槐等灌木。特别是在坡耕地上营造苕条带效果很好。苕条是当地生长的一种豆科小灌木，根深叶茂，固土力强，具有分流防冲、过滤泥沙的作用。同时，经济效益较大，是当地防止坡面侵蚀的优良灌木。

3）我国南方的适宜树种与北方有很大差异。例如，江西省风化花岗岩水土流失地区，在不同土壤和具有不同水土流失程度的山地，需分别采取不同的树种：

剧烈流失山地，花岗岩风化壳已侵蚀到粗砂层或碎屑层，坡面出现"崩岗"，水土条件相当恶劣的，就在山顶挖鱼鳞坑种马尾松和胡枝子等先锋树种；山腰挖环山登高沟加鱼鳞坑，种木荷、枫香、胡枝子、马尾松等；山脚挖山圳种植桃、梨、枇杷、茶叶等经济树种；在崩岗内，沟底节节修谷坊，拦泥固沟，在淤泥上种黄竹、茅竹、拐枣、泡桐等。在崩岗内壁（沟坡）上，密植胡枝子或种葛藤、老虎豆等攀缘植物。

强烈流失山地，是水土条件恶化，但还保留有一定厚度的红土层的地区。在上部土质较差的坡面上，采取修窄条反坡梯田、客土、施磷肥等措施，混播胡枝子与松树；在土质较好、坡度较缓的山脚、山凹等地，种植油茶、茶叶、油桐、乌桕、桃、梨等树种。

中度流失山地，红土层保留较多，则种木荷、枫香、泡桐等阔叶树和油松、茶叶、柑橘等经济树，并在林内间种药材和农作物。

4）广东、广西的滨海沙滩，种木麻黄、台湾相思等树种。

3. 造林设计

在水土流失地区造林，为了更好地发挥树林的水土保持作用，在造林设计上，应着重搞好造林密度和不同树种的混交，同时还应注意林带方向和集中连片。

(1) 造林尽量采用混交林

混交林有乔木与灌木混交；阔叶树与针叶树混交；常绿树与落叶树混交等。混交的好处是：能更加充分地利用土壤和空间，不同树种可以互相促进，互相补充，加快林木生长，增加地面地覆盖程度和时间，有利于更好地保持水土。

（2）造林密度（株行距）

营造水土保持林，总的要求是要密植，有些地方还要高度密植。因此株行距一般应小些，例如一般山坡造林，乔木每亩300～400株（株行距约为1.0m×1.5m），灌木林的株行距要求更小些，每亩600～700株（株行距约为1.0m×1.0m）。当然每个具体地点的造林密度，应根据它的立地条件具体确定。四旁绿化，开始植树时应密一些。渠旁、路旁，开始时株距1m，有利于幼树成活与保存，防止破坏。长大后间伐时，保留株距2m左右。果树应根据不同树种的特殊需要，以及当地条件来确定株行距。柠条、紫穗槐等灌木，如作为放牧林用，应采取宽行密植的做法，株距0.5m，行距2.0m，以便羊群放牧时从树行中通行。

（3）林带方向

坡面林带，一般都应沿着等高线布设，与坡面水流方向正交。相邻两行各株为"品"字形。沟底防冲林，无论成片还是成段，都应与沟中水流方向正交。河滩护岸林应与水流方向成30°～40°的交角。农田防护林，主林带应与主要风害方向正交。风沙区固沙造林，应在沙丘的迎风面和两丘之间的洼地上布设林带。

（4）注意集中连片

造林的规划、设计和施工，都应注意"集中治理"的要求。要一面坡一面坡、一座山一座山、一条沟一条沟地集中连片地造林，便于管理保护，才能有效地防止水土流失，改变生产面貌。许多地方，每次造林运动之后，就出现了一些苹果山、核桃湾、柠条梁、刺槐沟。这种作法应当普遍推广。

（5）突出解决群众生产生活急需地燃料、肥料、饲料问题

许多水土流失地区，群众缺乏烧柴、肥料与饲料，到处毁林砍树，甚至挖草根，铲山坡，加剧了水土流失。因此必须结合水土保持大种灌木，营造薪炭林和放牧林，尽快解决当地群众烧柴、肥料和饲草问题。

4. 工程整地

一般造林整地，主要方式是挖一个树坑，直径50cm，深50cm左右。这样的树坑，在20°～30°的陡坡上，一次暴雨就淤满了，基本没有蓄水保土的作用。在坡地上必须采取鱼鳞坑、水平沟、水平阶、反坡梯田等水土保持工程，进行整地，才能有效地拦截地表径流，防止土壤冲刷，为幼林生长创造良好地条件。同时，在幼林尚未郁闭前，主要靠这些整地工程发挥保持水土的作用。这些工程修成后，一般外沿作埂处都是表土，内侧都是生土。因此，树苗应种在外沿或埂上，或内沿的半坡上，不要种在坑（沟）底，以免被淤埋。挖鱼鳞坑时要注意使相邻上下两行的坑成"品"字形交错，以便更好地拦截地面径流。反坡梯田一般宽1.2～2.0m，田面向里倾斜，保持10°～15°倒坡。在水平沟、水平阶中，每隔 5～6m，应作一小土挡，防止沟中水流集中，冲坏工程。工程尺寸，要根据当地的暴雨量、土质、坡度等各种因素确定，一般要求能容纳 10～20 年一遇的暴雨径流。在搞好整地的基础上，还应参照前述尺寸，挖好树坑，以便栽植树苗。

在广东、湖南、江西等地，有些风化花岗岩山坡，水土流失非常严重，砾石裸露，寸草不生，水土条件极为恶劣。当地群众采取了"全垦"、"大动土"的整地方法，大挖大填，把坡面修成容量较大的方坑、方块田、小梯田等，并从附近运来好土，填进坑中或铺在田面，然后栽树，成活率较高，生长旺盛。辽宁省许多苹果基地，原是水土流失严重的石山，栽苹果树时，在石山坡面开挖大坑，取出石渣，填入好土；树成活后，将坡面逐步加工，修成各种类型的梯田，促进了苹果的高产稳产。

5. 林粮间作与林草间作

在水土流失地区，造林初期，林木郁闭度很小，如无工程整地配合，基本上没有水土保持作用，加之缺乏管理，严重影响幼苗成活与保存。因此，在幼林期，利用林间空地，种上庄稼或绿肥、牧草，既可增加地面覆被，又可增加经济收益；加上对田间作物的管理（施肥、锄草、松土等），有利于幼林抚育，促进幼林生长和保存，这是一项重要的营林措施。林下间种庄稼，一般应种豆科或其他簇生作物，不宜种高秆作物。结合庄稼中耕锄草，精心进行幼林抚育；待树林郁闭，不宜间作时，就停止种庄稼。特别对于株行距较大的果树或其他经济树，应采用这种作法，有计划地把规划退耕的坡地，通过林粮、林草间作，逐步变成林地。

我国南方广东、江西、湖南等地，在造林同时，就种上豆类、花生等农作物，当年就有较好的收益。海南坡地种植橡胶树，林间种植两耳草等绿肥，就地沤肥施用，有力地促进了橡胶丰产。

（二）水土保持草牧业措施

水土保持草牧业措施是指在遭受水蚀风蚀的草原和丘陵地区，恢复或重建草场，增加地面覆盖，并以提高草地生产力与合理发展畜牧业相结合为目的的水土保持措施。它包括天然草地封育、改良，建造人工草地和划区轮牧和大力推行圈养、围拦放牧等。

在水土流失地区种草也和造林一样，通过枝叶截留、枯枝落叶覆盖地面、腐殖质改良土壤和根系固结土壤等四个方面的具体作用，收到减少地表径流和减弱土壤冲刷的效果。造林与种草是相辅相成，共同发挥保持水土的作用的。在水土流失地区，种草也和造林一样，由于受立地条件和社会经济情况的影响，有它特殊的目的要求和相应的技术要点，在草地选择、草的种类和栽培技术等方面都需注意。

1. 草地选择

在草地选择上，选择什么地方种草，应根据不同的具体目的而定。主要有以下几方面：

1) 撂荒地和陡坡退耕地，地多人少，广种薄收的地区，是大面积种草的主要基地。在这些地区，群众有轮种轮荒的不良旧习，而陡坡撂荒地上水土流失最为严重。在撂荒地上种草，可以逐步把撂荒旧习改为草田轮作制，既减轻水土流失，又提高农业产量。随着高产稳产基本农田的建立，将有大量陡坡农地逐步退耕，其中除部分用于造林外，还有相当一部分，用于种草，有计划地建立饲料、肥料和燃料基地，解决群众急需的"三料"问题，促进农、牧业的反展。

2）改良天然牧场，许多天然牧场（荒草坡）由于不合理的过度放牧，引起草场退化，载畜量降低。应结合人工种草，加快恢复植被，提高牧场的载畜量。

3）草田轮作和草田带状间作，在现有农耕地（包括基本农田）上，把原来的一般轮作制，改为草田轮作制，既能增加地面植被，减轻水土流失，改良土壤，提高作物产量，又能增加饲草和烧柴，一举三得。有些地方，采用草田带状间作，还可以把坡地变成梯田。

4）粮草套种与林草间作，在玉米、高粱等中耕作物地中，套种草木樨、毛苕子等豆科牧草，结合中耕，翻压到土中，作为短期绿肥，可以显著地改良土壤和提高产量。在幼林里间种牧草，既可增加植被，保持水土，又能充分利用土地，增加收益。在植株较稀的果园和经济林里，利用林间空地种绿肥，就地沤制施用，能提高果树与经济林产量。许多水土流失严重的山坡，种树前先种草，改良土壤后再种树，既保证当年收益，又促进幼林成活生长。

5）建立草籽基地。为了有计划地繁殖草籽，为大面积种草创造物质条件，应选立地条件较好的地方，建立草籽基地。

2. 草种选择

选种的草类要求其地面部分能生长茂密的草丛或草皮，而且生长迅速，能在短期内尽快覆盖地面；地下部分要求根系发达；作饲料用的，要求产草量高、鲜嫩可口、富有营养价值；作放牧用的，要求适口性好、耐牧性强，放牧后生机易于恢复；供轮作用的，最好是豆科。一般水土流失区，气候干旱，土地瘠薄，因此选择草类应选耐旱、耐瘠，生长迅速，能在短期内覆盖地面，同时根系发达的草类。

草类的栽培，基本原理同种庄稼一样，一般情况下，主要应掌握好整地、播种、管理和收割4个环节。

3. 主要的水土保持草牧业措施

（1）天然草地封育

在已退化草地进行封育，停止放牧和其他破坏草地的活动，促进自然恢复。

（2）天然草地改良

对严重退化的草地，采取补播、耕翻、灌溉、施肥等人工辅助办法进行改良。

（3）建立人工草地

指在耕翻地，人工播种一年生或多年生牧草而建立的草地。人工草地的产草量较天然草地提高数倍到数十倍。畜牧业比较发达的国家都重视建立人工草地。

(4) 划区轮牧

根据家畜的种类和数量以及草地的面积和产草量，将草地划分为若干区，实行护拦轮流放牧、适度放牧或轮封轮牧的措施。合理放牧是水土保持草牧业措施的重要环节。国外多采用围栏或划区轮牧。

(5) 推广圈（舍）养

在草场退化和进行人工恢复时期，特别宜于推广圈（舍）养，进行人工或机械割草，投入圈内养殖。

在水土流失地区，除了采取一般人工造林种草外，还应采取封山育林、封坡育草、草原划管等封育措施和飞机播种与机械整地等现金技术，以加快绿化，促进林牧业和农业生产更好的发展。

四、水土保持农业技术措施

水土保持农业技术措施中最主要的是水土保持耕作措施，群众称为"水土保持耕作法"是指就地拦蓄降水，防止水土流失，并保障农业增产稳产而采用改变小地形，或增加地面覆盖的耕作、轮作、栽培和改土培肥等技术措施。其特点在于把保持水土和提高农业生产作为统一体来考虑。按其保持水土和增产的作用，可分两大类。

第一类以改变小地形，增加地面粗糙度的水土保持耕作技术措施为主，其主要有等高耕作、圳田、区田、坑田、垄作区田、沟垄种植、水平沟种植、丰产沟、横坡种植等。

第二类以增加地面覆盖度和增强土壤抗冲抗蚀性为目的的措施。例如，合理密植，间作套种、等高带状间作、草田轮作、少耕或免耕及残茬覆盖等。上述两类措施在国内、外均有采用，下面分别介绍：

（一）改变小地形的水土保持耕作措施

1. 改变顺坡耕作为横坡耕作

横坡耕作是坡耕地保持水土最基本的耕作措施。一般情况下，地表径流均顺坡而下。在坡耕地上，如果只考虑耕作方便，采取顺坡耕作，就会使地表径流顺犁沟集中，加大水土流失。特别在 $5°$ 左右的缓坡或 $10°$ 左右的中坡上进行机耕时，往往如此。反之，如采用横坡耕作，即沿等高线进行耕作（图 3-9），则每一条犁沟和每一行庄稼，都是一道防线，对拦蓄地表径流和减少土壤冲刷有一定效果。四川省内江、资阳等县，从 20 世纪 50 年代开始，就大力推广改顺坡耕地作为横坡耕作，土壤冲刷减少 30% 左右；坡地上的玉米、红薯、甘蔗等作物，产量提高 10%～15%。

等高耕作是其他水土保持耕作法的基础。把坡耕地有计划地按一定距离（如 20m 左右）分成若干坡段，加上地埂或草带，采用横坡耕作，并在每年翻地时，坚持用山地

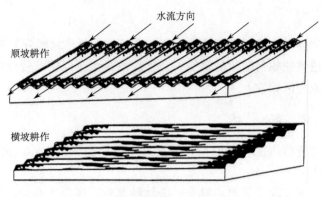

图 3-9　改顺耕为横耕（吴发君，2002）

犁或"翻转犁"（又叫"双想犁"）向下翻土，可使地面坡度逐年变缓；若干年后，可变成水平梯田。

2. 沟垅种植

沟垅种植是由古代高低畦整地方法发展而来，适于 10°左右的中坡或 5°左右的缓坡，在 20°左右的陡坡上也有采用的。通过耕作，把坡面作成一道道顺等高线的沟和

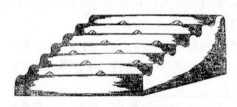

图 3-10　沟垄种植（辛树帜等，1982）

垅，每一道沟垅种一行庄稼（图 3-10）。一般适于种玉米、高粱、甘蔗、马铃薯等中耕作物。暴雨中，地表径流大部分拦蓄在沟中，减轻了土地冲刷，起到保水、保土、保肥的作用。我国东北地区，普遍有垅作习惯，过去有些地方未注意顺等高线作垅，反而加大了水土流失。20 世纪 50 年代以后，政府大力推广等高垅作。黄河中游各地，同时还推广"垅作区田"。即在顺等高线做成的垅沟中，每隔一定距离（2～5m），修一小土挡，使雨水在沟中不致集中于一端，而能均匀分散在每一段沟里，效果更好。甘肃省天水地区，坡地顺等高线修成垅作区田后，地表径流减少 77％，土壤冲刷减少 88％，高粱、玉米等作物增产幅度很大。

沟垅作法有三种：一种是前一年冬天先作好沟垅，第二年春季播种，叫做预作沟垅。第二种，是春季播种时，在坡面从下而上顺等高线作垅，第一犁开出犁沟，将种子播在犁沟半腰；第二犁把种子盖上，形成一条垅；空下一犁宽不犁，留下一条沟；第三犁和第一犁一样，继续进行，称为平垅起垅。第三种是播种前和播种时都不作沟垅，仅按等高线播种，到中耕培土时，把土堆到作物根部，形成沟垅，称为中耕陪垅。

3. 区田

区田又称坑田（图 3-11），由古代区田法发展而来，适用于 20°以下的坡地。做法是：用镢头沿等高线在坡上每一平方米范围内挖一方坑，长、宽、深各约 50cm。主要特点是：用生土在坑的下沿和左右两侧作成土埂，把上方 50cm 和左右两边各约 50cm

范围内的表土集中放在坑内，然后在坑内施肥和播种。上、下两行坑成"品"字形交错排列。这样，不仅表土、肥料可集中使用，而且改变了小地形，暴雨时能拦蓄地表径流，保持水土，加之实行密植，因而，能显著地提高产量。只是由于挖坑主要靠手工操作，花费劳动力较多，在坡地大搞水平梯田以后，区田就没有扩大推广。

图 3-11　区田示意图（辛树帜等，1982）

4. 圳田

圳田是在古代圳田、区田基础上发展而来的。作法是在 20°以下坡地上，顺等高线用畜力带犁翻地，配合人工用镢头刮生土培埂，把坡地修成一台台宽约 1m 的小型台阶梯田。其特点是：外侧用生土培埂，内侧宽，深各约 50cm，全是从上一台埂下刮来的表土。种庄稼同区田一样，起到集中表土、集中施肥和保持水土的作用，也实行密植，因而增产效果十分明显。进入 20 世纪 70 年代以后，由于坡地大力推广水平梯田，圳田的做法逐渐停止。但它的某些优点，仍值得继续研究，特别是在地广人稀的地区，如何采用机械施工修圳田作为水平梯田的过渡形式，是需要考虑的。

5. 水平犁沟

水平犁沟有庄稼地里的水平犁沟和休闲地上的水平犁沟两种，以后一种较多。特别是小麦等夏收作物收割后，正是暴雨季节，一般休闲地面没有植被，容易发生水土流失。这时，结合伏耕翻地，在坡面上每隔 5～10m 左右，套二犁翻耕一次，形成一条条顺等高线的水平犁沟，可以保持部分水土。坡度大的，沟的间距可以小一些；坡度小的，沟的间距可以大一些。甘肃天水地区采用这种方法，一般暴雨情况时，地表径流减少 70%，土壤冲刷减少 90%，并收到显著的增产效果。

（二）增加地面被覆和改良土壤的耕作措施

1. 间作套种

常用的有高秆作物与簇生作物间作套种、禾本科作物与豆科作物间作套种。豆科作物根系因有根瘤菌，所以能起到改良土壤的作用。高秆作物与簇生作物隔行相间，有利于通风透光，促进作物高产。两种作物先后或同时种植，可增加地面的覆盖程度；由于收获期不同，又延长了地面覆盖的时间，有利于保持水土。河北省承德市郊区，在 22°～25°陡坡上，谷子行间套种小豆，被覆增加了 1 倍；谷子收后，小豆继续覆盖地面 30 天左右，因而水土流失减少了 17%～47%。江西省进贤、丰城等县，采取"根不离土，土不离根"的换茬制，即清明前后在小麦行间套种大豆，夏至前后收获小麦，小暑前后又在大豆行间套种芝麻，使整个雨季地表都有作物覆盖，不让地面裸露，既充分利用了生长季节和耕地，达到一年三熟，又减少了水土流失。

2. 草田轮作

草田轮作是水土流失地区坡耕地上保持水土，改良土壤，提高产量，解决肥料、饲料燃料困难的一项好办法。各地都有合适的轮作制度。特别对于一些地多人少地区，更需采用草田轮作代替轮种撂荒旧习。黄委会天水水土保持试验站，把当地一般轮作（扁豆→休闲→冬麦、谷子）改为草田轮作（扁豆加草木樨→草木樨→冬麦、谷子），第一年地表径流减少 58.0%，土壤冲刷减少 73.8%；第二年地表径流减少 78.2%，土壤冲刷减少 84.8%。同时表层 0～5cm 内土壤有机质增加 10.3%～43.4%，团粒结构增加 11.9%。

3. 草田带状间作

草田带状间作，甘肃省环县、镇原县等地群众有一百多年的经验。在 10°～20° 的坡耕地上，每隔 10～20m，顺等高线种一条苜蓿草袋，带宽 1～2m（个别有宽到 3.5m 的），把地面分成几个坡段，形成了坡式梯田，起到了截短坡长、减轻冲刷和缓流落淤的作用。通过每年的耕作，草带上部逐渐升高，下部逐渐降低，使坡式梯田的坡度逐渐减缓，原来没有台阶的坡面逐渐形成 1.0～1.5m 高的台阶。其规律是：原来的坡度越陡，草带的间距越小，开始几年坡度减缓越快。这种方法，既能保持水土，又为坡地变梯田创造了条件，还能解决牲畜饲料，一举三得。我国西北有些地方，还有种红柳带代替苜蓿带的。南方广东等省，坡耕地上顺坡等高线种菠萝带。东北漫岗丘陵区种苕条带，其作用都与草田轮作带状间作相似。如果把草带的宽度加大到与作物带相同，并按轮作区种植，实行轮作，就形成草田带状轮作。

水土保持耕作法是一项投资小、费工少、见效快、效益高的蓄水保土措施，适合当前我国小流域生产力发展水平。

实践证明，水土保持耕作法，由于深翻改土、集中施肥、加厚活土层，增加空隙度，增强土壤的通气状况，改善土壤的热容量和导热性，为农作物根系的生长发育和结实创造了良好的生态环境。结合其他农业技术改良措施，就可以取得保持水土和提高农作物产量的显著效果。

以上分别介绍了水土保持工程措施、生物措施和水土保持农业技术措施，这些措施在实施过程中不是彼此孤立的，而是相互关联的，由于造成水土流失的原因是多方面的，不仅有各种自然因素，还有社会经济因素，因此防治水土流失的措施必须是综合的，而不能是单一的。最充分的体现"综合"是以小流域为单元的综合治理，在治理中要坚持以小流域为单元，因地制宜，因害设防，全面规划，综合治理的原则。在小流域中将生物措施、工程措施和保土耕作措施因害设防地合理配置，要注意治坡与治沟相结合，生物与工程措施相结合，田间工程与耕作措施以及乔灌草相结合，形成完善的水土流失综合防治体系，这样才能发挥其应有的保护土地的作用，取得很好的保护效果和经济效果，建立人类需要的生态环境。

第四节　小流域综合治理与农业可持续发展

所谓农业可持续发展，其实质通常是应用生态学的原理和方法，寻求农业生物与环境之间的最适关系。通过这种最适关系的实现，去提高农业生物的"生产力"、"稳定性"与"可持续发展能力"。一个良性发展的生态农业系统，应当是与当地自然特点、资源水平、社会经济条件相一致的，具有相对稳定并能自我维持的、不低于当地"自然顶级群落"生产力水平的一种自组织实体。从而使农业体现出"整体优化、循环再生和可持续稳定"的基本特征（高世铭，2003）。

1991年9月，联合国粮农组织第63届会议审议规定了可持续农业的基本目标：①保持自给自足和发展适当与持续的平衡，以实现粮食安全；②实现农村地区的就业和增收，特别要消除农村贫困现象；③保护自然资源与环境。

可持续发展目标的实现是通过不同区域层次的可持续发展来最终实现的。大流域是由众多相互关联的小流域组成的，小流域的可持续发展是大流域可持续发展的前提和保证，任何一个大流域的治理最终必须落实到小流域上来组织实施。

遵循可持续发展原则，进行小流域综合开发与治理，是解决我国经济发展和生态问题的关键，实践证明，以大流域重点治理为依托，以小流域为单元，统一规划，综合治理是水土保持以及促进经济发展的一条十分有效的途径。

小流域综合治理是一项复杂的系统工程，它集合了自然生态、社会经济等多方面的内容，同时小流域综合治理也是一项投资投劳巨大、治理时间漫长的综合性工程。小流域综合治理的目的在于用最少的劳动耗费，获取最大的生态经济效益，以实现环境优美、经济繁荣的目标（李怀甫，1989）。为此，必须创立一个优化的小流域生态经济系统。而创立这样一个多因素、多变量、多层次、多序列、多功能、多效益的复杂系统，需要有科学的理论和方法。

一、小流域系统分析与评价

小流域是江河水系中的基本集水单元，流域的大小是相对的，大至江河，小到毛沟。1980年4月，水利部在山西省吉县召开了13省（自治区）水土保持小流域治理座谈会，会后颁布了《水土保持小流域治理办法（草案）》。第一次明确了我国现阶段小流域的概念，即流域面积在 $30km^2$ 以下的集水单元（郭廷辅，1997）。

小流域系统是一个由小流域自然生态系统和小流域经济系统相互交织而成的复合系统，在小流域生态系统和经济系统中，包含着人口、环境、资源、物资、资金、科技等基本要素，各要素在空间和时间上，以社会需求为动力，通过投入产出链渠道，运用科学技术手段有机组合在一起，构成了小流域生态经济系统。

（一）小流域系统分析

系统分析，是对待定的问题，利用数据资料，运用有关管理科学方法进行研究，协助领导者进行决策的一种工具。小流域生态经济系统分析，是对小流域生态经济活动的目标、实施方案、综合效益进行分析、评价和决策的过程。

1. 系统分析程序

小流域生态经济系统分析的工作程序如下：

(1) 提出问题

进行系统的合乎逻辑的叙述，说明问题的重点和关键所在，恰当地划定问题的范围和边界条件，同时确定目标，明确要求。问题的构成是否正确，关系到整个系统分析的成败。问题涉及的范围过窄或者过宽，问题的重点和关键不明或不对，目标和要求过高或过低，都会导致系统分析的错误。

(2) 搜集资料

问题提出以后，即需要拟定研究大纲，决定分析方法，然后进行调查、搜集资料。要收集与给定系统有关的一些资料，包括历史资料和现实资料，文字资料和数据资料。其中要加强对系统分析有关的重点资料和关键数据的收集工作，必须重视反映各种因素相互联系和相互作用的资料。

资料的取得，主要通过统计报表、各种出版物、调查和实验三条途径来获取。调查方法可以采用个别访问法、开会调查法、填表调查法和特尔斐法（DelPhi Method）等多种形式。实验分室内实验和野外实验，无论哪种实验，都必须重视实验设计，目的是用最少的实验次数取得最大的信息量。收集到的原始资料在应用之前必须进行检查，判断其准确性、统一性和时间性。只有准确的具有时间和空间上的可比性的资料，才能作为系统进一步分析和综合的基础。

(3) 建立模型

为了便于分析，要建立尽量简明的生态经济系统模型，模型要清楚的给定系统的重要因素及其相互关系。预测和计算每一方案可能产生的结果，定性或定量说明各方案的优劣与价值。

(4) 综合判断

根据模型或其他资料的计算和预测结果，比较其成本效益和利弊得失，并把计算因素与各种非计量因素结合起来，全面权衡，综合论证，作出判断，提出结论。

(5) 确定方案

用测验、试验、抽样等方式来鉴定所获得的结论，提出应采取的最优方案。

系统分析以上五个步骤，是一次分析过程中的几个主要环节。实际上，当一次分析结束所作的结论不满意时，系统分析应进入第二次分析，重新提出问题、搜集资料、建立模型、综合判断、确定方案。如此往复，直至取得满意结果为止。在管理过程中，由于不断出现新问题，反复进行方案论证和修正，都需要运用系统分析，以求问题的正确解决。整个系统分析的工作程序如图 3-12 所示。

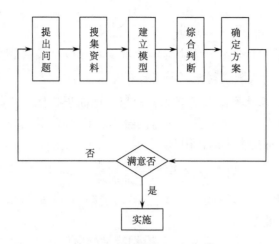

图 3-12　系统分析工作程序

2. 系统分析方法

为了进一步找出系统运行的客观规律并进行优化设计，尚需要依赖科学的分析方法，得出更为准确的定性和定量分析的结果。

常用的系统分析方法有系统流量分析法、系统关联分析法和系统统计分析法。系统流量分析法和系统关联分析法侧重分析系统内部各单元的物流、能流和价值流的数量动态。而系统统计分析法则是把整个生态经济系统看作是一个"黑箱"，研究组成或影响物流、能流、价值流的各种自然、社会、经济要素间的关系，以及这些要素对整个系统的影响。生态经济系统中各要素间的关系有两种表示形式，一种能用确定性的函数关系表达，另一种虽然有相关关系，但受许多随机因素的影响，或本身的运动机制不够清晰，以致无法用函数式精确表示，只能对大量观测、实验取得的数据，用数理统计的方法寻找出隐藏在随机性后面统计规律，以回归方程的形式来表达。回归分析能从一组数据出发，确定其定量的数学关系；能用一些要素的值来预测或控制另一个因变量的取值；能找出影响系统运行或现状诸要素中的主要因素和次要因素，以及要素间的关系。常用的回归分析方法有多元回归分析和逐步回归分析两种。

（二）小流域系统生态经济效益综合评价

1. 生态经济效益指标体系

根据生态效益的多层次性特征，设置小流域生态经济系统的生态经济效益指标体系，其指标体系要反映小流域生态经济系统的结构和功能。

（1）生态平衡指标

1）光能利用率。一定时期内，单位土地面积上，作物积累的化学潜能与同期投入该面积上的太阳辐射能之比，称为光能利用率。它反映了小流域生态系统绿色植物扩大

固定太阳能的规模和光能的转化效率。光能利用率计算公式为

$$E = \frac{1000YH}{666.7 \times 10^4 \sum Q} \times 100\%$$

式中：E 为光能利用率（％）；Y 为生物学产量（kg/亩）；H 为燃烧一克物质释放的能量（kcal/g）[①]；$\sum Q$ 为太阳辐射能（kcal/cm²）。

2）森林覆盖率。森林覆盖率指森林面积与土地面积之比。森林覆盖率对小流域生态平衡具有决定性意义。一般来说，森林覆盖率达到 30％以上并分布均匀时，即可较好地起到调节气候、保持水土的作用。

$$森林覆盖率 = \frac{森林面积}{土地面积} \times 100\%$$

3）能量投入产出比。能量投入产出比指有用能量产出量与总投入能量的比。反映了系统中的能量利用效率。

$$能量投入产出比 = \frac{有用能量产出量}{总投入能量} \times 100\%$$

4）侵蚀模数。侵蚀模数指单位面积上每年土壤侵蚀的数量。是反映土壤侵蚀程度的指标。一般以 t/(km² · a) 为单位。

5）土壤有机质含量。土壤中的有机质，来源于动植物残体、死亡的微生物和施用的有机肥料等，土壤有机质含量指某种土壤耕作层有机质重量与该种土壤耕作层土壤总重量之比。

$$土壤有机质含量 = \frac{有机质量}{土壤总重} \times 100\%$$

6）环境质量提高率。环境质量提高率，反映某小流域环江质量前后期变化，判断是提高了还是恶化了的综合指标。

$$Q = \frac{\sum_{i=1}^{n} f_i X_i}{\sum_{i=1}^{n} f_i} \times 100\%$$

$$X_i = \frac{X_{i1}}{X_{i0}}$$

式中：Q 为环境质量提高率（％）；f_i 为某环境因子的权数；X_i 为该环境因子本期检测数值与基期检测数值的比值；X_{i1} 为该环境因子本期检测数值的绝对值；X_{i0} 为该环境因子本期检测数值的绝对值。

(2) 经济效益指标

1）收益成本比。收益成本比，指在一定时期内小流域的纯收益与总成本的比率，是经济效益概念的定量表现。

$$收益成本比 = \frac{纯收益}{总成本} \times 100\%$$

---

① 1cal＝4.1868J。

2）人均总产值。小流域总产值是小流域内物质生产部门在一定时期内所生产的全部物质资料的总和。人均总产值指小流域一定时期内的总产值与该时期平均人数的比值。

$$人均总产值 = \frac{总产值}{人口}$$

3）人均纯收益。小流域人均纯收益是指小流域一定时期内的纯收益与该时期平均人数的比值。

$$人均纯收益 = \frac{纯收益}{人口}$$

2. 生态经济效益综合评价

评价的方法有很多，为了计算方便，目前对生态经济效益综合评价，一般采用生态经济综合指数法进行。这种方法可以不直接计算出生态效益的具体数值，它只是根据提高生态效益就是要提高生态平衡的水平、提高生态环境质量的理论，设置一个生态平衡指数作为生态效益的指数，这个生态效益指数又可以由若干个对生态平衡影响较大的具体指标指数加权平均得来；另外，再相应地设置一个综合经济效益指数，最后再将两个指数加权平均，组合成一个生态经济效益综合指数，以此来对生态经济系统进行动态的、全面的生态经济效益的定量分析（图 3-13）。

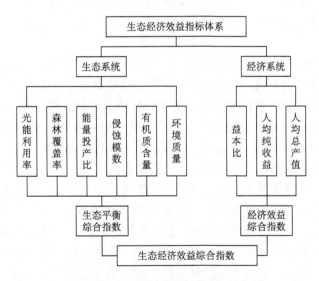

图 3-13　小流域生态经济效益指标体系（李怀甫，1989）

生态经济综合指数计算方法的步骤如下：

1）确定基数年，求出光能利用率、森林覆盖率、能量投产比、侵蚀模数、土壤有机质含量、环境质量提高率等项生态平衡指标的指数，来衡量该系统的生态平衡水平的提高幅度。

2）分配权重，求出上述各项指数的加权平均值，作为生态平衡综合指数。权重可以用特尔斐法来确定。

$$生态平衡综合指数 = \sum 生态平衡指标指数 \times 权重$$

3）从投入、产出、人口增长三个方面设置经济效益综合指数。

$$经济效益综合指数 = \frac{计算年人均纯收益}{基数年人均纯收益}$$

4）生态平衡综合指数与经济效益综合指数进行加权平均，求得生态经济效益综合指数。

$$生态经济效益综合指数 = 生态平衡综合指数 \times 权重 + 经济效益综合指数 \times 权重$$

一般来讲，小流域的经济效益和生态平衡都是同等重要的，但不同流域，不同时期，有不同的主要矛盾，因此解决问题的主要方面也应有所不同。

二、小流域土地利用空间结构布局

受人口分布、地形、人均占有土地的多少以及水系分布等具体情况的影响，不同小流域的土地利用空间结构布局不尽相同。

一般来说，小流域土地利用空间结构布局在平面上总的布局原则是以人口分布点为中心依次向外分为粮食作物圈、经济作物圈和生态圈，各功能区之间留有一定的过渡地带。占用耕作时间多的如水田、梯田、需要经常管理的经果林，应尽量布置在人口居住地的附近，管理时间少、经营管理粗放的措施，如水保林、薪炭林、不需经常管护的经济林、封禁措施等主要布局在远离居民生活区的区域。沟道治理工程应因害设防、因地制宜地布局。

山地丘陵区的坡面土地利用空间布局，可以开发立体农业，土地利用空间布局的原则是可以根据海拔高度不同，阴阳坡的差异而安排农林牧业，进行立体开发，以综合利用其自然资源。片面地追求粮食产量，搞单一种植业必然是毁林开荒，造成水土流失，环境恶化。目前在一些地区推行的"山上林戴帽，果树盘山腰，粮田下坡脚"的立体开发模式，是十分成功的经验。在山丘顶部种植以水土保持和薪炭为目的的乔灌木，可以防止水土流失，涵养水源，并且解决山区人民缺柴的问题。在坡度较缓、水分热量条件较好的山腰部位，栽培果树和其他经济树木，既有一定的保持水土的作用，更重要的是增加了农民的收入，增强了经济力量。坡麓地带土地较平坦，水分条件好，还可能有灌溉之利，是耕地的良好地形部位；同时，也可用部分经济林木的收入购买化肥农药，增加粮田投入和搞农田基本建设，使粮食高产稳产，保障粮食自给，解决农民的无粮不稳心理。因此，这一立体开发模式不但可以防止山区的水土流失，改善生态环境，而且可以稳定粮食生产，增加农民收入，达到生态环境与社会经济的多重效益。

在水土流失区特别是山地丘陵区，土壤侵蚀是一种自然现象。土地利用必须考虑水土保持，才可能达到土地的持续利用。要根据地势地利，选择合适的部位植树，栽灌，种草；宜林则林，宜灌则灌，宜草则草，尽可能增加植被覆盖度。要修建工程水保措施，包括梯田、鱼鳞坑、谷坊、拦沙坝等。水库与坑塘，既可以保证饮水灌溉水源，又可发展多种经营，是小流域综合治理开发的有力措施。

另一方面，要根据流域内不同的土地类型，利用其特性，发展一定的特色经济作物。如南方紫色土上的柑橘，亚热带黄壤上的茶叶，云南山原红壤上的烤烟，北方花岗岩发育的土壤上的板栗和石灰岩发育的土壤上的柿子、核桃和花椒。因此，在小流域土地利用空间布局的过程中，要根据土地类型的特点开发名优特产品，发展多种经营，壮大经济力量。

小流域的土地开发利用，必须处理好保护与开发、治理与利用的辩证关系。必须保护水土资源和生态环境；但并不是那种消极的保护。要充分开发利用各种自然资源，以富裕当地人民，提高经济效益；但绝不是只从局部利益或当前利益出发，不顾后果，滥用和掠夺自然资源。

小流域一定要注重全面治理，因害设防，同时又要立体开发，充分而合理地利用土地，提高土地的产出率和商品率。从小流域综合治理着手，把流域内的上、中、下游以及流域内的山地、丘陵、农田、水面作为一个整体，本着生物措施、工程措施和农业技术相结合、治理与利用相结合的原则，既考虑到生态目标又考虑到经济目标，根据当地的自然、经济条件进行全面规划，统筹安排，因地制宜，合理布局，对山、水、田、林、路进行综合治理，对山区资源全面开发，综合利用，以取得治用兼收之效。

三、小流域水土保持模式

（一）设 计 原 则

进行小流域水土保持模式设计时，应该注意合理利用土地资源，防治水土流失，改善生态环境，提高小流域综合治理的综合效益。靠单项措施，效果是不会理想的。必须在小流域综合治理规划的基础上，坚持工程措施、林草措施、耕作措施相结合的原则，建立小流域综合防治体系，发挥其群体作用，才能收到预期的效果。小流域综合防治体系，是各项措施在流域内依据不同的自然特点和利用方式，按一定的结构科学配置的综合系统。具体包括坡面防治体系和沟道防治体系两部分。二者相辅相成，紧密结合，缺一不可。

坡面防治体系要做到坡面径流最大限度的就地蓄渗，集中使用，提高土壤含水率，增强农、林、牧地的抗旱能力。为此要根据土质、土地类型等特点，通过修、填、开、挖等办法用机耕路、田间道、盘山渠、林草带等，把农用梯田、林草整地、水利工程有机联系起来，形成渗、蓄、引、漫、排相结合的破面工程体系。坡面工程包括：水平梯田、反坡梯田、隔坡梯田、水平沟、水平阶、卧牛坑、鱼鳞坑、水簸箕、涝池、水窖、截洪渠、排洪渠等。在进行坡面工程体系设计时，要注意各单项工程之间的连接，疏通蓄排水路，本着因势利导、顺上利下的原则，使之有机配合，达到避害趋利的目的。在部署工程设施的基础上，要根据立地条件和农、林、牧业用地的需要，以及工程措施的特点，采取草、灌、乔相结合，农、林、牧相结合，集中连片和见缝插针相结合的办法，因地制宜地选择高产、优质、抗旱、耐瘠、速生树种，营造分水岭防护体林、护坡林、梯田地坎造林等林种，形成成网、成片、成带的生物防治体系。

现代的侵蚀沟，是水力、重力等侵蚀综合作用的集中点，是洪水、泥沙集中的渠道，下切、侧蚀、崩塌、滑踏均很严重。但沟道水沙资源丰富，对造林种草、淤地造田和蓄水灌溉十分有利。因此，因害设防，趋利避害的搞好沟道治理，科学地布设沟道综合防治体系，对护坡固沟，防治水土流失有重要作用。

在进行沟道综合防治体系的设计时，要从上游到下游，从沟头到沟口，从支沟到干沟，从坡面到沟底，全面布置，层层设防，分类施治，因沟制宜。通过削、垫、筑、淤等办法改造削除破烂沟坡、陷穴暗洞，逐级修筑沟头防护、蓄水池、谷坊坝、小水库、塘坝、淤地坝、截潜流、排灌渠系等蓄、引、提、挖相结合的沟道工程防护体系。而后，以工程防治体系为基础，根据离地条件，本着乔、灌、草结合，一年生和多年生结合，水生和旱生结合，长远利益和近期利益相结合，提高土地利用率和提高劳动生产率相结合的原则，因地制宜地选择优良树种和草种，从分水岭到沟口，由高到低，营造乔灌混交的防风林，林草间作的防护林，果粮间作的经济林，绿化四旁的用材林等，建立生物防治体系，发挥群体的优势，最大限度地控制水土流失。

建立小流域综合防治体系，可以使草木共生，水土相连，盘根错节，相互促进，最大限度地控制水土流失；可以发挥群体的作用，使各种防治措施彼此取长补短，从而减轻单项措施的承担能力和设计标准，降低全流域总的工程量和投资；可以发挥综合效益，促进生态平衡，使农、林、牧、副、渔各业彼此促进，协调发展。

（二）小流域水土保持模式设计

小流域具体情况不同，水土保持模式也存在很大的差异。小流域水土保持模式要根据不同流域的特点，因地制宜地设计，总体来说，一般是按照先上后下，先坡面后沟道的治理路线，在治理中要坚持以小流域为单元，因地制宜，因害设防，全面规划，综合治理的原则。同时，要注意治坡与治沟相结合，生物与工程措施相结合，田间工程与耕作措施以及乔灌草相结合，形成完善的水土流失综合防治体系，只有这样才能发挥其最大的效应，防止水土流失。

水土保持工程措施、生物措施以及保土耕作措施的各项具体措施在本章第三节的水土保持技术措施中已经作了详细的介绍，根据小流域的自然经济因素和要解决的主要问题将这些具体的水土保持措施有效的结合，进行合理配置从而达到最佳的治理效果。下面介绍两个典型的水土保持措施优化配置的模式。

1. 坡面梯层结构配置模式

在治理坡面水土流失时，可根据水、肥、光、温等自然资源在坡面上的层面分布规律，采取梯层结构配置模式。

山顶，修筑隔坡水平阶，自上而下，种植 20～30m 宽的沙打旺草带，或者其他多年生牧草，也可实行牧草和灌木（如柠条、沙棘、乌柳等）等高带状混交，既保持水土，也为发展畜牧业提供部分饲料。

坡中，兴修水平梯田，栽种苹果或山楂等，发展商品性果树，使农民能在较短期间内增加收入，形成致富产业，为水土流失的治理增添后劲。

坡腰，建设高标准的基本农田，提高粮食单产。

坡脚，土质条件较差，阴湿，可植树造林，发展用材林。

在沟道中，为了防止沟床继续下切和沟岸扩张，拦截坡面未能全部拦蓄的径流和泥沙，根据沟道中阴湿的特点，可营造沟底防冲林。在沟坡上进行牧荒坡改良。在支沟溪线上建造编柳谷坊。在主沟上选择有利地势，配置淤地坝，拦泥造地，扩大耕地面积。

这种梯层结构配置模式，可形象地概括为"山顶戴帽子（草、灌木）；坡上挂果子；山腰系带子（基本农田）；山下穿裙子（造林）；沟里穿靴子（打淤地坝和建柳谷坊）"（图3-14）。它体现了节节拦蓄径流泥沙，合理利用土地和自然资源的原则。陕西杏子河流域、山西白石沟小流域等小流域在进行水土保持综合治理中，就推广了这种治理模式，收到了良好效果。

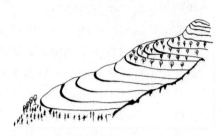

图 3-14　坡面水土保持措施梯层结构
配置模式示意图（蒋定生，1997）

2. 圈状结构配置模式

以村庄居民点为中心的圈状结构配置模式主要被应用于塬地、川水地或沟坝地为主的村庄。

内圈，是以建设高标准水平梯田（或川水地，或沟坝地）为主体的粮食和生态经济林（如苹果）治理开发圈。该圈靠近居民点，地势比较平坦，施肥和经营管理方便，是农民获取粮食和提高经济收入的主要来源地。农户肯下大力气平整土地，也愿意多投入人力、物力和财力。

中圈，是以推广草、粮等高带状间作，水平沟种植（或隔坡梯田）等水土保持耕作法为主体的治理开发圈。本圈距离居民点较远，土地多为坡耕地，必须采取水土保持耕作方法，拦蓄降水，保持水土，提高农田单位面积产量。

外圈，是以退耕还林还草，建设牧草和灌木为主体的生态保护治理开发圈。形成对中圈和内圈的生态保护屏障，也是饲料和薪柴的供应地。为了提高本区经济效益，在退耕坡地上，也有采取甘草和牧草，或者甘草与柠条等高带状种植的。

目前，世界各国都在进行小流域水土保持及综合治理的研究和实践探索，我国的水土保持工作也从20世纪80年代开始，进入小流域综合治理的新阶段，建立了一系列的小流域试点，而且已经取得了不少成果，小流域水土保持综合治理模式方面，已有很多成功的案例，我们要认真总结这些有益的经验，因地制宜地加以推广，防止水土流失造成土地的进一步退化，为农业的可持续发展打下坚实的基础。

四、小流域生态经济系统的建立

小流域水土保持综合治理是在综合分析小流域土壤、地质、水文、气象和水土流失的类型、分布、流失程度以及小流域内的社会经济水平之后，根据对未来一段时间（规划期）内治理区人口增长以及生活水平提高对物质需求的增长和对自然环境要求的预测，制定各类水土保持措施的总量并采取可行的方案予以实施，以达到治理水土流失、调整土地利用结构、发展地方经济、保护生态环境的目的。

确定小流域综合治理的总体目标，既要考虑到眼前利益更要考虑到长远利益，既要考虑到经济效益更要考虑到生态效益。小流域综合治理目标选择的基本原则是在治理水土流失的同时，通过调整土地利用结构，合理利用土地资源，改善生态环境，促进生态在更高层次上的平衡。小流域综合治理要实现环境优美、经济繁荣的目标，就必须创立一个优化的小流域生态经济系统。

小流域生态经济系统是由小流域生态系统和小流域经济系统相互交织而成的复合系统。它具有独立的特征和结构，有其自身运动的规律性，与系统外部存在千丝万缕的联系，是一个能够优化利用小流域内各种资源，形成生态经济合力，产生生态经济功能和效益的开放系统（李怀甫，1989）。建立优化的小流域生态经济系统，是小流域综合治理的目标，是实现区域可持续发展的关键。

实现可持续发展的小流域开发建设，根据可持续发展的战略要求，调整和优化产业结构和生产布局，充分发挥流域的优势，加快流域经济的协调发展。其关键是，在确定流域及流域内各地优势和发展条件综合评价的基础上，对小流域可持续发展的种种因素进行动态分析、认真研究产业结构和生产布局的规律和在不同流域的具体表现形式。在流域资源导向开发过程中，要研究建立自然资源的可持续利用和良好的生态环境，要建立资源节约型的产业结构体系，其中以光、热、水、土开发为重点的生态农业、高效低耗集约农业应优先安排。

（一）建立小流域生态经济系统的原则

实现小流域的可持续发展，建立小流域生态经济系统，应遵循生态经济规律，坚持以下一些基本原则：

1. 区域性原则

小流域综合治理的核心是农业生产，农业生产既是自然再生产过程，也是经济再生产过程，它的发展受自然、经济、技术诸条件的影响。我国幅员辽阔，自然、经济等条件存在明显的地域差异，因而要坚持区域性原则，做到因地制宜，发挥优势，扬长避短。

2. 整体性原则

小流域综合治理是全面规划总体协调的统一体。它的整体性不但表现在农业生产内部生物与生物、生物与环境之间相互依存的关系，而且表现在小流域生产系统、加工系统和运销系统相互制约、相互补偿，而构成一个整体。因此，在规划设计中要坚持整体性原则，做到考虑农、林、牧、副、渔各业的横向发展，又注意产前、产中、产后的纵向联系。

3. 动态开放性原则

小流域生态经济系统是一个动态平衡的开放系统，处于一刻不停的变化之中。在规划设计中坚持动态开放性原则，不仅要考虑生态经济的需求和后果，还要分析社会经济的现实可行性。

4. 环境保护原则

坚持环境保护原则，在进行小流域综合治理规划设计时，使有机废物得到最大限度地循环利用，变废为宝，提高经济效益，保护生态环境。

（二）小流域生态经济系统模式设计

在整个流域范围建立良好的生态经济系统，实现整个流域的可持续发展，就要根据区域的特点，设计出小流域治理的生态经济系统发展模式。下面以一些典型的小流域生态经济系统发展模式为例，介绍如何根据小流域特点设计小流域生态经济系统模式的方法：

1. 西宁市长岭沟城郊旅游型治理开发模式

长岭沟小流域地处青海省西宁市西山，距城西区昆仑路 1.2km，属黄土高原丘陵沟壑区第四副区。总面积 4.2 km²，海拔 2300～2600m，年平均气温 6℃，年平均降水 368mm，是典型的干旱、半干旱山区。土壤侵蚀模数达 5000t/(km²·a)，每逢暴雨，洪水、泥石流直冲西宁市区，堵塞交通，影响市民正常的生产、生活，并严重威胁市民的生命财产安全。1987 年以来，坚持综合治理与经济开发相结合，绿化与美化相结合，基础设施建设与园林景点建设相结合的方法，建设成了以五个体系为主体的城郊水土保持型小流域。

在坡面实行先整地后造林。把坡度在 15°以下的坡面修成集中连片的梯田、台地；15°～30°的坡面，整修成水平条田；30°以上的坡面采用鱼鳞坑整地；对土质较差的红土段，进行客土造林。共计整修梯田 4.3hm²，修成水平梯田 28.3hm²，鱼鳞坑13.3hm²，客土造林 4.1hm²。在沟道上游修建土石谷坊，中下游修建涝池。先后建成土谷坊 50 余座，石谷坊 5 座，涝池 3 座。在植物配置上，选择适应当地的乔木和观赏价值高的灌木和花卉。乔木有青杨、云杉；灌木有珍珠梅、紫丁香、玫瑰、榆叶梅等；花卉有富禄考、大丽花、小丽花、秋菊、孔雀草、金盏菊等，形成了植物措施与工程措施相结合的水土保持防护体系。

先后修建提灌站 3 座，主管道 2200m，把水提到区内最高点，通过渠道配套引至每块造林地；并结合景点建设修建涝池、蓄水池、集流窖 60 余座，发展灌溉面积 107hm²。采用渗灌、喷灌、渠灌等多种节水方式，形成了灌溉体系。

遵从"依山就势，协调对比，对称平衡，静动结合"的原则，修建了儿童乐园、垂钓园、茶园、各种花坛、十二生肖雕塑、仿古长城、亭台楼阁等静态景区和瀑布、喷泉、小桥流水、天下第一壶等动态景点。结合各景点的特色配置适当的风景树和花卉。

道路体系：修建环山主干道 4.3km，连接娱乐、休闲区的绿阴小道、卵石小道、山间小道 5.6km，结合小桥流水通往各个景点，形成四通八达的道路体系。

目前，该流域治理程度达到 90%以上，林草覆盖度达到了 80%，年拦蓄泥沙 4.7万 t，拦沙率达到 87%，蓄水 42 万 m³，彻底治理了水土流失。随着区内小气候的改变，野生动植物种类不断增加，野兔、山鸡、野鸽子、蛇等野生动物时有出现，生态环境明显改善自然与人类和谐发展。

通过治理开发，取得了较好的经济效益。据2001年统计，旅游业每年收入可达10多万元，多种经营收入数万元，为长岭沟流域实现自给自足、以山养山打下了坚实的基础。2000年被水利部评为精品小流域。

该模式适宜在城郊型小流域推广。

2. 苇子沟小流域瓜果型治理开发模式

穆棱市苇子沟小流域地处黑龙江省东南部低山丘陵区，流域总面积8.77km²。流域地形复杂，坡陡沟深，土质疏松，植被稀疏。特别是在20世纪60年代，大面积陡坡开荒，加剧了水土流失。苇子沟变成了荒山秃岭，砂石裸露，沟壑遍布，暴雨成灾，生态环境极为恶劣。受穷山恶水的制约，经济陷入了"越穷越垦、越垦越流、越流越穷"的怪圈，群众生活贫困。据统计，到20世纪70年代末，全流域水土流失面积达7.46km²，占总面积的85%。

严酷的现实唤醒了苇子沟小流域干部群众的生态保护意识，他们认识到，严重的水土流失和单一的粮食经营，是贫困落后的根本原因。他们开始实施山、水、林、田、路综合治理，紧紧抓住苇子沟小流域距离牡丹江市比较近，市场大，交通便利这一区位优势，在积极推进退耕、增加植被、治理水土流失、改善生态环境的同时，调整农作物种植结构，大力进行"三瓜"（地瓜、西瓜、香瓜）、"两花"（黄花、花生）、一果（果树）的基地建设，使小流域经济得以迅速发展。

实施中，在山体上部土层较薄处栽植松树等防护性的用材林，发挥防护作用；对土质较好、土层较厚的地方，退耕还果，修筑果树台田，建设经果基地。山体中下部修筑水平梯田和坡式梯田，一部分用于粮食生产，保证粮食自给，一部分发展果树；缓坡地作为"三瓜"、"两花"的基地、在沟道上兴建谷坊，拦泥抬高地下水位；沟道下游和小河道，修蓄水池、打井、建提水站，为果树、瓜园提供水源，发展节水灌溉。

十几年来，全流域共治理水土流失面积4.63km²，并修建谷坊176道，机电井4口，蓄水池12处，修路近10km，为建立果树基地、"三瓜"、"两花"基地和养鱼打下了基础。共建果园100hm²，"三瓜"、"两花"基地101hm²，发展养鱼水面10hm²，做到粮食自给自足，收入增加（刘震，2003）。

该模式在东北山区均适于推广。

小流域综合治理的历史经验说明，在因地制宜，集中治理，连续治理的同时，还必须对各项治理措施做出恰当的安排和部署，也就是说，在时间上和空间上使各项治理措施科学地结合在一起，力求发挥最大的综合治理。要做到这点，最主要的历史经验是实行"三先三后"和"六个结合"。即先上后下，先支后干，先坡后沟，同时做到植物措施与工程措施相结合，坡面治理与沟道治理相结合，田间工程与蓄水保土耕作措施相结合，治理与生产利用相结合，当前利益与长远利益相结合，生态效益与经济效益相结合。

小流域综合治理为生态经济开发奠定了基础，生态经济建设又促进了水土保持的长足发展，两者既相互联系，又相互促进，实现了小流域农业生产的良性循环，使小流域的经济长足发展。

以小流域为单元进行治理是根据水土流失规律确定的，这样便于因害设防，从上到下，从坡到沟，进行综合治理，可以形成综合防护体系，又可以形成商品生产基地。但在治理中一定要注意因地制宜，不同小流域的自然条件和社会经济情况各不相同，不能要求按一个模式进行，现在开展治理的七八百条小流域，也各有其模式。所以一定要认真总结经验与教训，既要借鉴成功的模式，又要因地制宜，把我国的小流域综合治理提高到一个新的水平。

参 考 文 献

陈建刚，侯旭峰，吴敬东 . 2002. 北京北部山区石匣小流域综合治理模式研究 . 北京水利，6：18～20

陈建卓，田素萍，葛茂杭等 . 1999. 河北省太行山区小流域综合治理模式研究 . 水土保持通报，19 (4)：41～44

陈永宗，景可，蔡强国 . 1988. 黄土高原现代侵蚀与治理 . 北京：科学出版社

程积民，万惠娥 . 2002. 中国黄土高原植被建设与水土保持 . 北京：中国林业出版社

甘肃省水利厅水土保持局 . 1983. 水土保持技术 . 兰州：甘肃人民出版社

高世铭 . 2003. 陇中黄土丘陵沟壑区生态环境建设与农业可持续发展研究 . 郑州：黄河水利出版社

郭廷辅 . 1997. 水土保持的发展与展望 . 北京：中国水利水电出版社

江忠善，贾志伟，刘志 . 1992. 降雨和地形因素与坡地水土流失关系的研究 . 见：黄土高原小流域综合治理与发展 . 北京：科学技术文献出版社

蒋德麟，朱显谟 . 1963. 水土保持 . 上海：上海科学技术出版社

蒋定生 . 1997. 黄土高原水土流失与治理模式 . 北京：中国水利水电出版社

敬怀德 . 2002. 状元河小流域综合治理模式浅析 . 四川水利，6：22～24

李怀甫 . 1989. 小流域治理理论与方法 . 北京：水利水电出版社

李健，高崇云，李国平等 . 1996. 黄土丘陵区坡面水土流失规律研究 . 干旱区资源与环境，10 (1)：71～76

刘善建 . 1953. 天水水土流失测验与分析 . 科学通报，12

刘向东，吴钦孝，赵鸿雁 . 1994. 森林植被垂直截留作用与水土保持 . 水土保持研究，1 (3)：8～13

刘振国，付素华 . 2000. 密云石匣小流域水土流失规律研究 . 北京水利，3：11～12

刘震 . 2003. 中国水土保持生态建设模式 . 北京：科学出版社

刘正斌 . 2002. 贫困山丘区小流域综合治理模式探微 . 四川水利，2：26～28

欧阳梦群 . 2003. 小流域综合治理模式刍议 . 中国水土保持，3：33～35

蒲文才 . 2002. 顺庆区城郊型小流域综合治理模式探讨 . 四川水利，6：21～22

师守祥，张智全，李旺泽 . 2002. 小流域可持续发展论——兼论洮河流域资源开发与可持续发展 . 北京：科学出版社

史东超，张金柱，郭素平 . 2003. 太行山片麻岩区坡地水土流失规律研究 . 河北林果研究，18 (1)：13～19

史立人 . 1998. 水土保持是江河治理的根本——关于"98"长江洪水灾害的思考 . 中国水土保持，11：13～16

水建国，柴锡周，张如良 . 2001. 红壤坡地不同生态模式水土流失规律的研究 . 水土保持学报，15 (2)：33～36

水建国，叶元林，王建红等 . 2003. 中国红壤丘陵区水土流失规律与土壤允许侵蚀量的研究 . 中国农业科学，36 (2)：179～183

唐克丽 . 2004. 中国水土保持 . 北京：科学出版社

田积莹，黄义端 . 1964. 子午岭连家砭地区土壤物理性质与土壤抗侵蚀性指标的初步研究 . 土壤学报，12 (3)：286～296

王宗法，张文海，李家密 . 2002. 赣榆县怀仁山小流域治理模式及成效 . 江苏水利，6：43～44

吴发启 . 2002. 水土保持规划 . 西安：西安地图出版社

辛树帜，蒋德麟 . 1982. 中国水土保持概论 . 北京：农业出版社

薛瑞花，高淑清 . 1996. 山区小流域综合治理的模式 . 东北水利水电，3：35～37

于晓光，李志，李红月 . 2002. 凌源市小流域综合治理模式及技术措施 . 水利发展研究，2 (8)：39～40

于增彦.1988. 小流域综合治理. 北京：中国林业出版社

张本强.2002. 刘窑头小流域综合治理模式初探. 水土保持通报，22（3）：76～78

张新华，舒仲英.1996. 川中丘陵区旱坡地水土流失规律及其防治措施. 四川水利，17（4）：16～19

赵正亮.1996. 水土流失规律观测试验. 北京水利，4：36～39

周建平.2001. 城效型小流域综合治理模式探索. 中国水土保持，10：39～40

Wischmeier W H，Smith D D. 1958. Rainfall energy and its relationship to soil loss. Transactions of the American Geophysical Union，39：285～291

Zinng A W. 1940. Degree and length of land slope as it affects soil loss in runoff. Agri. Eng.，21（2）：59～64

第四章　土地沙漠化及其防治

沙漠化是荒漠化主要组成部分。本章在阐述沙漠化的本质及其危害的基础上，重点论述影响沙漠化的各种因素与沙漠化的发生发展规律，即着重从机理上寻找沙漠化土地治理与保护的切入点；总结防治沙漠化实践中产生的有效措施和模式，为沙漠化土地的治理和保护提供可资参考的样本和范例。

第一节　沙漠化发生规律

一、荒漠化、沙漠化、沙化的概念

（一）荒漠化的概念

法国林学家 Aubreville（1949）在其著作《非洲热带的气候、森林和荒漠化》中第一次使用了"desertification"一词。他将非洲稀树草原上热带和亚热带森林的退化称为"savannization"，即稀树草原化过程，把人为的火烧和毁林作为这一现象发生的主要原因，并采用"desertification"一词来描述这一现象的极度发展，其主要特征是严重的土壤侵蚀、土壤理化性状的改变以及更多的外来植物种的入侵使得本区最终演变为荒漠景观。

各种有关荒漠化的文献中频繁出现的是"desertification"和"desertization"两个术语，有些学者将这两个术语混用，而有些学者则用"desertification"表示人为过程，用"desertization"表示自然作用的结果。例如，Le Houerou（1977）将"desertization"定义为"典型的荒漠景观和土地形式向近期内非荒漠化区域的扩展。"而"desertification"则常常被一些学者用来描述不同类型和形式的植被退化，包括那些从物理学和生物学的角度都与荒漠化没有任何关系的亚湿润和湿润的林地退化。

为了集中力量共同应对荒漠化问题，国际组织在荒漠化的定义上作了统一。1977年联合国荒漠化大会在其文件中将荒漠化定义为"土地的生物潜能衰减或遭到破坏，最终导致出现类似荒漠的景观。它是生态系统普遍退化的一个方面，是为了多方面的用途和目的而在一定的时间谋求发展、提高生产力，以维持人口不断增长的需要，从而削弱或破坏了生物的潜能，即植物生产力。"

世界著名干旱区研究专家 Dregne（1983）的定义是："荒漠化是干旱区、半干旱区和某些半湿润地区生态系统的贫瘠化，是由于人的活动和干旱共同影响的结果。这些生态系统的变化过程可以用测定优良植物生产力的下降、生物量的变动，微小的和巨大的动植物区系的差异，土壤的退化和对人类所增加的危害等等予以表达。"此后，Dregne将这个定义修正为："荒漠化是陆地生态系统在人为影响下的一种退化，这种退化可以通过以下指征来测定：目的种的生产力下降而非目的种的生物量增加、生物多样性减少、土壤退化加速、人类生存受到威胁。"

1984 年 FAO 和 UNEP 在编制世界荒漠化图时，使用的定义是"荒漠化是气候和/或土壤干燥地区，经济、社会及自然等多重因素作用下的综合结果，它打破了土壤、植被、大气和水分之间的自然平衡，继续恶化将导致土地生物潜能的衰减或破坏、生存环境恶化、荒漠景观增多。"

1994 年《联合国关于在发生严重干旱和/或荒漠化的国家特别是在非洲防治荒漠化的公约》（以下简称《公约》）中给出的定义是：荒漠化是指包括气候变异和人类活动在内的种种因素造成的干旱、半干旱和亚湿润干旱地区的土地退化。土地退化是指由于使用土地或由于一种营力或数种营力结合致使干旱、半干旱和亚湿润干旱地区雨浇地、水浇地或草原、牧场、森林和林地的生物或经济生产力和复杂性下降或丧失，其中包括：①风蚀和水蚀致使土壤物质流失；②土壤的物理、化学和生物特性或经济特性退化；③自然植被长期丧失。

（二）沙漠化的概念

早在 20 世纪 40 年代初，我国学者就明确提出了"沙漠化"这一概念并论述了其成因（葛绥成，1942）。但长期以来沙漠化的概念并不统一。在 1977 年联合国荒漠化大会之后，一度曾将与荒漠化对等的"desertification"直接翻译成"沙漠化"。甚至后来也没有将沙漠化的解释与广泛含义的荒漠化概念统一起来，而是把内容较单一的狭义的沙质荒漠化的概念，简称沙漠化（sandy desertification）。但正如"荒漠"与"沙漠"的不同一样，沙漠化仅是荒漠化的一种类型，是指风力作用下，由于人为活动的诱发在原非沙漠的地区出现沙漠景观的过程（朱震达，1999）。

朱震达等（1981）对沙漠化初始的定义是"沙漠化乃是指在脆弱的生态系统下，由于人为过度的经济活动，破坏其平衡，使原非沙漠的地区出现了类似沙漠景观的环境变化过程"。后经数次修改，他（1999）认为："沙漠化乃是人类不合理的经济活动和脆弱生态环境（干旱多风与沙质地表环境）相互作用造成土地生产力下降，土地资源丧失，地表呈现类似沙漠景观的土地退化过程"。杨根生等（1986）则认为沙漠化是"在具有沙物质分布的干旱、半干旱及部分半湿润地区，不同时间尺度下，以风为动力，参与其他条件作用的一系列气候地貌过程"。吴正（1987）将沙漠化的定义概括为："在干旱、半干旱（包括部分半湿润）地区，在人类历史时期，由于自然因素和人为活动的影响而引起生态系统的破坏，使原非沙漠的地区出现了类似沙漠景观的环境变化过程"。董玉祥（2000）根据联合国的荒漠化概念将由风营力所引起的沙漠化定义为"在干旱、半干旱和亚湿润干旱地区内由于气候变化和人类活动等因素作用所产生的一种以风沙活动为主要标志的土地退化过程"。董光荣等（1988）则主张去掉前述沙漠化定义中的时间、地点和成因等限定条件，直接将沙漠化定义为"原非沙漠地区出现风沙活动为主要标志的类似沙漠景观的环境变化以及原系沙漠地区环境条件的强化与扩张过程"。这样其涵盖面就大大拓展了。作者认为董玉祥的定义较科学全面。

（三）沙化的概念

在国内文献中还有一个与沙漠化类似的常用术语是"沙化"，其同义词有"土地沙化"、"土壤沙化"；但对"沙化"的理解有少许分歧。一般认为，"沙化"是指受外营力（风力、水力、重力等）作用，地表组成物质中细粒部分和营养物质损失或外来沙砾覆盖原有地表而出现的地表粗化过程；也有学者将其狭义地理解为受风力作用地表组成物质中细粒部分损失或外来沙粒覆盖原有地表而出现的地表粗化过程。无论广义的还是狭义的"沙化"都与"沙漠化"有着本质性的差别。首先，在时空尺度上"沙化"没有类似"沙漠化"的时空限定，"沙化"可以发生于任何自然地带和时期；其次，在外营力上"沙化"可能会是风力、水力、重力等多种营力单个或综合作用的结果，而"沙漠化"则仅是风力作用的结果；再次，在内容上，"沙漠化"的土地风蚀、风沙流、流沙堆积、沙丘活化与前移等一系列过程与"沙化"过程并无完全的对应关系，"沙漠化"的部分过程属于"沙化"，但"沙化"的过程即使是风力作用下的沙化过程也并不包含"沙漠化"的所有过程，如风蚀劣地属于沙漠化过程的一个类型，但并不是地表的粗化。因此，"沙化"应是一个内涵较"沙漠化"广泛的概念，"沙漠化"至多仅是"沙化"的过程与内容之一，或"沙化"仅可能是沙漠化过程中的一个阶段（董玉祥，2000）。如我国黄淮海平原、赣北鄱阳湖沿岸、冀、鲁、闽、桂、粤、台等省（自治区）的沿海地区，均分布着沙化所形成的沙地景观。

（四）概 念 辨 析

对上述荒漠化、沙漠化、沙化的定义还可从以下四方面再做辨析。

（1）时间尺度

上述的各种荒漠化定义，除了1977年联合国荒漠化大会的定义外，其他都明确指出了人类活动对荒漠化的作用，反映了荒漠化的时间尺度应该是人类历史时期；在沙漠化的定义和相关探讨中，朱震达也坚持沙漠化的时间尺度应该定在人类历史时期。以毛乌素沙地南缘而言，侯仁之（1973）从历史地理学的角度研究指出这一带的沙漠化发生在唐宋时期；而赵永复（1981）的同类研究则认为这一带的沙漠化在汉代就开始了；董光荣等（1983）从鄂尔多斯早更新统至全新统地层中的古风成沙现象入手，研究认为鄂尔多斯的沙漠化在早更新世后期就发生了，此后经历了一系列流沙到半固定、固定沙地的正逆演变过程。现今的土地沙漠化只是该区沙漠长期演变过程中最近、最新的一幕。从时间尺度的界定来看，这一地区的沙漠演变在全新世后半期才称得上是沙漠化。时间尺度的限定是为了将沙漠化的人为作用作为重点，以便在沙漠化防治中调控人为作用。

（2）空间尺度

大尺度而言，荒漠化主要发生在荒漠草原、典型草原和疏林草原的广大地区。在我国，荒漠化跨越了极干旱的戈壁、干旱的沙漠、半干旱的沙地、半干旱半湿润的黄土区等自然地理单元。中尺度而言，沙漠化主要发生在极干旱、干旱的沙漠绿洲交接带、半干旱的沙地以及沙地与黄土的交接带等区域。比起荒漠化，沙漠化的空间范围要小得多。如果把沙化理解为沙漠化的前期阶段，则其发生的空间范围与沙漠化相同，但若广义的理解，则沙化空间范围要广阔得多，从极干旱的沙漠地带到半湿润、湿润的河流三角洲、海滨滩涂等，都可能分布。

(3) 驱动力

荒漠化的各种定义将其驱动力概括为包括气候变异和人类活动在内的种种因素，足见其驱动力的广泛，它包括了风沙流动、风蚀、水蚀、盐渍化和人类活动等等。而沙漠化的驱动力是人类活动诱导下的风沙作用，在沙漠化中干旱半干旱或半湿润的、波动较大的气候是必要条件，而过度的人类活动是决定因素。至于沙化的驱动力则主要表现为外营力。

(4) 景观类型与过程

无论是荒漠化的定义，还是沙漠化的定义，其中都包含了景观变化。在荒漠化和沙漠化的不同发展阶段，其景观类型也不同，任其发展的最终结果分别是类似荒漠和沙漠的景观。荒漠景观表现为降水稀少，蒸发量大，植被贫乏，它包含了岩漠、砾漠、沙漠、泥漠和盐漠等众多类型；而沙漠景观只是荒漠的一种，它以风沙活动为其主要特征，地表为流沙或沙丘覆盖为其显著的景观标志。荒漠化和沙漠化的发生机制总体上表现为"土地退化过程"，这是荒漠化与荒漠、沙漠化与沙漠的根本区别。

二、风力侵蚀作用原理、风沙移动规律与固沙原理

（一）风力侵蚀作用原理

风沙侵蚀的动力是风沙流。它是只含有沙粒的运动气流，其形成依赖于空气和沙质地表的两种不同密度的物理介质的相互作用。风吹经沙质地表，使沙粒脱离地表进入气流中运动，主要的抬升力是冲击力；冲击力可以超过沙粒重量的几十倍至几百倍。沙粒在气流的迎面阻力和摩擦力两个力矩作用下具有最大确定方位效应（即沙粒的最大横截面与气流正交），通过冲击力产生迅速转动，然后由气流上升力搬运至主流区，随着气流运动，形成风沙流。沙粒在风力作用下脱离地表进入气流的运动过程是：在风力作用下，沙粒先沿着沙面滑动或滚动，当达到足够大的速度时，滚动沙粒碰到地面上突起的沙粒或与其他运动的沙粒相碰撞，就会引起沙粒骤然向上跳起。跳起的沙粒以巨大的速度旋转；它在气流中获得巨大的水平速度，并以相对于水平线来说很小的锐角下落。运动的沙粒从气流中获得其运动的动量，因此，沙粒只是在一定的风力作用条件下才开始移动的。沙粒开始移动的临界风速称为起沙风。起沙风与沙粒粒径、地表性质等多种因素有关。据拜格诺（R. A. Bagnold）的研究，在沙粒粒径大于 0.1mm 时，沙粒的起动风速与粒径的关系是 $V_t \propto \sqrt{d}$。因此对于粒径在 0.1～0.25mm 的干燥裸露的沙质地表来说，形成风沙流的风力条件是离地面 2m 处的风速大约在 4～5m/s（表 4-1）（朱震达

等，1980）。

表 4-1   沙粒粒径与起动风速值（新疆、莎车）

沙粒粒径/mm	（离地面 2 m 高处）沙粒起动风速/(m/s)
0.10~0.25	4.0
0.25~0.50	5.6
0.50~1.0	6.7
>1.0	7.1

　　气流中所搬运的沙粒在气流层内随高度的重量分布，称为风沙流的结构。关于风沙流的结构研究，已有大量的室内和野外工作研究成果。观测研究表明，气流搬运的沙量绝大部分是在离沙质地表 30cm 的高度内通过的，其中又特别集中分布在 0~10cm 的高度内（表 4-2），由此可见，风沙运动主要是一种贴近地面的风沙搬运过程。

表 4-2   不同高度风沙流层内输沙量结构

距地面高度/cm	0~10	10~20	20~30	30~40	40~50	50~60	60~70
输沙量/%	76.7	8.1	4.9	3.5	2.7	2.3	1.8

　　不同地表的沙尘颗粒具有不同的起动风速，土壤颗粒愈粗，起动风速就愈大（表 4-3）。流动沙丘在风速达到 5 m/s 时起沙，半固定沙地为 7~10m/s、砂砾戈壁为 11~17 m/s 才能起沙。起沙量随风速的增大而增加。沙尘的悬浮或跃移高度与风速也有一定的关系。风速达到 30 m/s 时，细沙（直径 0.125~0.25mm）跃移的高度达到 2m，粉沙（直径 0.005~0.05mm）漂浮的高度可达到 1.5km，而黏粒（直径<0.05mm）则可漂浮于整个对流层（卢琦，2000）。不同的地表状态也有不同的风蚀量。

表 4-3   不同粒级颗粒的起动风速

粒径/mm	0.10~0.25	0.25~0.50	0.50~1.00	1.00~1.25	1.25~2.50	2.50~5.0	5.0~10.0	10.0~20.0
风速/(m/s)	5.2	7.3	8.7	16.0	21.1	27.8	36.7	48.5

　　植被可以明显增加地表的粗糙度，削弱地面附近风力，对风蚀起着显著的抑制作用。据野外观测的结果，在相同的地表物质与风力状态下，流动沙地的风蚀量是半固定沙地的 3 倍，半流动沙地的风蚀量是半固定沙地的 100 多倍，而半固定沙地的风蚀量则是固定沙地的数千倍。说明植被覆盖度越大，植被所起到的保护作用越强（杨根生，1990）。

　　含沙沉积物的颗粒组成和沉积结构决定其本身的风沙物理学性质，如抗蚀性、结持性等，因而对风蚀有很大的影响。根据野外风洞试验，在风力、植被相同的状态下，因地表组成不同产生的风蚀差异性极大。现代风沙比古风沙的风蚀量高 2 倍，沙土的风蚀量比沙壤土的高 5.6 倍。此外，沉积物的结构破坏后，也会影响风蚀作用的强度。根据野外风洞试验的结果，当裸露的沙质黄土的结构破坏后，在相同的风力下风蚀量提高 2.44 倍。两种情况下的风蚀方程分别为

$$裸露沙黄土 \quad Q=2.47\times10^{-7}\times V^{3.94}$$

$$人为扰动的沙黄土 \quad Q=1.43\times10^{-7}\times V^{4.57}$$

式中：Q 为风蚀量；V 代表风速。

人为活动破坏植被、松动土层，从而加剧风蚀。根据风洞风蚀模拟试验，不同的人为活动方式对地表风蚀的影响程度也不同。土地翻耕后的风蚀量在 7～12 级风力之间为未翻耕时的 14.8 倍；樵采和放牧亦使地表风蚀加强，但其程度较小（杨根生，1990）。

（二）风沙搬运作用

气流搬运沙粒的形式，以风力、沙粒大小和质量不同，呈现三种形式：①沙粒沿地表的滑动和滚动，即蠕移；②跳跃式运动；③悬浮于气流中的流动（微粒在气溶胶状态下的传输）。野外观测表明，通常大于 0.5mm 的沙粒（特别是大于 1.0mm）大都是滚动搬运的，而小于 0.05mm 的粉沙颗粒则以悬浮状态搬运为主。

（1）表层蠕移运动

直径为 500～1000μm 的无机土壤颗粒（沙粒），在普通侵蚀风吹动下难以离开地面，它们在跃动颗粒冲击下，处于蠕动状态。在高风速下，整个沙质表层出现缓慢的向前的蠕动。蠕动速度小于 2.5 m/s。风吹沙粒的蠕动可认为是平面上的表层蠕动流。表层蠕移构成总搬运量的 7%～25%（西北农业大学干旱半干旱研究中心，1988）。

（2）跳跃运动

跳跃运动中，单个颗粒离开地表，在空气阻力和地心引力作用下，循着特殊轨迹运动。此种微粒（100～500μm）以很陡的角度升起，但由于颗粒太大而不能悬浮，它们不是跳回地面，就是在返回地面时推动其他颗粒开始运动。粗略估计，总运输量的 50%～80%是以跳跃运动的方式搬运的。跃动颗粒升高不超过 120cm。绝大多数升高 30cm。

跳跃运动过程中，沙粒的上举力是很重要的。但是由于空气与沙粒的比重差异很大，长期以来上举力的来源难以确认。后来发现了随着颗粒旋转产生的上举力，证实了颗粒运动方程式计算出的理论性轨迹与从风洞中拍摄的照片一致性；从颗粒跳跃运动的照片中发现颗粒以 200～1000 转/s 的速度旋转（西北农业大学干旱半干旱研究中心，1988）。

（3）悬移

悬浮颗粒的直径大小范围在 2～100μm 之间。侵蚀土壤的大量颗粒的直径约为 50μm。然而，长距离运送的微粒中，小于 20μm 的占优势。因为颗粒较大具有较大的沉降速度。有些可悬浮颗粒在土壤中原来就存在，但有许多则是侵蚀时摩擦破碎产生的。可悬浮颗粒的垂直流动常以下式表示：

$$F_v = F_0(u_*/u_{*0})^p \tag{4-1}$$

式中：F_v 为可悬浮颗粒的垂直流量；u_* 为摩擦速度；F_0 为在标准摩擦速度 u_{*0} 时的一

个标准流量，p 大约为 2～6 次的乘方数。某些迹象表明，沙性土壤的 p 值为 3（即垂直流和水平流速度的增加相同）。但细质结构土壤 p 可能较大。F_0 值也可能变化不定。有研究结果认为，由于土壤结构不同，可蚀土壤悬浮量幅度可能在 3％～38％。一般讲，垂直流量约比水平流量少 10％。

总的来说，气流所搬运的沙量——风沙流强度依照拜格诺（Bagnold R A）的研究，它与风速和起沙风速之差的 3 次方即 $(U-V_t)^3$ 成正比。也就是说，当风速 U 显著的超过了起沙风速 V_t 之后，气流搬运的沙量（输沙量）急剧增加（西北农业大学干旱半干旱研究中心，1988）（表 4-4）。

表 4-4　不同风速条件下不同地表性质起沙、起尘量　　［单位：kg/（hm² · h）］

地貌类型	风速/（m/s）							
	10		15		20		25	
	起沙量	起尘量	起沙量	起尘量	起沙量	起尘量	起沙量	起尘量
流动沙丘	$1.7×10^7$	$0.1×10^7$	$5.5×10^7$	$0.3×10^7$	$11.3×10^7$	$0.8×10^7$	$18.1×10^7$	$1.4×10^7$
半固定灌丛沙堆	$1.2×10^6$	$0.2×10^6$	$3.8×10^6$	$0.5×10^6$	$3.7×10^6$	$0.9×10^6$	$12.3×10^6$	$1.3×10^6$
砂砾戈壁	120	90	230	100	370	150	530	270

（三）风沙堆积作用

在风沙搬运过程中，当风速变弱或遇到障碍物时，风沙流裹挟沙粒运动的动能就会减少，导致部分沙粒从风沙流中沉降堆积。

沉降堆积　在风沙流中运动的沙粒，由于风速减弱，从而降落堆积在地表的过程称之为沉降堆积。近地面气流在运动过程中，常受隘口的狭管效应、下降坡面的势能减小作用而加速；相反，在出了隘口之后或在爬坡过程中，其势能增大，动能就会减少从而减速。地面起伏也常常使气流在运动过程中减速。被大风卷起而悬浮于大气中的沙尘，当风力减弱或停止后，就会向下沉落，通常是相对较粗的颗粒在距沙源地不远的地方首先沉落。地面附近以跃移或蠕移方式移动的沙粒，由于粒径粗、质量大，所需的运动能量高，一旦风力减弱或停止，这部分沙粒就会随遇堆积。

遇阻堆积　风沙、风尘遇到阻碍而发生的堆积过程称为遇阻堆积。遇阻堆积实际上是气流将动能转换为越过障碍物的势能的过程。大气中悬浮较高的尘粒一般不会受到地面障碍物阻挡，通常主要是遇到冷湿气团时产生大量沉降。而地面蠕移和跃移的沙粒则受地面障碍物的影响较大，一般在运动过程中只要遇到障碍物，就会在附近的迎风部位或背风的较低部位大量堆积。

（四）风蚀防治原理和一般对策

由上述风沙流的特征和风沙侵蚀、搬运、堆积的作用原理和过程可以总结出风蚀防治的两个普遍原理：①降低风力；②提高土壤颗粒的抗风能力。从侵蚀过程和力学知识中，可寻找四种基本的防治风蚀的办法（西北农业大学干旱半干旱研究中心，1988）：①建立和保持植被或植物残茬；②使表层土壤产生抗侵蚀的团粒或团块；③降低侵蚀迎风面耕地的宽度（建设田间林网）；④ 增加地表的粗糙度。

这些原则是不变的，但由此产生的防治办法则因地而异，而且因耕作和管理制度的应用而异。

三、气候因素对沙漠化的影响

气候是沙漠化的主导因素，本节将对比气候对沙漠分布的规定性和气候对沙漠化的可能性，进而认识气候因素在沙漠化中的重要作用。

（一）沙漠的气候类型与特征

沙漠是因为其所处的地理位置上的控制气团、大气运动的热力和动力性质，还有沿海的洋流作用等因素，致使该区域降水量减少，长期处于干旱状态下形成的。

影响沙漠形成的气候特有以下几个（李江风，2002）：

(1) 副热带下沉气流作用

大气环流在南北半球副热带纬度上，形成宽阔强大的下沉气流的运动。由于在对流层内气温随高度上升而降低，下沉气流越向近地面沉降，温度就上升得越高，容纳水汽的能力也越强，水汽饱和度越小，因此这种运动不但不能形成降水，而且还会吸收近地面空气中的水汽，进一步促进地面蒸发，使土壤更加干旱。同时，因下沉气流稳度加大，从而抑制了阵雨和对流。而这些在副热带获得水汽的气团则被气流或风带到其他地方形成降水。于是在副热带纬度带上，形成东西向的大气稳定、湿度低、云量少、雨量极其稀少的干旱沙漠带，其范围大约在25°～35°的纬度带内。如西亚阿拉伯国家的一些沙漠、非洲的撒哈拉沙漠、澳大利亚的吉普森沙漠、维多利亚大沙漠、辛普森沙漠；中国的塔克拉玛干沙漠、古尔班通古特沙漠、柴达木盆地沙漠、巴丹吉林沙漠、腾格里沙漠、库布齐沙漠等（图4-1）。

(2) 局地下沉气流

局地下沉气流是由于山脉、高原和其他影响气流运行而产生持续下沉运动的特殊地形区域形成的。有的处于中纬度地带与西风交割处。其作用原理类似于上面的副热带下沉气流。由此形成的沙漠或荒漠分布在北美西部、中亚山区。

(3) 辐合上升力不足

在有一定的水汽量经过的区域上空，由于地表热力作用不强，产生辐合抬升力弱，空气中的水汽不能抬升到凝结高度，水汽不能凝结为水滴形成降水，致使该区域产生干旱或形成沙漠区。例如地中海地区夏季的空气中并不缺少水分，但由于海水下层的冷水上翻，使附近海岸线两侧的海面和陆面成为冷空气的垫面，缺少热力辐合抬升力的作用

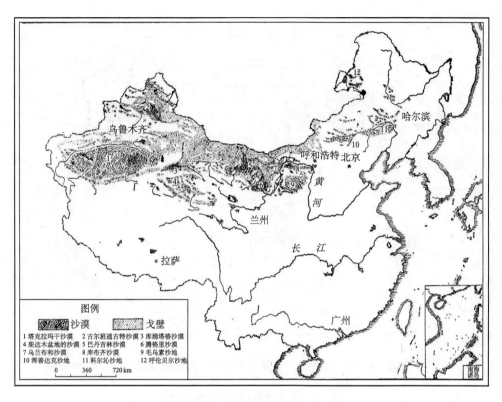

图 4-1　中国沙漠分布图

力，不能形成降水，因而形成海岸线内的大片沙漠。

（4）冷洋流和局地环流

由于①冷洋流冷水上翻；②在沿海附近高大山系和高原的作用下，产生下沉气流，增加该区域的干燥度；③盛行风向与海岸线平行，水汽不能登陆；④离岸风由陆地吹向海洋，加强冷洋流海水的上翻作用。冷洋流一般在大陆的西海岸形成干旱沙漠区域。

由冷洋流作用形成的沙漠有：撒哈拉大西洋沿岸沙漠、纳米布沙漠沿海岸（纳美尼亚）、卡拉哈里沙漠（博茨瓦拉）、内华达沙漠（美国西海岸）、盐湖沙漠（美国西南科罗拉多）、基拉沙漠（墨西哥）、秘鲁海岸沙漠（厄瓜多尔南部、秘鲁西海岸、智利西海岸北部）、阿塔卡马沙漠和巴达哥尼亚沙漠（阿根廷东南海岸）（图 4-2）。

沙漠化的动力来源也主要有以上四种。即气候上的以空气动力为主的自然营力是沙漠化的根本力量。

（二）沙漠化的气候成因

关于沙漠化的成因问题，学术界经历了长期的由表象到本质的逐步认识过程。我国学者早在 20 世纪 20 年代，就提出黄土沉积以来的气候干化是沙漠由蒙古向黄河流域入侵的根本原因（蔡源明，1926）。60、70 年代非洲萨赫勒地区沙漠化发生后，有些学者

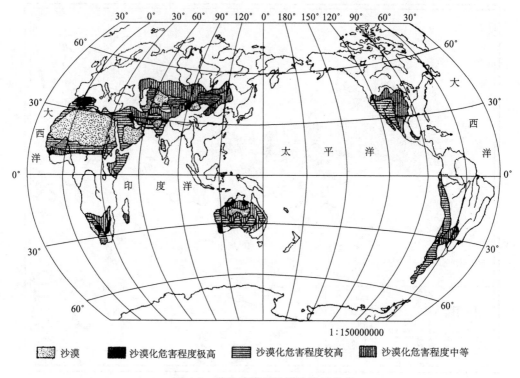

图 4-2　世界沙漠和沙漠化地区分布

依据萨赫勒位于撒哈拉沙漠下风方向的地理特点，提出了"沙漠入侵"学说，且流行了几十年。普遍认识到沙漠化主要是由于人类的不适当活动所引起的就地起沙，是 80 年代的事情。

在沙漠化的主导因素上也存在长期争论，20 世纪 80 年代至 90 年代初争论还很激烈。有人认为以气候为主的自然因素起主导作用（方修琦，1987；任振球，1990），也有人认为人类活动起主导作用（Dregne，1984；朱震达等，1992），还有人认为自然因素和人类活动的共同作用形成了沙漠化（Mensching et al.，1985；巴巴耶夫，1987；董光荣等，1990；1993）。之所以存在观点的较大分歧，是因为沙漠化的区域差异性和当时对于沙漠化的形成过程还不完全清楚。沙漠化往往发生在生态环境的脆弱地区，这里不但对环境的变化较为敏感，而且常常是人类活动集中的地区，如农牧交错带、旱地农业区、绿洲地区等，气候等自然环境变化的每一个片断都通过人类活动反映出来，或者说，众多自然的、人文的因素的变化都是通过人类的土地利用而对环境发生作用的。因此，从根本上追索到的沙漠化发生的诱导因素是气候，而气候变化往往是通过人类活动的放大而成为沙漠化的直接因素。

萨赫勒是非洲西部撒哈拉沙漠以南东西延伸的一个干旱半干旱过渡地带，北边是撒哈拉沙漠，而南面是苏丹萨瓦纳（Savanna）草原。1968～1973 年发生在撒哈拉地区持续 6 年的大旱，年降雨量不超过正常年份的一半，使西非尼日尔、马里、布基拉法索（原名上沃尔特）、毛里塔尼亚以及乍得、肯尼亚等国的耕地全部龟裂，成为不毛之地。在这次干旱之前，萨赫勒曾出现过一个长达 15 年的较湿润时期，有人将这一时段称为

"小雨期"。由于降雨较多，牧草生长旺盛，牲畜数量大大增加，放牧范围也向北扩展。同时来自南方地区以及尼日尔河三角洲和塞内加尔河谷耕作区的农民在萨赫勒的牧场开垦农田，甚至在沙丘上开荒，并把一些十分消耗地力的作物如玉米引进到这里，有的地方还创造和应用了新的农业技术，结果将旱作界线大幅度地向北推进到该地带内部（丁登山，1995）。从表面上看，沙漠化似乎发生在干旱时期，其实此前的湿润期的土地过度利用已经为日后的灾难埋下了祸根。

人类的生产力发展需求和对自然资源的开发强度往往达到或接近区域的资源环境最大承载力，而保持生态环境稳定的区域资源环境承载力却要求保持在最低水平上。在沙漠化地区，主要是由于气候变化，区域资源环境的承载力最大值与最小值之间的差别很大，在降水较多年份开发或形成的土地利用状况在干旱年份很难保持稳定，在风力等作用下便会发生沙漠化。因此，降水变化引起的生产力弹性与人类需求刚性的矛盾，是导致沙漠化的根本原因。历史的经验值得注意，原苏联领导人在谈到哈萨克斯坦开垦草原及严重后果时说："如果遇到风调雨顺的年份，应授予垦荒者以列宁勋章，一遇干旱多风年份，就得把他们送进监狱。"（朱凤俊，2002）

现代荒漠化的事例也都表明，荒漠化发生在干旱、半干旱和具有明显干旱的半湿润地区，它们的气候的共同特点是降水与气温的组合或对比所表现出的干燥度较大，或者有明显干季，而且最关键的气候特征是波动性。利用1982～1991年的NOAA卫星遥感数据对植被同降水关系的分析表明，在不同的时空尺度上，非洲半干旱地区生态系统年际间具有显著的波动性，农牧民的许多传统习惯以及土地利用的策略都与此密切相关。

孙武、吴薇（2002）从生态系统的角度，通过对不同层次主要因子波动的大小、空间分布、层次传递、周期以及年降水和粮食单产对牲畜头数的影响，探讨农牧交错带农业系统的波动机制。他们认为，农牧交错带的生产和社会经济系统的一系列波动源自于气候的波动。由波动向上的传递次序可将其归纳为第一层次的气候（降水量和风、水侵蚀力等），第二层次的植被（牧草产量与农作物），第三层次的牲畜头数和第四层次的区域生产力（农业生产总值、工农业生产总值等）几个序列。其中气候变化，尤其是降水在整个系统波动中起重要作用。牲畜头数的波动除受降水、自然灾害的制约外，还受社会政策以及牲畜自身恢复周期的影响。可将中国北方农牧交错带波动因子进一步分为两类：牧草产量、粮食产量、牲畜头数和国民生产总值等主要受气候和自然灾害的影响；而耕地的开垦、人口增长、樵柴等因子受政策、生活习惯等社会因素的制约。孙武、吴薇利用内蒙古高原东南部近20个旗（县）解放以来年降水量、年末牲畜头数、粮食亩产、农业总产值等资料，计算各因子的波动幅度发现，研究区粮食、热量和蛋白质产量的变异系数比降水变率（23%）放大1.5倍，牲畜头数的变率只有降水变率的60%，农业总产值与降水持平。在半农半牧区和牧区波动性的传递差异较大。牧区农业总产值的波动率只有降水变率的1/2，农牧交错带却放大到降水变率的1.6倍。

对历史上降尘（尘暴）记载的统计分析表明，降尘频数与温度和湿度变化呈相反关系，即尘暴频发期大致对应于气候干冷期，而尘暴减弱期为气候暖湿期（张德二，1984；黄兆华，1997）。近年来，一些学者（邹旭恺等，2000；符淙斌等，2002）的研究也指出，我国20世纪50～70年代沙尘天气的频发期处于气候的偏冷、干（春）时期。

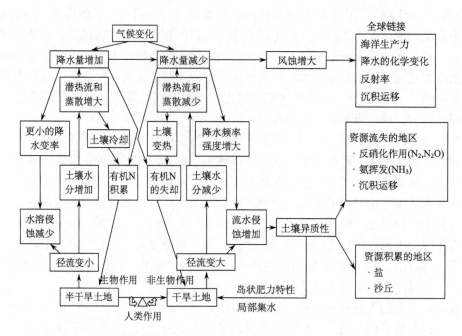

图 4-3　荒漠化引起的生态系统变化与全球生物地球化学变化的连接

气候变化对沙漠化的作用机制可由图 4-3 来表示。这是 Schlesinger 等（1990）在新墨西哥州南部的研究中总结出的沙漠化微观机制。由于半干旱地区草地蒸（散）发引起的土壤水分损失大于灌木林地和裸地，草地上的潜热损失使得草地降温较多。灌木代替草地之后，更大面积的土壤裸露，气温和土壤表层温度增加。尽管裸露的沙漠土壤的反射率更大，较高的地表温度促进了大气的热循环，因此相对湿度更低、降水更少。干热的土壤阻止了其中有机氮的积累，这就进一步促进了灌木的扩展。由于这些非生物因素主导着生物因素，平衡（图的左下部）进一步向有利于干旱生态系统发展的方向移动。这种变化有的是源于人类的直接掠夺，Schlesinger 在新墨西哥州南部研究发现这里的沙漠化就是由于人类掠夺性使用土地所导致的；有的则源于非直接的原因，如全球气候变化。图 4-3 的左下部显示，在干旱区与半干旱区的沙漠化及其逆转的平衡中，人类活动起着直接的作用。变化一旦开始，干旱地区土壤异质性的增加会发展成一个正反馈来加强新的生态系统的功能。

干旱区沙漠化土地面积的增加会影响到全球水平上的沙漠化过程。例如，西非萨赫勒地区的沙漠化使该地的反射率增加了 4％。辐射平衡的这一变化可能影响到区域气候，潜在地导致区域降水的进一步减少。其他效应还有长期的物质运移和干旱土地对全球生物地球化学功能的较大影响。

四、地形因素对沙漠化的影响

地貌条件对土地沙漠化发生发展的影响主要表现在四个方面：①地形部位决定地表物质的再分配。一些地区的地貌条件决定了沉积环境的差异，导致沙源物质多少的不同；②地形条件影响局部地区风力的大小和方向，影响侵蚀与堆积对比；③地貌部位决定土地利用方式；④地貌条件影响地下水的分布和埋藏深度，在沙物质丰富地区，较好的地下水条件成为土地沙漠化发生发展的有效限制因素之一。某些气候并不干旱，但沙物质丰富的地区亦有风沙活动，在气候条件相同的半干旱地区，沙物质条件成为沙漠化发生发展最重要的影响因素。事实表明，在半干旱和某些半湿润地区，能否产生沙漠化土地，关键取决于有无丰富的沙源物质。例如，毛乌素沙地沙漠化土地面积及沙漠化程度均较鄂尔多斯中西部梁地区严重，在气候条件基本一致的沙黄土丘陵沟壑区，由于沙黄土中沙粒物质北部较南部粗，形成土地沙漠化发生的物质条件（杨根生，1990）。

对腾格里沙漠东南缘沙坡头格状沙丘、新月形沙丘和沙丘链的野外观测结果（表4-5）表明，风速由迎风坡坡脚至坡顶逐渐增加，丘顶风速放大率（丘顶风速与上风向坡脚风速之比）介于1.03～1.91之间；背风坡风向变化比较复杂，风速由丘顶至坡脚减小，相对于丘顶的坡脚风速率变化在0.28～0.98之间（哈斯等，1999）。

表4-5 沙丘坡形系数、迎风坡风速放大率和背风坡相对风速平均值及范围

地貌类型	H/L（迎风坡）		H/L（背风坡）		A_w（U_c/U_b）		A_1（U_1/U_c）	
	平均	范围	平均	范围	平均	范围	平均	范围
格状沙丘主梁	0.25	0.10～0.41	0.57	0.54～0.62	1.61	1.37～1.91	0.59	0.27～0.76
格状沙丘副梁	0.22	0.12～0.31	0.31	0.27～0.40	1.37	1.06～1.85	0.84	0.43～0.98
新月形沙丘	0.10	0.11～0.17	0.33	0.33～0.40	1.11	1.03～1.41	0.63	0.28～0.95

注：A_w为迎风坡风速放大率，A_1为背风坡相对风速，U_c为丘顶风速，U_b为迎风坡坡脚风速，U_1为背风坡坡脚风速，H为坡高，L为坡长。

在内蒙古高原，风蚀切割所引发的劣地形成过程也主要起因于地形的作用。劣地主要发生在沟谷或湖泊洼地局部地段。地层比较均匀，以小于细沙粒级的粉细沙、亚沙土成分为主，甚至有一定量的黏土。土地受风的不均匀切割，出现小型陡壁，进一步使风产生涡流，切割更加不均匀，土地逐渐出现风蚀残墩、风蚀残柱、整个地形类似于雅丹地貌，地形破碎，呈现劣地景观，即有小型的风蚀残墩和残柱与风蚀坑的风蚀地貌群体。

风蚀劣地的形成深受地形因素的影响，因而常分布在负地形上。按其出现的地形部位可分为：①洼地型，分布于较宽阔的山间洼地中，由湖沼相—风积相地层组成，地层中泥钙质较多，颗粒细，显潜育化特征，水平层理较明显，风蚀残留的台墩呈显台阶状。例如，河北康保县的八段地农场附近和内蒙古化德县良种场西部；②浅沟谷洼地型，多分布在丘间和缓起伏平原的中部，细土沉积物以风成为主，黄土化过程发生后，土层垂直节理发育，往往在两个支谷交汇处，气流容易形成涡流，对地面产生不均匀风蚀切割，形成劣地。乌珠穆沁沙地南侧塔林敖包至巴彦乌拉浩特镇一带多分布这种，化德县达盖滩、七号和商都县黑沙土村也有分布；③山麓型，分布于丘陵山地迎风坡，组成以坡积物为主，风蚀台土墩一般高度1～1.5m，也有高达2m者，陡壁下部有碎石，陡壁上平行斜坡的古土壤层很明显。在化德县公拉胡同、二道河一带可以看到此类劣地（朱震达，1994）。

在我国西北干旱地区，山地对于荒漠化的遏制作用是相当巨大的。天山山脉分隔了南侧的塔克拉玛干沙漠和北侧的古尔班通古特沙漠。对比明显的是波状和缓起伏的鄂尔多斯高原，因为没有山地的阻挡，库布齐沙漠与毛乌素沙地几欲连接起来。贺兰山的屏障作用更不容忽视；贺兰山的南北走向遏制了干季的西风流，所以腾格里沙漠才止于贺兰山西麓。也正因为如此，贺兰山东麓的宁夏平原才能成为2000年来西北的农业重点开发区域。与此相对应，在（中）卫（中）宁平原的西南端，贺兰山余脉已经低矮平缓，所以腾格里沙漠的风沙常常越山而过，几十年间就掩埋了中宁的石空寺；在沙坡头一带，风沙更是越过黄河，在黄河东岸形成了一片输入型沙漠。高大的山地也往往与绿洲相伴而生，这也是因为地形的作用。山地的地形雨多，气温低，蒸发少，产流多，发挥着"水塔效应"，哺育着山麓的绿洲。大山系常形成大绿洲，小山体也可形成小绿洲。例如，天山南北的绿洲、昆仑山与于阗、善鄯等绿洲、祁连山与河西走廊的绿洲等。

五、地质与土壤因素对沙漠化的影响

沙漠化的沙源物质基础不但受地貌的影响，往往也有着深厚的地质背景。例如，乌兰布和沙漠下伏的是古黄河冲积平原和冲积湖积平原。沙漠北部古黄河自西向东摆动，遗留了大致做南北走向的古河床，沉积物以亚沙土、亚黏土和中细沙层为主，其第四纪松散沉积物厚度可达1800m；沙漠西南部为一古湖积平原，沉积物系中细沙、亚黏土和黏土互层的湖相沉积物，厚达150m以上。科尔沁沙区所处的西辽河平原是晚第三纪初期形成的断陷盆地，在这一盆地中堆积了大量第四纪松散沉积物，成为沙物质的来源。在毛乌素沙区，其下伏地貌为乌审洼地，在洼地里沉积了较厚的河湖相沉积物，厚度达40m左右，含沙量高达80％。在我国北方的其他沙区，如浑善达克、河北坝上高原等地区，沙漠化也都发生在一些湖相沉积及洪积冲积物的基础上以及这些地区的外围，这就充分体现了中国沙漠化发生的地貌特点，也说明我国北方只要是河湖相沉积以及冲洪积物堆积的地区，就有发生沙漠化的潜在物质基础（杨泰运等，1994）。

根据沙漠的地貌特征和下伏沉积物成分的分析，可以将我国主要沙漠和沙地的沙物质来源概括为以下几种成因类型：①来源于河流冲积物（干三角洲或冲积扇），如塔克拉玛干沙漠的南部、北部，古尔班通古特沙漠的大部分，库布齐沙漠西部，乌兰布和沙漠的西北部和科尔沁沙地等；②来源于湖积冲积物，如巴丹吉林沙漠，腾格里沙漠，毛乌素沙地，浑善达克沙地的大部分，乌兰布和沙漠的西南部，库姆塔格沙漠及河西走廊部分沙漠也属于本类型；③来源于洪积冲积物，包括塔里木盆地南部阿尔金山、昆仑山北麓及若羌、且末至民丰、于阗间山前平原上的沙漠和柴达木盆地中昆仑山北麓山前平原上的沙漠等；④来源于基岩风化的残积物，如分布于鄂尔多斯高原中西部的一些沙地，古尔班通古特沙漠北部，库姆塔格沙漠等。此外，巴丹吉林沙漠、腾格里沙漠和浑善达克沙地也有一小部分属于此类型。因此，我国沙漠中的沙物质主要来源于下伏沉积物，即所谓的"就地起沙"（卢琦，2000）。

我国沙漠主要分布于东经75°～125°、北纬35°～50°之间的内陆盆地和高原，形成一条西起塔里木盆地西端，东迄松嫩平原的西部，横贯西北、华北、东北地区，东西长达4500km，南北宽约600km的断续弧带。在它的内陆一侧分布的是广大戈壁，它的外侧分布的是黄土高原，即地表物质的粒度由西北内陆向外由粗变细的分布。充分反映了沙漠化发生的物质基础的重要作用。

在沙漠化中起作用的还有土质因素。例如，萨赫勒地区的沙漠化就是因为该地带广泛的固定古沙丘的存在，因而能抗蚀的黏质地面面积较小。西方学者对该地区进行了实地调查，并制作了萨赫勒地带更新世固定沙丘分布图。从图上可见，该地带固定古沙丘分布普遍，他们在乍得湖以西、尼日尔河附近广大地区，以及塞内加尔和以北和以南许多地区都有分布（丁登山，1995）。

20 世纪 30 年代美国"黑风暴"发生之后，Chepil 1941 年在土壤特性方面做了大量的工作。他研究了水稳定性和干土块与风蚀度之间的关系。Chepil 和 Woodruff 1954 年指出，直径小于 0.84mm 的颗粒最易于风蚀。因此，小于 0.84mm 的土壤颗粒增加时，易于被侵蚀的土壤粒子也相应增加。由于土壤风蚀是先发生分离，土块和结皮层的动态稳定性就显得尤其重要。土块、结皮层以及水分增加了土壤的凝聚力，从而减少了土壤分离和产生疏松粒子的数量。Chepil 对含有不同比例侵蚀成分的土样进行了测试，通过测试运移的土壤量，计算出不同团聚体大小对地表的保护程度。结果表明，大得不能被风搬运的团聚体，才能提供最大限度的保护。Fryrear 应用便携式风洞估计了平坦地表、已耕地表和含有非侵蚀性土块的已耕地表的土壤损失。结果得出：20％非侵蚀性土块覆盖的地表与无土块覆盖的地表相比，土壤损失减少 56％；40％和 60％土块覆盖的地表土壤损失分别减少 82％和 89％。这说明提高地表粗糙度在控制风蚀方面是很有效的，有学者还建立了土壤粗糙度系数与地表粗糙度之间的关系，定量方程为：$k = e^{-0.48SR}$（SR 为地表粗糙度）（臧英等，2002）。

土壤有机质有助于保持土壤的团粒结构，而这种团粒结构可以减缓土壤的侵蚀，耕地连作往往导致土壤有机质含量降低，土壤侵蚀的易感性增加。英国关于可耕地土壤侵蚀的很多报告暗示结构损坏或顺坡栽培是引起土壤侵蚀的初期因素（马瑟，1991）。

有学者在对鄂尔多斯灌木群落与环境的关系研究中发现，土壤基质对一些群落的分布格局有明显的影响，例如，半日花群落仅分布在砾石覆盖的石质山坡地上，在其相邻的覆沙梁地极少有其分布。并且认为，鄂尔多斯地区的温度和海拔等地理因子对植被的影响不显著，而土壤质地对群落分布有一定的影响，但较为复杂（李新荣等，1998）。Schlesinger 等 1990 年在对美国中部半干旱和干旱过渡地区草原沙漠化过程生态系统变化研究的基础上指出，荒漠化的实质就是生态系统土壤资源在时空格局上的变化。

土壤在沙漠化中的突出作用不仅在于发生沙漠化的干旱半干旱地区缺少质地、结构、发育程度良好的土壤，还在于沙漠化的主要过程是受土壤控制的，或者说是发生在以土壤为核心的土地生态系统中。荒漠地区的水分绝大部分赋存在土壤中。土壤又可以通过地下水的横向补给和冷冻聚墒过程直接获得水分。同时土壤又通过蒸发和其上植物的蒸散消耗水分，这些重要过程的微观形态和过程及其与土壤以外其他因素或系统的关系都是沙漠化机制研究所特别关注的。在气候-土壤-植被组成的自然地理系统中，一般来说，时间变异最大的是气候因素，其次是植被，最后是土壤。土壤类型和土壤性状的变化虽慢于植被类型和性状的变化，但土壤中的许多过程是先于植被而发生的。植物群落性状的变化是与其环境，特别是土壤环境相适应的，这也有利于对荒漠化发生背景等问题进行追索研究。不同地区的荒漠发生过程都会有所不同。人们研究的往往是荒漠化的瞬时状态，或一个很短暂的发展时段，也有些就此进行预测。但是如果能够追索过去沙漠化发生的所留下来的特征，则无疑对于荒漠化的发展预测和发生机制研究相当有益。土壤大概是唯一能保留这种追索特征的系统。

六、植被因素对沙漠化的影响

植被覆盖率的减少能够影响自然环境的各个方面，首先是使气候更加干旱，造成物质循环中水分匮乏，接着是导致植物的持续减少，衍生至土壤有机质减少，最终使土地生产系统崩溃。在沙漠化地区，当林地的覆盖度达到 $40\%\sim50\%$ 时，风沙流中 99% 的沙粒被拦截沉积。乌兰布和沙漠边缘大范围绿化工程使林网内沙尘输移减少 80%，降尘减少 40%，大气浑浊度降低 35%，沙漠土地的经济效益由 4.3 元/（$hm^2 \cdot a$）提高到 1359.3 元/（$hm^2 \cdot a$）（高尚武，1990）。内蒙古巴林右旗短角牛场牧场防护林，在 20 倍树高范围内风速降低 $15\%\sim49.2\%$，林网内牧草早返青 $4\sim6$ 天，秋季早霜晚到 $7\sim10$ 天，林网内蒸发量减少 25.5%，空气相对湿度提高 3%，林网内豆科、禾本科牧草所占比重提高 53.5%，牧草产量提高 21.6%（罗斌，1994）。

目前学术界对于植被在防治沙漠化中的作用有很多的研究，而对于人工植被建设不当加剧沙漠化的作用则研究较少，只有少数的学者研究黄土高原植被覆盖率高的地区出现的干土层的现象。植被对于沙漠化的作用从表面上看是其固定表土（流沙）的能力，其实，植被对于沙漠化的影响的关键在于其对水分平衡的作用。植被的蒸散发如果加剧了干旱、半干旱地区的水分亏缺，则可能形成正反馈，促进自身的系统退化，加剧或引起沙漠化；相反，植被若能起到保持降水，减少蒸发蒸腾的作用，则可以起到抗御或逆转沙漠化的作用。植被调节水分平衡的作用还与植被类型密切相关。

根据 1999 年北京林业大学水土保持学院在山西吕梁山方山县黄土区的测定，在 $5\sim10$ 月生长季内，每株 15 年生刺槐树的蒸腾水为 1514.3kg，每公顷蒸散量为 $3637m^3$；15 年生苹果每株蒸腾水 2436.1kg，每公顷蒸散量为 $3398m^3$。中国科学院沈阳应用生态研究所、陕西省气象科学研究所和北京林业大学分别在甘肃子午岭、内蒙古赤峰、陕西黄陵对山杨、辽东栎、油松、侧柏和红松等乔木林进行测定，在生长季节平均蒸散量为 $3643m^3/hm^2$。中国科学院兰州沙漠研究所在宁夏沙坡头对沙柳、沙枣、花棒、油蒿、籽蒿、梭梭等灌木林进行测定，蒸散量分别为 $689 \ m^3/hm^2$、$1702 \ m^3/hm^2$、$1684 \ m^3/hm^2$、$1920m^3/hm^2$ 和 $3090 \ m^3/hm^2$、平均为 $1800 \ m^3/hm^2$。中国科学院沈阳应用生态研究所和植物研究所分别在呼伦贝尔草甸草原、内蒙古赤峰、陕西毛乌素沙地和西部荒漠草原的测定表明，草甸草原蒸散量为 $3051 \ m^3/hm^2$，干草原为 $1700 \ m^3/hm^2$，荒漠草原为 $1250 \ m^3/hm^2$，多点平均为 $2000 \ m^3/hm^2$（袁嘉祖等，2001）。由此可见，乔木的耗水量多于灌木，灌木的耗水量由多于草地，各植被类型内部则表现为中生型植物的耗水量多于旱生型植物的耗水量。

我国北方干旱、半干旱地区的天然植被大都遭到破坏，大面积的人工植被代替天然植被。植被的水分平衡作用将会使植被类型与自然地理环境尤其是气候类型不相符合的地区出现新的植被退化或沙漠化。黄土高原地区除一年生的农田作物及半湿润区的油松人工林地的土壤水分基本保持平衡以外，多数人工林草植被甚至一些次生天然植被均不同程度地存在着土壤干层问题，这从一定程度上反映出黄土高原气候仍在向干旱化方向发展。从气候变迁与土壤水分的消耗过程来讲，人工植被土壤出现干层的起因应包含两个方面的含义：一是气候向干旱发生演化，二是由于树种及乔灌草的配置方式选择不当，致使植被对土壤水分强烈消耗。黄土高原土壤的干层问题即是这两种因素综合作用的结果（李裕元等，2001）。

七、人为活动对沙漠化的影响

一些学者认为人为活动加剧了沙漠化，土地沙漠化的发生和发展，乃自然和人为两大因素共同作用的结果。二者共同构成土地沙漠化系统的输入变量群。自然因素为沙漠化发生的环境背景，也是其内在因素；人为因素则是叠加于环境背景之上的诱发因素。也有人认为，近100年，气候变化对荒漠化的影响并不重要，荒漠化主要由人类活动引起（吴波，2001）。尽管学术界对于气候因素和人为活动在沙漠化中何者为主存在着争论，但对人为活动在促进沙漠化中的作用的认识是一致的。1958年冬竺可桢在呼和浩特召开的青海、新疆、甘肃、宁夏、陕西、内蒙古6省（自治区）治沙会议上的"改造沙漠是我们的主要任务"的讲话中就指出"滥伐森林、过度放牧、破坏草地、盲目开垦等会引起沙漠化"，因此要注意"由于人为的原因把不应该成为沙漠的地方破坏成为沙漠"。历史地理学者从环境变迁的角度恢复沙漠化区域地理环境演进过程，发现沙漠化区域的人为活动是环境变化的主要动力。侯仁之1964年在考察了毛乌素沙地之后，即认为毛乌素沙地南缘的靖边一代的沙漠化是唐代以后随着人为活动的加剧而产生的。景爱在20世纪80年代考察了黑河流域和古居延海（现今的索果淖尔到嘎顺淖尔一带）后，从黑城等古聚落的消亡推定，这里的沙漠化是由于人为活动，尤其是大规模长期开垦农田的结果。朱震达等通过研究于1989年提出了以土地利用为主的人类活动与沙漠化土地的成因分类和发展面积表，滥垦荒地、乱肆樵采、过度放牧、建设工矿交通城市、水资源利用不当等引起的荒漠化面积分别为25%、28%、32%、0.7%、8%。

人为活动对沙漠化的影响一般沿着如下的程序发生：不合理的土地利用等人为因素造成了植被的退化，而植被的退化使地面覆盖物减少；由于地表覆盖物的减少，在风力作用下，发生地表局部风蚀和下覆沙质沉积物被吹扬搬运，于是在干草原及荒漠草原上地带出现了斑点状分布的流动沙丘，并逐渐发展连接成片形成沙漠化的土地；植被破坏后，失去防止风沙前移和抑制地表起沙的作用。因此，或就地起沙，或在外来沙丘前移的影响下，使原来的沙漠进一步扩张形成沙漠化土地。历史时期沙漠化与人为因素之间的关系如图4-4所示。

人为活动对沙漠化的影响主要表现在以下几个方面：

(1) 滥肆开垦

在国外也被称作贫瘠土壤的过度耕作。是指在没有防护措施的条件下，开垦主要位于半干旱地区的不宜耕种的草地、林地从事种植业活动，在干旱年份或土地肥力丧失之后，即被摞荒，最后导致沙漠化。滥垦引起沙漠化的过程大体如下：犁耕破坏了草原植被，松散了生草土层，加速了土壤侵蚀。据观测资料，草原地区裸露地表年风蚀深度可达5~7cm，每亩损失<0.01mm的物理性黏粒2600kg、氮素25.8kg、磷素36.6kg、

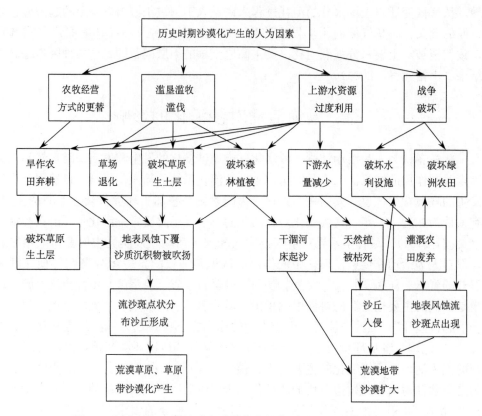

图 4-4　历史时期人类活动在沙漠化中的作用过程（朱震达，1980）

有机质 0.51kg（黄兆华等，1986）。图 4-5 显示了开垦后的裸露地表与未开垦的草原之间的风蚀量的差异。图 4-6 是开垦的沙质土草地的沙漠化过程。

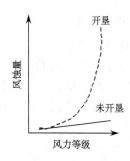

图 4-5　开垦草地与未开垦草地的风蚀量对比（董光荣等，1987）

　　从清代以来，在人口空前增长的压力下，我国人民闯关东、开蒙荒、拓新疆，300 多年没有懈怠。中国耕地从清代后期（1873 年）的 5050 万 hm²，经过不到 80 年的时间，到 1949 年时已达到 9790 万 hm²，翻了近一番；解放以来的 50 年间进一步扩大到 1.23 亿 hm²（国土资源部地籍管理司，2003）。这其中有相当数量的耕地是开垦干旱、半干旱风沙地区的林草地而来的。从 20 世纪 50 年代到 70 年代，我国西北地区就曾出现过 3 次大规模开荒，开垦草地 667 万 hm²。在这种开垦过程中就新增了科尔沁沙地，同时毛乌素等许多沙地（沙漠）扩大了，也出现了许多小型沙地，至于损失的土地生产力更是难以估量。

　　造成过度开垦的客观原因是不断增长的人口压力，而主观原因则是解决人多耕地少、粮食短缺矛盾的路径选择失误。例如，在 20 世纪 50～70 年代的人口急剧攀升过程中，提出了"以粮为纲"的生产方针，这在当时应该是解决人地关系紧张的有效手段。然而造成失误的根本原因是我们闭关自守，不了解当时国际上已经取得实效的"绿色革命"对实现"以粮为纲"的方针的重要性，没有选择依靠全面普

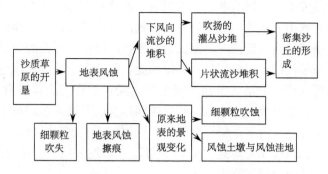

图 4-6　草原开垦后土地沙漠化发展过程（邸醒民，2002）

及科学技术的内涵式增产途径，恰恰相反，选择了增加耕地投入的外延式增产途径，结果导致大量边际土地的开垦及其引起的环境问题。

（2）过度放牧

国外也称之为脆弱牧场的过度放牧，是指超过天然草地承载能力的放牧活动，尤其是指在草地脆弱的干旱年份和干季的超载放牧。据调查，20 世纪 50 年代末至 90 年代末，我国牧区家畜由 2900 万头（只）发展到 9000 多万头（只），草原面积却因开垦和沙化减少 667 万 hm^2，产草量下降了 1/3 甚至 1/2，使过牧现象更为严重。目前牲畜超载率一般在 50%～120% 以上，有的地区甚至超过 300%。过度放牧降低了适口性较好的禾本科、豆科植物的生存能力，更有利于适口性差的劣质草种甚至毒草生长；长期过度放牧不但破坏植被，而且使土壤结皮、结构遭到破坏，加剧草地退化。

一直以来许多研究人员将过度放牧归咎于农牧民的利益驱动和盲目发展畜牧业，这只是问题的表象。实地调查和分析发现，过牧是长期以来我国优先工业化政策所导致的价格扭曲的结果之一。近 20 年来，我国城镇职工平均工资增长了 20 倍以上，工业品的物价平均指数增长也在 20 倍以上；但据我们在鄂尔多斯牧区的调查，近 20 年来畜产品的价格平均上涨到 20 世纪 80 年代初的 7～11 倍，远远落后于城镇职工的工资和工业品的物价指数增长。如果农牧业按原有规模继续生产，农牧民的贫困将快速扩大。式（4-2）是农牧民的畜牧业利润来源。

$$T_b = (P - C_1 - C_2 - C_3) \times N \tag{4-2}$$

式中：T_b 是畜牧业的总利润；P 是单位畜产品的价格；C_1 是完成单位畜产品的饲草料成本；C_2 是完成单位畜产品的劳动成本；C_3 是完成单位畜产品时农牧户所要承担的牲畜医疗防疫、牧业税、屠宰税等成本；N 是农牧户经营的畜产品单位数，如绵羊单位。还有 C_4 是完成单位畜产品生产所要承担的生态环境成本，因为不计入农牧户会计成本所以未写进公式中。

在单位畜产价格 P 相对下降的条件下，农牧民所能采取的增加利润的途径主要有两条：一是降低成本，主要是降低 C_1。在牧区，几乎完全依靠放养的畜牧业生产方式，大大降低了农牧户所承担的饲草料成本，除了白灾等极恶劣的天气不能放牧外，几乎全年放养。很少用储存饲草料的全放养方式必然导致养"长寿畜"，而"长寿畜"又增加了资源成本和劳动成本。对于前者，农牧民通过外部化来降低私人成本，即使用公共草地或强化对草地的利用来实现；对于后者，农牧民通过资源替代，即用丰富廉价的劳动力（"长寿畜"是饲草料不能按时足量供给牲畜，所以要用更长的饲养时间，这样必然增加了劳动量）来替代饲草料的不足。即使如此，单位畜产品的利润空间依然很小，因此农牧民采取的增加利润的第二条途径就是增大经营的畜产品单位数 N，具体的表现为牲畜数量。另外，草原牧区和农牧交错带长期存在的草地共用的观念，或者对草地管理不善，为大量增加牲畜留下了资源空间。在鄂尔多斯农牧交错带，即使在实现"畜草双承包"的今天，仍然存在着草地"分而不围"、"私地公放"、"有主无责"等普遍现象。这些都是过度放牧的根本原因。

（3）滥樵滥采

是指过度砍伐乔灌木和过度采挖草被植物作为生活燃料以及过度采挖药材等经济植物以增加收入。我国荒漠化地区现有薪炭林面积 2.47 万 hm^2，每年能提供 5940t 薪柴，仅占实际需求总量的 14.2%。巨大的缺额就是破坏草地植被的巨大潜在动力。如果缺额完全来自天然植被，则每年约需破坏草原 2360 万 hm^2。据统计，从 20 世纪 60 至 80 年代的 20 年中，全鄂尔多斯市（原为伊克昭盟）每年砍伐沙蒿、沙柳等估计在 50 万 t 以上，因滥樵使草原沙化和退化的面积达 20 万 hm^2 以上（《伊克昭盟地方志》编撰委员会，1994）。据调查，乌审旗 80 年代前每年需樵采沙蒿 2.4 万 hm^2，由此使得达布察克镇周围 10 km 范围内的土地由 20 世纪 50 年代的固定沙地发展到 70 年代基本全为流沙地。

荒漠化地区的药用经济植物种类较多，甘草、麻黄、苁蓉、琐阳、发菜等经济价值很高，还有葫芦巴、苦豆草等也有采集价值。于是贫困的人们便三五成群，或数十人结伙，在荒漠草原和草原化荒漠地区大肆采挖。据估计，每挖 1kg 甘草要破坏 0.53～0.67 hm^2 的草地。据估计，鄂尔多斯地区每年因挖甘草破坏的草地达 2.67 万 hm^2；1994 年甘肃省因挖甘草破坏草场 6.67 万 hm^2 以上，给畜牧业造成的损失超过 1000 万元；1993～1996 年内蒙古因搂发菜而破坏草原 0.127 万 hm^2，其中 40 万 hm^2 土地失去了利用价值（樊胜岳，2000）。

作者 1998～1999 年在宁夏回族自治区同心县河西扬黄灌区的两次调查中了解到，此地大部分农户有过采挖药材、搂发菜的经历。扬黄灌溉发挥效益之后，基本上再无人参与采挖活动。毕竟这种劳动的条件是很艰苦的，遭受的防遏越来越严，承受的风险也很大。所以说沙漠化地区的贫困强化了人们对资源的利用，制止乱采滥挖的根本途径就是消除贫困。国外也有采取措施来限制这种采挖活动。例如，前苏联就限制甘草等地区特产的收购量，以保护沙漠化地区的生态环境。

（4）水资源利用不当

主要是指干旱、半干旱地区因生产、生活引起的河流上、中、下游的水量分配不够科学合理而导致的一些地区因缺水植被退化、一些地区因用水过量而出现的土地盐渍化等沙漠化过程。如自 1960 年以来，位于中亚的阿姆河和锡尔河流入咸海的水量连续减少。1960～1992 年，湖泊水面由 669 万 hm^2 降至 309 万 hm^2，即 5.4 万 hm^2 的湖底干枯，湖泊蓄水损失约四分之三。阿姆河和锡尔河两河入湖三角洲地带的湖岸林、芦苇及草地明显退化，当地气候的干旱性越加突出，植被生长期缩短，生产力剧减。沙生植物群落比例增大，代替了部分河岸湖岸林。由于湖底干枯，湖底的沙粒、盐粒在西北风的作用下形成沙风暴灾害性天气，对湖盆地区大面积的农田造成不利影响。近年来，咸海东岸和南岸地区夏季沙风暴的频率和强度均有增加，部分盐粒甚至由湖底被吹到了天山和帕米尔高原的冰川上，加速了冰川消融。湖岸地区地下水位急剧下降，湖泊和三角洲地区的生态失去平衡，200 多种动植物在此灭绝。干枯湖底上出现流动沙丘，不少以前的渔港被流沙包围或覆盖。由于河水的矿化度增加，加速了灌溉地的盐碱化，迫使农业生产减产甚至部分地区停产，荒漠化则迅速发展，湖泊北部 80％的土地都不同程度地受到荒漠化的危害（杨小平，1998）。

我国干旱区的内陆河几乎都不同程度出现了因用水不当引起的沙漠化问题。塔里木河下游胡杨林的萎缩和大面积死亡、黑河下游额济纳绿洲即将消亡、石羊河下游的民勤绿洲因为水量减少而不断转化为沙漠。

第二节　沙漠化的危害

一、沙漠化对生态环境的影响

沙漠化通过对地表植被的破坏，首先从物理上增加了地表土层的直接受力；而且也增加了地表的反照率，使生态系统沿着 Schlesinger 模式（图 4-3）发生变化；还会降低甚至毁坏土地的初级生产力，使围绕土地初级生产的食物链断裂，极大的加剧了生态环境的恶化。准格尔盆地的天然梭梭林面积由 1945 年的 750 万 hm² 减少到 1982 年的 237 万 hm²，减少了 68.4％；塔里木河下游沿岸胡杨林面积 1958 年有 5.4 万 hm²，目前仅存 1.64 万 hm²，长达 180km 的绿色走廊濒临毁灭；内蒙古阿拉善地区荒漠化面积日益扩大，巴丹吉林、腾格里、乌兰布和三大沙漠日渐连片，居延海已经干涸，周围原有的 113 万 hm² 梭梭林大幅萎缩到仅 20 万 hm²，胡杨林由 5.0 万 hm² 减少到 2.3 万 hm²（卢琦，2000）。在荒漠背景上的植被萎缩和消失，形成了景观上的斑块（pitch）或廊道（corridor）的萎缩或消失和荒漠基质的扩展，使通过风力扩散的沙漠化在发育和发展过程中，因不受障碍更加强大。

诱发某一地区景观生态分异的一个主要原因是景观基质、斑块和廊道间的相互转化。这种变化呈明显的动态，在短时间内能很快地影响景观结构组成，导致景观生态分异的发生；常常成为该地区景观分异的直接原因。干旱半干旱地区的沙漠化使景观斑块——胡杨林、大面积的梭梭、草地等以及伴随着的景观廊道——人工林带、河流、渠系、道路等向景观基质——沙漠（地）的强烈转化，形成了沙漠化的景观生态学机制；相反，沙漠化地区的景观基质向景观板块、廊道间的强烈转化，则形成了沙漠化逆转的景观生态学机制。这两种景观生态学机制中，沙漠化发生发展过程中的治理难度更大，而随着治理取得的实效的进一步增强，区域景观中的植被斑块的比重增加到一定程度，治理相对就变得容易一些（高国力，1995）。

沙漠化也使土壤物质组成和生产能力降低，从根本上瓦解着生态系统的核心组分。以我国北方农牧交错带的栗钙土为例，无论是玄武岩发育的栗钙土，还是沙质沉积物发育的栗钙土，其土壤质地均较轻，通常在砂壤土到砂土范围内。砂粒含量前者可占到土壤颗粒重量的 45%～85%，而后者可高达 70%～90%，甚至 90% 以上。显而易见，砂粒在土壤地表物质组成中占有绝对优势。当这种沙质草地被开垦或过度放牧后，土壤表层的砂粒含量可从 70.3%～71.4% 分别增至 72.4% 和 77.8%。与此同时，黏粒含量（<0.002）相应地减少，其砂粒与黏粒之比从 8.5 分别增加到 8.6 和 12.6。这充分说明，一旦沙质化草地地表裸露之后，表土极易遭到风蚀。细粒被吹走，粗粒相对聚集，从而导致地表粗化，即土壤风蚀沙化（刘良悟等，1998）。鄂尔多斯高原的栗钙土普遍缺失，专家实地考察后认为，就是土壤风蚀的结果（陈传康，1962）。

半干旱草原的植物根系主要集中在 50cm 土层内，且地下部分对腐殖质的贡献约为地上部分的 3～4 倍。随着草地的开垦和过度放牧，表层有机质迅速从 42.6～47.5 g/kg 下降到 27.7～23.7g/kg。如若根据地表 20cm 土层来计算，其有机质含量从 33.5～34.7g/kg 分别下降到 23.4g/kg 和 21.7g/kg。养分状况亦有不同的反应。草地或疏林草地开垦 20 年后，土壤表层全氮量由 2.21～2.02 g/kg 下降到 1.38g/kg，减少 0.83～0.64g/kg，而过度放牧的则减少了 1.07～0.88 g/kg。同样地，全磷含量亦呈下降趋势，但过度放牧减少的量可为开垦耕种的 3 倍之多。发育于沙质沉积物上的土壤全钾含量变化不明显，但却随着土壤含沙量的变化而变化。碱解氮和速效磷呈现出与全氮、全磷养分相同的变化趋势。至于速效钾养分，草地经开垦后，耕地表层速效钾的下降比过度放牧的草地更多些。这与植物的利用状况有关。显然，草地开垦和过度放牧导致土壤表层养分明显下降，其中磷的减少更为突出（刘良悟等，1998）。

沙漠化对水文水资源的影响。据杨根生（1990）的研究，黄河沙坡头至河曲段深受沿线腾格里、乌兰布和、毛乌素、库布齐等沙漠或沙地及一些零星的流沙地、沙漠化土地的影响，这些地区以风沙流直接入黄、通过支流汇入黄河、沙丘移入黄河、沿岸沙堆坍塌入黄等形式向黄河输入了大量的沙物质。他以 20 世纪 80 年代的气候等资料计算了每年进入黄河的沙物质量（表 4-6）。

表 4-6　黄河沙坡头至河曲段入黄沙量　　　　　　　　　（单位：万 t）

项目	风沙流直接入黄沙量	坍塌直接入黄沙量	入鄂尔多斯分水岭以南诸支流	入鄂尔多斯分水岭以北诸支流	入鄂尔多斯西南诸支流	总计
入河沙量	4897.89	489.94	8806.50	1805.94	376.75	16377.02

由此可见，通过风沙搬运输入黄河的沙物质量是黄河年平均输沙量的 10%，但这部分泥沙的性质不同于其他。它以粗颗粒为主，难于输移而易于沉积，造成了河床的淤积和河流改道等一系列生态环境问题。

二、沙漠化对农业生产的危害

"沙患"严重影响着人民生活、制约了经济发展，已经成为中华民族的心腹之患。其主要危害：一是蚕食可利用土地，新中国成立以来，我国已有 66.7 万 hm² 耕地、

236 万 hm² 草地和 639 万 hm² 林地与灌草地沙化，全国土地沙化面积已达 161 万 km² 且越来越严重，每年放大的面积越来越大；二是掩埋村舍、沙进人退，全国有 24 万多个村庄、1400km 铁路，3 万 km 公路和 5 万 km 多灌渠常年遭受沙害威胁；三是造成人员伤亡和经济损失，1993 年 5 月 5 日发生在西北地区的一次特大沙尘暴，导致 116 人丧生、264 人受伤，据初步估算，全国"沙患"每年造成的损失达 540 亿元，约占全球荒漠化造成损失的 16%，而其造成的生态服务功能价值的损失，则更难以估计（卢琦，2000）。

荒漠化减少或降低了我国干旱、半干旱和亚湿润干旱地区的农田、草场等可利用资源的数量和质量。我国平均每年损失可利用土地约 13.3 万 hm²。荒漠化地区内耕地退化率超过 40%，草地退化率超过 56.6%，受荒漠化严重影响的农田产量普遍下降 75%～80%，大部分草场产量下降 30%～40%（刘毅华等，1999）。

沙漠化也造成畜产品产量下降。如内蒙古自治区乌审旗 1965～1985 年牛减少 52522 头，绵羊平均体重由 50 年代的 25 kg 降至 60 年代的 20 kg，到 80 年代又降至 15 kg 左右，山羊体重同期由平均重 15 kg 降至仅有 9 kg（刘毅华等，1999）。

沙漠化过程从根本上损失的是生态系统和土地生产力系统的核心物质——土壤。尤其是在我国北方农牧交错带，如果能保住土壤，土地的潜力生产力就存在，虽然在干旱的年份甚至颗粒无收，一旦遇到风调雨顺的年份，则会丰收。但若失去了土壤，则以该地区的年降水量在沙地中很难有收成。据测定，在毛乌素沙地，每年土壤层被吹蚀 5～7cm，因此每公顷土地每年损失有机质 7770kg、氮素 387kg、磷素 549kg、小于 0.01mm 的物理黏粒 3.9 万 kg；20 世纪 80 年代与 60 年代相比，土壤有机质普遍降低了 20%～30%、全氮降低了 25%～46%。在内蒙古后山地区，每年有 32.6 万 hm² 耕地被吹蚀 1 cm 表土，有 6.6 万 hm² 耕地被吹蚀 3cm 表土，按此计算，该地区平均每年每公顷耕地损失表土 980.5t，其中有机质 3835 kg、氮素 309 kg、磷素 607 kg。全国因土壤侵蚀造成有机质和养分损失，引起肥力下降，每年仅风蚀荒漠化土地造成的有机质、氮、磷损失量就达 5590.68 万 t，约相当于 2.68 亿 t 各类化学肥料，总价值损失 170 万元（董光荣等，1989）。

荒漠化还对农牧业生产造成直接损害。每年的春季正是我国北方风沙严重的季节，刚刚播种入土的作物种子和粪肥常常被风沙吹出地表。1981 年 5 月，河北省围场县御道口乡的强风沙天气将 600 hm² 小麦田的 5～6 cm 的表土吹蚀掉，并将刚刚播种的小麦种子和粪肥全部吹走。1979 年 4 月，新疆东部托克逊县出现强风沙天气，1862 hm² 春小麦和 208 hm² 棉花的幼苗被吹跑。1993 年 5 月，河西地区出现的特大沙尘暴使阿拉善盟被沙埋、沙打的农田达 2330 万 hm² 之多，沙尘暴一路到达宁夏，使陶乐县月牙湖经济开发区播种的 600 hm² 春小麦中的 200 hm² 被流沙埋没。处于荒漠化地区的农田每年因风蚀毁种需重播。鄂尔多斯市在 80 年代有 86% 的土地遭到不同程度的风蚀，每年有 230 万 hm² 农田因风蚀需要重播；河北坝上张北县每年毁种、改种的农田面积超过 2 万 hm²，该县 1984 年一次改种用籽量就达 48.5 万 kg（卢琦，2000）。

三、沙漠化对社会经济的影响

沙漠化使生活在其中的人们处于艰难和贫困之中。据统计，我国沙漠化地区有国家级贫困县 101 个，占沙漠化地区总县数的 21.4%，占全国 592 个贫困县的 17.1%，贫困人口 1500 万，占沙漠化地区人口的 65.2%，占全国尚未脱贫的 5000 万贫困农村人口的 30%（卢琦，2000）。由于自然环境的恶化，给人民脱贫造成了极大困难。

沙漠化造成的生态难民打乱了正常的社会秩序、造成严重的社会矛盾的事例不胜枚举。塞内加尔河上中游地区五分之一的人民因沙漠化已经迁离；受流沙驱赶，一些地区的贫民由乡村涌向城市，打乱了正常的城市化秩序，造成城市贫民区不断扩大。在我国广大沙漠化地区，沙进人退的状况也屡见不鲜。近 30 年间，内蒙古鄂托克旗有近 700 户、乌兰察布盟后山有 170 多户农牧民因风沙危害被迫迁往他乡（卢琦，2000）。在人口密度日益增加、生存空间更趋紧张的今天，这些生态难民已经或将会给社会造成严重后果。

我国风沙灾害严重的地区，一般也是经济水平相对落后的贫困地区，例如，沙漠化危害较重的北方农牧交错带，贫困县面积和贫困人口的比例分别占农牧交错带总面积和总人口的 66.8% 和 60.5%。因此，只有治沙与治穷并重，才能充分调动沙区广大人民群众防沙治沙的积极性。经济发展是防沙治沙必要的物质基础，而防沙治沙又是经济发展的生态安全保障。把防沙治沙与沙区经济发展结合起来，融除害与兴利为一体，把过去单纯的政府防沙治沙驱动机制，转向以经济驱动为主的新型运作机制，做到治用结合。在重点治理地段，推广"生态建设产业化"模式，大力提高防沙治沙的经济效益，发展沙区的集约化生产—生活—生态模式。除科研、教学机构参与以外，调动社会各方力量，如企业、金融机构等积极参与防沙治沙，采用"谁治理、谁受益"的政策。政府制定防沙治沙技术和产业政策，建立防沙治沙新的激励机制，鼓励科技入股和企业投入，吸引生产要素向防沙治沙流动。通过防沙治沙，发展适合沙区自然条件的特色产业，加快沙区产业结构调整，形成新的经济增长点和产业带，最终实现生态、经济和社会效益的统一（史培军等，2000）。

四、我国土地沙漠化形势

（一）沙漠化土地扩展速度加快

全国每年土地沙漠化扩展的速度已从 20 世纪 70 年代的 1560km^2，增加到 80 年代的 2100km^2 和 90 年代的 2460km^2，相当于一年沙漠化掉一个中等县的土地面积。据最近的全国沙漠化普查，21 世纪初我国沙漠化面积每年已扩大为 3436km^2；而据国家林业局 2002 年 1 月 28 日公布的第二次全国荒漠化、沙化监测结果显示，到 1998 年底，全国有荒漠化土地 267 万 km^2，占国土面积的 27.9%，与 1994 年监测结果相比，5 年净增荒漠化面积 5.2 万 km^2，年均增加 1.04 万 km^2（朱俊凤，2002）。

从区域分布上看，沙漠化发展最快、危害最严重的有两类地区：一是位于我国北方半干旱和半湿润区的农牧交错带，那里分布有四大沙地，即科尔沁沙地、毛乌素沙地、呼伦贝尔沙地和浑善达克沙地，主要分布在内蒙古；二是我国北方干旱区内沿内陆河分布或位于内陆河下游的绿洲地区，主要分布在新疆、甘肃和内蒙古西部（吴波，2001）。例如，20 世纪 70 年代以来，内蒙古阿拉善、新疆塔里木河下游、青海柴达木盆地东南部，沙漠化土的年均扩展速度达 4％以上；北方农牧交错带的毛乌素沙地，乌兰察布盟后山地区、河北坝上地区，沙化土地的年均扩展速度达 8％以上。

（二）防治沙漠化取得一定成效

经过 40 多年的研究和实践，我国在沙漠化治理方面取得了成功的经验和初步的成就。重点治理的毛乌素和科尔沁两大沙地的森林覆盖率分别达到 29.1％和 20.4％。局部地区结束了沙进人退的历史，进入改造利用沙漠的新阶段。陕北榆林地区坚持不懈的开展固沙治沙，成效十分明显。与 20 世纪 50 年代相比，沙丘高度平均降低了 30％～50％，沙丘年移动速度从 5～7.7m，降低至目前的 1.68m，每年输入黄河的泥沙量减少一半以上（吴波，2001）。鄂尔多斯东南缘的伊金霍洛旗经过 30 年的治理，土地利用结构更加合理，明显朝着抑制沙漠化的方向发展（张凤荣等，2002）。

"三北"防护林工程从黑龙江到新疆的万里风沙线上，采取封沙育林、飞机播种造林、人工造林相结合的措施，建设各种类型的防风固沙林体系（表 4-7）。同时充分利用沙区丰富的光、热、水、土和宝贵的水资源，进行综合开发，取得了明显的成效。共营造防风固沙林 492.2 万 hm^2，净增治沙面积 4 万多平方公里，使 20％的沙漠化土地得到有效治理。三北防护林工程营造的薪炭林，扭转了部分地区滥肆樵采的局面。毛乌素、科尔沁两大沙地管理取得突破性进展。一些地方通过在风沙前沿建设大型骨干防风固沙林带，阻止了风沙的侵袭，变沙进人退为人进沙退，稳定并拓宽了人们的生存空间。目前，三北地区在沙漠中已开辟牧场、果园 134 万 hm^2，建起了一片片绿洲，有数以百万计的农牧民在沙漠中安家落户，并逐步走上了富裕的道路（李育材，2001）。

表 4-7　造林类型结构（刘勇，2001）　　　　　　（单位：万 hm^2，％）

项目	总面积	百分比	防护林		用材林		经济林		薪炭林		特用林	
			面积	百分比	面积	百分比	面积	百分比	面积	百分比	面积	百分比
一期	534.72	100	359.97	67.32	111.62	20.87	29.86	5.58	30.80	5.76	2.47	0.46
二期	1077.60	100	665.86	61.79	132.79	12.32	231.70	21.50	42.69	3.96	4.57	0.42
三期	591.38	100	400.56	67.73	63.34	10.71	107.61	18.20	17.68	2.99	2.19	0.37
合计	2203.70	100	1426.40	64.73	307.75	13.97	369.18	16.75	91.17	4.14	9.23	0.42

我国政府从 20 世纪 50 年代至 90 年代初，以防沙治沙为目的的造林面积共计 1000 万 hm^2，10％沙质荒漠化土地得到初步治理，新辟农田 130 多万公顷；1100 多万公顷风沙危害严重的农田得到有效保护，粮食增产 10％～13％；保护和治理了 900 多万公顷退化草场，产草量提高 20％以上；营造了 73 万多公顷薪炭林，解决了 500 多万户农牧民的生活燃料问题。其中防沙治沙最为成功的例子是毛乌素沙地南缘的榆林地区，由于近年来积极治沙，沙漠化扩展基本被遏止，并出现局部地方人进沙退现象。

（三）沙漠化"局部好转，总体发展"

但是由于以往"防沙"主要限于少数"点"上封沙育林育草，营造防护林等，而不是在防止广大地区"三滥"人为破坏上狠下工夫，因此，造成"点"上得到治理，而"面"上却在破坏，"治理跟不上破坏"、"绿化跟不上沙化"，局部有所逆转，整体仍在沙化的严重局面。据统计，20 世纪 50 年代至今，全国共治理沙漠化土地 26 万 hm²，但同期因"三滥"等产生的沙漠化土地达 34.46 万 hm²，累计新增沙漠化土地 8.46 万 km²。又如青海共和盆地，50～80 年代，累计造林保存面积 1700 hm²，但同期被破坏的森林面积是它的 5 倍，而沙漠化土地扩展面积是它的 32 倍（张伟民等，1994）。因此，现代时期人类不合理的经济活动所造成的人为沙漠化正过程要比前述气候条件下自然沙漠化正过程和人为沙漠化逆过程之和还要强烈得多，这是我国沙漠化不断加速扩展的主要原因。

据"中国西部气候、生态环境演变综合分析与评估"课题组（2002）的研究，全国未来沙漠化的形势依然相当严峻，"局部好转，总体发展"的局面短期内难以扭转。西部沙漠化的发展主要表现在如下地区：

1）一些主要绿洲仍将面临严重沙漠化，使其变得不再适合于人类的居住。人们不得不退出世代居住的家园。首先出现这种情景的地区有内蒙古额济纳旗、新疆塔里木河下游地区、甘肃河西走廊石羊河下游民勤地区。这些地区将有数十万人沦为生态难民。

2）沙漠扩张，"沙进人退"。塔克拉玛干沙漠 30 年间向南推进 15～20km，民丰、于田、策勒、洛浦、墨玉、皮山等县城受到沙漠化威胁。

3）30～50 年后，阴山北坡乌盟后山 7 旗县、锡林郭勒盟南部 5 旗县大部分县有旱作耕地弃耕，土地沦为戈壁、沙地；浑善达克沙地变为流动沙漠，威胁北京生态安全。

4）我国草原畜牧业的主要支撑地区——内蒙古乌兰察布盟、锡林郭勒盟、乌珠穆沁草原沙漠化，草原畜牧业崩溃。

5）按现在荒漠化发展的速度，30 年后我国沙漠化土地、严重水土流失土地和盐碱地数量将翻一番。人类历史时期形成的荒漠化土地达到 160 万～180 万 hm²，每年发生沙尘暴的日数成倍增加，强度继续加大。

总体来讲，我国风沙灾害的发展趋势是：治理速度赶不上沙化速度，局部改善、整体恶化的趋势还在延续，"沙进人退"的局面没有从根本上得到遏制；且有不断加剧之势。

第三节　沙漠化防治技术措施

人们在防治沙漠化的过程中，创造了各种各样的技术。按照其技术原理大体可分为：植物治沙技术、工程治沙技术、化学治沙技术、农业治沙技术等，现分述之。

一、植物治沙技术措施

植物治沙技术是指通过植被的覆盖、根系的固结、对风能的耗散等作用来保护一定空间范围内的土地免受或少受风沙侵蚀。

（一）生物治沙措施的优点

1）植被覆盖度的增加可增加地表粗糙度，降低近地面风速，减少风沙流对地表的吹蚀。

2）建成的植被可以改善植被覆盖地段地上、地下的生态环境条件，有利于多种生物的活动和繁衍；促进土壤的形成过程，增加有机质含量，增强土壤结构，增加地表物质的胶结性。

3）植被具有自行繁殖和再生能力，通过演替，能够形成适应当地环境的、具有自我调节能力的稳定的生态系统，因而能够长久固定流沙，防止风沙危害，大大减少了养护和管理费用。

4）通过人工措施形成的人工或半人工植被，一般可以适度放牧，并能提供一定数量的薪柴和建筑用材。

几十年来，我国在植物防沙治沙技术方面已经取得了长足的进步。国内外研究和实践表明，生物治沙措施是防治沙漠化的根本性措施。但是，由于植物生长必须有一定的水分条件，在极端干旱地区，应用受到一定限制；而且在植物治沙初期，常常需要辅之以工程治沙或化学治沙措施。一般情况下，完整的防沙技术体系多采用生物治沙、工程治沙和化学治沙相结合的方法。

生物治沙的具体措施主要包括：飞播植物固沙、营造防风固沙林带、营造防护林网、封沙育林育草等。

（二）飞播植物固沙

飞播是用飞机把植物种子撒播在地表，靠自然条件使种子发芽和幼苗成活、生长，是在水分条件较好的大面积荒山、荒沙之上广泛采用的造林种草措施。目前在半干旱区，飞播是固定流沙的一种有效手段。我国飞播造林种草区域范围已经由年降水量300～400mm的半干旱区扩展到年降水量100～200mm的干旱区，而且获得成功。

我国自1958年开展飞播治沙以来，累计飞播80万hm^2，飞播成效面积平均占实播面积的66%。飞播区的植被覆盖度得到提高，增加了地表粗糙度，某些飞播区出现了0.6～1.7cm的土壤结皮层，土壤有机质含量增加，沙丘高度降低30%。飞播治沙改善了沙区农牧业生产条件，促进了农牧业发展。

我国风沙区土地类型，气候多变，立地条件差异较大。经过40多年的研究，现已形成了一套比较成熟的飞播固沙技术（张景春等，1995），主要包括：

(1) 选择飞播区立地条件

立地条件直接关系到飞播植物种的选择和飞播成效的高低，是提高飞播成效的重要因素。根据对飞播的沙地立地类型的统计分析，地下水位较浅（小于5m）、沙丘密度较小、丘间地较宽的新月形沙丘地飞播成效较高。

(2) 选择适生的飞播植物种

飞播植物种是否适生是飞播成败的关键。用于流动沙地飞播的植物种除应有抗风蚀、耐沙埋、抗干旱、自繁能力强、生长快的特点外，还应具备种子覆沙容易、发芽快的特点，而且要有较高的经济价值。经过筛选，在干旱草原风沙地区飞播成功的植物种有：踏郎、山竹子、胡枝子、小叶锦鸡儿、差把嘎蒿、沙打旺、榆树等；在干草原—荒漠草原地区飞播成功的植物种有：踏郎、花棒、籽蒿、沙打旺、柠条、沙棘等；在干旱荒漠地区飞播成功的植物种有：梭梭、沙拐枣、花棒、籽蒿等。

(3) 选择合适的播期

飞播后成苗率的高低，取决于风情和雨情；飞播的种子裸露沙表，除需满足种子发芽的温度外，还需要及时覆沙和覆沙后降水，飞播植物幼苗需要有一个较长的生长期，以培养抗风蚀的壮苗。播期一般在该地区雨季到来之前 10～20 天。

(4) 确定合适的播种量

确定合理播量需应遵循以下原则：确定单位面积播量须从当年和翌年成苗面积率要求的植株密度出发；播量确定必须符合固定流沙、防止水土流失的目的；种子品质必须符合《飞机播种造林技术规程》（中华人民共和国国家标准）的规定；此外，还须考虑飞播种子、幼苗的鼠、虫、鸟、兽危害等意外损失。实践证明，提高种子纯度和发芽率，改单播为混播，可以有效提高飞播成效。飞播量计算公式如下：

$$S = \frac{NW}{1000 \times E \times R \times F \times (1-A) \times (1-Q)} \tag{4-3}$$

式中：S 代表每公顷播种量（kg）；N 代表可靠的成苗株数（10005 株/hm²）；W 代表种子千粒重（g）；E 代表种子发芽率（％）；R 代表种子净度（％）；F 代表每平方米实际落种粒数与设计种子数的百分比；A 代表鼠、虫危害损失率（％）；Q 代表意外损失率（％）。

(5) 良好的种子处理技术

播在流动沙地上的种子因受风力作用常常发生移动，从而影响飞播效果。为了防止种子随风滚动，早期通常采用大粒化处理，以减小种子位移，目前多采用胶化处理。种子经过处理后，既提高了成苗面积率，又增强了群体抗风蚀能力。应用 ABT3 号生根粉 15×10^{-6}～50×10^{-6}（以 25×10^{-6} 效果最好）拌种，可提高出苗率 15％。使用多效复合剂、HG-1 号复合忌避剂、R-8 忌食剂、秦林 1 号防治鼠鸟剂等，种子损失率平均减少 38.4％，平均提高有苗面积率 19.9％～26.6％，可有效防治鼠、鸟等的危害。此外，GPS 导航技术的应用，使飞播设计、飞播作业更加精确，可提高落种均匀度 18.5％，同时，降低了飞播成本。

(6) 播区设计与作业技术

根据沙区特点，考虑到飞播效率，确定播带长 3500～7000m，播大、中粒种子带宽

50m，航高 60～70m；播小粒种子带宽 40m，航高 45～55m。为防止落种不均匀，播幅宽应在播带基础上增加 20%～30% 的重叠。此外，作业时对风速和风角也有一定要求。

(7) 封禁管理

这是保证种子发芽、幼苗成活并郁闭成林（或成为放牧草地）的关键。飞播 3～4 年后一般可适当进行放牧或刈割饲草。

（三）营造农田防护林

农田防护林是防护林的一种主要类型。凡是以一定的树种组成和结构、呈带状或网状配置在遭受不同自然灾害（风沙、干旱、干热风、霜冻等）农田上的人工林分，称为农田防护林。其主要功能在于抵御自然灾害，改善农田小气候环境，为农作物的生长发育创造有利条件，保障作物获得稳产高产，并为开展多种经营、增加农民经济收入奠定基础。

根据田、水、林、路总体规划，将农田防护林配置成纵横交错，形成网状，即农田林网化。以农田林网为骨架，结合"四旁"植树、小片丰产林、果园、林农混作等形成完整的平原人工森林植物群体，即农田防护林体系。

农田防护林是防护林的主要林种之一，是生态农业建设的重要内容。我国从 20 世纪 50 年代初即开始农田防护林建设，40 多年来成效显著。在西北、内蒙古等沙漠化地区，农田防护林在防止风沙危害等方面发挥了重要作用，取得了显著的生态效益、经济效益和社会效益。

1. 农田防护林规划设计原则

(1) 因地制宜，因害设防

我国幅员辽阔，自然条件复杂多样，各地区灾害性质和程度各不相同；各地的农业开发历史、习惯、作物品种及社会经济状况也各不相同，因此农田防护林建设不能生搬硬套一个模式。我国沙漠化发生地区对农业生产危害最大的自然灾害是风灾、风沙危害、干旱、干热风等。东北、华北北部、西北的大部分地区的农田防护林以保护农田、防止风沙危害为主要目的；甘肃河西走廊、新疆部分地区以防干旱风对小麦的危害、改善小气候条件为主要目的；内蒙古河套及新疆灌溉比较发达的地区则以降低风速、防止干热风危害、减少农田及水渠蒸发、降低地下水位、防止农田次生盐渍化为目的。

(2) 全面规划，综合治理

农田防护林建设涉及农、林、牧、水等多个部门，因此，在规划时要田、水、林、路、电统一规划，合理布局，力求少占耕地，做到林随路走，林随渠走，林随堤走；旱、涝、风沙、盐碱综合治理，农林牧全面考虑，建成农、林、牧各业相结合的、稳定的人工农业生态系统。各地的农田防护林规划应以农田林网为骨架，护田林带、护路林带、护渠林带、护堤林带与村镇"四旁"绿化、各种片林、果园以及各种形式的林粮间作相互连接，形成网络。建成布局合理、配置有序、层层设防的农田防护林体系，使生态效益和经济效益达到最佳。

(3) 经济效益长短结合，以短养长

农田防护林建设一次性投资较大，而树木生长周期较长，往往几年、十几年甚至几十年才能发挥树木本身的经济效益。林带对农作物的防护作用和增产效果也需等到林带生长到一定高度形成结构理想的挡风墙时才表现得比较明显。因此，在规划设计农田防护林时，必须从当地的生产力水平和农村经济水平出发，使近期利益与长远利益相结合。尽量选择速生高大树木作为林带主要树种，培养大苗栽植，尽早发挥林带防护效应，做到近期增产增收，并在设计时采取措施减小林带对临近农地的影响。同时，在保证防护效益的前提下，选择或引种适宜当地生长的果树和经济树种或有经济价值的灌木，促进果品、加工、编织、养殖等多种经营的发展，尽早收回林带建设投资。

2. 选择适生树种

树种选择是农田防护林营造的重要技术环节之一，树种选择的目的在于使林带达到设计的理想结构，保证林带的长期稳定，发挥最大的防护效果，获取最佳经济效益。

首先，树种选择遵循的基本原则是适地适树，即使造林树种的生态学特性与造林地的立地条件相适应，使林带能够较快地生长和发育，减少病虫害，具有比较稳定的结构和较长的寿命。其次，树种选择还必须考虑下面两个方面的要求：①防护效能。营造农田防护林的主要目的是保护农田，改善农田小气候，保障农牧业生产的开展，因此，防护效能是树种选择的主要依据。选择树种时应综合考虑林带结构、林带高度与带间距离的比例、断面类型、树种盛叶期与灾害季节的吻合程度、树种寿命等因素。例如，紧密结构林带一般需要由不同高度的多种乔灌木组成，行数较多，形成上下紧密的结构类型。营造时必须考虑所选择的树种在当地气候、土壤和经营条件下的发育规律，包括生长速度、最大高度、冠幅大小、枝叶稠密状况及种间关系等，否则就达不到预期设计的林带结构和断面类型，或造成林带内树种间的竞争，主要树种被压抑而生长不良，使林带整体的生长和稳定性受到影响。而通风结构林带多由单一乔木树种构成，或下部配置灌木，以形成林冠层较密、林带中下部通风透光的结构。如果要求冬季或早春林网起防护作用，则林带中应配置一定数量的常绿树种。由于杨树适应性强，生长迅速，树形高大，枝叶繁茂，能够在短期内发挥较好的防护效能，因此，在我国北方普遍把杨树作为农田防护林的主要树种。但杨树一般寿命较短，少则 10 年，多则 20～30 年，即出现明显衰退甚至枯死。因此，选择树种时应考虑树种寿命和生物学稳定性，以速生树种为先锋树种，同时配置一定比例的长寿树种，做到短期防护与长期防护相结合。② 经济效益。我国沙漠化地区普遍存在"四料"俱缺的问题，由于农村人口的增加，人均耕地面积逐渐减少，开展多种经营的条件也较缺乏。因此，在农田防护林树种选择上必须结合当地实际情况，考虑直接经济效益，只有这样才能进一步调动群众营造农田防护林的积极性，使农田林网建设得到切实和持久的发展。此外，树种选择还应注意树种本身病虫害应较轻，与作物之间没有共同的病虫害；种源丰富且繁殖容易等。

3. 设计合适的林带、林网结构和位置

林带、林网的防护效果主要决定于它的结构和位置。因此，在规划设计农田林网时需要确定林带结构和配置的主要参数，包括林带的走向、间距、高度、宽度、结构类型以及疏透度（或透风系数）等。

农田防护林通常由主林带和副林带组成。主林带一般沿主风向设置，带幅较宽，行数较多，带距较小。副林带与主林带垂直设置，带幅较窄，行数较少，带距较大。主、副林带乔灌木组合方式因设计目的而异，有的由主乔木、伴生树种及灌木组成；有的由主乔木和灌木组成，也有的仅由主乔木组成。主乔木为林带的主要乔木树种，它构成林带的主体，并形成林带第一层林冠，起主要的防护作用。主乔木树种应生长迅速，树形高大，枝叶繁茂，主根系发达，树冠较窄，生长稳定，抗性强，不易风倒、风折；在次生盐渍化地区还要有较强的生物排水能力，并能生产大量木材及林副产品。杨树（如新疆杨、银白杨、毛白杨、小叶杨等）、柳树、刺槐、松树（如樟子松、油松）等均可作为主要乔木树种。伴生树种，又称辅佐树种，多为亚乔木。它在林带中的作用在于：①促进主要树种的高生长；② 与主要树种的林冠一起形成林带上层林冠，特别是当主要树种树冠稀疏时这种作用尤其明显；③ 以其稠密的林冠、大量的枯枝落叶遮蔽土壤，抑制杂草生长，为主要树种创造良好的生长条件。因此，伴生树种应具有耐荫蔽、生长较慢的特性。各地经常选用的伴生树种有臭椿、皂角、楸树、国槐、栾树、槭树、沙枣、侧柏等。灌木树种在林带中构成下层林冠，一般分枝多，叶量丰富，根系密集，侧须根发达，枯枝落叶层易于分解，灰分物质丰富。其作用在于调节林带下部的透风度，改良土壤养分，减少土壤水分蒸发，防止杂草侵入；另外，灌木还可为开展多种经营、增加林带的短期经济效益创造条件。广泛采用的灌木树种有白蜡条、枸杞、沙棘、沙柳、灌木榆、紫穗槐、柽柳、桑条等。

4. 封沙育林育草

20 世纪 50 年代以来，我国西北地区在大力营造防风阻沙林带、护田林网和建立人工固沙植被的同时，把"封沙育草，保护天然植被"作为防沙治沙的重要内容之一，并取得了显著成效。但后来由于种种原因，放松了对天然沙生植被的管护工作，使其屡遭破坏，其中以 60～70 年代破坏最为严重，以至于出现了"边治理，边破坏，治理赶不上破坏"的状况。80 年代以来，随着"三北"防护林体系建设工程的开展，封沙育林育草被放到应有的地位，防沙、治沙并举，滥垦、滥牧、滥樵采得到一定程度的控制，部分地区沙漠化扩展速度开始减缓（吴波等，1998）。封沙育林育草是指采用各种材料将沙地围封起来，根据植被生长状况进行有限度利用或禁止利用，防止牲畜破坏和人类的过度利用，以促进天然植被的更新和恢复。所采用的材料主要有铁丝、刺铁丝、铁丝网（有的可通电）、灌木绿篱、篱笆、土墙等。

封沙育林育草在干旱区和半干旱区有所不同，可以区分为三种主要区域类型：

1) 绿洲周围或绿洲内部非耕地地段，包括与绿洲毗邻的沙漠、风蚀地和部分戈壁及绿洲内部的沙荒地等非耕地，上述地区有些是撂荒地，一般沙丘比较低矮，丘间地较宽，覆沙较薄，下伏土层较厚，地下水位较浅，自然条件对植被恢复比较有利，只要适

当加以封育，禁止樵采和滥挖药材，控制放牧，天然植被就会很快得到恢复。在结合营造防风阻沙林带、引水灌溉丘间低地的情况下，一般经过 3～5 年，植被覆盖度可恢复到 40%～50% 以上。

2）干旱区荒漠河岸林、荒漠梭梭林及柽柳林、白刺灌丛等荒漠植被。这些荒漠植被对于控制沙漠扩展、保护荒漠地区生物多样性具有重要意义。但是长期以来，由于滥樵采、荒漠游牧以及水资源不合理利用导致的水系变迁的干扰和破坏，荒漠植被面积不断减少，所以必须禁止绿洲居民、牧民及工矿交通建设过程中就近樵采破坏植被，只允许适度和轻度牧业利用。

3）半干旱区的固定、半固定沙地。半干旱区人口密度较高，牲畜普遍超载，滥开荒、滥樵采现象也比较普遍，因此，沙生植被破坏严重，沙漠化发展速度较快。通过采取封育措施，严禁开荒，控制轮歇种植，进行适度放牧，天然植被恢复很快，牧草产量有比较明显的增长，可食性牧草种类增加。

封沙育林育草采取的主要措施有：①科学规划，根据迎风面沙源情况以及沙丘分布状况确定封育区范围和宽度。如果封育区内沙生植被分布不均，裸沙较多，在大风作用下可能危害绿洲，则一般通过丘间低地造林和沙丘上栽植固沙植物等措施，分割、包围并固定流沙；②在有条件的地区，可结合丘间低地造林，利用农田余水引水灌沙。这样不仅有利于原有沙生植被的恢复，而且还可促进沙生植物的萌发和复壮。另外，也可以在低平地段直播油蒿、白刺、花棒、柠条等；③如果地下水埋深较浅，可于丘间低地补植沙枣、梭梭、花棒、柠条等；④经过多年封禁后，植被盖度可达到 50% 以上，并且沙面也达到一定程度的固结，这时可进行适度利用，如适度放牧。对于柽柳、白刺等萌蘖性很强的灌木，可在贴近地面处进行平茬，用作薪柴或编织材料，同时还能促进灌丛萌发复壮。

有关植物固沙的技术仍在不断的创新和完善中。近年来，科技工作者正在探索沙漠化土地的结皮形成过程、机理及其防沙治沙功能。生物结皮在各种结皮中结构和功能最复杂，它所分泌的有机凝聚胶体和多聚糖将松散的土粒黏在了一起，形成一个致密的抗蚀层，从而增加了土壤表面的稳定性；它还可以改善土壤结构，增加土壤肥力；生物结皮的反射特性与高等植物相似，降低了裸露地面的反射率。尽管学术界对生物结皮的水文循环功能、促进或抑制维管植物萌发和生长的功能还有争议，但沙漠化地区广泛的生物结皮形成和保护机制使人们更关心它作为植物固沙的重要功能（杨晓辉，2001）。

二、工程治沙技术措施

工程固沙技术又称机械治沙措施，是指利用柴草、树枝、板条、黏土、卵石及其他材料，采用机械工程手段阻沙、导沙等技术措施。工程防治措施往往具有收效快、成本高的特点，而且在极度沙漠化地段常有着难以替代的作用，因此通常适用于流沙严重危害的风口、流沙带重点部位、交通线、重要工矿基地等地区，并常被作为先期措施与植物治沙措施相配合。

工程治沙措施主要有三种：一是采用某些材料将流沙表面覆盖，使沙面与风完全隔绝，常用的材料有作物秸秆、砂砾石、黏土等。二是在流沙上设置机械沙障，以降低地表风速，削弱风沙流活动。机械沙障可分为高立式沙障（高出沙面 50～100cm）、立式沙障（高出沙面 30～50cm）、半隐蔽式沙障和隐蔽式沙障（在沙面上仅露 5～10cm）。半隐蔽式草方格沙障在我国北方各沙区应用最广，是固定流沙、稳定沙面最经济有效的措施之一。人工沙障的作用在于削弱地面风力、固定沙面、减少和防止就地起沙，为初期栽植或播种的固沙植物创造稳定的生长发育环境。三是采用各种阻沙、导风措施，将上风向来沙阻挡在远离防护区的地段，或将风沙流疏导至保护区的下风向，以防止积沙。通常采用设置阻沙栅栏、阻沙网、挡沙墙、下导风板和羽毛排导风板等措施。其中阻沙措施一般用于沙源丰富地区或戈壁风沙流盛行的地区，作为保护机械固沙带和植物固沙带的外围屏障。由于在流动沙丘上栽植和播种固沙植物，初期常受到风蚀和沙埋的影响而难以成活，因此工程治沙措施常常作为生物治沙措施的辅助性措施或过渡性措施。

工程治沙措施具有收效快的特点，因而被广泛用于铁路、公路、城镇、文物古迹等的沙害防治。包（头）兰（州）铁路甘塘至沙坡头段和塔里木盆地沙漠公路 40 多年畅行无阻的事实表明，我国在工程治沙技术方面取得了巨大成功。

三、化学治沙技术措施

化学治沙措施是指在风沙环境下，利用化学材料及工艺，在易发生沙害的沙丘或沙质地表建造一层具有一定结构和强度的能够防止风力吹扬，同时又可保持水分和改良沙地性质的固结层，以达到控制和改善沙害环境、提高沙地生产力的目的的技术体系。

化学治沙始于 20 世纪 30 年代，当时，沙漠中的钻井工人和勘探人员为了保证生产的正常进行和保护设备与人员的安全把原油喷洒到沙丘表面，创造了化学治沙技术。50 年代以来，化学治沙措施发展较快，已逐步成为干旱地区防止风沙危害、开发利用沙区资源的重要工程技术手段之一，特别是在石油资源丰富的一些沙漠地区的国家，如伊朗、沙特阿拉伯、阿拉伯联合酋长国等，化学措施更是受到特殊重视。

化学措施中使用的化学材料按照其性质可分为无机胶凝材料和有机胶凝材料。无机胶凝材料又分为水硬性胶凝材料（如水泥、高炉矿渣等）和气硬性胶凝材料（如泥炭、黏土、水玻璃、纸浆废液等）。有机胶凝材料属于石油产品类的有原油、重油、渣油、沥青及其乳液等；属于高分子聚合物类的如聚丙烯酰胺、尿甲醛树脂、聚酯酸乙烯乳液等（朱震达等，1998）。化学措施能使流沙迅速固定，还能采用机械设备（通常为喷洒设备）施工，在地面松软、起伏、一般车辆难以接近的流沙地，还可采用飞机喷洒，因而具有施工简便、快速的优点（程道远等，1995）。

化学措施不仅能够固定流沙，使地表免遭风蚀，而且还能改善沙地的水热条件，增强其生物学活性，增加土壤的团粒结构，避免水肥渗漏流失和防止深层盐分向上迁移，因此，化学措施可以作为生物措施的先行措施。另外，化学治沙液还可以制成种子浸润剂和种子包衣剂用于飞播造林，使植物种子在干燥的沙土中保持其生长所需的水分和养分（朱震达等，1998）。但是由于化学治沙措施成本较高，目前还难以大规模应用，一般只用于因风沙危害可能造成重大损失的地区，如机场、铁路、公路等，在广大农区、牧区还很少采用。

四、农业治沙技术措施

在我国沙漠化地区，千百年来，广大农牧民在生产实践中摸索和总结出许多防治沙害的成功经验，包括播种技术、耕作技术、田间管理、种植方式等。其特点是简单实用，几乎不需要增加什么投入，但在农业生产中发挥了重要作用。这里选择一些主要措施加以简单介绍。

(1) 翻土改沙

开垦面积较大的覆沙地时，通过深翻，使上层沙与下层黏土掺和，既可提高土壤的保水、保肥性能，又可增强其抗蚀性，同时还可以控制新垦荒地的土壤风蚀。

(2) 沙土耕作

灌区夏秋作物比重较大，收获后如何防止裸露耕地风蚀、保持肥沃表土和墒情，是沙土耕作的重要问题。横对主风向翻耕，使犁沟与垡垄不平整，以增加地表粗糙度，减弱近地面风力，对防止土壤风蚀有一定作用。实行秋灌或伏灌的沙土耕地，耕后用耙耙平、耙碎大土块，使地面保持大量小土块，既解决了土块过大容易跑墒的问题，又可避免因土块过于粉碎而造成土壤风蚀。

(3) 播种技术

作物在幼苗期不耐风沙，调节播种期，适时播种，使作物幼苗期避开风季，是减轻和避免沙害的一种可行方法。因受风蚀影响，沙土的作物保苗率偏低，加大播种量，可以使单位面积上保持足够的作物密度，从而提高幼苗地的抗风蚀能力。沙土表层干燥而易遭风蚀，麦类作物的分蘖节一旦露出就要死亡。深播小麦，可适应沙土的水分状况，使分蘖节埋深一些，即使其地上部分遭受沙害，也有可能复原。一般耕地小麦播种深度3~5cm，而沙土通常深播达6~8cm。另外，播种方式和行向应有利于削弱贴地层风速，以防止风蚀。若采用条播，应垂直于主风向。小麦等密播作物在比较肥沃的土地上可采用交叉播种，以增加地表覆盖度，防止就地起沙。

(4) 带状耕作

在沙质土旱作区，为了遏制土壤风蚀，推行间隔带状耕作，又称留"风界子"。比如，在毛乌素沙地，耕作中保留一定宽度的天然油蒿植被带起屏障保护作用。轮歇地和固定旱地的油蒿"风界子"横对主风向，宽度多为1~2m，田块宽度10~20m，相当于"风界子"植物高度的10~20倍。"风界子"并不是制止土壤风蚀的可靠措施，但可在一定程度上控制和减轻土壤风蚀，撂荒后还能加速田块的自然生草过程。在建设基本农田时，"风界子"可以作为农田防护林的过渡。

(5) 带状间作

在基本农田上横对主风向带状种植玉米、高粱、向日葵等作物，收割时留下高秆，在冬、春风季类似立式沙障或灌木林带，有一定的防护作用。如在毛乌素沙地，用大麻与糜子进行带状间作，保苗情况很好。大麻播种期早，而且生长较快，可以对糜子起防护作用。

（6）伏耕压青

在旱作地区，一般在休闲第二年或休闲当年的 6～7 月进行伏耕压青，即将田间杂草翻入土中，使之在气温、地温较高的情况下腐熟分解，以维持地力，蓄积夏秋季雨水；同时，在秋、春季不再翻耕，这样有利于防止土壤风蚀。

（7）合理选择和配置作物

作物由于株形、茎叶强度、再生能力、分蘖力及生育期等生物学特性不同，抗沙割的能力有强有弱。一般情况下，双子叶作物由于苗期叶大脆嫩，生长点顶生，一经沙割，茎叶焦枯，再生力很弱，死亡现象比较严重；单子叶作物由于其顶芽包在叶子里，叶片经沙割部分或全部焦枯后，在灌溉条件下很快就能长出新叶，死亡率较低。实践证明，耐沙割的作物有大麻、小麦、大麦、青稞、糜子、马铃薯、向日葵、高粱、谷子等；不耐沙割的作物有瓜类、蔬菜、棉花、豆类等。如果将两类作物进行合理配置，可减轻风沙危害。如高秆作物大麻，抗风沙能力较强，生长较快，在一定程度上可以起到人工沙障的作用，将其种植在迎风侧，一方面能够削弱其背风面耕作土壤的风蚀，另一方面还能阻截其迎风面的外来流沙。又如棉田畦埂间距一般为 10～20m，埂上种植 1 行高粱，当棉苗高约 30cm 时，高粱已高达 50cm 以上，一遇大风，高粱就像小防风墙一样，可减弱风速，减轻风沙对棉苗的危害。

（8）推迟中耕除草与间、定苗时间

绿洲地区 4～5 月大风频繁，作物一般正处于苗期，这时中耕除草和定苗容易引起土壤风蚀和沙打禾苗，不易获得全苗。应尽可能推迟中耕除草与间、定苗时间，保留田间地埂上的高生杂草，可以减轻风沙危害，减少土壤风蚀。

（9）作物留茬

秋收时留茬以防止冬、春季的土壤风蚀，直至翌年 5～6 月才翻耕下种。

（10）引水拉沙造田

引水拉沙造田是指利用沙区水源如河流、海子（湖泊）、水库中的水，通过引水或机械提水冲拉沙丘，把沙子挟带到人们需要的位置。这种造田方法就叫引水拉沙造田。引水拉沙造田既是综合治理风沙的一种措施，也是水分条件较好的风沙区建设基本农田的一种方法，应用较广。

第四节　沙漠化土地综合防治模式[①]

在长期的生活与生产实践中，广大劳动人民创造了许多各具特色的集"防、治、用"于一体的沙漠化综合防治模式，每一种模式都是许多沙漠化防治技术的优化组合与集成。按照地区和特色可以归纳出如下一些有代表性的模式。

一、干旱绿洲区沙漠化综合防治模式

甘肃临泽县平川乡位于甘肃省河西走廊中部的黑河北岸，年降水量117mm，盛行西北风。由于过牧、滥樵采等不合理的人类活动的影响，原来的固定沙丘活化，导致流沙入侵绿洲。同时，来自戈壁残丘地区的风沙流危害农田，造成土壤风蚀、耕地废弃，绿洲向南退缩。

根据临泽绿洲北部流动沙丘之间具有狭长丘间低地和可以利用灌溉余水的有利条件，首先在绿洲边缘沿干渠营造宽10～50m不等的防沙林带，树种采用二白杨与沙枣。前者防风作用显著，多栽植在具有下伏土层的地段；后者枝叶繁茂，阻挡风沙能力较强，适宜于较贫瘠的土壤。与此同时，在绿洲内部建立护田林网，规格为300m×500m，以二白杨、箭杆杨、旱柳、白榆为主。在绿洲边缘丘间低地及沙丘上营造各种固沙林，在流动沙丘上先设置黏土或芦苇沙障，障内栽植梭梭、柽柳、花棒、柠条等固沙植物，这样就在绿洲边缘形成了"条条分割、块块包围"的防护体系。为了进一步防止外来沙源入侵，在防护体系外的沙丘地段又建立了封沙育草带，禁止牧、樵，以促进天然植被的恢复。在冬季农田有灌溉余水的情况下，把灌溉余水引入封育区以加速植被的恢复。这样就以绿洲为中心形成了自边缘到外围的"阻、固、封"相结合的防护体系，建立了适宜于干旱地区绿洲的沙漠化治理模式，即绿洲内部营造护田林网，绿洲边缘建立乔灌结合的防沙林，绿洲外围沙丘地段建立人工固沙带，外围建立封沙育草带，以此构成一个多带结合的完整的防护体系。

二、半干旱农牧交错区沙漠化综合防治模式

陕西榆林位于毛乌素沙地东南部，年降水量414.6mm，降水的70%集中在7、8、9三个月。春季干旱，冬季风沙严重。榆林北部流动、半固定、固定沙丘以及盐湿滩地交错分布，流动沙丘分布较广；中部为流动、半固定、固定沙丘和覆沙的黄土丘陵相间分布；东南部为水蚀严重的沙黄土梁峁丘陵，沟丘并列，地表切割破碎。

针对以风力作用为主的沙漠化土地，主要防治措施是建立以"带、片、网"相结合的风沙防护林体系，具体措施包括：

1）利用沙地内部丘间低地潜水位较高、水分条件较优越的优势，采取丘间营造片

---

① 本节引用了吴波与张凤荣教授主编的《土地资源保护与农业可持续发展》（北京出版社，2001）第三章第五节的内容。

林与沙丘表面设置植物沙障及障内栽植固沙植物（沙蒿、小叶锦鸡儿等）相结合的方法固定流沙。同时，加强对固定、半固定沙丘的封育，使以流动沙丘为主的严重沙漠化土地处于各种绿色屏障的分割包围之中。

2）对分布于河谷阶地、湖盆滩地处于沙丘包围下的农田，建立以窄林带小网格为主的护田林网，并与滩地边缘固定和半固定沙丘封育、草灌结合固定流沙等措施共同组成农田防护体系。同时，在滩地内开发利用地下水，发展水浇地，并挖渠排水，共同组成沙漠化地区的农林复合体系。这种滩地人工农业生态系统散布于丘间低地，使流动沙丘受到分割、包围，削弱了其危害强度。

3）对面积较大的流动沙丘密集分布区，采取飞播造林种草和人工封育相结合的方法。飞播植物种主要有籽蒿、羊柴、花棒等。在飞播前 1～2 年设置刺铁丝围栏禁牧，飞播后继续禁牧 3～4 年，使固沙植物得以稳定生长，3～5 年以后可使流动沙丘固定，并逐步形成以花棒、踏郎为主的优质灌丛草场。

4）进行引水拉沙，改良土壤。在地表水资源较为丰富的地区，采取自流引水或机械抽水从河流、湖泊或水库中引水，借助流水的冲力拉平沙丘；拦蓄洪水，引洪漫淤，垫土压沙，将起伏的流动沙丘改造成平坦的农田。

榆林市东南具有风沙活动的黄土梁峁丘陵地貌，地表破碎，风蚀、水蚀同时存在，因而需根据不同的营力特点采取不同的措施。以青云山沟中段为例，该地区地面切割破碎，沟谷面积占 24.9%，受水蚀作用的黄土梁峁丘陵坡面面积占 41.9%，流动沙丘面积占 33.2%。对流动沙丘采取灌、草固定；黄土梁峁丘陵坡面上的耕地以水平梯田建设为主，并广种牧草，以控制坡面冲刷；在谷坡上，结合水平沟、鱼鳞坑等田间工程并配合灌木林营造，以稳定谷坡。

三、半湿润干旱区沙地综合防治模式

科尔沁沙地主要位于半湿润干旱区，降水相对丰富，年降雨量在 400mm 左右。但由于人口压力较大，植被破坏严重。

治理方式主要通过林牧复合经营对沙化草地进行综合治理与开发，即建立林业、牧业及其他各业组成的复合生态系统，其特征是，以林业为框架，发展草、农、副业，为牧业服务。主要有两种类型（李文华等，1994）：

（1）林草牧复合农业生态系统

林草牧复合农业生态系统组成可分为 4 个部分：①防风林带：以防风固沙，改善小气候条件、保护天然草场或人工草场为主要目的而营造的防护林网。网格大小一般为 500m×500m，网格内种植精饲料或青贮饲料或粮食作物（玉米、大豆、高粱等），主带距一般不超过树高的 20 倍，发展果树时主带距在树高的 10～15 倍之间。②固沙及阻沙林带：在缓平的流动或半流动沙地，通过人工播种或飞播，种植灌木小叶锦鸡儿、蒿及草本植物沙打旺、草苜蓿等，形成灌－草复合型林带。在有条件的地区营造樟子松、油松等，形成乔-灌-草复合型林带。在草原边缘沙丘前沿营造较宽的阻沙林带，阻止流沙侵入草原。这些地区以恢复人工植被和固沙为主，在一定时期内严禁樵采和放牧，最好实行封育，在建设人工植被的同时恢复并保护天然植被，以达到固沙和改善生态环境的目的。③疏林草场：是干旱地区主要草场类型之一，也是主要的天然放牧场。其特点是，在广大的沙沼地、甸子或河岸阶地稀疏地生长着一些残存的柳、榆、杨树林或岛状片林，每公顷几株到几十株。由于林木的保护作用，林下及树木周围牧草生长较好。④饲料林：又称空中牧场，主要由牲畜适口性好、叶量大、含粗蛋白多、适应性强的乔灌木树种如沙枣、刺槐、榆树、柳树、杨树、皂角以及胡枝子、山杏、紫穗槐等组成；林下为草本植物。乔木往往采用平茬或头状作业，利用萌发的嫩枝条、叶、果等作为大牲畜的空中"饲料"。

林草牧复合生态系统具有明显的生态经济效益。以乌兰敖都地区为例，首先，植被的恢复和草场、牧场防护林的营造降低了风速，提高了大气质量（少尘埃），防护林内平均30%的地区蒸发量减小而植物蒸腾增大提高了水分利用率。其次，土壤质量和植被质量也发生了明显变化，乌兰敖都地区近千公顷天然草场在阻沙林带作用下，经翻耙、人工种草、增施土壤改良剂及雨季施肥、补施微肥等措施，土壤理化性质发生明显变化，表层腐殖质含量由原来的 0.63% 提高到 1.18%，物理黏粒由 15% 提高到 20%。最后，退化草场得到恢复，牧草质量明显提高，由原来的以杂类草为主（占50%以上）变为现在的以禾本科牧草和豆科牧草为主（占70%以上）；产草量显著增长。经过综合治理，现在该地区林草牧复合生态系统的生产力比原来的 $0.5\sim0.75t/hm^2$（营造林网三年前调查结果）提高了 10~15 倍（朱廷曜，1989；1990；1991）。

(2) 家庭牧场复合生态系统

它是在实行家庭承包责任制后，在一家一户的基础上把林业、草业、牧业、副业等有机结合而发展起来的。家庭牧场是指在草场周围营造防护林，草场内打机井，修建永久性水渠；除保持天然草牧场外，在家庭牧场内还种植玉米和优质豆科牧草等；同时，引种果树和瓜菜，彻底改变原有的养畜方式，形成田园式林牧复合生态系统。饲养方式由自由放牧、散牧向半舍饲、舍饲转化。牧民开始选择高质高产的优良牧草品种，并开始建设暖棚、暖舍和温室，应用饲料调配新技术，进行饲料加工、粉碎、糖化、青贮等。通过上述措施提高牲畜的出栏率，稳定和维护天然草场的更新。

家庭牧场复合生态系统的出现不仅有力保护了草场资源，减轻了放牧压力，同时也提高了畜牧业的抗灾能力和生产力。据调查，家庭牧场的产草量一般相当于天然草场的8~10倍甚至更高，而且草质更好。散牧牲畜出栏一般需5~6年，而棚舍饲养只需3年左右；小牛育肥2年半即可出栏，且肉质鲜嫩肥美，是餐厅、宾馆的上品。由于饲养方式的改变，牲畜避免了因自然灾害造成的死亡，增强了抗御自然灾害的能力。对乌兰敖都地区6户科技示范户的生态效益分析表明，牲畜出栏率4年提高约7%，人均收益提高1倍以上，总收入约相当于当地普通牧户收益的3~4倍。家庭牧场改变了牧民的传统的经营方式，由靠天养畜、掠夺式经营向治理环境、恢复生态平衡的方向转化。牧民的经营观念由自给自足的小农经济向市场经济转化。

参 考 文 献

巴巴耶夫 A Y. 1987. 沙漠化和自然保护问题. 地理译报，(3)：37~40

《北美洲干旱农业》编译组.1988. 北美洲干旱农业.西北农业大学干旱半干旱研究中心

蔡源明.1926.我国北方各省将化为沙漠之倾向及实证.东方杂志,23（15）.91～94

陈传康.1964.内蒙古伊金霍洛旗的自然区划.见：中国地理学会自然地理专业委员会编辑.中国地理学会一九六
二年自然区划讨论会论文集.北京：科学出版社,228～239

程伯群.1934. 中国北方沙漠之扩张.科学,18（6）：784～794

程道远,赵小玲.1995. 化学固沙实验研究.中国科学院兰州沙漠研究所集刊第4号.北京：科学出版社,
161～183

邸醒民.2002. 沙漠化发展趋势及预测.见：丁一汇主编.中国西部环境特征预测.北京：科学出版社,94～113

丁登山.1995. 论气候在西非萨赫勒地区荒漠化中的作用：兼谈近期人类活动的影响.干旱区地理,18（3）：
25～30

董光荣,高尚玉,金炯等.1993. 青海共和盆地土地沙漠化与防治途径.北京：科学出版社

董光荣,金炯,申建友等.1990. 晚更新世初以来我国陆生生态系统的沙漠化过程及其成因.见：刘东生主编.黄
土·第四纪地质·全球变化（第二集）,北京：科学出版社,91～101

董光荣,李保生,高尚玉等.1983. 鄂尔多斯高原的第四纪古风成沙.地理学报,38（4）：341～347

董光荣,申建友,金炯.1989. 我国土地荒漠化的分布与危害.干旱区资源与环境,3（4）：33～42

董光荣,申建友,金炯等.1988. 关于"荒漠化"与"沙漠化"的概念.干旱区地理,11（1）：58～61

董玉祥.2000."荒漠化"与"沙漠化".科技术语研究,2（4）：18～21

樊胜岳,高新才.2000. 中国荒漠化治理的模式与制度创新.中国社会科学,（6）：37～44

方修琦.1987. 陕北鄂尔多斯地区降水变化与沙漠化.北京师范大学学报,（1）：90～95

符淙斌,温刚.2002. 中国北方干旱化的几个问题.气候与环境研究,（1）：22～29

高国力.1995. 半干旱区农牧交错带生态环境的景观生态学探讨.干旱区资源与环境,9（1）：8～17

高尚武.1990. 大范围绿化工程对环境质量作用的研究.林业科学研究,（增刊）：33～36

葛绥成.1942. 中国北部的气候变化与沙漠扩大的研究.蒙古,9（3）

国土资源部地籍管理司.2004. 全国土地利用变更调查报告（2003）.北京：中国大地出版社

哈斯,董光荣,王贵勇.1999. 腾格里沙漠东南缘沙丘表面气流与坡面形态的关系.中国沙漠,19（1）：1～5

侯仁之.1973. 从红柳河上的古城废墟看毛乌素沙漠的变迁.文物,（1）：35～41

黄兆华,宋炳奎.1986. 内蒙古伊克昭盟土地沙漠化及其防治.中国科学院兰州沙漠研究所集刊（第三号）.北京：
科学出版社,35～48

黄兆华.1997. 我国西北地区历史时期的风沙尘暴.见：方宗义等编.中国沙尘暴研究.北京：气象出版社,
31～36

李江风.2002. 沙漠气候.北京：气象出版社

李文华,赖世登.1994. 中国农林复合经营.北京：科学出版社

李新荣,刘新民,杨正宇.1998. 鄂尔多斯高原荒漠化草原和草原化荒漠灌木类群与环境关系的研究.中国沙漠,
18（2）：123～130

李育材.2001. 三北防护林建设：成就、经验、问题及对策.林业经济,（5）：3～12

李裕元,邵明安.2001. 黄土高原气候变迁、植被演替与土壤干层的形成.干旱区资源与环境,15（1）：72～77

刘良梧,周建民,刘多森.1998. 农牧交错带不同利用方式下草原土壤的变化.土壤,（5）：225～229

刘毅华,董玉祥.1999. 议我国的荒漠化与可持续发展.中国沙漠,19（1）：17～22

刘勇.2002. 三北防护林体系工程建设的分析与思考.林业经济,9：48～51

卢奇.2000. 中国沙情.北京：开明出版社

卢琦,刘力群.2003. 中国防治荒漠化对策.中国人口资源与环境.13（1）：86～91

罗斌,王金亭.1994. 我国荒漠化地区土地荒漠化的防治措施.水土保持通报,14（2）：37～41

马瑟 A S.1991. 土地利用.国家土地管理局土地利用规划司译.北京：中国财政经济出版社

任振球.全球变化.北京：科学出版社,1990

史培军,张宏,王平等.2000. 我国沙区防沙治沙的区域模式.自然灾害学报,9（3）：1～7

孙武,吴薇.2002. 内蒙古高原东南部降水驱动的农业系统波动性分析.植物生态学报,26（1）：23～28

王绍武，董光荣．2002．中国西部环境特征及其演变．北京：科学出版社

吴波，慈龙骏．1998．毛乌素沙地荒漠化发展的阶段和成因．科学通报，43（22）：2437～2440

吴波．2001．我国荒漠化现状、动态与成因．林业科学研究．14（2）：195～202

吴正．1987．风沙地貌学．北京：科学出版社．240

杨根生，刘阳宣，史培军．1986．有关沙漠化几个问题的探讨．干旱区研究，（4）：73～77

杨根生．1990．黄土高原北部风沙区土地沙漠化综合治理．北京：科学出版社

杨泰运，张伟民，屈建军．1994．中国沙漠化形成问题的分析研究．干旱区地理，17（2）：22～29

杨小平．1998．中亚干旱区的荒漠化与土地利用．第四纪研究，（2）：119～127

杨晓辉，张克斌，赵云杰．2001．生物土壤结皮——荒漠化地区研究的热点问题．生态学报，21（3）：474～480

《伊克昭盟地方志》编撰委员会．1994．伊克昭盟地方志．呼和浩特：内蒙古人民出版社

袁嘉祖，闵庆文．2001．水是西北地区生态系统重建的根本．自然资源学报，16（6）：511～515

臧英，高焕文．2002．国外农田风蚀发生机理与防治技术的研究．农业工程学报，18（3）：195～198

张德二．1984．我国历史时期以来降尘的天气气候学初步分析．中国科学（B辑），（3）：278～288

张凤荣，王立新，牛振国等．2002．伊金霍洛旗土地利用变化与可持续利用．中国沙漠，22（2）：166～171

张景春，张重忱．1995．飞机播种造林新技术．北京：中国林业出版社

张伟民，杨泰运，屈建军等．1994．我国沙漠化灾害的发展及其危害．自然灾害学报，3（3）：23～30

赵永复．1981．历史上毛乌素沙地的变迁问题．历史地理（创刊号），上海：上海人民出版社，34～47

中华人民共和国林业部防治沙漠化办公室．1994．联合国关于在发生严重干旱和/或荒漠化的国家特别是在非洲防
　治荒漠化的公约．北京：中国林业出版社

周劲松，包浩生．1996．荒漠化及其过程．云南地理环境研究，（1）：50～58

朱俊凤，朱震达等．1999．中国沙漠化防治．北京：中国林业出版社

朱俊凤．2002．中国的沙漠化发展趋势与防治对策．中国林业，（7）：33～34

朱廷曜，孔繁智等．1989．白音塔拉草场林带的防护效应．中国气象文集．北京：气象出版社

朱廷曜，孔繁智等．1990．乌兰敖都防护林防护效应的初步观测研究，．北京：内蒙古东部地区风沙干旱综合治理
　研究（第二集）见：科学出版社

朱廷曜，孔繁智等．1991．白音塔拉疏林草场气象效应的初步分析，生态学报，11（1）：1～5

朱震达，陈广庭．1994．中国土地沙质荒漠化．北京：科学出版社

朱震达，刘恕．1981．中国北方地区的沙漠化过程及其治理区划．北京：中国林业出版社

朱震达，王涛．1992．中国沙漠化研究的理论与实践．第四纪研究，（2）：97～106

朱震达，吴正，刘恕等．1980．中国沙漠概论．北京：科学出版社

朱震达，赵兴梁，凌裕泉等．1998．治沙工程学．北京：中国环境科学出版社

朱震达．1998．中国土地荒漠化的概念、成因与防治．第四纪研究，（2）：145～153

邹旭恺，王守荣，陆均天．2000．气候异常对我国北方地区沙尘暴的影响及其对策．地理学报，55：169～175

Chepil W S, Woodnff M R. 1954. Estimation of wind erodibility of field swrfales. Soil and Water
　Conservation，9（6）：257～265

Chepil W S. 1941. Relation of wind erosion to the dry aggregate structure of a soil. Sci. Agric.，21：488～507

Dregne H. 1984. Desertificition-ptesent and future. International Journal for Development Technology，（2）：255～259

Le Houerou H N. 1997. The Nature and Causes of Desertization in Desertification：Environmental Degradation in and
　Around Arid Lands. Westview Press

Mensching H, Ibrahim F. 1985. Note toward desertification and geographical analysis of the problem of desertifica-
　tion in and around arid lands. Scientific Reviews on Arid Zone Research，3：105～114

Schlesinger W H, Reynolds J F, Cunningham G L et al. 1990. Biological feedback in global desertification. Science，
　247：1043～1048

William H Schlesingev, James F Reynolols, Gary L Cunningham et al. 1990. Biological Feedbacks in Global Desertifi-
　cation. Science，247：1043～1048

第五章　土地次生盐渍化及其防治

　　盐渍土是盐土、碱土和各种盐化土、碱化土的统称。盐渍化是指在特定气候、土壤、水文地质及地形地貌等自然背景条件下，或人为因素的影响下，自然盐碱成分在土体中累积，使得其他类型的土壤逐渐向盐渍土演变的成土过程。次生盐渍化，通常指在自然积盐的背景下，由于人为灌溉措施不当造成的土壤盐渍化。

　　土地次生盐渍化，通常指土壤次生盐渍化引发的土地退化过程。

　　土地次生盐渍化是一个世界性问题。国内外的研究表明，土地次生盐渍化不仅会降低土地的生产力，给农业生产带来巨大的损失，而且对生态环境也造成严重危害。

　　我国次生盐渍化土地，主要分布在黄淮海平原、东北平原西部、黄河河套地区、西北内陆地区，在东部沿海地区也有小面积的分布。盐渍土土层深厚、地势平坦，又是宝贵的耕地后备资源。因此，探讨我国土地次生盐渍化的现状、形成因素、防治措施以及改良利用经验等，对开发利用土地资源、确保耕地的永续利用具有重要意义。

第一节　土地次生盐渍化的成因与特点

　　人类在开发利用土地资源的漫长过程中，因灌溉不当而引起土地次生盐渍化的现象是相当普遍的，甚至可以追溯到公元前 2000 年以前。当时的古索米伦人曾在幼发拉底河与底格里斯河冲积而成的美索不达米亚平原发展自流渠灌溉，创造了鼎盛一时的古巴比伦文明，但是终因导致土地次生盐渍化而渐趋衰落。20 世纪 50 年代末，我国华北平原亦因水治不当而导致大面积的次生盐渍化危害，其教训也同样是深刻的。

　　探求土地次生盐渍化的成因，并分析其特点，是为了采取相应的对策和措施，防止和治理土地次生盐渍化。

一、土地次生盐渍化形势

　　据联合国粮农组织（FAO）和教科文组织（UNESCO）的不完全统计，全世界盐渍土面积近 10 亿 hm^2，每年还有约 12 万 hm^2 土地发生次生盐渍化（赵其国，2001）。

　　据全国第二次土壤普查报告统计，我国盐渍土的面积为 3470 万 hm^2，其中盐土 1600 万 hm^2，碱土 86.66 万 hm^2，各类型盐化、碱化土壤 1800 万 hm^2，尚有 1733 万 hm^2 潜在盐渍化土壤（全国土壤普查办公室，1998）。

　　从 20 世纪 50 年代到 70 年代中期，由于不合理的开垦荒地和发展灌溉农业，土地次生盐渍化面积迅速扩大。1958～1978 年，中国有 660 万 hm^2 耕地退化为次生盐碱土（叶笃正等，1992）。20 世纪 90 年代后期，国土资源管理部门在宁夏、内蒙古和新疆灌区进行土地整理所增加的耕地，实际上多是由过去灌溉不当造成次生盐渍化而撂荒的耕地。

华北平原 20 世纪 50 年代末的盐碱地面积约 270 万 hm^2，在大力发展引黄灌溉、片面强调平原蓄水灌溉，盲目种稻的情况下，地下水位普遍升高，导致 70 年代盐碱地面积达 400 万 hm^2；之后通过多年定点改良试验、推广，到 80 年代中期再计算时，已减少一半（张学雷等，2003）。

通过灌溉工程措施和生物工程措施，黄淮海平原盐渍化土地得到了有效控制。20 世纪 70 年代开始，在黄淮海平原设置了 12 个综合治理试验区，总面积为 21.7 万亩，经过多年努力，取得了辉煌成绩。1986～1990 年，粮食平均单产增加 2.4 倍、年人均收入增长 1.8 倍，直接经济效益 74 亿元（石元春，1994）。经 GPS 定位网格取样，近140 个样点的分析表明，在黄淮海平原，至 1999 年已有 25.1 万 km^2 面积的土壤属非盐化土，占总面积的 80.76%，其他还存在不同程度的盐渍化现象。其中，属轻度盐渍化的有 5.3 万 km^2，占 17.0%；中度盐渍化的有 0.7 万 km^2，占 2.2%；强度盐化的土壤仅 112 km^2，占 0.04%。在黄淮海平原，土壤含盐量大于 0.6% 的土壤除极少部分盐荒地外，耕地中已基本不存在（白由路等，1999）。

新疆、黄河河套地区的土壤盐碱化问题却日趋严重。目前新疆、甘肃和宁夏三省（区）约 35% 的耕地、内蒙河套地区 50% 的耕地受到土壤盐碱化的威胁（1954 年仅有11%～15% 的面积），而内蒙河套地区由于灌排严重失调，20 世纪 80 年代盐碱地面积与 50 年代相比平均每年增长 1%～3%（张学雷等，2003）。

据不完全统计，新疆全区耕地次生盐渍化面积约 82.9 万 hm^2，占总耕地面积的21.9%。其中重度盐渍化面积占总盐渍化面积的 18%，中度盐渍化面积占 33%，轻度盐渍化面积占 49%；河西走廊有次生盐渍化耕地 7.09 万 hm^2，其中重度盐渍化 3.75万 hm^2，中度盐渍化 2.02 万 hm^2，轻度盐渍化 1.32 万 hm^2；柴达木盆地耕地次生盐渍化面积约 1.93 万 hm^2，占全部耕地面积的 53%，其中重度盐渍化面积占总盐渍化面积的 19%，中度盐渍化面积占 39%，轻度盐渍化面积占 42%。总之，西北内陆盆地土壤次生盐渍化问题是一个十分严重的生态环境问题，已成为农业和社会经济持续发展的严重障碍（郭占荣等，2002）。

在资源、人口、环境的矛盾日益加剧的今天，要充分开发利用干旱、半干旱地区的土地，就必须发展灌溉农业。但由于大规模自流灌溉，往往造成排水不良，水文和水文地质条件的恶化，极易导致土地发生次生盐渍化。由于地貌、气候、水文、地质、土壤等条件的影响，干旱、半干旱、半湿润地区还有相当面积的非盐渍化耕地，受到次生盐渍化的威胁。

盐渍土地区，气候资源丰富，地势平坦，土层深厚，兼有灌溉之便，相对人少地多，农业生产潜力较大，是极为宝贵的待开发土地资源。一旦消除了土地盐渍化这一主导制约因素后，农业生态系统的巨大潜力必将得到发挥。

虽然我国的盐渍土治理事业走在世界前列，但是盐渍土仍将在我国留有巨大的面积，土地次生盐渍化的威胁在我国仍将广泛存在，而土地次生盐渍化及盐渍土也将不断对我们的农业生产、生态环境及可持续发展造成危害。因此土地次生盐渍化防治问题是我们必须面对和重视的土地保护问题之一，是事关国计民生的一件大事。

二、土地盐渍化的危害

（一）土地盐渍化对作物的危害

盐渍土中的盐分主要是由 Cl^-、SO_4^{2-}、CO_3^{2-}、HCO_3^- 等阴离子和 Na^+、K^+、Ca^{2+}、Mg^{2+} 等阳离子所组成的多种盐类。这些盐类对作物的危害程度是不同的，其中碳酸钠对作物危害最大，当土壤中含碳酸钠超过 0.005% 时就会对作物产生不良影响。一般常见的盐类对作物危害由大到小的排列顺序是：氯化镁＞碳酸钠＞重碳酸钠＞氯化钠＞氯化钙＞硫酸镁＞硫酸钠。

土壤盐分对作物的危害，主要是以下几个方面：

1. 造成生理干旱

农作物的生长发育是离不开水分的。只有当植物细胞液的浓度比土壤溶液的浓度大一倍左右时，植物才能源源不断地从土壤中吸收和利用水分。而当土壤含有过量盐分时，土壤溶液的渗透压增加，便会造成植物吸水困难。

种子在土壤中无法吸到足够的水分，就难以萌动、发芽，造成缺苗断垄。即使出了苗，由于对土壤水分的利用率降低，其生长发育速度也会变得迟缓。当土壤溶液渗透压过高，甚至超过植物细胞渗透压时，作物不仅不能吸水，而且会产生反吸现象，这在植物生理学上被称为生理干旱，作物会因吸不到水而逐渐枯萎死亡。

2. 破坏养分均衡

由于土壤溶液浓缩，某些离子过多进入植株体内，使其他离子在体内的运行转化受阻，从而破坏了离子间的平衡。试验结果表明，在土壤含盐条件下生长的植株，其体内 SO_4^{2-}、Cl^-、Na^+、Mg^{2+} 含量均大大增加，尤其 Cl^- 含量成倍增加，而 K^+ 含量大大减少，Ca^{2+} 次之。由于这种干扰破坏，使作物的营养失衡，破坏了植物的生理机制。

3. 直接毒害作用

盐渍化土壤溶液中的一些离子对作物有直接的毒害作用。如过量的 Cl^- 可破坏正常淀粉水解酶活动性，使叶绿素含量减少，影响光合作用，从而导致碳水化合物总含量降低；又如大量 Na^+ 的存在还会使某些作物的叶子边缘枯焦，造成"生理灼伤"现象。

4. 破坏土壤结构

次生碱化使土壤胶体上钠离子饱和度过高，这不仅对植物和土壤微生物产生毒害，而且使土壤结构遭到破坏。土粒分散度增大，湿时泥泞，干时板结、龟裂、不透水、不通气，从而造成土壤结构板结、通透性差等低劣的性质，不能为作物生长提供正常的水、肥、气、热条件，宜耕性、宜种性和生产性都变差。

土地盐渍化对农业的直接危害表现为限制农业对土地资源的利用，轻则生产不良、降低产量，重则死苗、颗粒无收。比如中国新疆维吾尔自治区有宜农荒地 1032 万 hm^2，其中 515 万 hm² 因存在盐碱问题而无法利用；在全区 407 万 hm² 的耕地中，因次生盐渍化问题而产生的低产土壤就有 123 万 hm²（李怒云等，2000）。

土地次生盐渍化对农业的另一个直接危害是降低了农业生产力，造成了农用土地资源萎缩。据估算，在黄淮海平原，因土地次生盐渍化而造成的减产约 10%～15%，在松嫩平原约为 4%～85%（李怒云等，2000）。乌兰布和农垦区在 20 世纪 70 年代初期，因土壤盐渍化，有的农场甚至颗粒无收。全球范围内，由自然或人为因素引起的盐渍化土壤每年可达 100 万～150 万 hm²，造成大量具有生产力的土地从世界农业中消失。

（二）土地盐渍化对生态环境的破坏

土地次生盐渍化是土地荒漠化的一个重要原因。据《中国荒漠化报告》报道，我国荒漠化土地面积为 262.2 万 hm²，其中由盐渍土及土地盐渍化引起的就有 23.3 万 hm²。土地次生盐渍化对生态环境的一个最为明显的直接破坏，就是使森林和草原退化。我国草原的 1/3 存在严重的退化问题，现在每年退化的草原约 130 万 hm²，其中 1/3 是由土地次生盐渍化引起的（李怒云等，2000）。

森林和草原退化进一步加剧了温室效应。据调查，每公顷树木一年能吸收 7～9t 二氧化碳，而全世界由于森林资源的锐减使二氧化碳的排放量每年增加大约 16 亿 t（李怒云等，2000 年）。空气中二氧化碳浓度的急剧增加，加速了地球的暖化过程。绿色植物是整个地球陆地生态系统的能量捕获者，是食物链的开端，土地次生盐渍化造成的绿色植物的衰减消失必将引起包括绿色植物在内的生物多样性的锐减。因此土地次生盐渍化是破坏地球生物圈的一个非常重要的因素，它不仅直接破坏土地生产，而且间接破坏光合作用和生命元素（C，N，O，H 等）在生态系统中的循环，从而对整个地球产生破坏作用。

（三）盐渍化土地对工程建设的影响

到目前为止，世界各国在工程性质方面对盐渍土进行的系统研究还比较少，而且工程上对盐渍土与非盐渍土划分的界限值，国内外的规定历来各不相同。我国在"盐渍土地区建筑规定"中规定易溶盐含量大于 0.3% 的为盐渍土，其主要的工程性质有：

1. 溶陷性

盐渍土中含有大量的硫酸盐、碳酸盐和氯化物，而其中的钠、钾、镁盐都属易溶盐，这些盐类是土粒之间胶结物的主要成分。在干燥状态下，易溶盐结晶析出，且在土中起骨架作用，从而使土壤强度升高，压缩性减少。但遇水后，可溶性盐便会溶解，使土粒间的孔隙增大，土体结构疏松，在荷载作用下引起土体下沉，即产生溶陷。因此，天然状态下的盐渍土是很好的建筑地基，但一旦浸水，就会产生严重的溶陷，对建筑物造成极大的危害。

2. 盐胀性

盐渍土的膨胀主要发生在硫酸盐盐渍土中，由于硫酸钠结晶时吸收大量水而造成体积膨胀，使土粒间的孔隙增大，土粒松散，形成盐结壳脱离的蓬松层，故称盐胀。这种盐胀作用，可以对建筑物室内外地坪、散水、台阶、道路路面、机场跑道等造成危害，也可以发生在建筑物的基础以下，破坏建筑物。

3. 腐蚀性

盐渍土的腐蚀性表现为物理腐蚀和化学腐蚀。物理腐蚀主要是由于土体中的易溶盐在潮湿情况下溶解于水，通过毛细作用，水沿毛细孔上升，浸入到建筑物的基础或墙体，由于水分蒸发，盐类的结晶析出并对其造成危害，而无机盐对毛细水的上升高度具有较大的影响。化学腐蚀则主要表现为硫酸根离子对混凝土的腐蚀和氯离子对金属的腐蚀。当水中硫酸根含量过高时，与处于积水中的混凝土构件将发生化学反应，致使混凝土构件产生裂纹，钢筋被锈蚀。而土壤中游离的以氯离子为代表的阴离子对地下金属管线（如金属输油管道）的影响，则随着各种地下管线的增加越来越明显，严重影响其使用寿命并造成环境污染（史桃开等，1994）。

三、土地次生盐渍化的成因

在土地次生盐渍化的成因当中，自然因素是其发生的基础条件，包括强烈影响水盐上下运行的气候因素和地学条件。

但导致次生盐渍化发生的主要因素是人为因素，即人类不科学、不合理的生产活动。人类不恰当生产活动的发生既有技术上的失误，也有其深刻的人文环境条件。

（一）自然背景

1. 气候条件

气候因素是影响土壤水盐运动的重要环境因素。

盐渍化是由于土体中的水分上下运行，将盐分携至表层，积累而成。因此可以反映水分运行方向与状况的降水量、蒸发量成为气候条件中的重要指标。

在我国干旱、半干旱地区，降水稀少，土壤蒸发强烈；在半湿润地区虽然降水较多，但由于70%以上集中于雨季，旱季蒸发仍很强烈。水分在土体中呈季节性入渗和蒸发，盐分则表现为入渗脱盐和蒸发积盐交替出现的运动特点，特别是在地下水高水位区，盐分累积更加明显。

如黄淮海地区，年降水量为500～1000mm，干燥度为0.9～4.0。降水季节分配不均，冬、春两季降水量只占全年降水量的15%左右，而6～8月降水量约占全年降水量的55%～70%。水的支出形式主要是蒸发和蒸散，约占全区水量支出的70%以上，土壤盐分随水分蒸发而累积。一年中除7、8两个月外的其余10个月都是蒸发量大于降水量，一般在1～2倍以上，特别是春季，蒸发量是降水量的5～6倍。春旱严重，土壤蒸发强烈，是促使土壤积盐的重要原因。

2. 地形与地貌

就大区地形而言，盐渍土多分布在地势低平的内陆盆地、山间洼地和排水不畅的平原地区。

就小区地形而言，由于地面水集中于洼地、洼地积水补给坡地的地下水，因而缓坡地上的土壤盐渍化常常较重。此外，在田面微小起伏的地形上，当降水或灌水时，低处受水多，淋溶作用强；高处受水少，而且蒸发作用强，水分由低处向高处不断补给，盐分在高处积聚形成盐斑。而在土壤透水性不良的情况下，含一定盐分的水从高处流向低洼处，水分蒸发，盐分便在低洼处积累，造成土壤盐斑扩大。

3. 土壤质地与土体构型

不同的土壤质地，有着不同的毛管性状，因而土壤质地决定了土壤毛管水的上升高度和上升速度，以及水的入渗性能，从而直接影响潜水蒸发的速率和水盐动态特征。

按照毛管理论，毛管水上升高度与毛管半径成反比。砂土、砂壤土及轻壤土中毛管水的运移完全符合这一规律。但是由于极细孔隙中吸附力的影响和封闭气泡的干扰，从中壤土、重壤土到黏土，反而是质地愈黏，毛管水上升高度愈低。实验数据表明，均细砂土体构型的土壤不论地下水水位高低，表土均无盐渍化，土体平均含盐量在 0.05%以下。均壤质土体构型的土壤毛管水强烈上升高度为 1.5～1.8m，积盐峰值部位也出现在 1.5～1.8m，均黏质土体构型的土壤毛管水强烈上升高度为 1.2～1.5m，积盐峰值部位也出现在这一高度（魏由庆，1984）。

土体构型，特别是黏土层的厚薄与层位，对土壤水盐运动也有重要影响。研究表明，毛管水在有黏土夹层的土壤中的上升速度均比砂质土和黏质土低，其上升速度随黏土夹层厚度的增加而减慢。相同厚度时，毛管水上升速度随黏土层位的升高而降低。从表土积盐情况看，若黏土夹层厚度相同，层位愈高，即距地下水面愈远，离地表愈近，其隔盐作用愈大；若黏土层位相同，厚度愈大，隔盐效果愈明显（中国农业科学院农田灌溉研究所，1977）。

盐分的向下淋洗受到土壤透水性的影响。张蕾娜等（2001 年）的研究表明，表层黏（0～40cm）、中位夹黏（60～100cm）、通体（粉）砂质壤土 3 种土体构型水盐运移情况明显不同（观察结果见表 5-1）当黏土层位于表层时（H-010），水分入渗过程中，第一次用（60mm）水淋洗后，在 30cm 深度的土层处即形成盐峰，淋洗水至 360mm 水量时，底土层也开始出现盐峰；当黏土层位于土体的中层部位时（如剖面 X-020），淋洗 120mm 水量，10cm 土层才出现盐峰，底土层出现盐峰则需冲洗量 480mm。上述现象的产生与黏粒的表面能大，能吸持较多的水分，盐分在其中的运移速率小有关。通体（粉）砂质壤土多是粗大的通气孔，通气和透水性好，而保水性差，容易漏水，在同样间歇淋洗条件下，入渗水在土壤中还没达到水盐扩散平衡即已下渗，使单位体积水量的淋盐效率下降。

表 5-1 不同剖面淋溶过程中盐峰变化情况（张蕾娜等，2001）

剖面代号	表层含盐量/%	土体构型	最初盐峰出现深度/cm	最初盐峰出现需水量/mm	底土层盐峰出现需水量/mm
B-030	14	0～20cm 黏土层	30	60	360
H-010	18	0～40cm 黏土层	30	60	360
X-020	37	60～100cm 黏土层	10	120	480
B-010	40	砂质壤土	10	180	540
H-020	50	通体（粉）砂质壤土	10	180	540
BZh-022	11	通体（粉）砂质壤土	10	180	540

4. 地下水位与水质

同一种土质，地下水位越高，潜水补给蒸发量越大，盐分在土壤中积累的数量也愈多。经研究发现，当地下水埋深为 2.5m 时，潜水蒸发量为 0.34mm；地下水埋深为 1.8m 时，潜水蒸发量为 1.18mm；地下水埋深为 1.0m 时，潜水蒸发量增加至 1.69mm，与 2.5m 地下水埋深相比，潜水蒸发量分别增加了 4～5 倍（中国农业科学院农田灌溉研究所，1977）。

地下水中的可溶性盐是土壤盐分的重要来源，地下水矿化度的高低，直接影响土壤的含盐量。根据宋长春等人 2000 年在吉林西部的研究，当地下水矿化度小于 0.5g/L 时，土壤基本无盐渍化；当地下水矿化度为 0.5～1.0g/L 时，土壤多呈轻、中度盐渍化；当地下水矿化度大于 1.0g/L 时，土壤多呈重度盐渍化。

（二）技 术 因 素

1. 灌溉引起地下水位抬升

在具有潜在盐渍化威胁的地区，当灌、排渠系不健全、不配套，不能满足灌区合理灌溉，及时排涝防洪和降低地下水位的要求时，将导致地下水位普遍上升，并超过当地的地下水临界深度，引起土壤次生盐渍化。

这方面的实例，国内外比比皆是。20 世纪 50 年代和 60 年代，在黄淮海平原上发展的大规模自流灌溉区，如河南人民胜利渠、山东位山、打渔张等引黄灌区，河北万津、民有渠等灌溉区，北京通惠灌区等，由于灌排工程不配套，用水不当，土地不平整，采用大水漫灌方式，再加上修建平原水库和插花种稻，导致了地下水位迅猛抬升，土壤强烈积盐，盐渍化土地面积迅速扩大。1958～1961 年冀鲁豫平原盐渍化土地面积由 2800 万亩猛增到 4800 万亩（石元春，1994）。位于干旱、半干旱地区的宁夏引黄灌区，灌溉面积不断扩大，但由于排灌不当，耕作管理粗放，引起地下水位抬高和强烈蒸发，盐渍化土地面积也日益增加。1949 年总耕地面积为 12.8 万 hm²，其中盐渍化土地面积 6.07 万 hm²，至 1958 年九年间，耕地面积扩大到 26.4 万 hm²，扩大了 1.06 倍，而盐渍化土地面积扩大到 14.93 万 hm²，扩大了 1.46 倍。经过努力，到 1982 年，次生盐渍化土地面积虽下降到 9.6 万 hm²，但仍占耕地面积的 44.9%（杨瑞珍等，1996）。

黑龙江松嫩平原西部，70 年代修建引嫩工程，每年引嫩江水 4.654 亿 m³ 进入该区。因工程不健全、地下水位抬高导致盐碱化土地在 1959～1980 年增加了 23.7%（杨瑞珍等，1996）。

2. 引用高矿化度水灌溉

利用地面或地下矿化水灌溉，却又缺乏良好的排水淋盐等调控措施，将导致盐分在上层土体中累积，使土壤发生次生盐渍化。

民勤绿洲自 20 世纪 70 年代开始大规模的打井，累计打井 1.3 万眼，井深由原来的几米加深到 300 多米。地下水下降漏斗形成后，周围的高矿化水补给绿洲，加之反复提灌、反复消耗浓缩，使流域地下水水质在垂直方向上发生严重变化，地下水矿化度以每年 0.3～1.48g/L 的幅度提高。特别是流域尾闾的湖区和北部沙漠边缘的乡村，地下水的矿化度普遍达到 4～6g/L，变成苦咸水，仅 80 年代中期的几年里，全县盐渍化耕地面积就增加了 8067 hm²（唐灿等，1999）。

3. 盐化底土的活化

盐渍土改造是指在人工系统控制下，利用水利、农业生物等综合措施使土壤中易溶盐类不再产生危害，但不是完全没有易溶盐的存在。经过改造，盐渍土区的土壤条件、水文地质条件、小地形地貌条件会发生很大改变。但是盐渍土形成的气候条件、大中地貌条件与地球化学条件依然如故，没有也不可能发生根本的变化，区域易溶盐类仍大量存在。同时，形成盐渍土的其他因素，如浅层地下咸水，也未根本消除，盐渍土卷土重来的威胁依然存在。在发展灌溉的情况下，如不采取合理的措施调控地下水位和土壤水盐动态，土壤极易再次发生盐渍化。许多已治理成功的盐碱地再次反复，即与此有关。

在干旱地区的许多类型的土壤的心底土中，也具有明显的盐分累积，有的甚至形成底层盐土磐。灌溉水同样可以湿润心底土积盐层，并溶解活化其中的盐分，盐分又随土壤毛管上升水流的蒸发转向土壤表层累积，导致土壤次生盐渍化。

如位于柴达木盆地南缘的青海省格尔木灌区：土壤剖面中夹有层状结晶盐壳，地表覆盖数厘米厚砾石，以下有 20cm 厚的可溶盐胶结砂土，再下为厚 15～40cm 的石膏层，以氯化钠、石膏为主，呈蜂窝纤维状，再下为巨厚的砂砾石层，属残留盐土。20 世纪 50 年代采用大水泡田冲洗压盐，1m 土层内土壤盐分显著降低，但 1m 以下的土层盐分反而升高，地下水矿化度也相应增高。在地下水位急剧上升后，土壤盐分迅速重返表层，造成大片土地次生盐渍化（青海省水电局水利科学研究所，1978）。

4. 保护地硝酸盐盐化

由于保护地改善了栽培的环境条件，因而成为高投入、高产出的地方，肥料用量远远超过一般露地。研究表明：保护地长期单一、过量施用氮肥和磷肥，特别是氮肥高出正常需要量的 5～10 倍，速效氮比露天土壤高达 5 倍以上（肖千明等，1997）。这些作物不能完全吸收利用的剩余养分，残留在土壤中，致使土壤溶液浓度过高，造成次生盐渍化。

5. 盐渍土脱盐不当

盐渍土脱盐不当，是土地次生碱化的一个重要原因。黄淮海平原在近50年来，灌溉农业的发展，特别是20世纪60年代中期以后，井灌面积迅速扩大，大大降低了平原的地下水水位，从而促使盐渍土脱盐。部分地区，原来重度盐化或盐土的地块，出现碱化特征。地面开始板结，土色变为灰白，严重抑制了幼苗的正常生长。

6. 引用低矿化碱性水灌溉

近年来我国井灌有很大的发展。有些地方浅层地下水水质不良，地面水源又不足，因而开发利用深层地下水作为补充灌溉水源。但是，其中有些深层地下水（200m左右），其在化学组成上属于碱性水。根据初步调查，华北地区的河北省、山东省、河南省（豫北，豫东）、江苏省的北部都有碱性地下水的分布，甚至新疆北部也发现在第四系深层承压水亦具有相当高的碱性。碱性水的特征是：含有 CO_3^{2-} 和 HCO_3^- 的总碱度较高，阳离子以钠离子为主，都有残余碳酸钠。在盐分类型上主要有 Na_2CO_3、$NaHCO_3$、$Mg(HCO_3)_2$ 等，pH在8.4～8.9之间，矿化度在1g/L左右。

灌溉后的土壤物理性状明显恶化，表现在渗透速度极低（0.15mm/h），容重增加，土壤孔隙度下降，土壤结构板结，土壤pH上升，碱化度增加，作物长势不好，产量降低，这就是所谓的土壤发生次生碱化。

土壤性状恶化的原因是由苏打累积而引起的土壤胶体化学性质的变化。模拟实验表明：一种非碱化土壤用高钠碱性水灌溉两年后，即变成轻度碱化土，三年后变成中度碱化土，四年后变成强度碱化土（白英等，1981）。

（三）人 文 因 素

1. 管理因素

有些灌区开灌后，对灌溉管理没有给予足够的重视。对水资源和土地资源的开发程度、计划调配、水费标准和征收办法、节约和浪费水的奖惩办法等缺乏明确的规定。由于用水无计划，灌溉水过量，导致灌溉效率和灌溉水的利用率都很低。如黄海平原灌溉每公顷地60～120元，灌渠利用系数仅为0.6，水分利用率仅为0.49，都非常低（温金祥等，1995）。结果不仅浪费了宝贵的水资源，还抬高了地下水位，给灌区带来了土地次生盐渍化的威胁。

2. 政策因素

20世纪60～70年代，在"以粮为纲"的农业发展政策的影响下，各地将提高粮食产量作为农业发展的唯一目标，开垦了大面积的不宜作为种植业用地的荒地，同时在宜农荒地与灌区的发展中出现了盲目扩大面积的问题，这是60～70年代土地次生盐渍化扩大的直接政策原因。

农村实行联产承包责任制后，没有相应的政策与法律法规约束农民利用资源的行为。各承包户盲目扩大耕地，滥用水资源，滥垦滥牧滥樵现象有所抬头，再加上由于缺乏有效的组织和投入，排水设施毁坏严重，使得一些地区土地次生盐渍化加剧。

四、土地次生盐渍化的积盐特点

（一）次生盐渍化土地的分布

次生盐渍化土地在空间上的分布，与其成因密切相关。分布区域主要集中在引、蓄地表水的自流灌溉区、长期蓄水输水的干渠干沟两侧、季节性积水的低湿洼地、地下水矿化度较高而又排水不畅的高水位区、土壤底层或土壤母质含盐地区以及咸水灌溉地区等。

1. 自流灌溉区与输水河渠沿线

在自流灌区，由于引用灌溉水便利，常无限制用水，超量灌溉，极易抬升地下水位，导致土壤积盐。

输水河渠由于蓄水位过高，时间过长，在水的渗透与静水压影响下，造成周围地区地下水位抬高，盐分上移积聚于地表或土体。渠道两侧的盐碱化范围，随水位高低、流量大小、输水时间长短和土壤等条件变化。据河北、山东、河南等省的调查，干渠盐碱化范围一般为 $100\sim300m$，支渠盐碱化范围一般为 $50\sim150m$，开灌初期距渠道愈近，土壤盐渍化程度愈重。沿灌溉渠道两侧的渗漏浸润带，开始是以小块盐斑出现，而后逐渐发展为大片分布。

平原水库由于常年高水位蓄水，库址附近土地次生盐渍化特别严重，距库堤数百米范围内地下水接近地表，土壤过湿不能耕种，盐碱化范围可达 $1500m^2$。

2. 低湿洼地

由于灌溉季节的大量引水，灌溉余水补充到低洼地带，而出现季节性积水，周围区域受其影响，水盐运动规律发生变化。灌溉季节土壤表层盐分得到淋洗，向下层转移或由径流汇集到洼地，同时洼地积水又使其周围地下水抬高，最终造成洼地周围土地次生盐渍化。

3. 土体含盐地区

有两种类型，一类是尚未彻底改良的盐渍土地区。在盐渍土改良初期，土壤盐分仅处于由上层向下层的转移阶段。一般情况下，盐渍土在自然条件影响下，土壤盐分表聚性强，表层土壤盐分含量大于底土数倍。在治理过程中，由于水的淋洗，表层土壤盐分减少，深层土壤盐分增加，这种现象说明，盐渍土在改良初期，尽管作物可以正常生长，但这只是土壤盐分在土壤垂直剖面上的再分配，土壤盐分处于潜在状态。

另一类是土体含盐的地带性土壤分布区。在我国西北干旱地区，主要包括新疆、青海西部、甘肃河西走廊和内蒙西北部等干旱、半干旱地区，淋溶微弱，由于风化作用和易溶盐迁移的地球化学特征，土壤的中层、底层富含可溶性盐类。如灰漠土，易溶盐类的累积位置通常是在石膏层以下或者与石膏层相结合，盐分含量由 $1\%\sim2\%$ 到 $20\%\sim$

30%，甚至形成坚硬的盐磐。栗钙土、棕钙土、棕漠土等剖面的中下部也含有盐分，有的甚至超过 1%。因而在发展灌溉的条件下，由于用水不当，极易将下层土壤中的盐分携至地表，造成次生盐渍化。

（二）盐分在土壤剖面中的垂直分布

次生盐渍化土壤的剖面特征，既反映了次生盐渍化产生的原因，也反映出次生盐渍化动态演化的不同阶段，以及危害程度。

经大量的取样分析（白由路等，2001），发现黄淮海平原有四类土壤剖面：表聚型盐分剖面、底聚型盐分剖面、中聚型盐分剖面和平衡型盐分剖面。

表聚型盐分剖面的特征是：0～20cm 土体土壤含盐量高，其他各层土壤含盐量均低于表层，表明土壤盐分的运行处于上升或平衡状态；底聚型盐分剖面的特征是 40cm 土层土壤含盐量高于表层，表现出土壤脱盐特征，但也表明盐分并未离开剖面，仍存在较大的次生盐渍化的威胁；中聚型盐分剖面的特征是 20～40cm 土层土壤含盐量较高；平衡型盐分剖面的特征是 0～200cm 土体土壤含盐量差异不大，表明其盐分处于总体平衡状态，且有脱盐的趋势。

西北等地因底层盐化所引发的土壤次生盐渍化的盐分剖面，也呈现底聚型盐分剖面的特征。

（三）盐分组成的演替变化

由于氯化物和硫酸盐等水溶性盐类溶解度的不同，在土壤次生盐渍化的过程中，同样显示出地球化学分异规律。

在土壤次生盐渍化初期，土壤表层的盐分组成以氯化物为主，形成地表呈暗褐色油泽感的潮湿盐渍土（群众多称"黑油碱"）；随着盐渍化的不断发展和盐分的持续累积，硫酸盐类累积逐渐增多，土壤盐分组成转变为硫酸盐-氯化物或氯化物-硫酸盐混合类型，土壤也由潮湿盐土演化为结皮盐土（群众多称为"白不咸"、"毛拉咸"）；土壤次生盐渍化持续发展，土壤盐分组成则多以氯化物-硫酸盐或硫酸盐为主，土壤演化为结壳蓬松盐土（群众多称"扑腾碱"）。这种土壤盐渍类型在时间上的演变更替规律，同样在空间分布上因微地形起伏不平而显现出来，因此不同类型的盐渍土，在地块中多呈复域，相互插花分布。

（四）积盐与脱盐的反复性

受地下水和地面渍涝积水影响而发生的次生土壤盐渍化，具有来得快、恢复也快、积盐与脱盐频繁交替的特点。在半湿润、半干旱季风区，由于降水量的季节性变化，一年中可明显划分出淋盐期与积盐期。积盐脱盐与降水紧密相关的特点在年际上也有所反映，在雨水过多发生大涝年份的翌春 3～5 月积盐季节，土壤盐渍化有所发展和加重；在雨水连年偏少的干旱年份，土壤盐渍化往往有减轻的趋势。

土壤积盐与脱盐的反复性，不仅与气候因子的变化有关，也与改良利用盐渍土的技术措施特点有关。在改良利用盐渍土过程中，关键的措施是调控地下水位，使其长期位于其临界深度以下。耕层土壤处于脱盐状态，但是盐分仅仅被淋洗到深层土体中，排走的数量并不多，盐分的运动仍以垂直方向上重新分配为主。一旦采取的水利措施失当，地下水位上升，土壤必然再次积盐，对此必须有足够的认识。

第二节　土地次生盐渍化防治原理和原则

我国各族农民在长期农业生产过程中，积累了丰富的利用和改良盐碱地的经验，因地制宜创造了多种多样的排盐、压盐、躲盐等措施。

新中国成立后，50～60年代开始大力发展农田水利建设和大规模开垦利用盐碱荒地资源，农民原有的经验已无法适应当时的形势，而对新出现的问题又缺乏应有的科学认识，理论研究和生产实践都远远落后于实际，从而导致土壤次生盐渍化大面积发生。

在认真总结教训的基础上，科学工作者对次生盐渍化的成因及防治经验，进行了多年深入的调查研究和科学实验，建立了科学的次生盐渍化发生与防治理论，总结出了次生盐渍化的防治原则，用于指导实践。

一、新中国成立以来防治次生盐渍化的简单历史回顾

新中国成立以来，我国土地次生盐渍化的防治工作经历了三个阶段。

（一）土地次生盐渍化大发展阶段

20世纪50～60年代，国家投入巨大的财力和劳力兴修水利，建设大型灌区，如位于黄淮海平原的河南人民胜利渠、山东位山、打渔张等引黄灌区，河北万津、民有渠等灌溉区、北京通惠灌区等。由于对土地次生盐渍化问题缺乏科学清醒的认识，重灌轻排，兴渠废井，灌排渠系不配套，再加上土地不平整，大水漫灌，甚至修建了大量的平原水库，使得地下水水位迅猛上升，次生盐渍化迅速发展。

在新疆、甘肃、宁夏、青海等西部省（自治区），大规模开荒造田。宁夏引黄灌区耕地面积由1949年的12.8万hm^2猛增到24.72万hm^2，新疆则每年以17.6万hm^2速度进行开荒。由于管理粗放，即使少量地方挖了排水渠，其深度和密度也都远远不够，大多采用大定额灌溉洗盐方式。新疆平均毛灌溉定额高达15 000～22 500m^3/hm^2，渠系利用系数仅为0.25～0.3，造成地下水埋深由垦前的4～8m很快升高到1～2m。宁夏次生盐渍化面积迅速发展，占到耕地的67.3%，使不少地区土地弃耕，形成"盐赶人走"的被动局面（樊自立等，2002）。

这一阶段在防治措施上比较单一，主要以农业生物措施为主，侧重于推广农民群众经验，如刮盐起碱、围埝养青、翻淤压碱、耕作防碱、多施有机肥、种植耐盐植物和防盐、抑盐、躲盐等栽培措施。这些措施能够增加一部分作物产量，但是，不能从根本上改变盐碱地的基本状况。

（二）旱涝盐碱综合治理阶段

20世纪60~80年代，在"以水为纲，综合治理"方针指引下，通过工程措施和农林生物措施相结合，取得了良好的防治效果。积累了沟渠林路结合、井灌井排等经验，涌现出河北曲周、南皮、河南商丘、山东禹城等典型，土地次生盐渍化的防治工作彻底改观。

其基本经验是通过各种不同组合形式的井、沟、渠、坑塘等水利设施，综合运用灌、排、调、蓄、补等各种措施，合理调节地面径流和地下水资源的时空余缺，调控灌溉用水量和地下水位及水盐动态变化，并在土体中形成地下水库，将大气降水、地表水、土壤水和地下水联合运用，相互补充，调节和控制一个地区或流域的水盐均衡，达到旱、涝、盐、碱综合治理的目的。

（三）综合利用整治阶段

20世纪80年代以来，土地次生盐渍化综合防治的新思路、新技术、新方法、新的改良剂不断涌现，综合防治的实践与理论水平提高到了一个新的阶段。系统科学的思想和方法、土地持续利用的理论、生态的观点、盐渍化土地也是资源的观点等，逐渐为人们所接受；综合利用次生盐渍化土地，发展农林牧渔业的种植养殖技术层出不穷；耐盐植物的引种和筛选、抗盐生物活性物质的研究等，都为巩固盐碱地治理效果发挥了很好的作用。

二、土地次生盐渍化防治的原理

（一）土地可持续利用和土地利用的多样性

土地可持续利用要求土地管理技术绝不能以破坏资源、牺牲环境质量为代价换取短暂的丰收和较高的经济效益。因此，次生盐渍化的防治措施强调因地制宜的利用现代科学技术，并与传统农业精华相结合，充分发挥区域资源优势，依据中国式生态农业"整体、协调、循环、再生"的原则，运用系统工程方法，全面规划区域土地利用，以实现高产、优质、高效持续发展。

土地利用多样性是指土地景观中生产系统的多样化程度（包括畜牧和农林复合系统），可以分为结构多样性和空间多样性。多样性常常作为一种市场风险和生产风险的防护，也反映一个区域农业系统的灵活性和弹性。结构多样性常表现为土地利用结构、种植结构及农、林、牧、副、渔各业比例等。

调整土地利用结构的目的是在土地可持续利用原理指导下，以土地利用的多样性为理论基础，以建立稳定高效的农林生态系统、促进社会经济可持续发展为主线，通过调整的手段，做到宜农则农、宜林则林、宜草则草、宜渔则渔、宜工则工，优化水土资源配置，实现农、林、牧、渔、工业综合开发，经济、生态、社会三大效益并举。

（二）农林复合生态系统

盐渍化土地作为一种特殊的生态环境，在农业、林业及环境建设等方面有着极其重要的作用。但由于盐渍化地区受旱、涝、盐、碱、风、沙等各种因素的影响，林木覆盖率较低，草场退化，种植业落后，生态系统结构失调、功能低下、稳定性差，生态环境极端脆弱，严重威胁经济和社会的可持续发展。

农林复合生态系统是将林业和农业（农、牧、渔、副）有机地结合在一起经营，根据生态学"物种共性"和"物质循环再生"的原理，组成一个人工生态系统，把农田、林带、林网、间作、用材林、经济林、牧草、经济作物有机结合，融为一体，因地制宜地形成空间上有层次、时间上有序列的多功能、多效益立体配置的生态农业结构模式。

从生物特性和形态上看，林木属多年生木本植物，个体所占据的空间比农作物要大几十倍到几百倍，这就决定了林木在抗逆功能上具有更大的生态振幅。农林复合生态系统中防护林木、经济林木的加入，对整个系统改善和调节光、热、水、气，防止土壤侵蚀，有效利用水分，提高土壤肥力，增加土地生产力等方面起到积极有效的作用。

林木从发芽到落叶，长达 6～7 个月时间。$1m^2$ 的阔叶树叶，在生长旺盛期，12 个小时内，平均蒸腾 4.4L 水，比在相同条件下 $1m^2$ 的自由水面 24h 的蒸发量多 1 倍以上。结果在林木树高 5～7 倍范围内，地下水位降低了 20～30cm，一般可影响到 100～150m 的范围，最大可达 300～500m。由于林木降低了地下水位，从而防止了土地次生盐渍化。

植被覆盖通过增加地面覆盖，减少地面蒸发，来抑制土壤水盐向上运移。植被覆盖还有促进淋盐的作用，这是由于植物地上部分可拦蓄地表径流，而地下密集的根系可显著增加大孔隙，改善土壤结构，从而加大土壤的透水性，增加降雨的入渗。因此不论是绿肥还是其他植物，均可大大促进降雨的淋盐作用。

在林木保护下，可降低农田近地面的风速，使半干旱及具有明显干旱季节的地区，表土不易吹失，可以防止土壤的风蚀。同时在雨季又可减轻雨水对土壤的侵蚀，达到保肥的效果。林木枝叶繁茂，枯枝落叶可增加土壤的有机质含量，提高土壤肥力。据测定，林木保护下的农田腐殖质含量比无林地的农田多 20%～70%。

林网有降低风速、提高湿度、调节温度的作用。据测定，农田防护林网内比空旷地多降低风速 20%～44.7%；夏季降低气温 0.5～2.3℃，春秋冬三季提高气温 0.3～1.3℃，延长小麦、玉米生长期 10d 左右；使相对湿度增加 10%～20%，蒸发量减少 37.8%～52.8%，土壤含水量提高 3.0%～14.6%。当遇到干旱、干热风和冻害时，林网调节降低了这些灾害性气象因子的量值，减轻了危害，增加了农田生态系统的可塑性和稳定性。根据在黑龙港流域的南皮县和饶阳县的调查，有林网保护的小麦和玉米比相同栽培条件下无林网保护的小麦和玉米分别增产 7.6% 和 6.9%（贝军，1995）。

由于防护林木对农田生态环境的改善、生理辐射的增加和实际蒸散的减少，为作物增产提供了适宜的气候条件。据测定，其增产的定量指标是：风速降低 1m/s，每平方米籽粒重增加 18.5g；饱和差相对减少 1hPa，每平方米籽粒重增加 6.81g；土壤湿度相对提高 1%，每平方米籽粒增加 1727g（贝军，1995）。

（三）季风条件下土壤水盐动态特征及其调控

20世纪70年代开始，石元春等（1994）对半湿润季风气候和泛滥平原条件下，旱涝盐碱和地下咸水的内在关系和发展规律进行了周密的观测和研究，提出了半湿润季风气候区水盐运动理论。

1. 旱涝盐碱和地下咸水共存和交互危害

半湿润季风气候区，周年土壤水盐动态有蒸发-积盐、淋溶-脱盐、相对稳定三种基本形式。随季节变化，周年内可分为五个时期：春季（3～5月）强烈蒸发积盐期，约占全年积盐量的70%；初夏（6月）相对稳定期，地下水因蒸发降至最低点；雨季（7、8月）淋溶脱盐期，高温多雨盐分淋溶下行；秋季（9～11月）蒸发积盐期，由于雨季后潜水位高而返盐；冬季（11月至翌年2月）相对稳定期，因低温结冰水盐运动缓慢（石元春，1985）。

大气降水干湿季分明，形成土壤水盐上行与下行季节性更替的特点。

土壤盐渍状况取决于蒸发积盐与淋溶脱盐两种过程强度的对比。在周年内如降雨脱盐与蒸发积盐相当，则不发生积盐；在干旱年份或汛期降雨量少时，蒸发积盐强于淋溶脱盐的过程，则土体形成积盐；有时干旱年有积盐，在平水年及丰水年又可脱盐。

土壤水的有效天然补给来源是降雨和潜水蒸发。在地下水埋深较浅的条件下，潜水蒸发是土壤水补给的主要来源，地下水盐可转化为土壤水盐；当潜水埋深大于2.5m时，潜水蒸发对土壤水的补给已不起作用，降雨则成为土壤水的补给来源。而当土壤水在土壤受降雨淋洗时，又可把土壤盐分转化到地下水中去。所以土壤与潜水盐分的聚积数量与化学组成存在着明显的一致性，咸水与盐碱地往往相伴发生。地下水深浅、矿化度高低，是地下水盐是否转变为土壤水盐，土壤是否发生盐渍化的一个决定性条件。不论是自然条件下形成的地下水位，还是灌溉不当而抬高的地下水位，只要地下水埋深浅于临界深度，就会发生土壤盐渍化。

旱涝盐碱和地下咸水共存以及交互为害是半湿润季风气候和泛滥平原条件下水盐运动所表现出的一组自然现象，是一种独立的地理景观和生态系统。因此，应将旱涝盐碱视为一个统一的系统和有机的整体，必须综合治理。

2. 浅层地下水的调控是关键

综合治理旱涝盐碱的实质是对区域水运动（包括降水、地下水、地表水、土壤水及其中的易溶盐）的科学调节和管理，使之向着能够抗旱涝和消除土壤盐渍化、改善农田生态环境的方向发展。

地下水埋深动态变化是大气降水、地表水、土壤水、地下水之间消长转化过程的集中反映，是一年四季时时都在发生的动态过程。地下水临界深度是指在旱季不致引起土壤积盐、不危害作物生长的最浅地下水埋深。合理调控地下水埋深，可使水盐运行向着防盐淋盐、蓄雨防旱、防涝防渍、淡化水质的方向发展。

调节和管理区域水盐运动的枢纽和杠杆是浅层地下水的开采和回补。

旱季将地下水调控在临界深度以下，并尽量减少潜水蒸发。旱季主要是春秋两季，土壤水盐运行处于蒸发积盐阶段，调控地下水埋深在临界深度以下，可截断或减少地下水盐对土壤水盐的补给，抑制水盐上行，这是防止盐渍化的基本要求。

雨季前将地下水调控在防涝蓄雨深度、旱季开采利用地下水的结果，已使地下水位在雨季前（6月）下降到相当深度，减少了潜水蒸发，抑制水盐上行；雨季则又能增大降雨入渗对地下水的补给，增大水资源可利用量，减少地表径流，预防渍涝，增加伏雨洗盐及淡化地下水的作用，可谓一举多得。雨季调控地下水的适宜深度，要有利于增大降雨入渗对地下水的补给。

在旱季通过浅井提取地下水抗旱增产，同时对水盐调控起到三方面的作用：一是灌溉增加了重力水下渗压盐，改变了旱季自然蒸发积盐的过程；二是在井灌时抽水降低了地下水位，减少了潜水蒸发，防止返盐；三是增加降雨入渗，减少地表径流，防止渍涝，蓄雨补源，淡化水质。

三、土地次生盐渍化防治的原则

（一）以防为主，防治结合的原则

我国北方地区气候干燥，土壤蒸发量大，地下水中又含有一定量的盐分，如果不是以防为主，采取必要的措施，控制地下水位，防患于未然，极易引起盐分的扩散、搬家。待到已经发生盐分危害再去治理，就会事倍功半，给农业生产带来极大的损失。因此，必须贯彻预防为主、防治并重的原则，积极预防土地次生盐渍化的发生。

1. 预防土地次生盐渍化的政策建议

1）土地次生盐渍化的预防工作牵涉全局，必须上、下游统一规划，各项措施统筹安排。首先解决排水出路与灌溉水源问题，同时注意防洪除涝，保持区域性水盐平衡，特别是安排发展新灌区和扩种水稻等计划时，更是如此。

2）合理开发利用灌区的水资源，提高管理水平。长期以来，人们缺乏水资源意识，把水当作取之不尽、用之不竭的资源，因而造成水资源浪费现象严重，如农田仍然习惯于采用大水漫灌方式，灌溉定额偏大等。所以，有关部门应该制定相关政策，加大水利执法力度，建立合理的价格体系，完善奖惩机制，强化水资源管理。

3）提高灌区预防土地次生盐渍化重要性的认识，在政策上和资金、物资的投入上给以倾斜。明确规定土地承包者的长期经营和使用权，调动广大农民改良、治理、保护、利用土地的积极性。

2. 预防土地次生盐渍化的技术对策

（1）健全灌排系统，控制地下水位

在建设大型自流灌溉工程时，需要同时考虑灌溉系统和排水系统，特别是在潜在盐渍化地区，支级和斗级以下灌溉系统应与排水系统配套，保证排水通畅，控制田间地下

水位在临界深度以下，从而做到有灌有排，不旱不涝不碱。渠道控制面积大小要适宜，渠道级数不宜太多，输水灌渠不宜太长，断面不宜过大；桥、涵、闸等渠系建筑物要配套，做到及时、适宜的调配水量，提高灌水质量和效率。

（2）发展节水农业，避免抬高地下水位

要有计划的集中输水，缩短输水时间，提高浇地速度，防止地下水位上升。同时，要因地制宜，因作物制宜地采用节水农业措施，改进节水灌溉技术，如小麦宜用畦灌，棉花、玉米等作物可采用沟灌或隔垄沟灌，做到既高产又节水，减少对地下水的补给。

（3）减少和防止渠道渗漏

一般采用混凝土、砖石、黏土或塑料、沥青等防渗材料护面，或用压实、人工挂淤等方法，减少渠道的渗漏。

（4）合理布局，避免插花种稻

在盐渍土区引水种稻，实行水旱轮作，是改良盐渍土的有效途径。但是种稻改碱，必须合理布局，实行集中连片种植，开挖深沟截渗，否则，水旱田插花，就会盐分搬家，导致稻田附近旱田严重盐渍化。

（5）采取合理农林措施，抑制土壤返盐

加强耕作措施，如平整土地、精耕细作、增施有机肥料、种植绿肥牧草，可以提高土壤肥力，改良土壤结构，抑制返盐。

在道路、沟渠两侧，搞好植树造林，可以起到生物排水作用，既可降低地下水位，又可改善农田小气候。

（6）建立和完善水盐运动的监测预报网络系统

土地次生盐渍化防治的实质是对区域水盐运动的科学调节和管理，调节管理的基础是对区域水盐运动的监测和预报。我们可以通过化学分析、遥感、计算机技术，监测土壤盐分、土地景观和地下水的动态变化，从而预报土地次生盐渍化的发展态势，采取相应措施，防患于未然。土地次生盐渍化的监测预报对于土地的持续利用、农业的稳产高产具有重要意义。

应建立不同盐渍土地区的长期动态监测网络，持之以恒地进行土壤水盐动态规律的研究，重视不同生物条件下的长期观测资料数据的累积和分析，加强我国土地次生盐渍化的监测与评估技术，并开展趋势预报的研究。

（二）综合治理的原则

次生盐渍化地区的春旱夏涝，土地盐碱瘠薄和地下的咸水是一组有机联系的自然现象，因此在治理上也必须确定一个整体的综合的治理目标，才能既治标又治本。在治理方法上，不是各种农水措施的简单结合，而是在现代科学理论和技术指导下，根据不同

条件，利用技术集成，建立相应的综合治理模式。同时，综合治理必须与治理区的综合发展相结合，才能取得经济、社会和生态的综合效益。所以，综合治理的内容，既包括治理目标的综合，也包括措施的综合和效益的综合。

1. 土地盐渍化的防治与区域开发相结合

长期以来，农业生产主要依靠扩大外延的粗放经营和资源投入来发展，旱涝盐碱的威胁也只是用一般技术和经验来对付。随着农业生产社会化程度的日益增加，特别是大型水利工程的建设，人们深刻认识到对付旱涝和土地盐渍化，绝不只是某几个田块的问题，而是和整个流域和区域相联系，是和整个区域的水盐运动状况及其演变密切相关的。

因此，在治理方法上，要求流域上游与下游相结合，水利工程与农业技术相结合，土壤改良与土地持续利用相结合，盐渍化防治与区域经济发展相结合。在治理对象上，要求将旱、涝、盐、咸、瘠等作为一个统一的系统，做到统筹兼顾，综合治理。在治理目标上，结合当前利益与长远发展，注重经济效益、社会效益与生态效益的相互结合。

2. 改良与利用相结合

改良为利用提供了前提，改良的目的是为了利用。由于盐渍土地区地势平坦，土层深厚，水利条件较好，因此盐渍土是一类具有很大生产潜力的重要土地资源。所以在盐渍土改良之初，就应明确利用的方向与方式，并贯彻于改良过程的始终。利用方式不同，改良要求和方法也就不同。利用方式一方面受自然条件和经济技术可能性的制约，同时也决定于产品的市场需要、经济价值和综合效益。改良盐渍土，不仅为粮食生产创造了良好的基础条件，也为其他利用方式的灵活运用创造了条件。大规模种植甜菜、向日葵、红花、油菜等耐盐作物，种植高度耐盐的籽粒苋，利用雨季地面径流和冬季河流弃水发展芦苇及水产养殖，利用高矿化度咸水发展盐业，将农盐牧三业结合，开发以胡杨、沙棘、柽柳等耐盐树种和在其下种植的耐盐草本植物的"双层草场"，凡此种种，均是改良盐渍土、合理利用盐渍土的成功经验。

盐渍土的多种利用方式，也可以说明利用方式的合理选择可以显著降低盐渍土改良的难度和投资，提高综合效益。

3. 水利工程措施与农业生物措施相结合

水利工程措施对于农业生产来说是首要的，更是盐渍土综合开发与治理的前提条件。依靠水利工程措施，可以冲洗土体盐分和降低地下水位，提供灌溉与排水出路，真正做到有灌有排、灌排通畅，从而综合运用排、灌、蓄、补不同方式，统一调控降水、地表水、地下水和土壤水。在生产实践中，依靠水利工程，极大加速了干旱、洪涝、盐碱及咸水的综合治理过程，许多经验证明了水利措施是改良盐渍土的首要的基础条件。

但是，如果没有与农业生物措施的紧密结合，盐渍土的开发利用也无法实现。农业生物措施通过增施有机肥、种植绿肥，以及躲盐巧种等栽培方法，不仅可以增加地面覆盖，减少盐分的上行，巩固治理效果，而且在水源不足或水质不良，或排水无出路，特别是在低洼地不易降低地下水位的区域，通过农业生物措施，同样可以达到治理盐渍土的目的，所以水利工程措施与农业生物措施的配合，在旱涝盐咸的综合治理过程中是十分重要的。

4. 土壤除盐与土壤培肥相结合

在开发利用盐渍土时，为了能够顺利地进行农业生产，必须消除土壤中过多的盐分。最有效的措施就是冲洗排水，它可以把过多的盐冲洗出区域，或有效土层以外，消除盐分的危害。

除冲洗措施以外，土壤除盐的措施还包括种稻、冲洗性灌溉、刮盐等。在水稻生长期需保持一定的水层，或在旱作物生长期间加大灌溉水量，都可以消除过多的盐分。但是伴随土壤脱盐，植物营养元素也同时处于淋失状态，因此必须通过土壤培肥，补充和提高土壤有机质和植物营养元素的累积量，这样才能真正达到改良利用的目的。否则，土壤将伴随其脱盐而趋向贫瘠化，造成土地退化。

另外，由于盐渍土的结构不良，紧实板结，通透性差，需要通过增施有机肥改善土壤结构。良好的土壤结构既有利于盐分下淋，又可减少地面蒸发，阻止盐分上升；土壤中的有机质还可以起到增强微生物的活动，缓冲盐碱危害的作用。

（三）因地制宜的原则

我国次生盐渍化土地的地理分布范围非常广泛，各地生物气候、地质、土壤、水文和水文地质条件差异很大。因此，土地次生盐渍化的成因、过程和特性等也多种多样，导致形成多种类型的盐渍土。另外，次生盐渍土分布地区开发利用的历史有长有短，利用状况各异，集约化程度不同，社会经济背景有别，对盐渍土利用改良的经验也各有特色。因此，防治土地次生盐渍化必须因地制宜，根据具体情况，采取有效措施。

因地制宜也还有另一层含义，即就一个地方而言，同样要遵循因地制宜的原则，优化土地资源配置，宜农则农、宜林则林、宜草则草、宜渔则渔，可以发展盐产业，发展特色种植业。

第三节　防治土地次生盐渍化的技术措施

防治兼顾，防先于治。监测灌溉水水质、利用遥感手段监测土地变化、利用数学模型模拟灌区水盐动态，均是防患于未然，防止土地次生盐渍化发生的重要技术措施。实践证明，因地制宜采用调整土地利用结构、兴建水利工程、改良土壤等措施，是整治次生盐渍化土地的有效方法。

一、监测灌溉水水质

盐渍化地区土壤中的盐分来源很复杂，其中由灌溉水携入的盐分有可能占有相当大的份额。在干旱和半干旱地区，发展农业必须发展灌溉，而由大量灌溉水携入盐分导致的土地次生盐渍化就有可能发生。因而，监测、评价灌溉水水质，并采取相应的对策，成为土地次生盐渍化防治的重要内容。

（一）灌溉水水质评价指标

灌溉水质的评价，主要是依据灌溉水是否会对土壤和作物产生不良影响，即有无盐渍化的危险。灌溉水是否引起盐化或碱化，除了与土壤特性有关以外，也与灌溉水中各个离子的含量以及它们之间的组合比例有密切的关系。

1. 水质评价指标

（1）氯离子

在盐渍土地区的土壤和地下水中，一般氯离子是阴离子的主要成分，与矿化度成正相关。

（2）矿化度

表明水的离子总量，是衡量盐害的一项综合指标。

（3）盐度

表示水中氯化钠与硫酸钠可能发生的最大危害含量，计算方法为：当钠离子浓度大于氯与硫酸根离子浓度之和时，盐度等于氯与硫酸根离子和；当钠离子浓度小于氯与硫酸根离子和时，盐度等于钠离子浓度。

（4）剩余碱度

碱度表示水中碳酸氢钠与碳酸钠可能发生的危害含量。通常用阴离子重碳酸根和碳酸根表示，但考虑到阳离子钙和镁的存在，便采用剩余碱度的概念，标志水中是否有残余碳酸钠的存在。

$$剩余碱度 = (HCO_3^- + CO_3^{2-}) - (Ca^{2+} + Mg^{2+})$$

单位为 mg / kg，剩余碱度为负值时，盐害起主导作用。

（5）钠吸附比

$$钠吸附比（SAR）= Na^+ / \{(Ca^{2+} + Mg^{2+}) / 2\}^{1/2}$$

可以反映出水中阳离子与土壤代换性阳离子之间的关系，以判定土壤碱化的可能程度。

2. 灌溉水水质标准

在我国颁布的农田灌溉用水水质标准中，提出含盐量（即矿化度）在非盐渍化农田不得超过 1500mg/L，氯化物（以 Cl^- 计）在非盐碱化农田不得超过 300mg/L。世界各国对灌溉水的评价标准是不一样的。如前苏联规定灌溉水中盐分浓度不超过 1g/L，认为利用 1～2g/L 的水就会引起盐碱危害，对于含盐浓度 3～7g/L 的水，规定只能在具有淋洗和完善的排水条件时才能用于灌溉。美国盐渍土实验室认为利用 0.5～1.5g/L 的水必须保证排水条件，并加强管理，控制盐度，含盐 1.5～3g/L 的水一般不适于灌溉。

实际上，评价灌溉水的水质是否适宜于灌溉，不仅要根据总的盐分浓度、盐分种类和一些个别离子的含量来判断，而且还要估计到用水地区的其他因素，如土壤特征（透水性、肥沃度）、灌溉管理（灌溉方法、灌溉技术）、排水条件、气候和作物等。

（二）回归水和咸水的监测评价

评价灌溉水水质在回归水和咸水的利用上有特殊重要意义。灌溉回归水，是指从稻田流经地表和地下进入排水沟最终回到河流中的水。盐渍化地区的潜水一般属于咸水和微咸水类型，灌溉回归水和咸水对土地利用具有双重性，一方面它们是宝贵的水资源，另一方面水中含有较多的有害的盐分，一旦使用不当，则会毁害土地资源。因而，利用灌溉回归水和咸水，必须进行水质化验，掌握盐分动态，做到科学管水，方可趋利避害。

1. 回归水的利用

回归水的利用是指在未回入河流之前，灌区内部从排水沟直接引用，这是灌溉水的重复利用。

稻田用水量一般在 1500m³/亩左右，这些水一小部分用于水稻的叶面蒸腾和水面蒸发，大部分水用于泡田、冲洗、田间和渠道渗漏、田间排换水等，一般每亩 300～500 m³水被排走。因而回归水的利用是经济用水的重要措施。我国南方水网地区的灌溉水中都包含有回归水。北方降雨量少，许多地区严重缺水，因而利用回归水就显得尤为重要。

回归水的水温一般较河水高 1～4℃，这在北方低温年份对农业生产具有重要意义。回归水中的有机质和其他营养物质，一般比河水含量高，这也是非常有利的。但是，回归水的矿化度增大，阴离子也往往由以硫酸根或重碳酸根为主转变为以氯离子为主，阳离子转为以钠离子为主。

回归水的利用中要注意增强排水能力，提高条田工程标准，决不允许堵截排水沟，因灌废排；要做到适时换水，单灌单排；适当加深水层，合理灌溉；若回归水含盐浓度变大，则应根据咸水灌溉的要求，采取防止盐碱为害的综合措施，以保证水稻的正常生长。

2. 咸水和微咸水的利用

在淡水资源不足的地区，利用含盐量较高的回归水或含盐地下水进行灌溉，可以补充淡水的不足，确保作物不致因干旱而减产。

咸水灌溉将一定数量的盐分带入土壤，可以使土壤的含盐量增高。但是，如灌水定额增大，也可使土壤上层的易溶盐受到淋溶而向下层移动。尹美娥（2000）的试验研究表明，咸水灌溉各处理在灌溉季节有明显的盐分累积，灌溉定额越大，携带入土壤中的盐分越重，一般会增加土壤含盐量 16.4%～67.0%。但是经过降雨淋洗后，土壤含盐量就可以降到灌前水平，甚至低于灌前的含盐量。河北曲周试验站，利用小于 5g/L 的咸水做灌溉试验，结果表明，在气候偏旱条件下，咸淡轮灌，棉花可增产 76.5%。连续 4 年的小麦灌溉试验表明，咸水灌溉小麦平均增产 24.7%。

咸水具有双重性，在缓解干旱威胁、确保作物增产的同时，灌溉咸水中的盐分也在土壤中累积，有可能引起土壤次生盐渍化。因此，进行灌溉水质评价，监测咸水灌溉中盐分在土壤剖面中的累积状况；采用淡咸轮灌，淡咸混灌的方式，都是十分重要的。

利用咸水和微咸水灌溉，要注意咸淡水轮灌或混灌；根据水质和土壤盐渍化情况，将灌水次数控制到最少。玉米、高粱、谷子、棉花的苗期应用淡水灌，成棵后作物的耐力提高，再用咸水灌溉。

二、数学模型模拟

（一）水盐均衡法

水盐均衡法是研究水盐运动的重要和常用方法。通过水盐均衡计算，可以对一定时空条件下水量盐量的收入、支出和储量上的变化，做出定量的评价。此方法对于剖析盐渍化产生的原因、盐渍化因素的变化以及评估治理措施，均是有意义的。

盐分均衡的概念是由 Scofield（1940 年）最先提出来的。

进入灌区的易溶性盐量和通过排水排出的盐量之间的关系被称之为盐分平衡。如果输入盐量大于排出盐量说明土壤积盐，如果输入盐量小于排出盐量说明土壤脱盐。

图 5-1 为水分物流图，水是盐分的溶剂又是盐分运移的载体，只有通过水分的平衡才能达到盐分的平衡。灌区水分平衡可以表达为

$$\Delta W = 收入 - 支出 = (R + I + C + Q) - (P + E + O + Q)$$

式中：R 为降水项；I 为灌溉项；P 为渗漏水；C 为毛管上升水；E 为蒸散量；O 为植物体所含水分；Q 为地下径流的入项和出项。

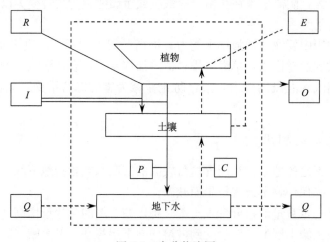

图 5-1　水分物流图

盐分均衡是通过水分平衡来实现的。某土层盐储量的变化值 ΔM_s，取决于

$$\Delta M_s = R \times N_r + I \times N_i + M_f + K \times M \times L - M_l - P \times N_p - C \times N_c$$

式中：N 为溶液的盐浓度或单位重量的盐含量；K 为残留系数；M 为系统中某特定处的盐量。公式中的下标含义如下：f 为有机肥，s 为土壤，l 为活植物体，其他符号同前式。

水盐均衡研究的实际需要，决定了必须把土壤作为一个复杂的开放系统（这一系统还包括地下水及部分生物体）运用系统观点进行分析研究。为分析这一系统，制作了盐均衡的级联模型（图 5-2），表示盐分的输入输出及在系统内部循环的情况。

上述两个表达式既可以用来分析整个灌区的水盐平衡状况，也可以用来分析根层水盐平衡状况。

输入和输出根系层的可溶盐量达到均衡，使土壤根系层保持一个较为理想的盐度，在此盐度下作物在生长期内不会遭受盐害；反之土壤遭受盐害，就会降低作物产量。

水盐均衡还可以用比值表示，水均衡指数为 $WBI =$ 输出水量/输入水量。盐随水来，用水均衡指数可以定量地表示灌区的灌水量和排水量，即当 $WBI=1$（灌区内的输入水量等于输出水量（稳水态））时，区域内仍然存在潜在的土壤盐渍化，这是由于大部分水是以蒸发的形式排除区外的，而蒸发排泄是不能带走盐分的。在干旱、半干旱水资源匮乏区，没有更多的水用于排走盐分，提高灌溉效率、降低 WBI 值是减缓土壤盐渍化的途径，应控制灌溉面积牺牲部分水量用于排盐。

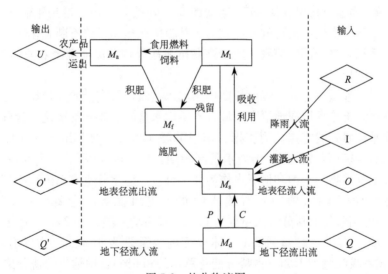

图 5-2　盐分物流图

盐均衡指数为 $SBI =$ 收入/支出，根据 SBI 可以定义以下 3 种状态：

1）稳盐态：收入＝支出，$SBI=1$，灌区基本不发生盐渍化。

2）排盐态：收入＜支出，$SBI>1$，灌区盐化逐渐减轻。

3）积盐态：收入＞支出，$SBI<1$，灌区盐化逐渐加重。

控制灌区盐分均衡的方法是通过控制灌水量和排水量来保持土壤有一定量的渗漏水，即灌溉水不但要满足作物的消耗，还要有一定的剩余向下淋渗，以使植物根系层内

盐分长期保持零积累。

黑龙江省水利勘测设计院（1978）为审议"引嫩"工程，进行了面积为 2.4 万 km^2 的水盐均衡分析，预测工程实施后将有 26‰ 的灌溉水进入地下，地下水位因此将提高 0.32m，并提出相应的预防措施。

石元春（1983）在提出地学综合体概念的基础上，应用分区水盐均衡方法，对黄淮海平原水盐运行规律进行了研究，划分了八个类型的水盐运动区域，在此基础上进一步考虑了人为因子对水盐运动强度的影响，并绘制了区域水盐运动类型图，提出了黄淮海平原的水均衡方程和模型。

河北曲周利用水盐均衡法，定量评价了 1979～1981 年实验区的水盐状况（石元春等，1986）。

伊兹里勒山间平原位于以色列北部，面积 $400km^2$，属于祁伦河流域。该区农灌始于 1938 年，到 60 年代灌溉得到迅速发展，兴建泵站、区外引水、大规模的垦荒、城市污水回用、冬季拦蓄地表洪水、人工降雨等，还应用了喷灌、滴灌、移动灌溉和中心式灌溉系统等，使水的利用率不断提高。然而，到了 80 年代发生了大规模的土壤次生盐渍化。应用 SBI 对该平原不同灌溉发展阶段年平均的水盐均衡进行了评价，建设初期阶段，$SBI \approx 1$，该平原盐分输入输出基本上保持平衡，盐分由雨水携入，再由祁伦河排出。随着区外引水的不断增加，盐分输出却很少增加，表现在 SBI 逐渐下降。以 1990 年的数据为例，年总供水量增加了 5 倍，年盐分净输入量约是 1953 年盐分净输入量的 3～4 倍，而盐分排出仅比 1953 年增加 20%，盐分累积量达到年输入量的 70%～80%，导致了该区次生盐渍化的发生。为了补救伊兹里勒平原不断恶化的水质状况，最终减少灌溉面积，将一部分灌溉水用于渗漏排泄盐分，以保证灌溉农业的可持续发展。（沈万斌等，2001）

塔克拉玛干沙漠腹地人工绿地长期使用咸水灌溉，所携带的大量盐分在土壤中积聚或被迅速淋溶到土壤深层或地下水区域，土壤内水盐的运动异常迅速。盐分积累成为沙漠腹地水盐平衡研究的重点。周智彬、李培军等（2002）以 $15hm^2$ 沟灌林地为水盐平衡计算的水盐均衡区，以 1998 年为水盐平衡期，把土壤-植物-大气作为一个完整的系统，其组成成分植物、土壤和地下水作为 3 个分室，建立分室流动黑箱模型和盐分平衡方程。平衡期内，输入项中灌溉输入盐量占绝对优势，达 204.8t（占输入项的 99.8%），植物凋落物的盐分输入量仅有 0.4t（仅占输入项的 0.2%）；输出项占盐分变化总量的 78%。其中，渗漏到 2m 土体以下的渗漏量是 158.8t（占盐分变化总量的 77.4%），植物吸收量为 1.2t（占盐分变化总量的 0.6%），即输入的盐分绝大部分渗漏到 2m 土体以下，这是植物能够在高矿化度盐水灌溉下正常生长的主要原因。另外各层土体的盐分储量在平衡期内也发生了巨大的变化，其中 2m 土体的储盐量减少了 125.1t，2m 以下的土体增加了 79.9t，与植物生长紧密相关的 2m 土体的盐分在平衡期内急剧减少，120～180cm 三层土层盐分储量减少达 25～37t，脱盐率达 60%～70%，同时，各土层的全盐量也显著降低，各土层的全盐在 0.5～0.9g/kg 范围内，远低于土壤原始全盐 1.26g/kg 的数值。

（二）计算机模拟预测预报

近年来，由于电子计算机的发展，对一些较为复杂的数学模型，可以通过数值计算的方法，利用计算机进行运算。

石元春、李保国等（1991）提出并建立了区域水盐运动监测预报体系（PWS 体系），将地下水的水位和水质、土壤水分和盐分构成一个整体和系统，该体系主要包括：

1）区域水盐运动及其影响要素的系统分析、数学式表达和建立概念模型。

2）应用水动力学原理和均衡法等分别建立了地下水位和水质的水动力学预报模型和有限元法求解、土壤水分预报模型和土壤盐分预报模型。

3）按四个子系统的自然关系，以其物质流和能量流的流量流向构成系统预报模型。从实验室模拟到田间预报，从单点到多点，并通过分布式动态模型和栅格化数据图幅叠加等方法进而将多点预报扩展为面的预报，实施中预报精度达到了季节性或短期实时预报要求。

4）应用地理信息系统和计算机技术，基本实现了信息输入、计算、管理到图幅和数据文件输出的计算机自动化运行系统。监测系统应用了卫星遥感影像解释等现代技术。

李凤全、吴樟荣（2002）采用地理信息系统与人工神经网络集成技术进行盐渍化预警研究。研究区位于松嫩平原的西端，辖吉林省白城和松原两市，处于暖温带半干旱、半湿润气候的过渡带上，区内气候、植被、土壤等具有明显的过渡性。

该研究利用地理信息系统对地貌图、潜水埋深图、土壤图、地下水钠离子含量图、盐碱化程度分布图、吉林省西部行政区划图进行数字化，并通过空间知识挖掘技术计算潜水埋深和盐渍化程度之间的空间相关系数。

利用地理信息系统的空间叠置分析功能，通过对上述的图件进行叠置分析，得到盐渍化数字预警单元，每个单元包含了地质、水位、水化学、盐碱、空间相关系数等属性特征。

由于这些因素对碱质土地盐渍化的影响很复杂，呈非线性，因此通过训练神经网络，并进行神经网络处理，得到土地次生盐渍化发生的预警结果。

三、调整土地利用结构

盐渍化地区，土地盐渍化的类型较多，盐渍程度轻重不一，所处地形部位各异，土壤类型、地下水状况更是千差万别，因而最为适宜的利用方式，最为适宜的治理途径差异很大。

调整土地利用结构是整治利用盐渍化土地的重要途径之一，调整土地利用结构是要在生态经济学原理指导下，通过种植农作物、植树造林和种植绿肥牧草，扩大地表植被覆盖，发挥生物治理盐碱的生态效应，建成结构合理、功能齐全、高产高效、抗逆性强的大农业生态系统。

我国是个水资源贫乏的国家，人均水资源量仅是世界人均水资源量的四分之一，而且水资源在我国的时空分布极不均匀，盐渍化土地分布地区，水资源总量都较少。因而对有些地方而言，采用大规模、大定额灌溉冲洗的方式改良盐渍化土地，将不适宜和不可行。另一方面，形势的发展，使人们的目光已从单一的粮食生产扩大到更广阔的视野中，科学技术的进步更为盐渍化土地的治理和多途径利用提供了需求和可能的良好机遇。

农、林、牧、渔业均是大农业生态系统中的重要组成部分，但地位、作用、功能、效益各异，如何根据区域特点确定各自适当的比例，实现优势互补、总体优化才是问题的关键所在。

（一）植树造林，建设绿色生态屏障

在盐渍化地区应用生态经济学理论和系统工程方法，植树造林，建设多林种、多树种、多层次相结合，以沟、渠、路林网为主体，包括农田防护林带，村镇院落绿化树，片林和果园在内，点、行、带、网、片和田、水、路相结合的平原农业综合防护林体系。植树造林，增加林木覆盖率，推广林粮间作、农田防护林网（带）等农林复合经营方式，建设绿色生态屏障，发挥森林的生态保护作用，是治理盐渍化土地的根本性措施。

在盐渍土地区选择适宜的树种，有利于提高树木的成活率。常见的树种有柽柳、旱柳、枸杞、苦楝、椿树、刺槐、榆树、桑树、沙枣、泡桐、钻天杨、小叶杨、加拿大杨、白蜡条及絮穗槐等，在果树方面，枣、梨、苹果、桃、葡萄等，也具有一定的耐盐力，可以在轻度盐渍化土壤上生长。但由于各地水热条件和土壤条件有所不同，所以，在选择树种上应尽量选择适合于当地的速生乔木及灌木，组成乔、灌、草相结合的林带。

在造林整地方面，整地的方法有三种。方法之一是全面整地，洗盐压碱。具体要求灌排配套，造林前进行土地规划，平整土地，打堰作埂，埂高一般要在30cm以上。浇水洗盐压碱，全年最少浇三次，即5月中旬、7月中旬、10月底前各浇一次。水深25cm左右，采用头水洗盐，二水压碱，三水秋浇保墒，当年秋季或第二年春季即可造林。

整地的方法之二是开沟整地，躲盐防碱。开沟整地是在全面整地困难大，根据水盐运动规律采用的一种防盐碱的措施。具体方法就是用开沟犁根据造林行距进行开沟，沟深30～40cm，沟宽40～60cm，在沟内挖坑栽高秆或植苗，进行沟植沟灌，通过灌溉压碱可使沟底土壤含盐量大大下降，一部分盐碱上升积聚于沟垄上，不致危害幼苗。

整地的方法之三是穴状整地，换土防盐。此法主要应用于盐碱较重的地方。其具体方法是挖1m开口60～80cm深的土坑，造林前坑内换好土，在坑地表20～30cm周围用塑料薄膜把换好的好土隔离，防止四周盐碱侵入，造林后即浇水，水要浇透，栽后头一年要浇4～5次水，据试验其成活率在90％左右（魏俊梅等，2001）。

在盐碱地上造林的关键是树种的选择。要选择良种壮苗，精心栽植，种子应种实饱满，发芽率高。苗木应选二年生的粗壮苗（一般实生苗根茎粗度不小于0.6cm，高秆苗根茎粗度不小于3cm），根系发达，完整，木质化好，苗木本身水分充足，无病虫害。

造林方法可根据不同树种，不同的立地条件分别采用植苗造林、直播造林、插条造林。在造林时间上可采用春、秋两季造林，秋季栽植土壤返盐后能随之灌水，苗木根系通过秋冬的恢复成活率高，可作为盐碱地造林的主要季节。应大力提倡盐碱地胡杨、红柳直播造林，这是加快盐碱地造林速度的有效途径。

（二）种植耐盐和盐生植被，提供多种经济产品

盐生植被是指在盐渍生境中能生长的自然植被区系，而耐盐植物则能利用一般植物所不适应的土壤和水，有着较强的抗盐能力。应充分利用其特定的抗逆性，利用其基因资源，选择具有耐盐基因和潜在经济价值的野生植物和栽培植物进行适应种植，可扩大盐渍土和水的利用范围，大幅度地提高盐渍化土地上生物量的产出。

由于世界性的淡水资源缺乏，联合国教科文组织在20世纪50年代就提出了耐盐植物的研究开发方向。许多国家都在关注盐生植物的开发利用并尝试利用咸水的农业革命，在耐盐植物资源调查、驯化、生物工程育种以及产品加工利用等方面进行了全面研究，一些国家在技术上已取得了重大进展。

在盐渍土上引种和驯化有经济价值的盐生植物和耐盐植物，具有明显的优越性：投资少、见效快、可直接在不经或少经人为措施的盐渍土上种植。因此，在人口、粮食、土地矛盾日益加剧的今天，对于盐渍土资源利用和农业可持续发展具有十分重要的意义。事实上我国盐渍土地区分布有丰富的野生盐生植物种质资源，如盐吸（黄须菜，*Suaedaussuriensis*）、盐蒿（*Suaedasalsa*）、盐蓬（*Cirgensonnia*）、盐穗木（*Haloxylonam monodendron*）、海蓬子（*Salicor niaherbacea*）、柽柳（*Tamarix chinensis*）、骆驼刺（*Alha gicamelorum*）等数百种，还有待我们研究开发（俞仁培等，1999）。

1. 经济作物

对盐碱较重的耕地可种植耐盐碱的向日葵、甜菜等作物。

棉花在轻度盐渍化土上种植也能获得较理想的收成。目前各地普遍采用营养钵育苗或直播加地膜覆盖的技术，能显著的促进棉花提早出苗，提高棉花成株率，增产效果显著。

田菁是一种耐盐性较好的作物。近年来由于石油、矿冶、纺织、食品等工业的发展，需要大量的田菁胶作为增稠剂或凝胶剂，这为沿海地区发展田菁提供了非常有利的条件。根据田菁较耐涝的生物学特性，以及田菁的生育期正值夏季雨水集中期，可在田菁田周围筑一条小埂，高 0.5m 左右，以便蓄积雨水。江苏淮海农场的试验结果表明：每公顷可收田菁种子 1250～1750kg，按 2 元/kg 计算，每公顷田菁产值达 2500～3500 元，种田菁用工少，而且成本很低，可以达到经济收益与蓄淡洗盐的双重目的。种田菁 3 年后，土壤全 N 量从 0.75g/kg 提高到 0.95g/kg 以上，土壤理化性状也得到改善（张文渊，2000 年）。

2. 饲草植物

藜科的灰灰菜，滨藜属植物具有很强的耐盐性，一般可用高矿化水或海水浇灌，生

长良好，可用作饲料。近几年，在北方盐渍土地区，广泛种植的饲料酸模，可以在土壤含盐量小于 6g/kg 的土地上生长。只要有一定的灌溉条件，年鲜草产量可达 150t/hm² (俞仁培，2001)，是发展草食动物的优良牧草。

碱蓬，鲜嫩茎叶蛋白质含量占干物质的 40%，种子榨油后，籽粕内蛋白质含量达 30%～40%，是良好的动物饲料蛋白。

碱茅（*Puccineuia distans*）又名铺草，是禾本科碱茅属多年生植物。分布于欧亚大陆的温带地区，我国河北、山东、山西等省沿海盐碱滩地及河流、湖泊岸边均有成片野生资源。碱茅茎叶比较柔软，适口性好，其粗蛋白和粗脂肪含量以营养生长期为最高，分别为 18.06% 和 4.61%（王艳梅，2001）。在重盐碱不毛地种碱茅可作为动物的良好饲料，同时其返青早、分蘖力强、生长速度快、利用年限长，是重盐碱地种草养畜发展草地畜牧业的理想牧草。

3. 油料植物

我国的乌桕是一种耐盐的油料植物，美国引进后，现已成为重要的油料植物。美国科学家用了 30 年时间，研究开发出最具潜力成为新型油料作物的海蓬子，并已在多个国家进行了实验性种植和开发。沙特在其东北沙漠海岸拉斯扎乌尔成功地种植海蓬子，它含有比大豆更多更好的食用油，籽种含油量为 30%，而黄豆的含油量仅为 17%～20%。海蓬子油中 73% 是亚油酸，是豆油中的 2 倍。海蓬子油除了食用，还可用作制药和化妆品工业的原料，榨完油的渣滓含有 40% 的蛋白质，可用作饲料添加剂（俞仁培，2001）。

我国南疆分布着大量植物性状非常接近海蓬子的本土盐生植物盐角草（*Salicornia europaeal*）纯种群。研究表明，盐角草耐受的咸水矿化度可达 70～80g/L（2 倍于海水盐度），具备作为油料、蔬菜、秸秆、饲料作物的潜力。其种子产量可达 1～2t/hm² （黄豆为 3t/hm²），含油量约 30%，其中不饱和脂肪酸含量占总脂肪酸的 70%～75%，可与橄榄油相媲美；氨基酸含量也很丰富，籽粕中蛋白含量达 30%，但含盐量低于 3%；枝叶可作饲料，秸秆可用于制造防白蚁的板材；同时，其肉质化的幼茎是一种优良蔬菜。我国目前已开展了盐角草的开发利用研究，具备从盐角草种子中提取食用油的成熟技术，盐角草的人工驯化种植和作为蔬菜的应用已在江苏取得成功，盐角草幼茎蔬菜的市场开发已经开始。

4. 蔬菜

近年来，美国发掘出好几种具有经济价值的植物，如野田谷（俗称籽粒苋），其叶可作蔬菜，种子作粮食，还可制成膨化食品，该品种经广泛试种，将成为美国新的作物。

三角叶滨藜是一种优良耐盐高营养的蔬菜，原生长在美国沿海地区，具有低脂肪和高维生素 C，相当于菠菜 Vc 的 1.5 倍，Fe、Mn、Zn、Cu 含量丰富（俞仁培，2001）。

5. 药用植物

盐生和耐盐植被中有许多有一定的药用价值，如罗布麻（滋补剂）、麻黄、补血草

（止痛消炎）等，而盐荒地上到处生长的柽柳，不但本身可作药材，更重要的是它的根部可接种一种菌根，生长出一种极其重要的中药，极大地提高了它的经济价值。

（三）种稻改碱

我国种植水稻改良盐渍化土地，已有悠久的历史。种植水稻改良盐渍化土地是集合利用与改良于一体的成功事例。新疆、银川平原、辽河三角洲、鲁豫引黄灌区等几乎各个盐渍土区都有种稻改良的治理模式。各地区长期生产实践证明，在有水源和排水设施的前提条件下，种稻和稻旱轮作是一种很好的治理方式。

1. 种稻改良的主要作用

(1) 洗盐压盐

水稻需水量大，在生长期内需要淹灌 110～150 天左右，在淹灌条件下，通过静水压力的作用，土壤中的盐分随重力水下渗，并向旁侧移动，通过排水沟将盐分排出灌区。

有资料表明，种稻田块经过一季水稻，盐分含量可减少 30%～90%。连作水稻对脱除土壤盐分的作用更显著，在基本相同的条件下，连作水稻年限愈长，脱盐层则愈厚。以新疆阿克苏农垦一团场部测试为例，种稻前表层 0～20cm 含盐量 8.8%，1m 土体内含盐量为 4.3%；连作 4 年水稻，0～20cm 的含盐量减到 1.33%，1m 土体内含量为 1.17%；连作七年水稻，0～20cm 含盐量减到 0.2%，1m 土体内含盐量降到 0.9%。

随着盐分的减少，其组成也发生很大变化，在盐分组成中 Cl^-：SO_4^{2-} 的比值，连作 2～3 年就显著下降。盐分剖面类型从 Na-Cl 型，转变为 Ca-Cl 型。随着水稻种植，土壤盐分含量明显降低（表 5-2），0～130cm 土层盐分含量降到 0.08%，盐碱危害较低。

表 5-2　前郭尔罗斯灌区盐碱土种稻后土壤盐分变化（李秀军，2000）　（单位：g/kg）

土层/cm	1955 年	1962 年	1978 年
0～30	0.35	0.13	0.08
0～130	0.32	0.15	0.08

(2) 淡化地下水

种稻期间淹灌水不断下渗，不仅使一定深度的土壤脱盐，而且会形成一个淡化水层（表 5-3）。

2. 种稻改良盐渍土的技术方案

(1) 因地制宜，合理布局

种稻改良盐渍土，需要从全局出发考虑，包括水源条件、排水能力、土壤、地形、劳力、肥料等情况，周密地规划种稻面积和分布位置。种稻改良盐渍土治理模式一般适用于低洼盐碱地区。

表 5-3　稻田落干后各层潜水矿化度（黎立群，1986）

取水深度/cm	矿化度/（g/L）			
	点1	点2	点4	点5
100	—	—	—	30.6
150	2.8	4.7	9.1	42.3
200	3.1	—	14.9	56.0
250	3.3	10.7	23.7	52.8
300	3.3	18.9	30.8	62.1

同时，水旱田的布局必须统一规划，稻田要连片成方，避免插花种植，水旱作物区之间要有 2.5~3.0m 深的截渗沟，以减轻水田对旱田的不良影响。

(2) 井渠结合，保证灌溉水源

据观测，种一季水稻每亩需用水 1000m³。一般每年五、六月份是稻田泡田洗碱和水稻返青用水高峰期，而此时渠水又最为紧张，需水与供水的矛盾非常突出。因此，理想的方案是渠井配套，互相补充，以保证灌溉水源。

(3) 打通出路，健全排水系统

在水源有保证的条件下，种稻改良盐渍土的作用能否充分发挥，主要取决于排水出路是否通畅及排水系统能否满足控制地下水位和洗盐排盐的要求。

据新洋试验站的资料，同为100m宽的条田，在排水有出路的条件下，种一季稻后 0~50cm 土层盐分由 0.27% 迅速降至 0.1% 以下，脱盐率为 73.5%；在排水无出路的条件下，0~50cm 土层盐分由 0.29% 仅降至 0.15%，脱盐率仅为 48.6%。在排水不良或无排水条件下，引水种稻不仅影响洗盐和淡化地下水的效果，而且还会急剧抬高地下水位，引起或加剧邻近旱作地区的土壤盐渍化。

(4) 水旱轮作，合理换茬

由于旱作物用水量小，因而实行水旱轮作，可以充分利用现有水源、灌溉更多的土地。实行水旱轮作，还可以使土壤通气状况得到改善，促进土壤中有机物质的分解，有利用于养分的积累和转化，提高土壤肥力。另外，实行水旱轮作，还可以错开季节，均匀安排劳力。水旱轮作的作物搭配，要因地制宜，品种成片，茬口安排合理，用养结合，将水稻增产与全面增产等关系统一起来。旱作一般选择小麦、玉米、高粱等，绿肥种类选择田菁、草木樨或毛叶苕子等。

（四）挖塘养鱼

盐渍化低洼地可挖低垫高，开辟鱼塘。养鱼投资少、效益高，市场潜力巨大，实践证明，盐渍低洼地挖塘养鱼有广阔发展前景。

江苏沿海地区利用其充足的淡水资源和良好的排水系统，在重度盐渍化土地上围田蓄淡养鱼。这种改良方式的优点：①加速了土壤的脱盐速度；②养鱼产生了直接经济效益，江苏沿海地区每年每公顷水面可获利润 4000～5000 元（张文渊，2000）；③土壤养分积累显著，这种养分积累速率是其他措施所不及的。

松嫩平原湖泡资源丰富，河流较多，众多与河流相通的湖泡含盐量低、氧气充足，适于鲢、鳙、鲤、鲫、鳊、鳇、鲶等较多鱼类生长。河流沿岸、牛轭湖、闭流洼地等水位较浅或季节性积水的沼泽地，矿化度较高，但芦苇可良好生长。芦苇有很强的环境净化能力，每 100kg 芦苇能吸收 6.45kg 的盐分（李秀军，2000），从而降低土壤盐分含量。

近年来在山东省盐碱涝洼地大力推广的"上农下渔、渔农结合"的开发治理模式也取得了成功，一般把 8～10 亩作为一个单元，开挖 3～4 亩鱼塘，同时改造 5～6 亩台田，使昔日的荒碱滩呈现出鱼肥粮丰的可喜景象。

盐碱地池塘的水质特点表现为盐度高、碱度大，浮游生物数量少且种群贫乏，水质清瘦、养殖能力较低，水化学指标复杂易变，不易调节和控制。尤其是夏季遇到干旱少雨、池水蒸发渗漏，各种盐碱成分浓缩，上述特征更加明显，导致鱼类生长缓慢，直接影响甚至危及鱼类的正常生命活动。

为使水质持续保持"肥、活、嫩、爽"的良好状态，应采取以下改良措施：①加注淡水，稀释浓度。直接冲淡稀释，使较高的盐度、碱度、pH 降低到接近淡水鱼类的自然渗透压，以适宜鱼类的生理与生长要求。②施用有机肥，使生塘变熟塘。投施有机肥料可使池塘底部特别是新开鱼池尽快铺上一层塘泥，既能有效地防止砂壤土的渗漏，又使池水和盐碱土基本隔绝，充分发挥塘泥保肥供肥及调节肥度的作用。③改良水质与改造土质相结合。在池塘边坡、池埂等空闲地应种植一些能降碱排盐的绿肥植物，如田菁、紫花苜蓿、草木樨、沙打旺、苦麻菜等适宜中、重度盐碱土壤种植的植物种类，这些植物不但可以制造塘泥，提高水体肥度，而且可疏松土壤，防止土层板结，避免形成次生盐碱化。④控制生石灰用量。盐碱地池塘水体属高碱度、高硬度型水质，因此在日常管理中一般不需泼洒生石灰水，如需防病消毒，最好用漂白粉代替生石灰作清塘药物。

（五）发展小化工厂生产

盐渍化地区蕴藏着大量的盐卤资源，地下潜水和一些闭流湖泡的矿化度均较高，其盐分组成以苏打、氯化物为主，硫酸盐含量较少，对制碱业和综合利用有很高价值。当地农民有利用"碱泡"浓缩后提取盐、碱、硝、卤等的历史，因此，可利用这一资源优势，发展小化工生产，化害为利（李秀军，2000）。

（六）调整土地利用结构的成功案例

1. 禹城市辛店洼利用基塘系统防治低洼盐碱

禹城市辛店洼是一季节性的积水洼地，面积 375hm²，年积水期长达 5 个月左右。

该地区光热资源丰富,年平均日照时数 2655h,地下水埋深一般在 1~1.5m。洼地内地势平坦,土壤母质为黄河冲积物,土壤中氮、磷、钾和有机质均缺,氮、磷比例失调,地下水、地表水资源相对丰富,但水中营养物质含量低,矿化度为 0.7~2.0g/L,属微咸水。辛店洼具有较好的静水沉积条件,洼底有较厚的黏土层,土壤质地较好。

1986 年,根据辛店洼水土盐的具体分布,采用挖鱼塘、建台田的生态工程措施,建成基塘系统。鱼塘设计面积 0.33 hm²,塘底高程 16.8m 左右,台田高 1.5~2.0m,鱼塘和台田面积相同,间隔排列,连片鱼塘、台田各 667 hm²。基塘系统于 1986 年底建成,1987 年开始种养殖,试验鱼塘 1987~1989 年主要以吃食鱼与肥水鱼并重放养养殖,台田最初种植渔业饲料作物和果树,后逐渐改种粮棉油作物,三年后果林已成台田植物主体。至 1995 年,禹城市通过基塘系统改造低洼盐碱地近 2 万 hm²。

为防止台田土壤的次生盐碱化,利用渔业生产中春季清塘与秋季干塘捕捞的时机,将矿化度较高(>1g/L)的塘水抽出,补进矿化度较低(0.5~0.6g/L)的河渠水,达到抽咸补淡的目的。鱼塘水位与台田的高差在 2.5~3.0m 左右,使台田土壤的地下水埋深控制在 1.5m 以下,有效地防止了台田土壤的次生盐渍化。新建台田经过 3 年耕种,逐年投入肥料,植物残体在土壤中积累,改善了土壤理化性状,使耕层含盐量降低、容重减小、肥力增加(谷孝鸿等,2000)。

基塘系统是经过人为加工而形成的水陆交互系统,是种植业与养殖业的有机结合体。它一方面使低湿洼地的浅层地下水地表化,解决了基塘系统的水源问题;同时由于挖塘土抬田、台田填高相对降低了地下水的高程,抑制了台田土壤的次生盐碱化。

2. 河北南皮灌溉抗旱雨养并存、粮棉草适水种植

河北省南皮县为黄淮海平原近滨海缺水盐渍区,干旱、沥涝、盐碱、咸水互相联系、互相影响、交替危害,成为这一地区长期多灾低产、贫困落后的根源。

该区属北暖温带大陆性半湿润气候区,年平均气温 11.7~12.4℃,年降水量 450~580mm,干燥度比较大,全年平均为 1.45,春季高达 3 以上,属于半湿润易旱地区。20 世纪 60 年代以来,随着排涝水利工程的建设,特别是山区大量水库的兴起,该区河流几乎全部常年断流,多年平均径流系数为 0.09~0.11,近几年逐渐减少,地面径流已经变得只是向低洼河渠坑塘集中,基本没有出境径流发生。

该区地下水资源也极为匮乏。在长期地质历史过程中,干旱时期的大陆盐渍化及海水入侵,造成地下咸水的广泛分布。项目区浅层地下水中淡水(<2g/L),微咸水(2~3g/L)及半咸水(3~5g/L)、咸水(>5g/L)的面积比例是 46:33:21(方生等,1995)。深层水为碱性淡水,由于近 20 年来过量开采,出现大面积地下水漏斗,水位下降到 35~37m。

根据测算,当地可调控的农业灌溉用水平均每公顷只有 1200m³,不可能做到全部土地实行灌溉,灌溉用水成为最大的制约条件。

小麦需水量最大,棉花具有一定的抗盐碱能力,试区根据土地需水与供水状况以及盐渍程度,实行灌溉、抗旱、雨养并存的粮棉草适水种植,统一规划、合理布局。这样既维持了水资源平衡,又获得了最大经济效益。

为了提高整个系统的抗灾能力和改善试区的自然景观,在结构调整初期,首先进行

防护林体系的规划和营造，在林网的布局上，以骨干河渠、道路为依托，与农田水利基本建设相配套，尽量少占耕地或不占耕地。根据试区以 SSW 风为主害风的气候特点，确定了网格东西长 400m 左右，南北长 250m 左右的长方形网格，与主害风方向相垂直。林带的结构配置，骨干河渠以宽林带为主，即林带栽植 5～8 行林木，骨干道路 2～4 行，为了不影响农田及果园，田间路渠以 1～2 行为主。骨干林带的树种配置以乔－二乔木－灌木三层为主，充分利用空间和地力，副林带以乔木－灌木或乔木为主。

经多年努力，试区建设成农林防护林带 23 条，全长 53km，形成网格 68 个，林网控制面积 1056.4hm²，林木覆盖率 22.3%，试区拥有各种林木近 40 万株，各种果树近 10 万株，从而形成了网、带、片、间作相结合，上、中、下三层充分利用空间的农林复合生态系统（贝军等，1995）。

经过综合治理，试区综合生产力大幅度提高，1994 年农业总产值达 963.8 万元，其中林果产值达 589.85 万元，占农业总产值的 61.25%。1994 年活立木生产木材 2252m³，产值 112.6 万元。以梨、枣为主的果品产量达 2612t，产值 477.25 万元。人均纯收入为 1357 元，是改造前（1982 年 89 元）的 15 倍（朱庭芝等，1983）。

由于生态环境的改善，农业抗逆能力的提高，再加上农民经济收入的大幅度增加，粮棉生产的投入也相应得到大量增加，粮棉产量逐年增加。1994 年试区粮食平均亩产 540kg，总产达 378 万 kg，分别是改造前（1983 年）的 5.3 倍和 4.3 倍。1994 年亩产皮棉达 75kg，是 1983 年的 2.1 倍，总产达 22.5 万 kg（贝军等，1995）。

3. 河南封丘井灌带排、放淤种稻

河南封丘县位于黄淮海平原中部，黄河北岸。属暖温带半湿润季风气候，光热资源丰富，年平均气温 14℃ 左右，年平均降水量为 550～650mm。由于干湿季分明，降水集中，加之地势低平，径流不畅，内涝严重，排水出路没有得到根本解决，以至旱、涝灾害频繁。

试区东南紧临黄河，水、沙资源丰富，引黄灌溉较方便，每年 4～9 月可引黄河水，含沙量约 10～20kg/m³，既可引黄抗旱灌溉，又可放淤或淤灌种稻。除东南一带地下水为苦咸贫水区以外，其他地方地下水源丰富，通过黄河侧渗或引黄补充性灌溉，可以补充地下水源。试区土壤多为黄河沉积物上发育的黄潮土，盐渍土和砂土。依据土地资源特点，采取了不同的防治措施。

(1) 旱薄地改土培肥

类型区位于封丘县中部，属黄河多次决口形成的扇形平原，地势从西南向东北倾斜，土壤瘠薄，缺磷少氮、易旱易涝。

综合治理配套技术包括井灌沟排相结合，农田林网乔、灌、草结合，实行水田林路综合治理，建立旱涝保收、稳定高产基本农田；培肥改土，扩大有机肥源，实行有机与无机肥配合，氮磷肥配合，以无机促有机；调整种植业结构，引进高产品种，推行立体种植；推行节水灌溉，提高土壤水分利用率。

(2) 盐碱地综合治理

该类型区位于县境西部，是历史上有名的老盐渍土区。地形平坦，尚见残存的少量盐崮堆。其特点是旱、涝、盐碱、瘠薄,数害并存。

综合治理配套技术包括引黄补源,井沟结合,提灌沟排,以排水为基础,搞好水利工程配套;平整土地,适时耕种,增加地面覆盖;种植耐盐碱的棉花,推广麦棉套种;施用优质有机肥料,并在强碱化土壤上结合深耕施用磷石膏、糖醛渣、亚硫酸钙、硫酸亚铁等,以降低土壤碱性,打破土壤板结。

(3) 背河洼地放淤种植

该类型区位于黄河大堤北侧,由于黄河是地上河,河水位高出堤外侧地面 $5\sim8m$,黄河侧渗补给地下水量每天高达 $1100~m^3/km$,抬高了地下水位,造成低洼易涝,土壤盐渍化严重。

综合治理配套技术包括建立灌排配套工程;引黄放淤种稻;实行稻麦轮作,推广稻麦双高产技术;植苇或养鱼、养鸭,因地制宜发展水生种植和养殖。

(4) 洼涝淤积土适水种植

该类型区低洼易涝,土质黏重,冬春干旱,夏秋易涝,种不保收。

综合治理配套技术包括井沟结合,以排涝为主,建提排站,打井灌溉,沟网引黄河水提灌补充地下水源;调整种植业结构,发展适水作物,推广水稻旱种,扩大高粱、大麦种植;发展食草牲畜和水产养殖。

(5) 沙地综合开发利用

该类型区位于县境东南部,为历史上黄河决口泛滥而成,地形起伏不平,地下水质苦咸,风沙大,易干旱,土壤瘠薄。

综合治理配套技术包括建立农田防护林网,发展经济林,实行乔、灌、草结合;防风固沙,发展桐粮、果粮间作;引黄放淤压沙,推行节水农业;种草兴牧,发展食草牲畜,以牧促农。

综合治理的成功,不仅试区受益,也推动了全县农业生产的发展。1985 年,全县粮食总产达 24 522 万 kg,棉花 714 万 kg,油料 723 万 kg,分别比治理前的 1982 年增产 33%、40.6%、61.7%。1985~1989 年,平均每年增产粮食近 20 000t,至 1989 年粮食总产达 31104 万 kg,棉花总产 1012.2 万 kg,油料 878 万 kg,均比 1985 年有较大增加,人均产粮达 545kg。

四、水利改良措施

土地次生盐渍化的发生是区域水盐运动的结果,同样,整治次生盐渍化土地,调控水盐运动是关键。

区域水盐运动以降水、蒸发和径流为循环方式,以地表径流为主要形式,土壤和含水层是调蓄场。盐分在土壤中累积过多,导致盐渍化,所以治理盐渍化需要将土壤中多余的盐分排除。

水是盐的天然溶剂,水分在不断的运转中,溶解和携带着多种矿物质盐类,构成一个运动着的、统一的物质流。水盐运动有着它自身运动规律和特点，其中水运动起着主导和决定性的作用。

为使水盐得以调控，国际上水利方面主要是采用灌溉淋洗（以水控盐）、排水携盐（带走盐分）两方面措施，以灌溉淋洗应用较为普遍。在澳大利亚、美国、原苏联及近中东地带的缺雨和水源不足区，采用滴灌或喷灌。原苏联、美国等国用高矿化度水冲洗碱性盐，以 Ca、Mg 代换 Na，取得较好成效；沙特阿拉伯对改良盐土的灌水深度、改土厚度及据淋洗曲线计算灌溉需水量均有详细研究；澳大利亚利用淡盐水（EC 3.8ds/m,SAR 15.0）抽灌仍可使紫苜蓿定植并获取产量；原苏联对冲洗工艺及方法研究较多；葡萄牙对盐渍土采用灌排结合改良；日本用灌水来调节盐分浓度；加拿大对 Alberta 盐渍土采取修筑人工渠或衬砌渠道（治理渗漏）来调节过量的水及盐分；荷兰采用水平及垂直（竖井排水）两种排水方式排除地下水；伊拉克南部对水盐的处理多采用淋洗方式，加以水盐调控，利用 Na 示踪鉴定确认了连续淹灌为最佳效果的淋洗方式；采用铺设地下管线及井灌井排相结合的方法进行水盐调控的有美国的亚利桑那州盐河谷地及巴基斯坦等国家（石元亮等，2001）。

（一）井、沟、渠配套的水利改良

井、沟、渠结合运用是我国北方广大劳动人民在与干旱、盐碱的斗争中发展起来的，实践证明，这是一个行之有效的治理盐碱的途径。

1. 井渠结合的作用

井渠结合，可以解决水源不足的矛盾。在气候干旱、土壤盐渍化严重地区，不仅需要抗旱灌溉，而且对土壤要进行洗盐改良，所需水量较大，因而可以通过渠系引水，发展自流灌溉以达到目的。干旱、半干旱地区河流在雨季、旱季、涝年、旱年流量变化很大，而作物需水量大的季节，往往正是河道枯水时期，因此水源供应不足。实行井渠结合后，互补余缺，井灌可以弥补河道枯水期水量之不足，而渠灌渗漏水又可以补充地下水源。

井渠结合，还可以解决渠灌与作物高产需水的矛盾，高产作物不仅需要灌水的次数较多，灌水也更需及时，单纯渠灌很难满足这些要求，如果渠灌配合井灌，则可以保证作物需水时及时灌水。

井渠结合，还可以解决抗旱与除涝防盐的矛盾。渠灌的优点是来水量大，灌溉面积大，灌水与压盐的效率高；缺点是水的有效利用率比较低，渗漏损失多，容易抬高地下水位，使土地易成涝，也易返盐。利用浅井水可以降低水位，有助于防止返盐。

2. 排水沟的作用

排水是改良盐渍土，防止土壤次生盐渍化的极为重要而不可替代的保证措施，排水沟在排水措施中是最为常见的。沟排也称水平排水，在防治土壤盐渍化中的作用，主要有以下几个方面：

(1) 排水排盐

排水沟不但可以排除灌溉退水、降雨所产生的地表径流，而且可以排除灌溉渗漏水、淋盐入渗水和部分地下水。在排水的同时，也排走了溶解于水中的大量盐分。

(2) 控制地下水位

在自然状态下，地下水位的动态变化，受自然降雨、蒸发、地表径流、地下径流的控制。在灌溉条件下，田间灌溉渗漏水和渠系侧渗，也是影响地下水位的重要因子。当有排水沟存在时，排水沟的深度与密度，将对地下水位起决定作用。依靠排水沟，可以将地下水位控制在临界深度以下。为了将地下水埋深控制在临界深度以下，排水沟的深度（H）设计可按式（5-1）计算

$$H = H_1 + H_2 + d \tag{5-1}$$

式中：H_1 为地下水临界深度（m）；H_2 为两排水沟之间的地块中间地下水面与排水沟内水面的水头差，一般为 $0.2 \sim 0.3$m；d 为排水沟内排泄地下水的设计深度，一般为 $0.1 \sim 0.2$m。

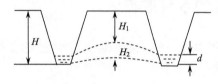

图 5-3　排水沟深度示意图

排水沟深度与间距可参考表 5-4。

排水沟的间距要求两条末级固定排水沟（农排）之间所产生的潜水拱面能保证在临界深度以下（图 5-3）。

地下水临界深度与地下水矿化度和土壤质地有关，地下水矿化度越高和土壤质地越轻，地下水临界深度越大。我国华北地区采用的末级排水

表 5-4　华北地区末级排水沟深度与间距参考表

项目 潜水矿化度/(g/L)	轻壤土		壤质夹胶泥		胶泥	
	沟深/m	间距/m	沟深/m	间距/m	沟深/m	间距/m
$1 \sim 3$	$2.1 \sim 2.4$	$300 \sim 400$	$1.8 \sim 2.1$	$250 \sim 300$	$1.3 \sim 1.5$	$200 \sim 250$
>3	$2.4 \sim 2.7$	$250 \sim 350$	$2.1 \sim 2.3$	$200 \sim 250$	$1.5 \sim 1.8$	$150 \sim 200$

(3) 调节土壤和地下水的水盐动态

由于排水沟具有排水排盐、控制地下水位的作用，因此运用排水措施，可以人为地调节土壤与地下水的水盐动态，真正将降水、地表水、地下水、土壤水统一协调起来，合理调节利用水资源、经济有效地防治土壤盐渍化和旱涝灾害，做到有蓄有排、排盐保肥的目的。

3. 井排的作用

井排也称垂直排水。由于盐渍地区地势低平，径流滞缓，自然排水出路不畅，在地下水位埋藏浅，土壤是沉积型"卧土"的情况下，大部分明沟易于塌坡，末级排水沟的

深度一般只能维持在 1.5m 左右，因而在一些地方，利用明沟自流排水控制地下水位有很大的难度。

利用机井提水灌溉，一方面可以补充土壤水分不足，满足作物高产需要，另一方面可以起到降低地下水位的作用，既可防止土壤返盐，又可腾空"库容"，起到增强降水入渗淋盐和减缓沥害的作用。

（二）井、沟、渠配套模式

1. 井渠结合

井渠结合，互补余缺，充分利用自流灌溉用的渠水，灵活运用井水，既可以满足洗盐淋盐大量用水的需要，又可以满足精耕细作的要求。因此在具备发展井灌的水文地质条件的地区，应尽量考虑开发利用地下水，实行井渠结合。

修建机井应在详细查明土壤及水文地质状况的基础上进行，根据自然条件的特点设计不同的竖井密度、井型结构，采用不同机泵。布井密度多根据地下水含水层出水量和地面平整程度而定，一般单井出水量大于 $50\sim60\ m^3/h$ 的地面平坦地区，一眼井约可保证 $4.5\sim6.5hm^2$ 耕地的灌溉；出水量小于 $50\ m^3/h$ 的地段，一眼井约可控制 $2.5\sim4\ hm^2$ 耕地。井型结构也很重要。在浅层地下水主要含水层埋藏浅，出水量较大的条件下，多采用直径为 $50\sim70cm$ 的水泥石渣筒井，井深 $25\sim50m$；当含水层埋藏较深（$50\sim60m$）的情况下，采用筒管井或管井，管径 $30\sim50cm$，井深 $60m$ 左右；在水文地质条件较差，浅层地下水量较小的情况下，为增大出水量，可以采用真空井、辐射井、射流井、子母井、插管井等。

井水的矿化度及水质应能满足灌溉的要求，若利用浅层咸水，则需保证与渠水混合后方可用于灌溉。

若利用竖井达到井排的目的，一般不要打穿承压水层的顶板，以防止承压水对浅层地下水形成反补给，更不能打穿深层咸水层，在机井采水范围内的土壤应具一定的透水性，才能起到井排的作用。如存在有较厚的不透水土层，阻断了上下层水的联系，则失去了井灌带排的作用。

2. 深沟与浅沟

深沟一般是指在某一地区能够控制地下水位在临界深度以下的排水沟系。浅沟是指排水深度小于地下水临界深度的排水沟系。深沟不仅限制了排水出路的高程，而且排水系统的工程量和养护费用也较大。因此，采用深浅沟要因地制宜。在土壤含盐量较多，地下水矿化度较高的地区，需要建立骨干深沟与田间密度较大的沟网配合；若土壤盐渍程度较轻，则只需建立稀疏的骨干排水系统，加上田间浅沟排水，即可满足排水要求；在盐渍化程度很重，需要灌水冲洗的地区，则除较多的深沟以外，还应增设田间排水毛沟，以加速排除洗盐水，促进土壤的脱盐。

3. 沟洫条（台）田

在地势低平、排水困难的盐渍地区，沥涝严重，地下水位高，土壤盐渍化重，为了排涝治理盐碱，开挖浅而密的条田沟，形成沟洫条田，也是一种有效的方法。

条沟深度一般为 1.0~1.2m，间距 30~100m 不等。在地势特别低洼的地区，往往需要加大沟洫宽度（一般底宽 2~3m，多者 5~6m），也需加大密度（台田田面宽 15~30m），将开挖条沟的土垫高地面，一般可垫高 20~30cm，高者可达 50~60cm。条沟加深加密，田面加高，相对降低了地下水位，防治湿托，有利于土壤脱盐及防止返盐。

4. 暗管排水与扬水站排水

水平明沟排水是当前我国运用最广的一种排水措施。但明沟排水占用耕地面积较大，易于发生塌坡与淤积，养护清淤的工程量很大。暗管排水可以克服上述缺点，减少管理费用，增加土地利用率，但投资费用大，施工技术要求较高。常见的暗管建材有：陶管、筒瓦管、水泥石渣管、塑料波纹管等。

排水系统修建后，要确保排水通畅，首先需要解决排水出路问题。因此在自流排水困难的地区，建立扬水站进行扬水排水乃是关键性措施。

5. 深沟河网

一般深沟河网是指能够蓄水的排灌合为一套系统的干、支两级沟系。灌溉时，从河网扬水入斗渠，以下即自流灌溉，排水时，斗、农沟汇集沥水，自流入支沟，然后由干沟自流或扬水排出。

深沟河网做到骨干深沟与田间浅沟相结合，扬水灌排与自流灌排相结合，灌水渠系与排蓄沟网相结合。起到一沟多用，排、灌、蓄、滞联合运用，旱涝盐碱综合治理的作用。

（三）水盐调控的成功案例——河北曲周试区

曲周县位于黑龙港流域上游，属暖温带半湿润大陆性季风气候，年均降雨量 603.8mm，年均温 13.1℃。处于漳河冲积扇、漳河、滏阳河冲积平原和黄河冲积平原的交会处，地形大平小不平，海拔高程 45.4~32.7m，有古河道及河床沙地、自然堤、缓岗、背河槽状洼地、缓平二坡地和决口扇形地等多种地貌类型。土壤为盐化潮土和潮土。盐分类型主要为氯化物-硫酸盐和硫酸盐-氯化物。地下水化学类型以 $Cl^- - SO_4^{2-}$ 和 $SO_4^{2-} - Cl^-$ 为主。

曲周县气候偏旱，绝大部分地区为浅层咸水型盐渍化土壤。在长期的盐渍土治理研究中，曾提出浅井-深沟体系，实现了三维立体排水，有效地控制了地下水位，在防止土壤返盐、促进区域脱盐方面起到了积极而有效的作用。尔后，在地下水位普遍下降的条件下，将浅井-深沟体系优化为浅井-浅沟体系。

该体系由干、支、斗、农、毛五级排水沟组成，其间距分别为 2000m、1000m、600m、250m、50m，各级排水沟相互组合分布于农田中形成了农田景观中的网格结构。灌溉设施采用深浅井结合的组合方式，深井间距为 800m，浅井间距为 300m×350m，1个深井与 6 个浅井组合成 1 个井组，1 个井组的灌溉面积为 50hm²，基本上保证了灌溉需要。完善的灌排设施可以使灌溉保证率达到 70%，一次降雨 250mm 不至于形成沥涝灾，大大提高了抵御旱涝灾害的能力。

在试区面积为 290 hm² 的现场进行了为期 3 年（1974～1976 年）的区域水盐调控试验。3 年累计抽出浅层地下咸水 235 万 m³，降低了地下水位，腾出了空间，增加了雨季防涝蓄水能力。据计算，仅土体中即可容纳降水量 300～360mm（汛期允许潜水埋藏 0.5m）。1976 年七八月降雨量 456mm，7 月中旬一次连续降雨 284mm，试区外严重受涝，而试区内潜水埋深仍在 1m 左右，秋粮丰收。在防涝的同时，接纳了雨水，补充到浅层地下水，为来年抗旱灌溉之用。

旱季土壤上层（0～40cm）的积盐率由 70％下降到 20％以下。雨季 2m 土体脱盐率由 5％提高到 25％～40％，290 hm² 土地自两米土体排走盐分 1.1 万 t 之多。补入雨水或引渗地面淡水，使浅层咸水在不断的抽咸换淡过程中渐趋淡化。试验区 60％的咸水井的水质由开始时的矿化度 7g/L 左右，下降到 5g/L 左右，在部分地段，已下降至 4g/L 以下。

五、农业耕作改良措施

在次生盐渍化发生地区，采用适当的农业耕作措施不仅可以调节土壤水、肥、气、热，还可以调节土壤水盐动态，保证作物正常生长发育。

研究和实践证明，因地制宜地采用各种农业耕作措施，如平整土地、深翻、避盐巧种、放淤等，可以促进作物生长，减少地面蒸发，调节控制土壤水盐动态，使之向有利于土壤脱盐的方向发展，在一定程度上弥补了灌溉、排水条件上的不足。

加拿大、阿根廷实行草（草肥等）田（水稻）轮作；原苏联在灌区次生盐渍化区实行棉花和苜蓿轮作；美国 Brown（1983 年）在高地势水分补给区依靠种植紫苜蓿强型蒸发蒸腾作物，使低地渗出区矿化地下水位降低到了安全深度以内。格林伍德 E A N 提出了依靠植物蒸腾改良盐化土壤的植物布局方案：在盐分排出区，种植盐生植物；在非盐化水分补给区，种植常绿湿生植物；在大区境内种植高蒸发量的植物。澳大利亚用再造黏土以客土形式施入盐化黏土排盐获得效果；英国 Tanton T W 采用底土深耕后来淋洗盐分；印度在苏打盐土上雨后播种田菁，改善了土壤的渗透性，降低了 pH（石元亮等，2001）。

农业措施可谓种类繁多，概括有以下几项内容：

（一）平整土地

土地不平整是形成盐斑地的重要原因之一。研究表明，微域地形高处形成盐斑的原因，是由于微域地形高起的部位暴露面大，蒸发强烈，土壤水分散失快。据中国农业科学院土壤肥料研究所的资料，地面高起部位的土壤水分蒸发量为 0.28mm/h，低洼处为 0.088mm/h，平地则为 0.048mm/h，高处比平整处蒸发量大 6 倍。因此，微域地形突起部位，既有毛管上升水流的补给，又有毛管侧向水流的补给，导致盐分的局部聚积。

平整土地对盐渍土的改良作用，主要在于消除盐分富集的微域地形条件。使土壤在降雨和灌溉时受水均匀，蒸发也趋于一致，不致产生局部积盐。据山东省陵县盐渍土治理实验区观测，一块高低不平的重盐碱地，经过平整以后，耕层土壤含盐量一般比原来降低 35% 左右。盐渍地的平整，与一般地的平整相同。但在操作时应注意土壤盐渍程度。对于一般轻度盐渍地，以不打乱土层为好；而在重度盐渍地或局部盐斑处，则须先"起碱"后平整，以免盐碱"搬家"。

1. 农田小块盐斑的平整

一般多在冬闲季节进行。平整时应分别将高处和低处的耕层表土堆放在一边，再将高处的底层生土运至洼处填平。然后，分别覆盖原来的表土，并撒施有机肥料，再耙平地面。

对于地面高低相差不大，盐碱又较轻的地块，可通过耕耙，有计划地将高处土壤翻向低处，逐步达到平整。

2. 大面积盐碱地或盐涧堆的平整

通常是机具平整与人畜平整相结合，即用机械进行粗平，而后人工进行细整。

盐涧堆的平整应视有无灌排条件而定，如缺乏灌排条件，一般采用集中运出法，将盐土运出地外，用以填沟或垫路基；在有灌排条件下，可就地平整，起高垫低或平铺在田面上，土壤中的盐分可借助灌排措施脱除。

盐涧堆的底盘，平整后也不易捉苗。因此，平整时其地势应较周围略低，有利于积水淋盐。同时，结合施肥翻晒，加速其脱盐、熟化。

（二）深翻改土

1. 深翻的作用

深翻具有增产作用，是因为深翻可以打破犁底层，增厚耕层，消除土壤板结，改善土壤的通透性，土壤的保水性、渗水性也会相应提高，从而为作物根系的生长发育创造良好的土壤环境。

除此以外，在盐渍土地区，深翻还有抑盐改土的作用。盐渍土一般具有表聚性强的特点，通过深翻可以将盐分较多的表土翻入深层，将底层的好土翻上来，结合施肥，建立新的耕作层，从而有利于作物的生长。深翻可切断土体上下层的毛细管联系，土壤水分蒸发相应减弱，并且由于疏松土层的孔隙率高，渗水性好，能促进雨水的下渗。因此，深翻也是抑制土壤返盐，促进土壤淋盐的有效措施。

2. 适宜深翻的条件

深翻必须考虑剖面盐分分布状况、土层质地排列、地下水埋藏深度及作物根系的生育特性等。一般多以 40~50cm 深度为宜。心、底土含盐多的土壤不宜深翻。在有黏土夹层埋藏的砂质土分布区，通过深翻可以将黏土层翻上来，通过耕种使之逐渐混合，土壤质地将逐渐得到改善，而且破坏黏土隔层有利于盐分的淋洗。在含粉砂粒很高的粉砂质土壤上进行深翻，不仅需要大量增补有机质，同时还需配合掺施黏土，以促进土壤结构的改善。

深翻是防治土壤盐渍化的一项有效措施。如天津市静海县在 1971~1976 年,用深耕犁深翻盐碱地 16666 hm² 之多,占全县盐碱耕地总面积的 1/3。深翻后的土壤,粮、棉产量都有不同程度的增加,其中深翻 60cm 的地块,保苗率明显提高,粮食产量增加 1 倍。

3. 深翻的方法

我国北方盐渍土地区的群众在深翻土地时,一般多用人力耕翻,少数有条件的地方也采用机具深翻。

(1) 人工深翻

较多采用的是普翻法和隔沟深翻法。

普翻法是在地块的一边或中心,开挖一条 1m 左右宽和深的长沟,将表层盐碱土层和下层好土分别堆放在沟的两边。翻第二沟时,先将盐碱土填入第一沟中,再将第二沟下层的好土翻盖于第一沟上,以此类推,翻后平整。

隔沟深翻的方法与普翻法相似,只是在两沟之间留一道隔墙,沟与墙等宽。第一年在沟中作业,并只在沟中种植,第二年将墙作为挖沟部位,将沟作为墙,如此轮换,每两年翻完一块地。在土地多劳力少的情况下,隔沟深翻是改良盐渍土的好方法。

(2) 机具深翻

机具深翻可以大大提高改良盐渍土的功效,适用于大面积盐渍土的改良。适于进行深翻的机具有斗式挖沟机、单铧深耕犁、复式深耕犁等。目前使用比较普遍的是耕翻 70~80cm 的单铧深耕犁,对于好土埋深较浅的地块或盐渍程度较轻的地块,效果良好。对于重度盐渍地,以复式深耕犁为宜。

(三) 耕 作 保 苗

土壤耕作的主要目的,是通过耕、耙、耱、镇压、松土等田间作业,以控制和调节土壤的水、肥、气、热状况,为农作物的丰产创造良好的土壤环境条件。对于盐碱土来说,合理耕作还可以促进脱盐、防止返盐、巩固和提高改良效果。深播浅盖、铺泥盖草、晒垡养坷垃、适期播种、选育耐盐品种等,都是有利于躲盐、隔盐、抗(耐)盐的行之有效的耕作保苗方法。

1. 深播浅盖

我国黄淮海平原及东北松嫩平原的盐渍土地区,尽管土壤通体含盐量并不是很高,但是由于盐分表聚性很强,盐碱危害仍相当严重,因此缺苗断垄现象极为普遍。保苗的主要关键是创造局部脱盐或盐碱较轻的土壤环境条件,争取当年全苗保收。

在播种方法上,普遍采用的方法是"深播浅盖",或称"冲沟播种"。即用犁冲沟,将含盐分多的表层分开,将种子播于沟底好土上,而后盖以薄土。由于沟底土壤盐碱含量较低,墒情较好,同时由于盐碱有往高处爬的特点,沟底返盐的幅度较小,播种较易出苗。

2. 铺泥盖草

苏北滨海地区群众在改良盐渍土的实践中，创造出铺泥盖草及窖草的经验。所谓铺泥，是指在排水沟清淤时，将排水沟中淤积的沟泥挖出来，铺在田面上，暂时形成一个隔断层，有利于减少毛管水的蒸发和盐分在地表聚积。所谓盖草，是将干草覆于田面之上。盖草可以抑制地表强烈蒸发，不仅能减轻土壤返盐，而且能蓄积部分雨水，加强淋盐作用，此外，盖草还可以增加土壤有机质。耕地内零星分布的小块盐斑地，深挖25～30cm，填入较多的干草，称为窖草。窖草有利于破除土壤板结层，增加土壤的透水能力，适用于盐斑地的改良。

3. 晒垡养坷垃

"秋深耕，春浅耕"是我国北方盐渍土地区群众的一条成功经验。在夏秋雨季淋盐后，及早进行深耕，耕而不耙，可以创造出一个上有坷垃，中有碎土，下有塇土的耕作层。这种耕作层可以切断上下土层间的毛细管通道，抑制土壤水盐向上运行，起到"保墒、防盐"的作用，同时，由于晒垡可以使土壤盐分集中在坷垃表面，有利于自然雨水的淋洗。因此，当地群众有"好地要雨，碱地要蛋"、"坷垃蛋，吃饱饭"之说。

早春浅耕耙糖，同样十分重要。早春浅耕，形成的坷垃较小，利于保墒防盐和作物播种出苗。

4. 适期播种

顺应气候特点，适期播种，避开土壤积盐盛期，也是一种适应性的利用盐渍土的方式。群众中流传着"春晚播，秋早播，夏抢播"的农谚。因为春季盐渍地土温上升缓慢，早播温度低，易受盐分为害，形成烂种、烂芽，因此盐渍地春播比非盐渍地一般要晚7～10天。夏季气温高，土壤容易返盐，为防止盐分危害，一般要根据墒情和返盐状况，抢墒播种。秋季盐碱地地温比非盐渍地降得快，因此要早播，一般要早5～7天。同时，由于雨季期间被雨水淋溶到土壤底层的盐分尚未全部返上来，早播也有利于出苗保苗。

5. 选育耐盐品种

各地广泛采用的是盐渍地选种法，即每年在盐渍地上选择生长健壮、发育良好的植株作为留种，第二年将收获的种子再种到盐碱地上。通过长期系统的选育，即可培育出在盐渍地上获得耐盐遗传性并具有耐盐适应生理的品种。

植物耐盐的分子生物学和植物耐盐基因工程正在成为学术界的研究热点。分子生物学的技术进步已经使基因的定位、分离、转移成为现实。植物耐盐性受到复杂得多基因控制，而且常常是整个生物系统的综合反应，是一种典型的数量性状。研究作物数量性状遗传的重要方法——分子连锁图谱数量基因定位，简称 QTL（quantitative trait locus），已经开始应用于植物耐盐性（NaCl）遗传。目前已经有学者尝试通过农杆菌介导法转移与水稻耐盐有关的基因，期望将来可以把耐盐基因直接注入到盐敏感品种中以提高耐盐性。国内外学者用分子生物学的方法培育耐盐植物品种虽然取得了一定进展，遗憾的是至今成功的例子太少，此领域研究方兴未艾（王志春等，2003）。

（四）土壤培肥

1. 盐渍土的肥力特征

盐渍土由于受盐分影响，其肥力不同于一般土壤，具有"瘦、死、板、冷、渍"的特点。"瘦"是指营养元素含量低。由于盐分的限制，盐渍土上的植被和作物生长不良，有机质来源较少，同时盐分的化学组成也降低了某些养分的有效性，如磷和锌易被钙固定。加上多数盐渍土地区地广人稀，耕作粗放，很少施用有机肥，因而土壤养分含量一般都偏低。"死"的特点是微生物数量少，活性低，如固氮菌、硝化菌与非盐渍地相比，显著偏低。"板"表现为土壤通透性差、水气条件不良。"冷"就是土壤性凉，特别是在春季，与非盐渍地相比较，盐碱地地温上升缓慢，对作物的适时播种不利。"瘦、死、板、冷"，再加上"盐碱"，共同构成了盐渍地的低产因素，而形成这些因素的主要原因是土壤有机质含量低。土壤有机质参与了土壤的生物小循环过程，是营养元素，如氮、磷、钾、硫、硅等元素的重要来源。同时，土壤有机质还影响着土壤的物理化学特性，影响着土壤微生物区系分布和土壤中一系列的微生物学过程。对盐渍土来说，土壤有机质还有更多的意义。盐渍土中肥盐之间存在着相互制约的关系，盐分多了，抑制作物生长，土壤中残留的有机质就减少；相反，土壤中有机质多时，就可以调和以至消除盐害。由此可见，土壤培肥同样是改良盐渍土的重要方法，千方百计增加土壤有机质含量是土壤培肥的中心环节。

2. 土壤耕层熟化对水盐动态的影响

在我国劳动人民中广泛流传有"马瘦长癣，地饿起碱""碱大吃肥，肥大吃碱"等谚语。一些土壤学家曾提出在盐渍土区建立"淡化肥沃层"，即在不减少土体盐分储量的前提下，通过提高土壤肥力，以肥对土壤盐分进行时（间）、空（间）、形（态）的调制，在作物主要根系活动层，建立一个良好的肥、水、盐生态系统，达到作物持续高产稳产。

实践证明，增施有机肥料、种植绿肥、合理轮作倒茬、增加地面覆盖等措施，不仅可以培肥土壤，使土壤具有良好的结构性，还可以覆盖地面，抑制和减少水分蒸发，对调控盐渍土的水盐动态变化，起到良好的作用。

（1）抑制土壤返盐

熟化程度较高的表土，具有较多的大团聚体和大孔隙。当水分从小孔隙体系流向大孔隙体系时，大孔隙体系实际上限制住了小孔隙体系水分的流动，阻止了蒸发，因此熟化层的大孔隙就有抑制水分上行的作用。而且熟化层的大孔隙还有利于热的对流和水汽的涡流运动。表土本身蒸发快，湿度低，往往能在表面几厘米形成薄层干燥层，从而抑制整个土体的蒸发。

（2）促进降雨淋盐

熟化程度较高的表土，之所以有促进降雨淋盐的作用，是因为熟化表土有较大的孔隙度，特别是非毛管孔隙较多，能接纳较多的雨水，因而随下渗水流而去的盐分就较多较快。

从淋盐深度来看，熟化层的厚度具有更重要的影响。试验的结果表明：熟化层厚度为 10cm，淋盐深度仅能达到 80cm；熟化层厚度为 15cm，其中熟化程度高者，淋盐深度在 1m 以下，熟化程度低者，淋盐深度也只能是 80cm 左右；熟化层厚度在 20cm 者，不论熟化程度的高低，淋盐深度均大于 1m。

（3）降低土壤的碱度

种植和翻压绿肥，绿肥体和根茬在微生物作用下分解，产生各种有机酸，可以在一定程度上中和土壤碱度，对改良苏打盐土非常有利。据河南封丘西大村的试验，种植绿肥，可使 0~10cm 土层的 pH 下降 1 个单位以上，碱化度下降 20％以上，并使苏打消失，钙、镁离子显著增多。

3. 培肥土壤

（1）增施有机肥料

有机肥料主要是人畜粪、土杂肥、厩肥、秸秆堆肥、河塘泥、青草肥等。增施有机肥料，有利于促进土壤熟化，从而改变盐渍土不良的水盐状况。

从一些试验结果来看，农家的有机肥料对土壤理化性状的影响，确是十分显著的。施用有机肥后，大于 0.25mm 的土粒，较未施有机肥料的多 5％~7％，孔隙度增加 2％~5％。不施肥的地块，5 天以后吸水即趋稳定，施用有机肥料的地块，10 天以后仍不失其吸水能力。北京市永乐店所做的对此试验表明，施用有机肥料的地块 0~20cm 土层的有机质含量增加了 57％，冬小麦产量高出 5 倍多。增施有机肥料的关键在于广辟肥源，大搞秸秆还田，特别是应当走农牧结合、秸秆过腹还田的道路。

（2）广种绿肥

绿肥茎叶茂密，覆盖地面可以增加田间空气湿度，降低地面风速，降低地温、气温，拦截地表径流，促进淋盐，以及通过绿肥根系的作用，可使土壤疏松多孔。绿肥又是优质的有机肥料，掩青后经腐烂分解，可以促进土壤团粒结构的形成，增多土壤非毛管孔隙，减少毛管孔隙。所以种植绿肥能从多方面减少土壤蒸发，抑制返盐。

盐渍土上种植的绿肥品种，应具有抗御盐碱及其他自然灾害的能力。目前，在我国盐渍土地区广泛栽培的一年生冬绿肥品种，主要有苕子、箭舌豌豆、金花菜、小扁豆、紫云英等。一年生夏绿肥品种有田菁、柽麻，也有将芝麻、绿豆、油菜作绿肥的。多年生绿肥有紫花苜蓿、沙打旺、白三叶草、草木樨、紫穗槐等。绿肥品种虽多，但是其耐盐能力与所需水热条件是有很大差异的，因此必须因地制宜，因时制宜，才能提高绿肥的成活率。

近年来，一些地区随着复种指数提高，绿肥与粮棉争地的矛盾日益突出。因此，推行绿肥的轮作、间种、套作，是处理好绿肥与粮棉的关系、保证全面增产的最佳途径。

六、改良剂的应用

在整治次生盐渍化土地过程中，发生次生碱化土地的整治难度是最大的。由于碱性土壤中含有大量的苏打及交换性 Na^+，致使土壤碱性强、土粒分散、物理性质恶化、作物难以正常生长。整治这类土地，除了消除土壤中多余的盐分措施外，主要应清除土壤胶体上过多的交换性 Na^+ 和降低碱性。为此，在水利及农业措施实行的同时，很有必要从化学的角度加以改良。通常化学改良主要是施用一些改良剂，通过离子交换及化学作用，降低土壤交换性 Na^+ 的饱和度和土壤碱性。

改良碱化土壤的化学改良剂一般有三类，一类是含钙物质，如石膏、磷石膏、亚硫酸钙、石灰等，它们多以钙代换 Na^+ 为改良机理；第二类是酸性物质，如硫酸、硫酸亚铁、黑矾等，它们则是以酸中和碱为改良机理；第三类是有机质类，是通过改善结构，促进淋洗，抑制钠吸附和培肥等起到改良作用的。

（一）钙质改良剂及其应用

用石膏饱和碱土的浸提液之后，土壤的化学组成有明显的改变，其中 Ca^{2+} 明显增加，Na^+ 明显减少，而其他离子变化较小。说明 $CaSO_4$ 对改变 Na^+ 含量起到了重要作用，其作用机理为

$$CaSO_4 + Na_2CO_3 \rightarrow CaCO_3 \downarrow + Na_2SO_4$$
$$CaSO_4 + NaHCO_3 \rightarrow Ca(HCO_3)_2 + Na_2SO_4$$

即土壤中游离的 Na_2CO_3 和 $NaHCO_3$ 与石膏（$CaSO_4$）作用产生了 $CaCO_3$ 沉淀及 $Ca(HCO_3)_2$ 和 Na_2SO_4，土壤的吸附性 Na^+ 被改良剂（$CaSO_4$）中的 Ca^{2+} 取代形成易淋洗的 Na_2SO_4，从而消除了游离性碱和代换性 Na^+，改变了土壤的物理性状。

在印度碱土改良中，常用 $CaSO_4 \cdot 2H_2O$ 作为改良剂，选用过筛 2mm 的石膏细粒浅施（$10 \sim 20cm$）。试验证明：施石膏（GR12.5t/hm^2）后，水稻与小麦产量由 0 分别提高到了 3.7t/hm^2 和 2.6t/hm^2；澳大利亚对苏打土用石膏做改良剂，结果表明：石膏的溶解提高了土壤溶液中的电解质浓度，经石膏饱和的土壤溶液的电解质浓度从 15mol/m^3 变为 133mol/m^3，提高了交换性 Ca^{2+} 含量，减小了黏粒的膨胀，保证土壤的多孔性，增加了导水性。同时施石膏也能减缓土壤表面变干的速度，防止结壳的形成。

改良剂在我国得到了广泛的应用。

黄淮海地区，应用石膏、磷石膏后，使瓦碱土保苗、增产明显，小麦、棉花分别增产 39%。与此同时，土壤理化性质得到了明显改善，pH 由 9 以上降至 7.1，消除了 Na^+ 对作物的危害。$2 \sim 10cm$ 土中交换性 Na^+ 由 20meq/kg 土降到了 6meq/kg 土以下，ESP 由 16%～39% 降到 6% 左右，土壤的分散及碱化板结现象均得以消除。在施用原则上，主张从 4 月底 5 月初至 9 月底按 $275 \sim 375$kg/亩施用为宜，7 月雨季最好，施后翻入土中混合效果更佳；在江苏淮北平原的花碱土上采用石膏、磷石膏改良，降低了碱

性，改善了物理性状，增加了喜钙植物（花生）的钙素含量。

松嫩平原试验表明在轻碱土上按 $1.5kg/m^2$ 施用石膏效果最好，小麦增产 111％。在苏打氯化物碱土上施用石膏，30cm 土层内 pH 下降，表层 pH 由 10.96 降至 8.65，代换性 Na^+ 和 ESP 在 30cm 以内减少 10％～15％。施石膏还使糜子分蘖增加，穗长增加，而不施石膏的却颗粒无收。在苏打轻盐强碱化草甸土上施石膏（5 斤/区），ESP 下降 73.6％，pH 下降 1.09～1.75 个单位，其上种草木樨鲜草增产 7％～19％。该地的实践还表明重碱土上施石膏比轻碱土上效果更佳。此外，在该区对轻盐碱化草甸土施用磷石膏（含 $CaSO_4$ 80％以上），使水稻增产了 60％～80％。

新疆在改良上应用石膏等已成为一种主导措施，在应用方法上采用施石膏与灌水冲洗相结合。

磷石膏是生产磷铵的副产品，试验表明，在盐渍化土壤施用磷石膏，施用后对玉米、水稻均有明显的增产效果。在碱化土壤上随着沸石用量的增大，水稻、玉米增产幅度相应增大。在施用磷石膏 3000～15000kg/hm² 配施氮磷化肥条件下，水稻增产 14％～21％，玉米增产可达 19％，土壤 pH 下降 1.02～1.16，交换性钠下降 0.02～0.3cmol/kg，碱化度下降 0.5％～5％，$CO_3^{2-} + HCO_3^-$ 与 SO_4^{2-} 之比降低 73.8％（姜勇等，2001）。

关于 $CaCO_3$ 对土壤碱化的影响，石元亮曾做过研究。设计六种土壤处理进行土壤 Na^+-Ca^{2+} 代换研究，结果发现：在无有机物的情况下，$CaCO_3$ 含量越高，对 Na^+ 的吸附优势越强。在三种含 $CaCO_3$ 的土壤中，其 Na^+-Ca^{2+} 交换在平衡液中，Na^+ 的当量分数（C_{Na}/C_0）在 0.15～0.85 区间内，土壤胶体的 q_{Na}/q_0 处于恒定状态；在 C_{Na}/C_0 在 0～0.15 时，土壤胶体上的 Na^+ 迅速增加，达到 0.42～0.53 时，随之交换等温线出现了一个长长的平台，当溶液饱和度达到 85％左右时，q_{Na}/q_0 急剧上升。这一现象说明，在平衡当中当土壤与高的 C_{Na}/C_0 溶液平衡时，液相的 Ca^{2+} 浓度低，则 $CaCO_3$ 中的 Ca 就释放出来，保持了液相中的 Ca^{2+} 浓度，从而控制了 Na^+ 在胶体上的持续上升。但是这一现象并不代表整体状况，在 $CaCO_3$ 大量存在条件下，对碱土的作用是正向的，即 $CaCO_3$ 越多，碱化越强。

（二）酸性改良剂及其应用

生产中应用的酸性改良剂主要有硫酸、硫酸亚铁、硫磺及黑矾等。

应用强酸性物质改良碱性土壤，以原苏联最为普遍。在 Ararat 平原的碱土改良提出了快速改良碱化苏打的方法，即运用 H_2SO_4 作为碱土改良剂，其原理是用强酸试剂中和了土壤溶液中的碱，释放出 Ca^{2+}，使 Na^+ 被 Ca^{2+} 所置换。经实践发现，改良前后，盐碱土的盐分剖面分布状况明显改变，Na^+ 含量明显降低。硫酸由于造价高，及资源缺乏等原因，在其他国家的碱土改建中只限于试验研究，尚未能大面积应用到生产实践中。

（三）有机类改良剂及其应用

有机类改良剂种类较多，包括传统的腐殖质类（在草碳、风化煤、有机物料及绿肥等)、尿素甲醛及尿素甲醛树脂聚合物等及工业下脚料糖醛渣等。

新疆用改良的风化煤（总腐殖酸含量>40%，呈酸性，总表面积大）施于碱土中后，使碱土的物理性状得到了改善，降低了碱化度。它的施用，提高了土地的蓄水保墒能力，吸水量比不施增加了 5.6%，进而增加了水稻、春麦和玉米的产量，增产率分别为 13.3%、10%和 20%。

中国科学院新疆生物土壤沙漠所（现为中国科学院新疆生态与地理研究所）曾用 7 种不同来源的腐殖酸对强碱化漠钙土做了改土效果试验研究，结果表明：盆钵培养一年后，7 种来源的腐殖酸均有明显的改土效果，均可降低土壤 pH，并提高了土壤的渗水速度，还可抑制土壤对磷肥的固定，也可使土壤的颗粒相互融合，土壤的有机无机复合度可达 19.1%~24.0%，也增强了土壤微生物的总活性。腐殖酸有改碱作用，其实质是它中和了碱，又抑制了土壤磷的固定，促进了植物对磷的吸收。

随着玉米深加工业的发展，加工下脚料糠醛渣等在碱土改良中也得到了发展，已有资料表明：随用量的增加，pH 及盐总量呈规律性递减，pH 减少 0.1~0.6 个单位，且随之在土中时间的延续，效果增强。同时增加了土壤养分和土壤湿度及温度（增温 0.1~1.4℃,湿度增 11%）和通透性，比对照不施糠醛渣的土壤有机质提高 0.1%，速 N 提高 7~36mg/kg，速 P 提高 9~45mg/kg，速 K 提高 9~45mg/kg，有利于保肥保水。试验认为施用量以 1500~4500kg/hm^2 为最佳，且条施为宜。在河南封丘的瓦碱地上，也施用糠醛渣改碱，与磷石膏比具有同样地效果。施用糠醛渣改善了土壤物理条件，毛管上升高度由未改前的 12.1cm/12 h 上升为 35.3cm/12 h，渗水率也相应有很大提高。再者，土壤肥力的变化也很明显，耕层有机质含量高达 768.9g/kg，含 N5.56g/kg,比不施糠醛渣的分别增加 48.4%和 15.8%。腐殖质组成也发生有明显的变化，NA 比原来提高 7 倍，FA 也提高 1.6 倍。由上几种改善，使小麦和大麦产量均有相当大的提高。利用糠醛渣改良碱土是近年新的实践，其改碱实质也是因其自身含有酸性物质而对碱土产生作用。

美国等发达国家已开始应用尿素甲醛及其聚合物改良盐碱地，尿素甲醛及其聚合物即是结构剂同时又可提供营养。

除上述的化学改良剂外，我国还有应用腐殖酸铵及硅藻土等酸性物质作为化学改良剂的，也都取得了一定的效果。

王春裕等（2001）于 1995~1998 年在辽宁康平县在强度苏打盐渍化草甸土及结皮草甸碱土种植玉米的条件下，大量增施泥炭，增产效果十分显著。而且，可溶性盐分、pH 及交换性钠下降，土壤钙、镁离子与交换性盐基总量明显增加。姜勇等（2001）1988~1990 年在辽宁新民和辽中两县进行的沸石改良盐渍土试验表明，沸石单独施用或配施其他化肥，施用后对玉米、水稻均有一定效果。在碱化土壤上随着沸石用量的增大，水稻、玉米增产幅度相应增大。在施用沸石量 375~7500kg/hm^2 处理条件下，水稻平均增产率为 6.5%~24.7%，玉米增产率为 4.6%~58.7%。

参 考 文 献

白英，凌礼章. 1981. 深层碱性水的化学性质及其对土壤的影响. 土壤学报，18（4）

白由路，李保国，石元春. 1999. 基于GIS的黄淮海平原土壤盐分分布与管理研究. 资源科学，21（4）：66～70

白由路，李保国. 2001. 黄淮海平原土壤盐渍化状况的数值分类. 土壤通报，(S1)：8～13

贝军. 1995. 农林复合生态系统在黑龙港流域农业开发中的作用与地位. 河北林业科技，8 (S1)：1～4

陈焕伟，张凤荣等. 1997. 土壤资源调查. 北京：中国农业大学出版社

陈隆亨等. 1992. 河西地区水土资源及其合理开发利用. 北京：科学出版社

樊自立，马英杰，马映军. 2002. 中国西部地区耕地土壤盐渍化评估及发展趋势预测. 干旱区地理，25（2）：97～102

方生，陈秀玲. 1995. 华北平原土壤水盐动态特征及其调控. 海河水利，(3)：3～7

《改良盐碱土创高产》编写组. 1974. 改良盐碱地创高产. 石家庄：河北人民出版社

谷孝鸿，胡文英，李宽意. 2000. 基塘系统改良低洼盐碱地环境效应研究. 环境科学学报，20（5）：567～573

郭占荣，刘花台. 2002. 西北内陆灌区土壤次生盐渍化与地下水动态调控. 农业环境保护，1：45～48

贺涤新. 1980. 盐渍土的形成与改良. 兰州：甘肃人民出版社

姜勇，张玉革. 2001. 沈阳地区盐渍土的生态分布、特性及改良利用. 土壤通报，32 (S1)：124～127

黎立群. 1986. 盐渍土基础知识. 北京：科学出版社

黎立群等. 1980. 南疆种稻改良盐土的问题. 土壤学报，17 (4)

李凤全，吴樟荣. 2002. 半干旱地区土地盐碱化预警研究——以吉林省西部土地盐碱化预警为例. 水土保持通报，22（1）：57～59

李怒云，龙怀玉. 2000. 植树造林与21世纪我国盐渍土开发利用的关系. 北京林业大学学报，3：99～100

李秀军. 2000. 松嫩平原西部土地盐碱化与农业可持续发展. 地理科学，20（1）：51～55

宁夏农业勘察设计院. 1990. 宁夏土壤. 银川：宁夏人民出版社

青海省水电局水利科学研究所. 1978. 格尔木灌区土壤盐渍化调查分析. 见：盐渍化改良论文选. 济南：山东科学技术出版社

申曙光. 1995. 论灾害防治指导思想的转变. 中国人口·资源与环境，10（3）：76～80

沈万斌，董德明，包国章等. 2001. 农灌区土壤次生盐渍化的防治方法及实例分析. 吉林大学自然科学学报，1：99～102

石元春，李保国等. 1991. 区域水盐运动监测预测预报. 石家庄：河北科学技术出版社

石元春，李韵珠，陆锦文. 1986. 盐渍土的水盐运动. 北京：北京农业大学出版社

石元春，辛德惠. 1983. 黄淮海平原的水盐运动和旱涝盐碱的综合治理. 石家庄：河北人民出版社

石元春. 1985. 半湿润季风气候区盐渍土的水盐运动特点及其调节. 见：国际盐渍土改良学术讨论会论文集

石元春. 1994. 以黄淮海平原为例谈区域资源开发和持续利用. 中国科学院院刊，3：55～60

石元亮，王晶，李晓云. 2001. 盐渍土区域水分调控与综合治理研究进展. 土壤通报，32 (S1)：102～105

史桃开，徐攸在. 1994. 盐渍土地基的膨胀性. 工程勘查，3：10～21

宋长春，邓伟. 2000. 吉林西部地下水特征及其土壤盐渍化的关系. 地理科学，20（3）：246～250

唐灿，孟晖. 1999. 河西走廊地区土地荒漠化问题分析. 中国地质灾害与防治学报，10（4）：48～56

田魁祥，赵昌盛. 1993. 区域农业与缺水盐渍区综合治理. 北京：科学出版社

王春裕，武志杰，尹怀宁等. 2001. 内蒙古科尔沁左翼后旗的泥炭资源及其改良苏打盐渍土的研究. 土壤通报，32 (S1)：120～123

王艳梅，李果珍. 2001. 盐碱地绿化的优良草种-碱茅. 山西林业科技增刊，12 (S1)：42～43

王志春，梁正伟. 2003. 植物耐盐研究概况与展望. 生态环境，12（1）：109～112

王遵亲，祝寿泉，俞仁培等. 1993. 中国盐渍土. 北京：科学出版社

王遵亲. 1985. 中国土壤盐碱过程及盐碱分区. 见：国际盐渍土改良学术讨论会论文集，济南

魏俊梅，阿腾格，翟志忠. 2001. 巴盟河套灌区盐碱地的综合治理. 内蒙古林业科技，1：32～35

魏由庆. 1994. 黄淮海平原土壤次生潜在盐渍化分级研究. 土壤肥料，5：5～8

温金祥，宇振荣，韩纯儒. 1995. 黑龙港地区水资源持续利用的典型研究. 见：科协全国第二届青年学术年会（资源、环境与持续发展战略）论文

肖千明，杨永华. 1997. 辽宁省蔬菜保护地土壤肥力现状分析. 辽宁农业科学，3：17～21

辛德惠. 1990. 浅层咸水型盐渍化低产地区综合治理与发展. 北京：北京农业大学出版社

杨瑞珍，毕于运. 1996. 我国盐碱化耕地的防治. 干旱区资源于环境，10（3）：22～30

叶笃正，陈泮勤. 1992. 中国的全球变化研究. 北京：地质出版社

尹美娥. 2000. 咸水灌溉下的土壤水盐运动规律. 水利水电技术，31（7）：22～24

俞仁培，陈德明. 1999. 我国盐渍土资源及其开发利用. 土壤通报，30（4）：158～159

俞仁培. 2001. 对盐渍土资源开发利用的思考. 土壤通报，32（S1）：138～140

张凤荣，齐伟，薛永森等. 2001. 盐渍土区耕地质量指标及其在持续土地利用管理评价中的应用. 中国农业大学学报，2001. 6（5）：42～48

张蕾娜，冯永军，张红. 2001. 滨海盐渍土水盐运移影响因素研究. 山东农业大学学报（自然科学版），32（1）：55～58

张士功. 盐渍土资源与可持续发展. 科技日报. 2000-05-09

张文渊. 2000. 江苏沿海地区盐渍土改良利用的治理措施. 中国农业资源与区划，21（5）：43～45

张学雷，龚子同. 2003. 人为诱导下中国的土壤退化问题. 生态环境，12（3）：317～321

赵其国. 2001. 21世纪土壤科学展望. 地球科学进展，16（5）：109～114

中国科学院南京土壤研究所. 1989. 国际盐碱土动态学术讨论会论文集. 南京

中国科学院南京土壤研究所等. 1978. 盐渍土改良论文选. 济南：山东科学技术出版社

中国科学院自然资源综合考察委员会. 1991. 中国1：100万土地资源图土地资源数据集. 北京：中国人民大学出版社

中国农业科学院农业灌溉研究所等. 1987. 黄淮海平原盐碱地改良. 北京：农业出版社

周智彬，李培军，徐新文等. 2002. 塔克拉玛干沙漠腹地人工绿地对沙地盐分时空分布的影响. 水土保持学报，16（2）：16～19

朱庭芸，何守成. 1983. 滨海盐渍土的改良和利用. 北京：农业出版社

Scofield C S. 1940. Salt balance in irrigated areas. Journal of Agricultural Research，61：17～39

Sharma R C，Byhargava G P. 1988. Landsat imagery for mapping saline soilsand wetlands in North-west India. International Journal of Remote Sensing，9（1）：39～44

第六章　土地污染防治

第一节　土壤酸化及其防治

土壤酸化加速了土壤中养分离子的淋失，使土壤日趋贫瘠，导致土壤结构退化的同时释放出致害重金属和铝离子等污染物，从而降低土壤酶活性，使农作物减产，品质下降、森林退化，并且污染地表水和地下水，危害水生生物等（唐鸿寿，2001；肖辉林，2001）。从生物地球化学循环的角度来看，土壤酸化是由于元素循环的脱节引起的（Vries and Breeuws，1987）。导致元素循环脱节的因素既有自然的，也有人为的。研究表明，在土壤酸化严重的地方，人为因素所起的作用更大（Van Breemen et al.，1984）。在土壤酸化过程中，N，C，S 循环是参与 H^+ 转化的最有意义的循环（Vries and Breeuws，1987）。人类的工农业活动干扰了生态系统中氮素的自然循环过程，化石燃料的燃烧产生氮氧化物而导致酸沉降，化肥的过量施用造成地表水体富营养化、污染地下水等，而且土壤酸化后是很难逆转的，如果不采取有效措施防治土壤酸化，必然会给人类生存、社会经济与农业可持续发展带来极大的威胁。

一、土壤酸度与土壤酸化的概念

1. 土壤酸度（soil acidity）

土壤酸性反应是由于土壤溶液中交换性 H^+ 和 Al^{3+} 引起的。土壤中由 H^+ 和 Al^{3+} 的浓度而表现出的土壤酸性程度称为土壤酸度。根据土壤中 H^+ 的存在形态，可将土壤的酸度分为两种类型：①活性酸（active acid）：是土壤溶液中 H^+ 浓度的直接反映，其强度通常用 pH 来表示。土壤的 pH 愈小，表示土壤活性酸愈强。②潜性酸（potential acid）：是由呈交换态的 H^+，Al^{3+} 等离子所决定。当这些离子处于吸附态时，潜性酸不显示出来。土壤中潜性酸的主要来源是由于交换性 Al^{3+} 的存在。当它们被交换入土壤溶液后，增加 H^+ 的浓度，才显示出酸性来。

土壤的潜性酸度和活性酸度可以相互转化，而前者要比后者大得多。然而，只有盐基不饱和的土壤才有潜性酸。

表示土壤酸度的方法有容量和强度两种指标：

1）强度指标：通常用土壤 pH 表示。用蒸馏水测得的土壤 pH，表示土壤溶液中的 H^+ 和 Al^{3+} 的浓度，称之为活性酸度；一般用中性盐液（0.01mol/L）测得的土壤 pH，除土壤溶液中的 H^+ 和 Al^{3+} 外，还含有土壤中的交换性 H^+ 和 Al^{3+} 数量，称之为土壤潜在酸度或交换酸总量。而两者在一定条件下，是可以相互转换的（戎秋涛等，1996）。

2）容量指标：德国乌尔里希（Ulrich B）提出用平衡溶液测得的 pH，即用

0.01mol/L $CaCl_2$ 溶液测得的 pH，作为容量指标。或将一定量的土壤中和到 pH 为 7 所消耗的碱量，称为碱中和容量（BNC，cmol/kg）。美国劳斯等认为用土壤交换酸总量表示酸度可能更合适，用容量指标在土壤酸化研究中可能更为适用。

土壤酸度的瞬时值是相对的。土壤 pH 高低、酸容量多少因植物生长季节、土壤微生物活动以及人为管理而出现动态变化，土壤 pH 比酸容量指标更易出现变化。土壤中或外源性可提供的 H^+ 和 Al^{3+} 或消耗 OH^- 离子的物质均可影响土壤的酸碱度，因而土壤的酸度取决于土壤自然生态体系中物质组成的酸性物质（如 Fe^{3+}，Al^{3+}，Mn^{4+}，CO_2 气体等）和碱性物质（K^+，Na^+，Ca^{2+}，Mg^{2+} 等）间的化学平衡。

2. 土壤酸化（soil acidification）

土壤酸化是土壤中盐基离子被淋失而氢离子增加、酸度增高的过程。土壤酸化出现在以下条件下：①排水良好的土壤常有不同程度的酸化；②在氧化还原条件下氧化亚铁氧化成氧化铁时，土壤胶体被交换氢离子占据，可使土壤酸化；③滨海红树林下的硫酸盐盐土经排水之后，由于硫化物氧化生成硫酸，导致土壤高度酸化；④茶园土壤由于茶树富集铝而使土壤活性铝增加，引起土壤酸化；⑤酸雨携带的酸性物质沉积于土壤；⑥植物对盐基离子的吸收，二氧化碳的溶解和有机酸的解离都可导致土壤酸化。此外，在农业生产中施用生理酸性化肥也是引起土壤酸化的原因之一。酸化土壤中的氢离子和活性铝离子对作物有毒害作用，而且在酸化土壤中磷肥的有效性降低。

3. 土壤酸化过程

由于土壤本身的化学、生物学过程或由于外源酸性物质的输入而使土壤酸度增加的作用，称土壤酸化过程。土壤是一弱酸及其盐类组成的酸碱缓冲体系，土壤酸化的本质就是使土壤酸中和能力的下降，或酸中和容量的降低，即：$\sum \triangle ANC < 0$（式中，ANC 为酸中和容量）。

（1）土壤的自然酸化过程

土壤的自然酸化过程是指土壤成土过程中自然酸化作用的机制与机理。土壤的基本组成物是铝硅酸盐矿物。在土壤形成过程中，原生硅酸盐矿物向 SiO_2/Al_2O_3 比率低的次生硅酸盐矿物转化，酸性是增强的，但铝硅酸盐是极弱的酸，而且不可溶，故自然风化过程很难达到 pH5.0 以下。

在自然条件下，有下列几种过程会导致土壤酸化：①雷雨时 NO_3^- 的形成，并通过沉降进入土壤；土壤中含氮、硫化合物的硝化作用和氧化作用，有利于 HNO_3 和 H_2SO_4 的形成，如红树林下形成的土壤的 pH 可低至 3.0 以下，即由于土壤中含硫化合物（包括有机和无机化合物）氧化作用形成 H_2SO_4 所致。②土壤溶液中 H^+ 浓度的大小主要由土壤空气中 CO_2 分压的高低决定，在与大气 CO_2 相平衡的条件下，土壤溶液理想的 pH 为 5.6。但由于土壤中植物根系和土壤生物的呼吸作用，土壤空气的缓慢扩散，土壤空气中的 CO_2 浓度往往超过 0.03%，故实际土壤溶液的 pH 接近 5.0。由于在 pH5.0 以下，CO_2 溶解度很小，HCO_3^- 浓度也很低。因此，在自然情况下，若不考虑土壤形成的长期历史过程，一般认为 pH5.0 是自然土壤酸化进程的下限。③土壤的主要组成矿物为铝硅酸盐，在化学风化过程中原生铝硅酸盐矿物向 SiO_2/Al_2O_3 比值低的次生铝硅酸盐矿物转化，使酸性增强。但铝硅酸盐为弱酸盐，在自然风化过程中，一般不能使土壤酸化到 pH5.0 以下。④从电荷平衡原理出发，增加土壤中负电荷数量可使之趋于酸化，如新鲜有机物形成土壤有机质时，土壤 pH 会较大幅度地下降。绿肥翻耕以及森林土壤中生物量的积聚，会使负电荷增多，同样易导致土壤酸化，所以热带、亚热带森林植被和寒温带针叶林植被中盐基含量较少的土壤是全球土壤中酸性最强的土壤。

虽然土壤中存在自然的酸化过程，但地质时期的土壤发育使土壤到达稳态阶段，土壤酸度的年际变化，甚至数十年内的变化均是微小的。

(2) 人为活动影响下的土壤酸化过程

人为活动排放的酸性物质，如燃油、燃煤和其他有关工矿业产生的 SO_2，N_2O 等气体引起的大气酸沉降，含酸性物质的固体废弃物的溶解淋溶，进入土壤的酸性废水，以及长期施用生理酸性肥料和种植易酸化的植物等，引起土壤酸化过程。这种酸化作用，事实上是在土壤自然酸化过程的基础上起加速土壤酸化的作用。其酸化作用的强度与速率，及其进程取决于进入土壤中的酸性化合物的种类、数量与性质，以及土壤环境缓冲能力或缓冲容量的大小。人为活动对土壤酸化过程的影响可分为以下几个方面：

1) 由于大气环境污染导致酸沉降的增加，使受酸沉降影响地区的土壤酸化速度加快。

2) 一些不当的农业措施和可以加速土壤的酸化进程，增加土壤中铝等有毒元素的有效性。这些农业措施主要有：①豆科作物和牧草的种植，这些豆科植物通过生物固氮增加了土壤的有机氮水平，有机氮的矿化、硝化及随后的淋溶导致土壤酸化。②通过动植物产品的收获从土壤中移走碱性物质。③化学肥料的施用，特别是 $80kg/hm^2$ 铵态氮肥的施用。④残茬留田，特别是豆科植物的残茬留田加速土壤的酸化。残茬留田一方面将部分有机阴离子归还土壤，这将增加土壤的 pH，另一方面这一过程也将植物所含的有机氮加入土壤中，这将有可能通过有机氮的矿化和硝化降低土壤的 pH。土壤的最终 pH 是两种过程共同作用的结果。比如澳大利亚几乎不存在酸沉降的影响，加速土壤酸化的原因主要是由以上不当的农业措施造成的 (Cregan and Scott，1998)。

与碳、氮循环有关的土壤和植物过程是导致澳大利亚农业土壤酸化的主要原因。作为碳循环的一部分，农产品的收获并从土地上移走（包括籽粒和秸秆）是碳循环导致土壤酸化的主要方面。因为植物在生长过程中，其体内会积累有机阴离子（碱），当植物产品从土壤上移走时，这些碱性物质也随之移走。对小麦-小麦和小麦-休闲两种轮作方式，在不施氮肥的情况下，产品收获并移走是引起土壤酸化的主要原因。当施用氮肥后，小麦的产量和地上部分的生物量均增加，这将导致更多的碱随作物的收获从土壤上移走，这进一步加速土壤的酸化进程。

施用氮肥加速土壤酸化主要是土壤中铵态氮经硝化作用后易造成 NO_3^- 的淋失。虽然该地区的降雨量（平均为 483mm）不足以引起有规律的排水，但仍可发生土壤水分由表层向下的移动。南澳大利亚的气候特点是夏季干旱少雨，每年的降雨主要集中在冬季，此时气温低，蒸发量小。随着水分的下移，NO_3^- 也向下移动并有可能淋溶出根区，而硝化过程中产生的 H^+ 则留在表层土壤中。Amato（1987）等人在南澳大利亚相似的土壤和降雨环境下的研究结果表明，NO_3^- 可以淋溶至表层以下 70cm。因此，铵态氮肥的施用是加速土壤酸化的一个重要原因。

此外，农田系统中的豆科作物也通过 N 和 C 循环来影响土壤酸度。豆科植物通过生物固氮增加土壤有机氮的水平。土壤中有机氮的矿化和硝化及 NO_3^- 的淋溶将导致土壤酸化。因此在小麦-羽扇豆和小麦-蚕豆两种轮作措施下，土壤的酸化速度高于小麦-小麦轮作下的。还有，与残茬移走相比，残茬留田加速了土壤的酸化。残茬留田一方面将部分有机阴离子归还土壤，这将增加土壤的 pH，另一方面这一过程也将植物所含的有机氮加入土壤中，这将有可能通过有机氮的矿化和硝化降低土壤的 pH。土壤的最终pH 是两种过程共同作用的结果。用采自该试验地的土壤的培养实验所得的结果表明，羽扇豆的根使土壤 pH 降低，而加入羽扇豆的茎叶则使土壤 pH 增加（数据未列出）。因此，将残茬，特别是豆科植物的残茬留田有可能加速土壤的酸化。

3）土地的利用方式对土壤酸碱度产生重要影响。比如在红壤上种植耐酸性的植物，会导致土壤酸化。茶树是典型耐酸性植物，在红壤地区分布较广。很多研究报道了种植茶树导致了土壤严重酸化，并对茶叶品质产生不良影响。茶树是聚铝作物，平均含铝量在 1500mg/kg 以上，老叶中的含量可达 20 000mg/kg（马立锋等，2000）。因而在其生长过程中每天要从土壤深处吸收大量的活性铝。当老叶脱落后，这些铝又重新归还到土壤，随着茶树的生长和根系的发育，土壤深层的铝逐步在菜园土壤表层聚集起来。由于铝在土壤中移动性差，表面土壤铝的大量富集导致茶园土壤酸化。另外，茶树是"嫌钙"作物，碳代谢过程中所产生的多余有机酸不易被钙中和，而是通过根系的分泌物排除。因此，茶树根系所分泌的有机酸较其他作物要高得多，主要有草酸、柠檬酸、苹果酸等，这些酸无疑会使根系土壤酸化。

4）人类活动对全球 N 循环产生广泛影响。化石燃料的大量燃烧而导致的酸雨以及人工固 N 而导致的化肥的大量使用，对 N 的自然循环产生了严重干扰，进入生态系统的 N 素超过了植物所需，使 H^+ 的循环严重脱节而使土壤酸化。

表 6-1　人为活动对 N 循环所造成的影响　　　　　　　（单位：Tg/a）

自然结果（N）	人为干扰结果（A）	A/N	资料来源
对流层 NO_x 通量			
4～22	19	10.9～0.8	Soderlund，1976
3～19	20～60	1～20	Hahn，1982
15	25	1.7	Stedman，1983
17	33	1.9	Logan，1983
全球氮的固定			
169～269	55	0.20～0.33	Soderlund，1976
190	80	0.42	Mcelroy，1976
109～209	180	0.9～1.6	Nitrogen，1977
154	132	0.86	Stedman，1983

例如，对对流层 NO_x/O_3 烟雾化学的影响，对平流层 N_2O/O_2 化学的影响，以及对 N 固定的影响。在土壤酸化中，起作用最大是对 NO_x 影响（通过酸雨导致土壤酸化）以及对 N 固定的影响（通过施肥导致土壤酸化）。下表列出了人为活动对 N 循环（NO_x 的排放、N 的固定）所造成的影响。由表 6-1 可见，全球 NO_x 的生产可能由人类源占优势，而人工固 N 已接近于自然固 N。如此显著的人为干扰，不可避免地将对生态系统产生很大影响。导致或加重土壤酸化便是其中重要影响之一。

4. 土壤对酸（H^+）的缓冲物质体系与缓冲机理

土壤对酸碱反应的缓冲性能是土壤重要的特性与环境功能，是指土壤具有维持土壤本身酸碱物质平衡或抵御外源酸碱物质的进入而引起的酸碱反应变化的性能。单位数量的酸（碱）物质进入土壤所引起的土壤溶液中 pH 的变化量，称为土壤的酸（或碱）的缓冲容量。土壤对酸的缓冲容量与土壤的组成物质和酸碱反应密切相关，不同发育阶段土壤的缓冲体系物质组成和酸碱性质不同，其缓冲反应及其效应也不同。从土壤的碱性反应到酸性反应，其缓冲物质体系及其缓冲反应依次为：$CaCO_3$ 的溶解、铝硅酸盐矿物的风化、胶体（或吸收性复合体）的阳离子交换、层间铝、络合态 Fe，Al 和无定形水化氢氧化物的转化。它们的缓冲容量除了酸一侧的层间铝外，以 $CaCO_3$ 的溶解反应的缓冲容量为最高，往酸侧迅速降低，这就是土壤具有抵御酸化的缓冲性和土壤酸中和能力（ANC）或缓冲容量降低的论点所在。除碱性土壤外，绝大多数中性和酸性土壤处于胶体交换缓冲体系或 Al 缓冲体系。在许多情况下，一个土体表层处于铝缓冲体系，心土层处于胶体缓冲体系，而底部风化层处于铝硅酸盐矿物风化缓冲体系。土体的这种土壤化学梯度是土壤酸化过程的反映。

二、大气酸沉降对土壤酸化的影响

大气酸沉降及其对生态环境的破坏被列为全球十大环境问题之一，近十几年来受到各国政府、科学家和环保人士的普遍关注，被认为是环境化学定时炸弹（chemical time bomb，CTB）的主要因素。

（一）大气酸沉降的含义及现状

随着工业化的发展、城市化进程的加快，人们的生产和生活活动增加了 N_2O、NO_x 和 SO_2 等大气酸性化学组分，这些物质在大气层迁移转化过程中形成各种酸性化合物，并通过各种气象过程（如雨、雾、雪等）和重力作用进入陆地和水生生态系统，我们把这种现象称为大气酸沉降（air acid sedimentation）（图 6-1）。大气酸沉降包括干沉降和湿沉降两种，干沉降是指通过气体扩散、大气气溶胶、飘尘等固体物质降落的大气酸沉降，湿沉降是指通过降水过程表现的大气酸沉降，因降雨是降水过程的最主要形式，故狭义称为酸雨（acidrain）。

全球大气酸沉降区域最早是在 20 世纪 50 年代发现于北欧斯堪的纳维亚半岛地区，60 年代来，陆续在欧洲和北美地区被发现。近年来，大气酸沉降有向南、向东等内陆

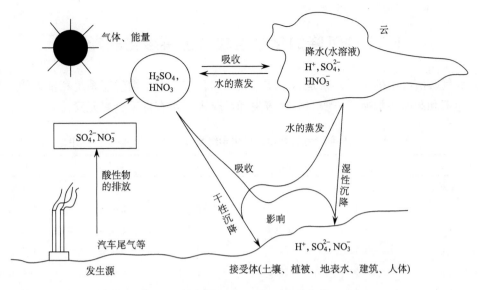

图 6-1 大气酸沉降的形成过程（史秀华等，2000）

扩张的趋势。在东北亚地区出现了世界第三大酸雨区，该地区包括中国长江以南广大地区和台湾岛、朝鲜半岛和日本列岛。其中降水酸性最强，面积最大的酸雨区在中国。这主要是由于我国能源以煤炭为主，大气中 SO_2 的含量较高的缘故。同时，我国酸雨主要分布在长江以南地区（见图 6-2），正好与酸性土壤分布区重叠，一些地方已出现土壤酸化现象，并产生了危害。

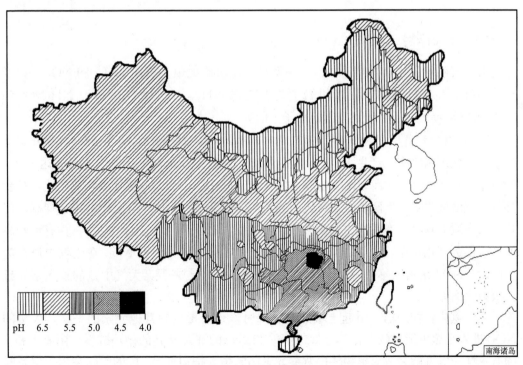

图 6-2 1994 年中国降水酸度的空间分布（李金惠，1998）

（二）酸沉降的化学组成对土壤酸化的影响

大气酸沉降中的主要元素是 N 和 S（表6-2），它们对土壤生态系统和植物的生长都将产生不利影响，加速了土壤养分的流失和活化了土壤有毒重金属元素。

表 6-2　国内外部分地区降水主要化学组成（杨昂等，1999）　（单位：$\mu mol/L$）

地点	pH	SO_4^{2-}	NO_3^-	Ca^{2+}	NH_4^+
北京	6.3	77.3	39.5	75.8	162.8
大连	7.1	288.1	62.9	248.8	199.7
西安	7.1	179.0	67.3	897.5	275.8
合肥	4.7	71.0	31.8	55.1	117.3
南京	5.0	72.2	28.5	9.0	104.6
杭州	4.8	56.1	13.5	30.0	68.2
厦门	4.7	50.0	69.5	49.2	49.0
重庆	4.2	163.3	27.9	63.9	151.1
贵州	4.4	202.6	27.9	99.8	174.3
纽约	3.9	62.6	39.1	3.1	11.2
佛罗里达	4.5	21.4	13.6	10.3	7.1
挪威南部	4.6	17.5	11.0	2.5	11.0

1. 大气 N 沉降对土壤酸化的影响

大气沉降的氮化合物有干、湿沉降两种。湿沉降的氮主要是 NH_4^+ 和 NO_3^-，以及少量的可溶性有机氮。干沉降的氮主要有气态 NH_3，NO 和 N_2O 以及 NH_4NO_3 和 $(NH_4)_2SO_4$ 粒子，还有吸附在其他粒子上的氮。

N 的转化与 NO_3^- 的淋失是土壤酸化的主要原因。如果没有 NO_3^- 的淋溶和外源 N 的输入，生态系统中不产生 H^+ 负荷的净增加。在酸沉降条件下，氮输入量高达 1.0～5kmol/（$hm^2 \cdot a$）。并且 NH_4^+ 与 NO_3^- 达相同数量级，NH_4^+ 的植物吸收或硝化，都会导致土壤溶液中 H^+ 荷载增加。曾认为当土壤 pH 为 4～5 时，硝化作用将会抑制。但近年来在欧洲森林生态系统中的研究表明，在大气酸沉降下，土壤中 NO_3^- 含有量较高时，可促进硝化作用。当 NO_3^- 产生速率超过植物吸收速率，因 NO_3^- 在土壤中通常为负吸附，NO_3^- 淋溶便不可避免。因此，从氮素循环观点来看，大气中氮的输入是导致土壤酸化的原因之一。

大气氮化合物的输入引起土壤酸化的同时，也会影响到其他元素的平衡。大量的 NO_3^- 进入土壤可能导致 Mg^{2+}，Ca^{2+}，K^+ 和 Na^+ 的淋失及 P 的循环减慢，阳离子和 P 的有效性降低可能会造成植物体内营养元素的失衡。特别是 P，K 的亏缺会阻碍根系吸收 N 素，增加 NO_3^- 淋失至地下水中的数量。

2. 大气 S 沉降对土壤酸化的影响

硫循环的自然发生过程几乎对生态系统中的 H^+ 产生没有影响，有机硫的矿质化过程和硫的氧化过程中产生的 H^+，通过植物吸收 SO_4^{2-} 消耗 H^+ 来平衡。与 N 循环相比，S 循环产生的影响是通过 SO_4^{2-} 的淋失且伴随阳离子的淋失导致土壤酸化，与 N 不同的是土壤中本身就存在含硫的矿物，植物吸收硫以后，土壤中的硫的含量就下降。因此，只要 SO_2 被植物吸收就不会产生 H^+ 的净增加。然而，随着 SO_2 的工业排放，土壤吸附 SO_4^{2-} 的数量增加。与 N 相比，植物吸收硫的数量相对较低，SO_2 产生的酸化效果非常明显。由于 SO_4^{2-} 比 NO_3^- 具有更大的负电荷，与土壤胶体亲和力强，而影响到 SO_4^{2-} 在土壤固相与液相中的分布。土壤对 SO_4^{2-} 的吸附量因溶液中 SO_4^{2-} 浓度的增加而缓慢增大。吸附进程中 pH 的降低说明土壤对 SO_4^{2-} 的吸附机制可能与某种形式的专性吸附或生成新的固相有关。其中专性吸附产生 OH^- 消耗 H^+，对酸有一定缓冲能力，同时使盐基离子保持在土壤溶液中不至于被淋失掉，这是土壤酸化过程中 S 化学行为与 N 不同之处。

3. 阳离子的循环对土壤酸化的影响

在自然状态下，阳离子的循环过程包括：在土壤胶体表面发生离子交换和吸附解吸作用；被植物吸收；在土壤有机质中积累或矿质化过程中释放出来；淋溶。由于受人为因素的影响，大气中的阳离子沉降并进入土壤后，阳离子的迁移与 N、S 循环密切相关。在一般由 CO_2-H_2O 体系控制下的土壤溶液中，相应于 HCO_3^- 的浓度，阳离子（Ca^{2+}，Mg^{2+}，K^+，Na^+）的淋溶速率仅为 $0.1\sim0.5kmol/(hm^2\cdot a)$。而在酸沉降影响下，欧洲、北美、中国许多土壤中 NO_3^-，SO_4^{2-} 浓度达数十至数百毫克每千克，因此土壤溶液中需要更多的 Al^{3+}，NO_3^-，SO_4^{2-} 来保证电荷平衡，对酸沉降的表现更为敏感。

（三）酸沉降引起土壤酸化速率的计算

自然土壤的酸化过程中，净 H^+ 的产生来自弱酸（碳酸和有机质）的溶解、HCO_3^- 和 $RCOO^-$ 在土壤剖面中淋失的同时伴随着阳离子的迁移，可以通过测定 CO_3^{2-}，$RCOO^-$（有机阴离子）的输出计算土壤的实际酸化速率。植物消失后引起的土壤酸化，一方面是由于阳离子不断排出土体；另一方面是来自大气沉降的阴离子源源不断地进入土壤。当植被消失后，土壤有机质的矿质化过程产生的 SO_4^{2-} 和 NO_3^- 未被植物吸收，这是潜在酸度对土壤酸化的威胁，这种威胁是因为日益增加的氮和硫排放及植被遭到破坏引起的。大气潜在的酸性物质 SO_2，NO_x，NH_3 的沉降会进一步导致土壤酸化，其酸化速率主要是 SO_4^{2-} 和 NO_3^- 的淋失并伴随着阳离子的淋溶引起的。在酸性土壤中，主要表现在 Al^{3+} 的溶解，盐基离子的淋失。因酸雨引起的实际酸化速率由实际 H^+ 与潜在的 H^+ 负荷计算得到，潜在 H^+ 负荷通过 NH_4^+，SO_4^{2-} 和 NO_3^- 的输入和输出平衡计算（王代长等，2002）。

$$H_{产生} = ([H^+]_{输入} - [H^+]_{输出}) + ([NH_4^+]_{输入} - [NH_4^+]_{输出}) - ([NO_3^-]_{输入} -$$

$$\left[NO_3^-\right]_{输出}\big)-\left(\left[SO_4^{2-}\right]_{输入}-\left[SO_4^{2-}\right]_{输出}\right)$$

该式计算了不同生态系统中 H^+ 负荷，反映了土壤实际酸化速率，即每年每公顷产生的质子数量。

三、施肥对土壤酸化的影响

大范围的土壤酸化过程的发生主要受大气酸沉降的影响，而长期施用生理酸性化肥（特别是铵态氮肥）对局部土壤酸度变化也有较大影响。长期施用生理酸性肥料对土壤酸化的发生，有直接的和间接的作用。

（一）生理酸性肥料土壤酸化的直接影响

施肥对土壤酸化的影响是指植物吸收生理酸性肥料（如磷酸钙、氯化钾）中的养分离子（NH_4^+，Ca^{2+}，K^+ 等）后使土壤中 H^+ 增多而发生的土壤酸化现象。生理酸性肥料土壤酸化的直接影响系指因施用化肥对土壤酸化影响的程度，与生理酸性肥料的施用量、种类和肥效年限长短、施肥方法、土壤的性质和耕作制度有关。

徐仁扣曾研究了南澳大利亚 Tarlee 地区一个长期施用氮肥对土壤酸化的影响。结果表明，每公顷施用 80kg 铵态氮肥加速了土壤酸化进程，与不施氮肥的处理相比，氮肥的施用导致土壤 pH 降低（图 6-3，表 6-3）。

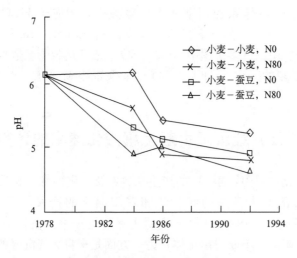

图 6-3　氮肥施用对土壤 pH 影响

当施用氮肥后，小麦的产量和地上部分的生物量均增加，这将导致更多的碱随作物的收获从土壤上移走，这进一步加速土壤的酸化进程。另一个重要原因是土壤中铵态氮的硝化及随后 NO_3^- 的淋溶。随着土壤水分由表层向下的移动，NO_3^- 也向下移动并有可能淋溶出根区，而硝化过程中产生的 H^+ 则留在表层土壤中。Ladd 和 Amato 在南澳大利亚相似的土壤和降雨环境下的研究结果表明，NO_3^- 可以淋溶至表层以下 70cm。

表 6-3　土壤酸化速度（徐仁扣等，2002）

轮作措施	残茬处理	氮肥用量	ΔpH	pHBC	酸化速度
小麦－小麦	移走	0	0.32	15.6	0.50
		80	1.32	15.6	2.60
	留田	0	0.87	15.4	1.34
		80	1.32	15.4	2.03
小麦－蚕豆	移走	0	0.88	14.3	1.26
		80	0.51	14.3	0.73
	留田	0	1.23	14.3	1.76
		80	1.51	14.3	2.165

注：氮肥用量单位：kg/hm^2；土壤 pH 缓冲容量 pHBC 单位：$mmol/(kg \cdot pH)$；酸化速度单位：$kmol/(hm^2 \cdot a)$。

国内专家的研究结果则表明 NH_4Cl 比 $(NH_4)_2SO_4$ 对土壤酸化的影响更大。旱地土壤施 NH_4Cl 在 $Cl^- < 30kg/hm^2$ 时，土壤 pH 无明显变化，当施 KCl，NH_4Cl 达到 Cl^- 在 $300kg/hm^2$ 时，6 年可使 0～20cm 土层中的 pH 降低 0.46，20～40cm 土层降低 0.65。而在广州、皖南地区调查时发现，水稻土 pH 值下降较快，3 年内 0～20cm 土层内 pH 下降 0.4，20～40cm 下降 0.8。贵州省种植烟草的土壤上施用硫酸铵试验 2 年，pH 下降 0.4～0.8。化肥施用产生的土壤酸化现象在酸性土壤中最为严重。如不同地区茶园土壤酸化现象极为普遍，并且酸化程度与茶叶产量、施肥量有明显的正相关关系。这不仅与茶树的生物化学特性有关，而且长期施用过磷酸钙、硫酸铵等生理酸性肥料也是其酸化的主要原因，茶园土壤 5～30 年后 pH 降低了 0.5～1.5。茶园土壤的酸化已成为茶园土壤退化有待研究的重要问题之一。

（二）生理酸性肥料施用对土壤酸化的间接作用

化学氮肥的损失率占 40%～60%，其中 N 很大一部分以 NH_3，N_2 和 N_2O 形式遗失到大气中，硫铵中的 S 在还原条件下也可以 H_2S，SO_2 等各种硫化物遗散至大气层，使大气圈微量气体浓度发生变化，对全球温室效应、臭氧层破坏、大气酸沉降都有很大影响。本节主要论述化学氮肥 N，S 的施用对大气酸沉降的影响，及其对土壤酸化的间接作用。

（1）化学氮肥与土壤中 N_2O 的排放

有关研究表明，微酸性水稻土（pH5～6）中 N 素损失的主要机制是反硝化作用，排放形式是 N_2O，其排放量一般占总排放量的 40%～50%。耕作农田 N_2O-N 排放通量为 $2\sim1880\mu g/(m^2 \cdot h)$，其中水稻土的 N_2O 排放量较高。而旱作土壤无论是硝态氮肥还是铵态氮肥的 N_2O 排放量都较低，过度施氮肥往往导致高的 N_2O 排放。铵态氮肥易引起 N_2O 损失，NH_4^+-N 的 N_2O 转化率为 0.01%～0.94%，$NO_3^- \sim N$ 为 0.04%～0.18%。我国氨水 N_2O-N 的转化率为 0.86%～6.84%，水稻田施氨水可发生极强的

N_2O-N 排放。1990 年我国氨水施用量达几万吨，由此引起的 N_2O-N 排放量达 $1×10^3$～$8×10^3$ Tg N_2O-N。全球 80 年代中期的化学氮肥施用量约为 8000 万 t，按 N_2O 转化率 0.001%～6.84% 估算，全球化肥引起的 N_2O 排放为 $8×10^{-3}$～5.5TgN_2O-N（$1.3×10^{-2}$～8.8Tg N_2O）。全球大气层中的 N_2O-N 含量为 1500Tg，目前平流层净积累 2.8Tg/a。由于 N_2O 平均寿命 150 年，工业革命以来大气中 N_2O 浓度由 288$\mu g/L$ 到 1996 年的 310$\mu g/L$，目前仍以每年 0.25% 的浓度递增速率增长。

(2) 土壤中 NH_3 的挥发

氮肥中 NH_3-N 的挥发存在于生产、运输、储存和施用等各个环节中。土壤中 NH_3 的挥发量则与土壤酸碱反应，化肥施用的量和施用方法密切相关。在表施条件下，石灰性、碱性土壤上铵态氮肥较易挥发，以碳铵挥发损失最大。发展中国家氮肥中的碳铵比重较大，NH_3 的挥发损失的所占比重较高。一般说来，田间碳铵的挥发损失率为 20% 左右，尿素 10%。我国 NH_4HCO_3 产量约 4000 万 t，NH_3 挥发损失达 170 万 t。据此估计，全球 NH_4HCO_3 挥发 600 万 t，全球化肥产生的 NH_3 挥发排放是 20 亿～40 亿 g/a，而全球总 NH_3 释放为 600 亿～1000 亿。NH_3 在大气对流层中转化为气溶胶铵盐，成为大气酸沉降中的主要成分之一，是导致土壤酸化的重要诱发因子。

(3) 硫酸铵化肥与土壤硫排放

在淹水水稻土或浅水作物土壤中，硫酸铵化肥的施用可提高还原条件下的 SO_4^{2-} 的还原过程和 H_2S 的排放。根据土壤氧化还原状况的不同，土壤中 S 的储存形态有：H_2S，S，SO_2，$S_2O_3^{2-}$，$S_4O_6^{2-}$，SO_4^{2-} 等。其中 H_2S 和 SO_2 呈气态向大气排放。目前已监测到土壤中存在下列硫化物气体的排放：H_2S，COS，CH_3SH，DMS（双甲基硫），CS_2，DMD_5 和 SO_2。SO_2 是大气酸沉降中的主要因子，仅次于 SO_2 的是 COS。但化肥贡献的 S 排放机理以及在多大程度上影响着土壤硫循环及其排放尚不清楚。

（三）施用化肥使土壤酸化的原因

由于近年来对"生态农业"、"绿色食品"的提倡，施用化肥引起土壤酸化及污染越来越受到人们的重视。近年来的研究结果表明，引起土壤酸化的原因有以下四个方面：

(1) 生理残留酸度

施用氯化铵、硫酸铵等肥料，由于植物选择吸收铵离子、氯离子、硫酸根离子残留于土壤中，产生残留酸度。

(2) 硝化酸度

铵态氮肥和尿素转化后，氮被植物利用的形态都是铵离子。铵在土壤中除被植物吸收，以及氮素流失、挥发损失外，硝化作用形成了氢离子，使土壤 pH 降低而酸化。

(3) 生理代谢酸度

植物吸收铵离子后，必须转化成氨，经过代谢作用同体内有机酸结合生成氨基酸再合成蛋白质。铵转化成氨释放出的氢离子，进入到土壤中产生代谢酸度。

(4) 植物吸收过剩盐基产生的酸度

植物在吸收阴阳离子中，按化学当量阳离子的吸收量超过阴离子的吸收量，使土壤盐基离子亏缺，阴离子酸根残留在土壤中产生吸收过剩的盐基酸度。

四、土壤酸化过程的生态系统效应

近 20 年来，人们已把土壤酸化过程作为生态环境问题来研究。我国 20 世纪 80 年代开始就局部地区酸雨导致土壤酸化的问题进行了模拟研究。为了准确预测酸沉降和地表酸化的发展趋势，经济合理的控制酸沉降，研究地表酸化过程及其生态效应已经成为十分紧迫的任务。

1. 大气酸沉降与土壤酸化的复合效应

自 20 世纪 70 年代以来，欧、美地区森林衰亡现象愈来愈严重，而这种衰亡现象的分布范围与大气酸沉降区域大体相一致。在北欧的挪威、瑞典、西欧的德国中部，法国东部，北美的美国东北部及亚洲日本关东地区相继报道了大片森林衰亡。其主要症状是树叶黄化及凋落，森林出现树冠空疏，并最终坏死，树种灭绝。这一全球性森林生态问题的产生原因迄今尚无定论。但看来既有大气污染物（SO_2，N_2O，NO，O_3 及其他有害大气溶胶）及其形成的酸雨、酸雾影响的大气污染的生态效应，又有植物根圈因土壤酸化而使生态化学条件恶化的间接影响。

2. 土壤酸化中的生态化学条件的恶化

(1) 土壤 pH 下降

土壤 pH 的降低是大气酸沉降影响下的土壤酸化的必然和直接的结果。但不同类型和性质的土壤，pH 下降的幅度和模式可能不同。如瑞典南部地区森林土壤多属灰化土。1927 年以来 pH 下降 0.5～1.2 个单位，土壤底层比表层下降幅度大。这一现象是否说明在强酸性灰化土表土层中，对酸的缓冲作用能力已降低的情况下，是大气酸沉降的作用对底层土壤的影响加强所致，有待研究。一些模拟研究中认为酸雨对土壤酸化的贡献极微，这可能是因为模拟酸性降水直接淋洗土壤时，酸化过程缓慢，并忽略了植物的作用以及土壤生物化学过程。

(2) 盐基离子大量淋失

在土壤酸化过程中，随着 pH 的下降，土壤的正电荷增加，负电荷减少，从而使净电荷减少得更多，有的土壤甚至出现净正电荷。这样，不仅对钾、钙、镁等离子的吸附量显著减少，而且由于这些阳离子与土壤的结合能力随 pH 的降低而剧烈减少，所以其吸附的牢固程度也大为减少，使这些离子易于随渗漏水淋失（陈建芳等，1996），导致土壤肥力下降。Matzner（1989）研究表明累积酸沉降使德国 Solling 森林土壤溶液的

Ca^{2+}/Al^{3+}，Mg^{2+}/Al^{3+} 摩尔比降低，K^+，Mg^{2+}，Ca^{2+} 储存量减少了 $30\%\sim50\%$，Ca 饱和度降低到 15% 以下，H/Ca 由 0 升高到 1.2。当土壤溶液 Ca^{2+}/Al^{3+} 摩尔比小于 0.5 时，严重影响到林木对 Ca、Mg 的吸收速率。许多树木在 $H^+/Ca^{2+}>1$ 时就出现受害症状。Mg 的缺乏，使许多本来含镁不丰富的土壤上的树木发生缺镁症而失绿。因为叶子中含 $Mg<0.03mg/g$ 时，光合作用显著受抑制。

（3）土壤 N、S 饱和

在受土壤酸化影响的地区，土壤特别是有机表层含 N，S 量极高，与其他营养元素比例失调。在欧洲和北美地区，N，S 沉降摩尔量相当，N，S 的大量输入不但使土壤溶液成为硫酸盐或硝酸盐溶液，而且打破了 N/S、S/Cl 及 N/P 间的化学平衡。在沿海地区自然降水中 SO_4^{2-}/Cl^- 约为 0.05，大气酸湿沉降中为 $0.5\sim2.2$，而德国 Solling 地区土壤溶液中达 $0.5\sim5$。森林土壤地区潜水中已发现 SO_4^{2-}/Cl^- 比率提高了 $10\sim100$ 倍。此外，在 pH<4.5 的土壤中，高浓度的 SO_4^{2-} 与高浓度 Al^{3+} 生成 Al（OH）SO_4（羟基铝矾），可存在于黏粒矿物层间或边缘，降低永久电荷，从而使土壤 CEC 下降。

（4）活性铝的溶出与铝胁迫

土壤活性铝的溶出与土壤酸化程度之间关系极为密切（戎秋涛等，1997），当土壤 pH 值降至 5 以下时，活性铝的溶出浓度就会明显提高，这是因为土壤中固相的铝盐在酸性条件下溶解度较大、生成的可溶性铝络合物也较多的缘故。在土壤酸化过程中，黏土矿物层间铝，游离铝及其有机络合态铝等固相铝得到活化，增加了土壤水和地表水中 Al^{3+} 的浓度，Al 与其他元素比例严重失调，形成 Al 胁迫条件，对地表生物产生明显毒害（郭景恒等，2003）。不同性质的土壤其活性铝的溶出受酸雨的影响也不一样（王德春等，1998）。酸雨的酸度对强酸性土壤（pH<5）活性铝的溶出有较大的影响，而对微酸性和近中性土壤的活性铝溶出影响相对较弱。

大量铝离子的出现会产生两个重要后果：①当铝离子增至一定程度后，植物根系受毒害而生长不良；②因铝离子是多价离子，与土壤胶体的结合能力特别强，所以很容易从土壤的负电荷点上置换盐基性离子，使它们进入土壤溶液而淋失。根际土壤溶液中 Ca/Al 是森林生长的极重要的生态化学条件。Gottlein 等（1999）采用根箱法研究了德国酸性土壤生长中树木根际土壤溶液中铝运动规律，发现近根土壤中 Ca、Mg 等阳离子显著减少，而 Al 显著积累，根际（<15mm 距离内）土壤溶液 Ca/Al 比为 0.1，而本底土壤溶液 Ca、Al 为 0.8，因而根际 Al 胁迫比本底土壤严重得多。罗承德等（罗承德等，2000）研究发现引起四川盆周山地杉木人工林衰退的铝毒阈值是根际土壤溶液的 Ca^{2+}/Al^{3+} 摩尔比≤1.809。Cronan 与 Grigal（1995）认为土壤溶液 Ca/Al 摩尔比≤1.0，树木发生铝毒的可能性为 50%；土壤溶液 Ca/Al 摩尔比为 0.5，铝毒概率 75%；土壤溶液 Ca/Al 摩尔比为 0.2，铝毒概率接近 100%。

（5）有机质分解减弱

在土壤酸化影响下，有机质分解减弱而呈现积累现象，表现为：①有机质总含量有递增趋势；②有机质层分化明显，如 L，O_2，Oh 层的分化；③腐殖质形态由熟腐殖质形态转向酸性腐殖质形态，我国峨眉山金顶附近平坦地土壤有向高位泥炭沼泽发展的趋势；④有机质 C/N 比降低，Al^{3+}，Fe^{3+}，S 含量提高。这种有机质积累现象与生物活动的变化有关。近十几年来，我国峨眉山金顶附近因酸性苔藓泥炭积累，土壤有机质量达 29%，土壤通气性差，病源菌增多，向高位泥炭沼泽发展。

(6) 毒性重金属的积累与活化

土壤酸度的提高会使土壤中某些重金属元素的活性增大（王力军等，1993），这是由于 Cu，Cd，Pb，Cr，Zn 等有毒重金属离子在低 pH 下溶解度升高造成的。如锰离子，当土壤 pH 降至 5 左右时，其浓度即可达到毒化水平。这些有毒重金属元素易与有机质络合，它们的移动与土壤有机质活化休戚相关。高浓度的有毒重金属元素会吸附和积累在土壤表层，使土壤成为有毒性的环境介质，能对土壤生物活动及根系生长构成障碍，从而抑制植物生长；且随着土壤酸化程度的增强，土壤中重金属浓度、活性（或毒性）均会增强，重金属的危害必将更加明显。

(7) 土壤酶活性降低

土壤养分特别是有机态养分的转化与循环，依赖于专性微生物和酶的生化活性才能完成，而酸化土壤会对这类具有专一效应的微生物酶活性具有相当的抑制作用（吴杰民等，1998）。在土壤酸化环境中，细菌等微生物的生物量下降，呼吸速率降低，动物区系的活动减弱，故对有机质的分解的促进效应也减弱了。生物活动既可能因酸沉降的酸化作用，也可能因有机质组成性质的改变而受到抑制。在土壤酸度不高（pH>3.5）的情况下，土壤中微生物代谢虽然有所降低，但土壤酶活性大多无显著变化；当土壤酸度较高（pH<3.5）时，随着土壤酸化加剧和微生物活性持续降低，土壤酶活性随土壤酸度增加而降低，抑制效应明显。

(8) 土壤酸化的环境效应

从大气酸沉降进入土壤环境的酸性物质的量，若超过土壤对酸的缓冲容量，可随地表径流或下渗水分别进入地表水和地下水引起水环境的次生酸化。而随着土壤酸化过程的增强与发展，土壤中的盐基离子和重金属的淋溶速率也将大大加强，使水环境产生次生重金属污染，水质硬度升高，水质下降。在 $CaCO_3$ 含量较高的土壤地区，水质硬度升高可能是大气酸沉降影响下所发生的生态环境恶化的重要反映。

五、土壤酸化对农业生产的影响

近几十年来，随着酸雨越来越严重、经常性的过量使用化肥、植物本身的呼吸作用等等各种人为的以及自然的原因造成了大片土地的酸化。其对农业生产的影响，主要表现在对土壤系统的破坏而引起的农业生产减产，农产品品质下降，以及对酸性土壤改良所需增加的投入而带来的经济效益的负效应；更重要的是土壤酸化对农业生态环境造成的严重影响，产生一系列的生态与环境问题。

1. 农业生产减产

酸化后的土壤中由于 H^+，Al^{3+} 大量增加，酸性增强而使 K^+，Na^+，Ca^{2+}，Mg^{2+} 等金属阳离子的溶解性增大，淋溶作用增强，并伴随水分移动而向下层迁移、淋失，从而降低了盐基饱和度。N，S，P 等对植物有特殊营养作用的元素也因为土壤酸化作用的增加而失去了原来的平衡。由于土壤离子淋溶及土壤酸化，土壤中的重金属含量、形态、组成及生物有效性等也发生了很大变化。另外，酸化了的土壤会使有机质的分解转化作用，氮素循环（氨化作用、硝化作用、反硝化作用、固氮作用）作用减弱，真菌数量及某些酸活性增强，影响植物生态系统的养分循环（仇荣亮等，1997）。

基于以上原因，植物赖以生存的土壤环境发生了很大的变化，原来土壤中的生态平衡遭到破坏，势必影响农业生产的产量。

根据农业部环境检测站资料（1995 年），我国长江以南地区（苏、浙、皖、闽、湘、鄂、赣）是我国酸雨的主要降落区，已成为继欧洲、北美之后世界第三大酸雨区。四川盆地和攀枝花西部等 17 个地区（州）受酸性降水影响的耕地面积达 292.2 万 hm^2（重庆计算在内），其中重酸化区农作物播种面积为 194.4 万 hm^2。长江以南 7 省（自治区）受到酸沉降影响的主要农作物共减产 562.41 万 t，平均减产幅度为 4.34%（张士功等，2001）。

2. 农产品品质下降

土壤中存在多种重金属元素，分为必需元素和非必需元素两类。前者如 Cu，Zn，Mn，Mo 等，在植物体内作为酶的激活剂，具有双侧阈浓度；Pb，Cd，As，Cr 具有单侧阈浓度，其主要危害在于通过食物链的延伸而富集到较高浓度，进而威胁到动物和人体健康，土壤 pH 是控制这些金属元素可溶性和植物可利用性的一个主要因素（孟范平等，1998）。

受酸雨淋溶的土壤中，Fe，Cu，Zn，Pb 等重金属元素的活化度均有提高，可能达到对植物有害的水平。对江西永乐安江沉积物中重金属释放特性的研究发现，Cu，Zn，Pb，Cd 的释放量都出现在最低 pH 条件下，降沉经模拟酸雨淋洗，Cu，Cr 的溶出量随酸雨酸度的增加而提高，Zn，Pb 则分别在酸雨 pH 降到 3.5 和 4.5 时溶出量最大。酸雨提高土壤微量元素活化度的根本原因就在于使微量元素的形态由次稳定态向不稳定态转化，从而活化了重金属。其结果，一为增加了重金属元素的可利用程度，而在植物体内积累至高浓度，从而影响了植物，特别是农产品的品质，威胁到了人体的健康；二为作物重金属超标，本身也将抑制植物增长，降低农产品的产量；三为由于提高了重金属的迁移性，造成植物生长的必需元素缺乏，同时造成地表水、地下水严重污染，危及水生生物的生存。这种影响在许多农业土壤已受到重金属污染的国家如捷克等尤为突出（俞元春等，2001）。

3. 对酸性土壤改良所需增加的投入而带来的经济效益的负效应

近些年来土壤酸化越来越严重，酸化后的土壤对农业生产、生态系统等造成了极大的影响，对酸性土壤改良亦受到极大的重视。无论在农业方面施用有机肥，还是控制大

气中 SO_2 的排放等措施以及在科学研究方面的投入，效果甚微，没有带来预期的经济效益。

4. 土壤酸化为农业生态环境造成的重大影响及其一系列的生态与环境效应

土壤酸化不仅破坏土壤性质，而且会促进土壤中一些有毒有害污染物的释放迁移或使之毒性增强，使微生物和蚯蚓等土壤生物减少，还加速了土壤一些营养元素的流失。我国东北地区一些农场长期使用氮肥，根据调查，20 世纪 50 年代初土壤有机质含量约 5％～8％，现在已降到 1％～2％。江西红壤上连续两年施用铵态氮肥，表土 pH 由 5.0 降到 4.3，土壤板结现象严重。一些地处热带的农田中长期大量施用氮肥而不用有机肥，致使土壤严重板结，最终丧失了农业耕种价值。

由上述可知，土壤酸化过程特别是大气酸沉降，引发的大范围的土壤酸化，对我国南方和我国东部滨海的酸性土壤地区，即对酸的缓冲作用敏感地区的农业可持续发展是一个重大的威胁。土壤酸化是一个复杂的不可逆的化学或生物化学过程。其后果不仅是由其引起的对农业生产减产、农产品品质下降造成的直接损失，以及对酸性土壤改良所需增加的投入而带来的经济效益的负效应；更重要的是土壤酸化影响农业生态环境，引发一系列的生态与环境效应。因土壤酸化对森林与农田生态系统造成的土壤生态化学条件的恶化，已同荒漠化、土壤侵蚀（或水土流失）、盐渍化一样，成为土地（或土壤）退化的一种重要退化形式。因此，土壤酸化的防治已成为农业生态环境保护、修复因酸化土壤、增强环境功能（缓冲作用）及农业可持续发展的一项迫切的任务。

六、土壤酸化形势

1. 全球土壤酸化主要形势

酸沉降对土壤的危害是当前世界重大的环境问题之一，是引起全球土壤酸化的最主要成因。大气是土壤的重要环境影响要素。在土地演化过程中，大气主要通过降水、气温影响土壤环境的形成与发展，大气的主要化学成分 O_2，CO_2 在土壤环境化学过程中起着支配作用。但大气的稀有化学组分也影响到土壤环境的化学性质。

20 世纪中叶以来，欧洲降水化学监测网的监测数据表明，欧洲、北美以及日本等地区降水酸度逐渐增强，并发现水系、湖泊有酸化趋势。我国自 20 世纪 80 年代初以来，在西南地区及长江以南工业地区存在着严重的酸雨现象。长江中下游和东北地区都存在土壤酸化倾向（中国土壤学会编写组，1994）。大气酸沉降现象已被认为是威胁地球自然生态系统及人类生存环境的全球性环境问题，受到全世界社会活动家、科学家广泛的关注。

随着现代工业的迅速发展，向空气中排放的污染物也急剧增加，大气污染导致的酸雨和酸性沉降已成为许多地区引起生态破坏和土壤酸化主要的环境问题。大气酸沉降组成成分（主要是硫和氮的氧化物）对土壤化学性质、植物的生长、水域生态系统产生不利影响。当前，酸雨最为集中且覆盖面积最大的地区是欧洲、北美和中国西南地区。土壤酸沉降加速了养分的淋失，土壤养分的输出也是造成土地退化的主要原因。

2. 我国土壤酸化形势

我国酸性土面积约 203.5 万 km^2，占全国总面积的 21%，土壤 pH 大部分小于 5.5，很大一部分小于 5.0 甚至 4.5（龚子同等，1998）。

在我国热带、亚热带湿润铁铝土地区，由于土壤中盐基离子大量淋失，土壤胶体中阳离子被氢离子替代，导致土壤呈酸性反应。自然界中的这种盐基性离子的自然淋溶过程所导致的土壤酸化是一个极缓慢的过程。但由于工业发展而出现的酸性沉降则危害较大，如川、黔、湘、鄂、赣、浙六省及云、贵、粤、闽常出现严重的酸雨。因为我国铁铝土区酸性土壤对酸的缓冲性能很弱，土壤中的黏土矿物所带的负电荷量小，阳离子交换量很低，所以，在酸沉降影响下，加速了土壤的酸化过程。据测定近年来庐山土壤的 pH 与 50 年代相比降低 1 个单位。随土壤酸化的演变，土壤溶液中铝离子量增加、养分流失，产生铝的毒害。土壤酸化也可引起水体（河流、湖泊）酸化。目前川、黔两省受酸雨危害的耕地面积约为 1 万 km^2，每年经济损失 4.2 亿元左右。另外，我国的酸雨面积已占国土面积的 25%，土壤酸化程度有增无减（潘根兴等，1994）。

我国土壤的酸度有自西北至东南增加的趋势，北方的干旱半干旱地区土壤对酸沉降的承受能力大，酸性物质土壤可被土壤中的碱性物质中和而不易造成土壤和水体酸化；而南方的土壤对酸沉降的缓冲能力要低得多，酸化在我国南方的一些地方已对作物生长及森林生长造成了一定的危害。

3. 酸性土壤改良的农业增产效益与生态效益

对于分布面积较广、有待改良的酸性和强酸性土壤尚缺较精确的数量统计，但随着大气酸沉降的扩展，它必将随之扩大，进一步使农业生态条件恶化，从而严重影响农业的可持续发展，这部分酸性和强酸性土壤改良的生产潜力，以及农业增产效益和生态效益是显而可见的。

红壤（强酸性土壤）施用石灰粉后，作物产量随石灰用量增加而增加（孟赐福等，1995）。在田间试验中，与不施石灰相比，施石灰 4 年后籽棉产量比不施石灰的对照增加 406～680kg/hm^2，增产幅度为 20.5%～34.4%，差异达 1% 显著水平；施石灰粉 10 年后绿豆产量比对照增加 531～1166kg/hm^2，增产幅度为 130.5%～286.5%，差异达 5% 显著水平。在盆栽试验中，不论施用石灰与否，施钙镁磷肥的大豆产量比不施磷肥的高，其产量差异达 5% 显著水平，但钙镁磷肥施用量由 1.33g/hm^2 增加到 2.66g/hm^2，并未增加大豆产量。不施磷肥的处理中，大豆产量随石灰用量增大而增加。最高用量处理（施石灰粉 533g/kg），比对照增产 63.6%，差异达 5% 显著水平；施磷肥处理中，施用石灰未增加大豆产量是因为钙镁磷肥中所含的钙足以消除铝离子的毒害作用。上述结果说明，缺磷的酸性红壤，磷肥与石灰配施，对作物的增产效应更大（王代长等，2002）。

七、酸化土壤的控制与生态恢复

（一）土壤酸化过程的控制

控制土壤酸化过程是恢复土壤生产力的迫切任务。土壤酸化过程的控制要本着标本兼治和因地制宜的原则。

1. 大气污染的控制

大气酸沉降是造成大范围土壤酸化的主要原因，也是对农业大生态环境与农业可持续发展的重大的潜在的威胁。因此，寻根究底，控制土壤酸化过程的发展，只有控制 SO_2，NO_x 的排放，即控制并削减全球 N，S 等致酸污染物的排放量，才能从根本上缓解大气酸沉降造成的土壤酸化。具体措施有：制定严格的排放标准，控制 SO_2 对大气的污染；使用低硫燃料，发展洁净煤技术；减少汽车尾气排放，控制 NO_x 对大气污染；加强国际合作，解决酸雨的跨国界污染。

2. 酸性肥料施用的控制

过量与长期施用生理酸性肥料是土壤酸化的重要原因。防治因生理酸性肥料导致土壤酸化的措施，最重要的原则是因土、因作物科学合理地施肥，特别要研究酸性土壤上施用生理性肥料的化肥种类、施用量和方法。发展节肥施肥技术，在肥料生产中向缓效型、长效型、复合型肥料发展的同时，开展叶面喷施，果木施长效肥、减少施肥次数，对铵态氮肥带水深施，以及调整化肥投向（向高潜力区投放）等都是发挥肥料效益，避免氮素过多而损失，并防治土壤酸化的有效方法。

3. 防治土壤酸化的化学措施

通过各种对土壤酸化过程的研究表明：土壤酸化作用是逐步发展的具有阶段性的复杂的化学过程。化学措施在改善与修复因土壤酸化而致生态化学条件恶化的森林、农田生态系统中，占据重要位置。原则上所采取的化学措施必须是综合性的，针对土壤酸化进程和土壤缓冲性能的特性，因地制宜地进行。

（1）适量施用碱性土壤改良剂，调整土壤 pH

施石灰是改良酸性土壤的重要化学措施之一（曾希柏等，2000）。石灰不仅可以中和土壤酸度（包括活性酸、潜在酸），增加与补充酸性土壤中易遭淋失的钙元素，改善酸性土壤的营养元素比例，并可提高土壤盐基饱和度及其对酸的缓冲作用性能，阻滞或延缓土壤酸化的进程，缓解铝胁迫和铝中毒，以及改善土壤生物活动的生态条件，防治土壤次生酸化均将起到重要作用。石灰是酸性土壤最常用的改良剂，但石灰是重要的建筑材料，不可能大量施用在土地上。可以利用其他碱性废渣来改良酸化土壤。如钢铁厂的钢渣、小氮肥厂的造气渣，发电厂的粉煤灰及黄磷渣等，这些废渣不但能中和酸度，提高土壤 pH，还可以提供钙、镁、硅等营养元素。对于长期施铵态氮肥而引起缺镁的茶园（有效镁在 8mg/100g 土），施用石灰虽可矫正 pH，但对茶叶的增产和提高烟叶品质作用不很明显，若施用不当，还会产生不利影响，而施用白云石粉（$MgCO_3$ + $CaCO_3$）则有更好的效果（廖万有等，1998）。

（2）改进施肥结构，防止营养元素平衡失调

大量施用化肥，特别是化学氮肥，将导致土壤酸化，加重面源污染。因此，施肥必须结构合理，讲究科学施肥，提倡配方施肥，减少 NH_3 向大气中挥发；适当减少化肥，尤其是生理酸性肥料的施用，增施有机肥料。生理碱性肥料主要有硝酸钾、硝酸钠、钙镁磷肥等，这些肥料均适于在酸性土壤上施用，特别是硝酸钾和硝酸钠，因所含氮素为硝态氮形态，有利于作物的吸收利用和产量品质的提高。这些碱性肥料施用后，增加了土壤的 K^+，Na^+ 和 OH^- 的浓度，有利于 pH 的提高。

（3）合理施肥，科学用肥

合理施肥系根据作物营养规律、土壤条件及肥料特性和在土壤中的转化规律以指导合理的施肥量、施肥时间、施肥技术，即以最佳施肥量，合理组合获得最高经济效益为目的的施肥法，这在一定程度上能减少化肥的单位使用量。

（4）施用石灰质物质

石灰质物质是指含有钙镁等氧化物、氢氧化物、碳酸盐和硅酸盐等一类的物质。这是为防止土壤酸化加重而采取的酸碱中和的化学措施，目前比较常用。

（5）其他措施

对于因酸性矿坑水排放而导致的土壤酸化，应加强对酸性矿坑水的处理。AMD 的处理主要有石灰石中和-微生物法（Jensen and Wwbb，1995；Marec et al.，1994）、石灰石中和-微孔过滤法和人工湿地处理法（述虞，1996；Mitsch and Wise，1998）。利用人工湿地生态工程技术处理酸性矿坑水，较其他方法优越，它投入少，能耗低，可避免二次污染。同时采取措施减少地表水和地下水对矿坑水的补给，以减少酸性矿水的排放。

（二）酸性土壤的生态恢复

1. 森林和农田生态恢复规划与管理

森林与农田生态恢复规划与管理的目的是根据土壤酸化的发展状况，因地、因土制宜、扬长避短地搞好地区森林与农田生态恢复规划，包括更新森林与农作物种植品种、适地、适土种植；在土壤酸化较严重的地方，甚至可考虑种植耐酸性植物，实施生物性排酸。茶树是酸沉降下适宜推广的生态适宜性作物，而对长期种植茶树的土壤本身所产生的酸化，也是须待研究解决的。

农田生态系统管理主要是通过水旱轮作、农牧轮作、或其他轮作、间套种等措施，提高土壤对酸沉降的缓冲能力，修复被土壤酸化破坏的良好生态系统。它是防治土壤酸

化的整体性与综合性措施,但迄今尚需累积和总结此方面的实践经验。

2. 酸沉降严重危害地区生态系统恢复技术和措施

在酸沉降严重危害地区,应用生态工程学原理,采用乡土植物,结合酸化土壤的改良措施和人为管理,是快速高效改造酸化土壤的一套切实可行的技术措施。特别是在经济状况尚不足以完全控制 SO_2 排放和酸雨的情况下,对退化土地的生态恢复更有推广价值。对于已酸化的土壤,施用石灰仅仅是一条传统的措施。

在生态恢复阶段,应尽量利用空闲地、人工种植豆科绿肥,加施 N,P 等速效化肥,采用这种生物措施加化学措施的办法,对土壤表层的酸化的改良和促进林木的生长,在短期内均有明显的效果。

3. 南方红壤酸土生态恢复的生物措施

南方已退化的红壤酸性较强,不适宜种植大部分农作物和果树等经济作物,此时必须先种植一些耐酸的草本植物,种了这些植物后会改变土壤的酸碱度,降低土壤的酸性,以后可以种植其他农作物或果树、林木等植物。

在南方退化红壤中能种植的先锋植物大部分为绿肥作物,绿肥作物的种类很多,按植物学科可分为豆科绿肥作物和非豆科绿肥作物。根据绿肥的抗逆性和适宜性,选择出适宜于本地区的绿肥品种,在退化的红壤中大面积种植,以改变土壤的植被,逐步改善土壤的理化性状。并注意下列事项:

1) 治理与开发并重:南方红壤区的荒山荒地都是次生植被,是由于乱砍滥伐,或由于开发以后管理不善,造成植被破坏、水土流失,从而演变成为荒山荒地,生产力极为低下。因此,在红壤恢复利用中,不能只注重红壤的开发,而忽视红壤的治理,要开发与治理并重,力求开发一块,成功一块,不仅注重量上的开发,更要重视质的提高。

2) 综合开发:以往的红壤开发,局限于土壤本身,或者局限于荒山丘陵地,没有采取系统观的方法,没有应用生态系统的理论,来综合开发红壤资源。以小流域为单位来规划和治理红壤资源,是系统观在开发中的一种体现,在小流域中,要做到山、田、水、林、路统一规划,农、林、牧、副、渔协调发展。

3) 在作物布局上,坚持趋利避害:在红壤开发地区,存在着低温、干旱等气候灾害因子,在作物品种选择上,应选用耐低温、抗干旱的作物或果树品种,如选用冬季落叶的果树桃、李、梨,选用这类果树,冬季可以抗低温冻害,夏季可以抗干旱,这类果树主要的生长期在春季和初夏,夏季的干旱对产量影响不大;也可选用板栗,板栗为冬季落叶干果,板栗的抗性较好。有养蚕经验的地区,可以种植桑树。另外竹子也是较为理想的树种,一般选用笋竹或竹笋两用竹。

4) 采取长短结合,间作套种:长短结合是指在作物布局上采用生长期较长的经济作物与生育期较短的经济作物相结合,争取在短期内农民有一定的经济收入,而短生长期的作物培育又有利于生育期长的作物的生长。间作套种则是长短结合的技术措施,在生长期长的经济林木中可套种生育期短的绿肥、豆科作物、花生、西瓜、药材、蔬菜等生育期较短的作物,这些作物的种植,一是有利于土壤肥力的培育,二是作为饲料或产品可以直接上市,增加农民的收入,三是增加地面覆盖,有利于水土保持。

综上所述，土壤酸化过程的控制与生态修复或防治，应是标、本兼治的一整套的综合性生态工程。N，S排放量的控制着重是"防"，这是"治本"；酸性土的改良或生态修复着重的是因地、因土制宜，针对实际已存在的问题，是"治标"。本标兼治就是发展与环境或农业生产与农业生态条件相协调的可持续发展的道路。

第二节　土壤重金属污染及其防治

重金属是指密度在4.0以上约60种元素或密度在5.0以上的45种元素。环境污染方面所指的重金属主要是指生物毒性显著的Hg，Cd，Pb，Cr，Zn，Cu，Co，Ni，Sn等以及类金属As，Se，还包括V，Be，Al等污染物。虽然Cu，Zn等重金属也是植物生长所必需的微量元素，但当它们进入土壤中的量超过土壤的自净能力，而且对土壤、植物和动物造成损害时，土壤就产生重金属污染。

随着城市化的发展，含重金属的污染物通过各种途径进入土壤，不仅导致土壤环境质量下降，农作物出现重金属中毒，并通过食物链威胁人类的健康。同时还会造成对水体的污染和生态环境的进一步恶化。因此，世界各国纷纷关注土壤重金属污染及其防治。

一、土壤重金属污染与防治的国内外现状与趋势

日本是世界上土壤污染发现最早，也是污染较为严重的国家之一。但土壤污染的研究在经历土壤镉污染造成的"骨痛病"环境事件后，于20世纪60、70年代才步入正轨。目前，世界许多国家的土壤正遭受不同程度的重金属污染。据统计，全世界每年平均排放Hg约1.5万t、Mn 1500万t、Pb 500万t、Ni 100万t、Cu 340万t（周泽义，1999）。

我国一些地区也存在不同程度的土壤重金属污染。据全国污水灌区调查结果显示（陈志良等，2001）：我国目前污水灌区面积约140万hm²，遭受重金属污染的土地面积占污灌总面积的64.8%，其中轻度污染占46.7%，中度污染面积9.7%，严重污染面积占8.4%，并且以汞和镉的污染面积最大。据统计，我国约有3万多公顷土地受汞的污染，有1万多公顷土地受镉的污染，每年仅生产镉米就达5万t以上，而每年因污染而损失的粮食约1200万t，严重影响了我国的粮食生产和食物安全（陈怀满，1996）。江西大余县污灌引起的Cd污染面积达5500 hm²，青岛市2.7%～9%的农田土壤分别受到Cr，Hg，Cd，As，Pb，Cu，Zn等7种重金属的轻污染，沈阳张士污灌区多年使用沈阳市重工业部门排放的污水灌溉，有2533hm²土地遭受镉的污染，其中严重污染占13%（秦淑琴，1998），污水灌区人尿中镉的含量增高，癌症、风湿性关节炎、肾炎等平均患病率均高于清水灌区。王庆仁等人对北京市石景山区、门头沟区首都钢铁厂周围、清河污灌区水稻田、蔬菜地和绿化苗木基地等地区的调查研究发现，多数地区土壤重金属含量普遍偏高（表6-4）（王庆仁等，2002）。

表 6-4　调查区土壤重金属总量　　　　　　（单位：mg/kg）

样点	Cr	Cu	Zn	Cd	Pb	Ni
北京石景山区首钢冶炼厂绿地	101.69	38.14	294.49	4.24	127.12	52.97
辽宁青城子铅锌矿尾矿区	56.91	43.02	399.58	6.32	214.78	22.76
河北唐山市大城山植物园	81.79	46.42	439.88	2.21	161.36	40.23
北京清河农田污灌沟内	86.21	37.28	983.22	n. d.	102.52	36.81
北京石景山区首钢北侧山坡地	17.38	34.75	197.65	2.17	195.48	9.56
北京门头沟区永定河首钢段	48.08	72.12	466.35	2.40	69.71	38.94
北京清河南岸蔬菜地	57.22	33.54	576.16	1.97	71.03	26.05
广东深圳莲花山南坡绿地	51.26	22.38	213.26	1.12	98.62	18.98
河北唐山市钢铁厂北侧	69.86	16.93	370.45	n. d.	29.64	35.35
北京清河稻田土	70.14	34.17	926.26	1.80	86.33	30.22
北京清河岸北银杏林	61.14	32.75	401.75	2.18	159.39	29.26
广东深圳工业区	45.52	36.82	326.25	2.38	75.25	23.12
L. S. D.（$P<0.05$）	34.59	18.54	275.00	1.25	65.91	16.90
土壤背景值	61.00	22.60	74.20	0.097	26.00	26.90

为了解决土壤重金属污染问题，我国的科学工作者已做了许多有效的工作，并在土壤环境重金属背景值和土壤环境重金属容量、重金属污染土壤的治理等方面取得了一定的成绩。

1. 土壤环境重金属背景值和土壤环境质量标准

土壤环境背景值是监测区域环境变化、评价土壤污染和土壤环境影响的重要指标和基础资料。我国土壤背景值研究始于 20 世纪 70 年代中期。"六五"、"七五"期间，国家将土壤背景值调查列为重点科技攻关课题，获得了大量元素的自然背景值，编辑出版了《中国土壤元素背景值》、《中华人民共和国土壤背景值图集》。

土壤环境容量可定义为"在保证土壤圈生态系统良性循环的条件下，土壤容纳污染物的最大允许量"，它是区域环境规划和土地利用规划的重要参数。自 1983 年以来，土壤环境容量就作为国家级项目进行了系统的研究，在环境容量的区域性分异规律和信息系统的建立等方面积累了许多第一手资料，有了良好的开端（王慎强等，1999）。

在土壤环境背景值和土壤环境容量工作的基础上，还对土壤环境质量基准进行了专门的研究。在这之后，国家环保局则组织制定了土壤环境质量标准，见表 6-5（夏立江等，2001）。并于 1996 年 3 月开始实施，为土壤污染的防治提供了科学的依据和执法的尺度。

2. 重金属在土壤中的赋存状态和迁移特征

我国土壤研究工作者认为土壤环境中重金属赋存形态可分为：①水溶态（以去离子水浸提）；②交换态（如以 $MgCl_2$ 溶液为浸提剂）；③碳酸盐结合态（如以 NaAc-HAc 为浸提剂）；④铁锰氧化物结合态（如以 NH_2OH-HCl 为浸提剂）；⑤有机结合态（如

以 H_2O_2 为浸提剂）；⑥残留态（如以 $HClO_4$-HF 消化，1∶1HCl 浸提）。由于水溶态一般含量较低，又不易与交换态区分，常将水溶态合并到交换态中。

表6-5　土壤环境质量标准值　　　　　　　（单位：mg/kg）

级别　　　　项目	一级	二级			三级
	自然背景	土壤 pH<6.5	土壤 pH 6.5～7.5	土壤 pH >7.5	土壤 pH >6.5
镉 ≤	0.20	0.30	0.30	0.60	1.0
汞 ≤	0.15	0.30	0.50	1.0	1.5
砷 水田 ≤	15	30	25	20	30
旱地 ≤	15	40	30	25	40
铜 农田等≤	15	50	100	100	400
果园 ≤	35	150	200	200	400
铅 ≤	—	250	300	350	500
铬 水田 ≤	90	250	300	350	400
旱地 ≤	90	150	200	250	300
锌 ≤	100	200	250	300	500
镍 ≤	40	40	50	60	200

注：①重金属（铬主要是三价）和砷均按元素量计，适用于阳离子交换量>5cmol（＋）/kg 的土壤，若≤5cmol（＋）/kg，其标准值为表内数值的半数；②水旱轮作地的土壤环境质量标准，砷采用水田值，铬采用旱地值；③一级标准是为保护区域自然生态，维持自然背景的土壤环境质量的限制值，二级标准是为保障农业生产，维护人体健康的土壤限制值，三级标准是为保障农林业生产和植物正常生长的土壤临界值。

重金属赋存状态中，以水溶态、交换态的活性和毒性最大；残留态的活性、毒性最小；而其他结合态的活性、毒性居中。研究资料还表明，在不同的土壤环境条件下，包括土壤类型、土地利用方式（水田、旱地、果园、牧场等），以及土壤的 pH，Eh，土壤无机和有机胶体的含量等因素的差异，都可引起土壤重金属元素赋存形态的变化，从而影响到作物对重金属的吸收，使受害程度产生差别（殷捷等，2000）。

重金属在土壤中的迁移转化主要通过物理、物理化学和化学及生物迁移几种方式。物理迁移中，土壤溶液中的重金属离子或络离子可以随水迁移至地面水体，而更多的是重金属可以通过多种途径被包含于矿物颗粒内或被吸附于土壤胶体表面上，随土壤水分流动或以尘土飞扬的形式而被机械搬运。物理化学迁移和化学迁移主要是土壤环境中的重金属污染物与土壤无机胶体结合，发生非专性吸附或专性吸附，或被土壤中有机胶体络合或螯合，或者由有机胶体表面吸附。另外，重金属化合物的溶解和沉淀作用，是土壤环境中重金属元素化学迁移的重要形式，它主要受土壤 pH，Eh 和土壤中存在的其他物质（如富里酸、胡敏酸）的影响；生物迁移主要是指植物通过根系从土壤中吸收某些化学形态的重金属，并在植物体内积累起来。另外，土壤微生物的吸收以及土壤动物啃食重金属含量较高的表土，也是重金属发生生物迁移的一种途径（温志良等，2000）。

3. 重金属污染土壤修复技术

近年来，重金属污染土壤修复技术的研究得到了较快的发展，其内容涉及固定/稳定化修复、玻璃化修复、热解吸修复、淋洗修复和生物修复等。其中，生物修复技术有了比较深入的研究，特别是野生超积累植物的筛选和有目的的应用比较引人注目。

随着科学的发展，环境质量的改善，土壤重金属污染状况得到了改善并向好的方向发展。但是重金属污染与防治问题仍是今后我们面临的一项长期、复杂、艰巨的任务，今后土壤重金属污染与防治的研究将会在以下领域进一步加强。

(1) 加强土壤环境标准的研究

同国外相比我国有关土壤环境的标准和规范还有待进一步完善。我国于 1995 年颁布的《土壤环境质量标准》（GB15618—1995）中的 8 种重金属是以土壤中的总量为标准的，实际上只有土壤中可提取态的部分才会对人体和生态环境产生影响，再加上我国土壤种类复杂，因此，建议制定以可提取态为基础的质量标准（张新英等，1999）。同时，要积极探索建立多种重金属污染物形成复合污染时的土壤环境质量标准。

(2) 运用 3S 技术进行土壤重金属污染的调查与监测

因为基本数据的积累是土壤重金属污染防治工作的基础，因此对已经造成重金属污染的土壤和将来可能造成重金属污染的土壤进行调查、监测，以便有效控制污染源和采用适宜方法对污染土壤进行治理，并对治理结果进行及时监测。充分运用 3S 技术建立全国土壤环境质量监测网络系统，进行土壤重金属污染情况的时空动态监测，并保证监测数据的标准化和共享是重金属污染土壤研究领域的发展方向。

(3) 土壤重金属污染修复技术的研究

目前，我国重金属污染土壤修复技术的研究得到了较快的发展，尤其在生物修复技术领域。今后应大力开发土壤重金属污染的联合修复技术和其他新的修复技术，并使其产业化，促其走向市场和现场。1997 年全球土壤修复工作网亚洲与太平洋地区分中心在南京成立和正式启动，这将进一步推动土壤污染修复技术的发展。

(4) 复合污染的研究

随着工农业生产的发展和污染物的不断排放，土壤环境中存在的污染物种类和数量也随之不断增加，多种重金属污染及重金属污染与其他污染形成的复合污染将对治理工作产生更大的困难。因此复合污染的类型、规律、污染物迁移转化机理的模式、生物效应，指标体系、研究方法以及应用研究等应成为基础研究的重点领域（王慎强等，1999）。

二、土壤重金属背景值与污染

环境背景值是指水体、土壤、岩石、生物等在未受污染和破坏的情况下，环境要素本身固有的化学组成和含量。重金属是构成地壳的元素，在地球的水循环、生物循环和地球化学循环等的作用下，在岩石圈、大气圈、水圈和土壤圈之间迁移循环，广泛分布于土壤、大气、水体和生物体中。重金属环境背景值的确定是研究与评价环境中重金属污染和制定环境质量标准的前提和基础，在环境、医学和农业生产等方面有着重要的作用（张新英等，1999）。

土壤重金属环境背景值是土壤环境背景值研究的重要内容。

1. 影响土壤中重金属环境背景值的因素

成土母质、土壤类型和土壤理化性质是影响土壤中重金属背景值的决定性因素。土壤中各元素的背景值，反映了在没有污染的情况下，通过母质的风化并在成土过程中发生的元素的迁移转化，因此成土母质的差异是引起土壤环境背景值差异的最主要因素。而不同的土壤类型是在不同的母质或相同的母质条件下，经过不同的生物气候作用而形成的，因此不同土壤类型中的重金属元素的背景值反映了母质、气候和生物等的共同作用，其差异性是必然的。

土壤理化性质对重金属环境背景值的影响主要表现在土壤质地、pH 和有机质含量方面。一般来说，土壤质地越黏重，土壤颗粒对重金属的吸附能力越强，土壤中的重金属背景值越高，pH 显著影响土壤中重金属的迁移转化能力，在 pH 较低的酸性土壤中，H^+ 常可使重金属离子从土壤颗粒中被解吸出来，增加其活性和迁移转化能力，因此在酸性土壤中的重金属含量常低于碱性土壤，如石灰岩类母质上发育的土壤，重金属背景值大多数较高。而土壤中有机质含量与重金属背景值的关系视不同的土壤类型和不同的重金属元素而异。除此之外，地貌条件和气候条件也会影响土壤中重金属元素背景值（张新英等，1999）。

2. 重金属环境背景值分布规律

不同的重金属元素环境背景值分布规律既有共性又有差异性，其共性表现在：一是在成土母质和土壤类型等决定性因素的控制下，重金属元素环境背景值表现出地域分异规律。如在我国，Cu、Ni、V、Co、Cr 等第四周期元素在土壤环境中，其含量呈现出西南区＞青藏高原＞蒙新区＝华北区＞东北区＞华南区的特性；二是各个重金属元素在土壤剖面的不同层次间呈现出垂直分异规律。其差异性表现在不同的重金属元素的地域分异规律和垂直分异规律是不相同的。如大多数的研究表明，Hg 以累积在表土层中，而 As 易累积在底层中（张新英等，1999）。

3. 我国土壤环境重金属背景值

早在 1973 年，我国就开始了土壤元素背景值的调研工作。1977 年，在国家农业部和中国科学院的支持下，还对土壤环境背景值进行了有组织的系统研究。尤其是，这一工作后来作为国家"七五"攻关项目，在 29 个省（自治区、直辖市）进行了系统的研究。表 6-6 列出了这一研究的部分成果（朱荫湄等，1999）。

表 6-6　中国土壤 8 个元素的背景含量　　　　　　　　（单位：mg/kg）

土壤类型	Hg	Cd	Pb	As	Cr	Cu	Zn	Ni
褐土（北京）	0.040/1.67	0.118/0.024	14.41/4.22	8.13/1.80	58.13/12.3	19.99/7.80	56.73/1.35	23.69/1.35
水稻土（太湖流域）	0.163/1.63	0.116/1.63	20.39/1.20	8.80/2.33	65.72/13.92	22.78/5.18	73.02/20.61	29.12/7.41
黄绵土（陕西）	0.060/0.033	0.101/0.026	11.6/3.24	10.6/1.82	56.3/5.85	19.3/1.17	54.2/1.14	28.4/1.20
Bowen**	0.03	0.06	10	6	100	20	50	40
(1966)	(0.01～0.3)	(0.01～0.7)	(2～200)	(0.1～40)	(5～300)	(2～100)	(10～300)	(10～100)

注：表中数字为平均值/标准差，括号内为范围值；资料属于 Bowen H J M, Trace Elements in Biochemistry. Academic Press，London，1996。

三、重金属污染土地的生态系统效应

重金属污染地区土壤和植物中重金属浓度增高，植物出现中毒现象，并可经过食物链进入人体，在人体内成千百倍地富集起来，产生慢性或急性中毒。土壤中微生物大量死亡，土壤失去消化分解能力，导致土壤肥力下降，土壤生态环境质量迅速下降。

1. 重金属污染对植物的影响

重金属进入土壤后，95％被土壤矿质胶体和有机质迅速吸附或固定。资料表明，土壤中的重金属只有很少一部分随作物地上部分的收获而被移去，经历 20 年的耕种与收获，也只能减少大约 0.5％～2％的蓄积量。因此，这些重金属一旦进入土壤，就可能存留几千年。实验表明，重金属可完全抑制土壤中的共生固氮过程，使三叶草的产量减少 40％。这是因为高浓度的金属引起共生质粒的丢失，导致植物丧失根瘤结节的能力。重金属的污染还可使土壤中微生物的总量成倍地降低，阻碍植物的生长和固氮作用。

重金属在土壤—植物系统中的迁移直接影响到植物的生理生化和生长发育，从而影响作物的产量和质量。研究表明，当镉超过一定浓度后，对叶绿素有破坏作用，并促进抗坏血酸分解，使游离脯氨酸积累，抑制硝酸还原酶活性。镉还能减少根系对水分和养分的吸收，也可抑制根系对氮的固定。成都东邻污灌区内，Cd 在稻米中积累，Cd 含量从播种前 0.0982mg/kg，到收获时达 1.647mg/kg，年富积量 1.549mg/kg，有的形成镉米，人食用后引发"骨痛病"，严重威胁到人体健康。

在美国的佛罗里达州，土壤的含铜量超过 50mg/kg 时，柑橘幼苗生长受到影响，土壤含铜量达 200mg/kg 时，麦苗枯死。若土壤铜含量再高，则出现叶片褪绿呈枯黄色现象，根系短而疏，生长受阻，影响作物的产量。张祖锡等人的试验表明：污灌小麦 3 次试验的生物量比对照的分别下降 23.3％、28.53％和 9.78％。同时，作物的品质也下降。胡声泰对江西德兴铜矿污染土壤进行研究，土壤有效铜致水稻减产幅度见表 6-7（胡声泰，1997）。

过量的砷对植物生长有明显的抑制作用。水稻受砷害后根系呈铁黄色，生长受到抑制，抽穗期延迟，结实率降低，严重者造成死亡。

表 6-7 水稻减产幅度

土壤有效铜/（mg/kg）	减产幅度/%	土壤有效铜/（mg/kg）	减产幅度/%
<80	0	400	0～57
100	0～32	450	2～61
150	0～36	500	6～65
200	0～40	600	15～74
220	0～42	700	23～82
250	0～44	800	32～91
300	0～48	900	40～99
350	0～53		

土壤中的铅的浓度很高时可严重抑制植物生长，也可引起因铁的进入遭到破坏而产生的失绿病。铅在植物组织中的累积可导致氧化过程和光合过程及脂肪代谢过程强度减弱。另一方面，铅可促使水的吸收量减少，耗氧量增大，阻碍植物生长，甚至引起植物死亡。

土壤和植物内含有大量的镍能导致植物铁和锌缺乏，产生失绿病。有关学者认为镍对作物的毒害症状与缺锰症状极为相似，叶片边缘失绿并产生灰斑病。此外，镍过剩时，燕麦和马铃薯等高等植物叶脉发白，呈变性黄化病，而油菜发生特异性枯斑病症状，地上部分发生褐色斑点或斑纹。镍过剩还可抑制作物根系的生长，其症状是整个根成珊瑚状（夏立江等，2001）。

现有研究表明，土壤中重金属对植物的危害序列为：Hg＞Cu＞Ni＞Pb＞Co＝Zn＞Cd＞Fe＞Mn＞ Mg＞Ca,但这一序列因土壤类型及其植物种类的不同而有所差异。

2. 重金属污染对土壤微生物量和群落结构的影响

土壤微生物生物量是指土壤中体积小于 0.5 万 μm^3 的生物量。它能代表参与调控土壤中能量和养分循环以及有机质转化的对应微生物的数量，且土壤微生物量碳和氮转化速率较快，可以很好地表征土壤总碳或总氮的动态变化，是比较敏感的生物学指标。

大量研究表明，重金属污染的土壤，其微生物量存在不同程度的差异。Kandeler 等（1997）研究指出，Cu，Zn，Pb 等重金属污染矿区土壤的微生物生物量受到严重影响，靠近矿区附近土壤的微生物生物量明显低于远离矿区土壤的微生物生物量。研究表明，不同重金属及其不同浓度对土壤微生物生物量的影响效果也不一致。Chander（1991）研究了不同重金属浓度对土壤微生物生物量的影响，结果表明只有当重金属浓度达到欧盟制定的标准土壤重金属环境容量的 2～3 倍，才能表现出对微生物生物量的抑制作用。Fliebbach（1994）等研究结果表明低浓度的重金属能刺激微生物的生长，增加微生物生物量碳，而高浓度重金属则导致土壤微生物生物量碳的明显下降。Khan 等（1998）采用室内培养试验，研究了 Cd，Pb 和 Zn 对红壤微生物生物量的影响，当其浓度分别为 $30\mu g/g$、$450\mu g/g$、$150\mu g/g$ 时导致微生物生物量的显著下降。土壤环境因素也影响重金属污染对土壤微生物生物量的大小。Baath 等（1989）研究表明，重金属污染对不同质地土壤的微生物生物量的影响是不同的，对砂质、砂壤质土壤的微生物生物量的抑制作用比壤质、黏质土壤大得多。总之，有些重金属元素在浓度较低时对微生物生物量有一定的刺激作用，但超过一定浓度时对土壤微生物则有毒害效应（滕应等，2002）。

土壤微生物种群结构特征是表征土壤生态系统群落结构稳定性的重要参数之一。通常情况下，重金属污染对微生物有两个明显效应：一是不适应生长的微生物种的减少或绝灭；二是适应生长的微生物数量的增大与积累。Baath 等（1998）用碳素利用法研究了 Cu，Ni，Zn 等重金属污染土壤的微生物组成，结果得出高铜污染土壤中微生物群落比 Ni，Zn 污染的土壤中微生物群落种类少，重金属严重污染会减少能利用有关碳底物的微生物量的数量，降低微生物对单一碳底物的利用能力，减少了土壤微生物群落的多样性。不同类群微生物对重金属污染的耐性也不同，通常为真菌＞细菌＞放线菌。Duxbury 和 Bichnell（1994）研究了自然土与重金属污染土壤中的细菌种群，发现重污染土壤比轻污染土壤中耐性细菌的数量多 15 倍。Yamamoto 等（1991）发现对照土壤 Cu 含量＜100mg/kg 有 35 种真菌，中等污染土壤中 Cu 含量 ＜1000mg/kg 有 25 种真菌，高度污染土壤（Cu 含量 10 000mg/kg）只有 13 种真菌。可见，重金属胁迫对土壤微生物种群结构会产生一定程度的影响（滕应等，2002）。

四、土壤重金属污染成因与控制

（一）土壤重金属污染的成因

自然界中，重金属在岩石或土壤中通常以痕量形式存在。但随着城市化进程的发展，工业化进程的加快，人们在采矿、冶金等工业活动和农业活动中，将重金属污染物排放到土壤中，造成土壤重金属污染。土壤重金属污染主要有以下原因造成：

1. 工业造成的污染

土壤重金属主要来自于采矿业、钢铁业、金属处理与加工业、化学与制药工业、石油加工业、纺织工业、印染业等排出的三废。例如，美国蒙大拿州某有色冶金企业每年排入大气中的锌约 5t，镉约 250kg，其周围地区土壤表层 0～2.5cm 内锌的含量很高，离厂 1.8 km 达 1090mg/kg，离厂 3.6km 为 233mg/kg，离厂 7.2km 为 48mg/kg 在上述距离土壤中镉的含量分别为 37 mg/kg，17mg/kg 和 4mg/kg（廖金凤，2001）。可见工业企业排放的废气对周围环境有明显的污染，而且离厂越近，污染越严重。我国现有的国营矿山企业 8000 多个，个体矿山达 23 万多个（白中科等，1999），由于种种条件的限制，国内许多矿山废弃物未经任何处理就任意排放与堆置，造成了较为严重的环境污染问题。如：对江西各钨矿附近地区土壤研究发现，土壤中钼、镉、铜、铁的含量非常高，分别为（10.6～103.0）mg/kg，（1.6～3.4）mg/kg，（9.3～32.2）mg/kg，（79.2～218.0）mg/kg。该区反刍动物钼中毒的现象较为普遍，耕牛发生白皮白毛、腹泻消瘦等综合征，家畜的营养状况和繁殖力均较低，常年生活在这里的人癌症特别是肝癌发病率很高（陈怀满等，1999）。

1993 年，陶家元在对铜绿山尾矿库周围的 5 个采样点调查研究中发现：4 个点的各层土壤中重金属含量均高于"湖北省土壤环境背景值"中的有关背景值，表层（A层：0～20cm）土壤 Cu 为其背景的 15～120 倍、Pb 为 1.7～22 倍、Zn 为 1.1～3.7 倍、Cd 为 16.1～20.9 倍；浅层土（B层：20～40cm）土壤 Cu 为 13.2～49.1 倍、Pb 为 0.5～2.8 倍、Zn 为 1.2～2.5 倍、Cd 为 15.6～26 倍。与土壤分级评价标准比较，有 4 个点的土壤 Cu 为 375.0～3405.0mg/kg，大多数超过 400mg/kg 的标准，属重污染，Cd 为 1.60～2.65mg/kg，超过 1.5mg/kg 的标准，属中污染。土壤的污染不仅形成不同类型的污染田，对农作物的生长造成危害，甚至形成不能耕种的废弃地。铜绿山尾矿区的农作物中，稻谷样 Cu 的含量 42.88mg/kg，是评价标准（20mg/kg）的 2.1 倍；蔬菜（丝瓜、扁豆）样 Pb 的含量 2.98～5.12mg/kg，接近或超过 3mg/kg 的标准（陶家元，1997）。

2. 农业造成的污染

主要是由于污水灌溉、施用农药、粉煤灰、污泥等引起的。有些农药在其组成中含有汞、锌、铜、铁等重金属，经常施用这些农药易引起重金属污染。另外，我国北方和西北地区由于年降雨量较少，水资源缺乏，因此污灌面积逐年扩大。而工业废水中含有大量有毒有害的重金属，如 Cd，Hg，Pb，As 等，不恰当的污灌会造成土壤重金属污染。表 6-8 列出了部分工矿企业排放的污水中含有重金属的情况（丛艳国等，2002）。据 1993 年中国环境状况公报，全国工业废水排放量为 219.5 亿 t，污灌污染农田面积为 330 万 hm²，表 6-9（夏立江等，2001）为我国部分主要污水灌溉区重金属污染面积。

表 6-8　部分工矿企业排放的污水中所含重金属

企业类型	Ag	As	Ba	Cd	Co	Cr	Cu	Fe	Hg	Mn	Mo	Pb	Ni	Sb	Sn	Ti
采矿选矿	+			+				+	+	+	+	+				
冶金电镀	+	+		+		+	+		+			+	+			
化工		+	+	+		+	+	+	+			+			+	+
陶瓷		+				+								+		
涂料		+				+						+				
玻璃		+	+		+								+			+
造纸						+	+		+			+	+			
制革		+				+			+			+	+			
纺织		+		+			+					+	+			
化肥		+		+		+	+		+	+		+	+			
氯碱工业		+		+		+	+	+	+						+	
炼油		+				+	+	+				+	+			

注："+"表示该工矿企业所排放的污水中含有此种重金属元素。

表 6-9　我国部分主要污水灌溉区重金属污染面积（夏立江等，2001）

地点	受污染农田面积/亩	污染物质
保定苑七店	30	Pb
贵州锦江流域	20000	Hg 等
上海蚂蚁浜灌区	400	Cd
桂林阳朔思的	1 394	Cd

地点	受污染农田面积/亩	污染物质
江西大余县荡萍、西华山	30 270	Cd
贵州清镇农灌渠上中游	360	Hg
沈阳张士、哈大道以东	6 000	Cd
广州东郊、大石	2 100	Cu、Pb
成都蛇田	5	Cd
上海川沙八一大队	706	Cd
北京东南郊高碑店上下段	1 500	Hg
郑州瓦屋里	60	Hg
济南北园、东郊	10 000	Cd
兰州白银	6 390	Pb、Cd
天津赵沽里	1 000	Hg
西安沣惠李上壤讲武殿	1 000	Cd
太原西流、小王、大马、南瓦窑	88 500	Hg、Cd、Cr

3. 城市生活垃圾造成的污染

现在，我国每年都有相当一部分生活垃圾不能处理，运到城郊农地上堆存，其中含有重金属的废弃物，如电池、灯管等，由于雨水的长期淋溶，其渗滤液中大量的重金属排入土壤，从而造成土壤的重金属污染。据 A. A 别乌斯等资料介绍（廖金凤，2001），在垃圾堆放场周围土壤（0～20cm）中某些化学元素的含量比远离堆放场的高得多，在距垃圾堆放场 50m，100m，250m 的土壤中铜的质量浓度分别为 300mg/kg，100mg/kg，40mg/kg。Pb、Zn、Cr、Ni 也是距垃圾场越近，其含量越高。夏立江（2001）对北京上庄垃圾场周围土壤的重金属污染状况进行分析的研究表明：垃圾区附近土壤中 Cu、Zn、Cd、Pb、Mn 的含量都明显高于对照区土壤，Cd 含量是对照土壤的 8.4 倍，Cu、Zn、Pb、Mn 的含量是对照土壤的 2.0、1.8、1.3 和 1.4 倍，表明垃圾区周围土壤受到重金属污染。

（二）土壤重金属污染的控制

由于重金属污染的长期性、不可逆性和对人类健康及环境的危害，国内外学者纷纷开展土壤重金属污染控制的研究。在减少重金属对土壤危害的过程中，主要采用土壤重金属污染源的控制和重金属污染土壤的积极修复工作。

1. 土壤重金属污染源的控制

土壤一旦遭到重金属污染，治理工作将是长期的和困难的，因此土壤污染的预防比土壤污染的治理更为重要。污染源的控制是避免土壤污染的最根本和最重要的原则。控制土壤重金属污染源主要有以下途径：

（1）控制工业废气中重金属的排放

工业生产过程排放的废气中含有有毒的重金属，这些重金属最终会降落到土壤中，引起土壤重金属污染。因此，应严格制止工业废气的超标准排放，并大力推广净化废气工艺，尽量减少废气中重金属的含量。

（2）控制污水灌溉中重金属的含量

污水灌溉可以节省水资源，但污水中含有大量有毒的重金属。如果污水中重金属不能达标排放或对污灌使用不当，则会造成土壤重金属的严重污染。因此应严格禁止污水超标排放并积极进行重金属污染废水的治理，尽量减少污水中重金属的含量。在污水灌溉中还应控制一定的灌溉量并防止渗漏。

（3）对固体废弃物进行处理

部分垃圾、煤矸石山和金属矿山尾矿库中含有大量的重金属，由于长期淋溶会进入土壤，因此应加强含重金属废物如电池的回收和煤矸石山及尾矿山的绿化及整治。

（4）发展清洁工艺

清洁工艺就是不断地、全面地采用环境保护的战略以降低生产过程和生产产品对人类和环境危害。清洁工艺技术包括节约原料、能量，消除有毒原料，减少所有排放物的数量和毒性。清洁工艺的战略主要是在从原料到产品最终处理的全过程中减少"三废"的排放量，以减轻对环境的影响。例如，为了防治铅的污染，现在已研究出新的汽油抗震剂MTBE（叔丁基甲醚）以代替四乙基铅的使用，生产出了无铅汽油等技术（夏立江等，2001）。

2. 重金属污染土壤的修复技术

目前，国内外治理土壤重金属污染的途径主要有三种，一是将重金属污染地区与未污染地区进行隔离，防止污染物进一步扩散；二是改变重金属在土壤中的存在形态、使其固定、稳定，降低其在环境中的迁移性和生物可利用性；三是将重金属从土壤中除去。围绕这三种治理途径，已相应地提出许多物理、化学和生物治理方法。

（1）隔离法

隔离法就是使用各种防渗材料，如水泥、黏土、石板等，把污染土壤就地与未污染土壤或水体分开，以减少或阻止污染物扩散到其他土壤或水体的做法。常用的方法有泥浆墙、地下冷冻等。该法适用于污染严重、易于扩散的情况，但该法没有消除污染地区重金属的危害。

（2）玻璃化法

该方法是应用电能使污染物玻璃化，从而达到固定重金属的目的。该方法已用于As，Pb，Cr污染土壤的治理。玻璃化法能从根本上消除土壤的重金属污染，并因见效快而常用于重污染区的抢救性修复工作，但工程量大，费用高，适合于浅部污染土壤的治理。

（3）电动力学法

在污染土壤中插入阴阳电极并通以低强度电流，土壤中的重金属在电解、电迁移、电渗和电泳等的作用下在阳（或阴）极被移走。该方法适合于低渗透的黏土和淤泥土，一次可回收多重金属，但不适用于渗透性好、传导性差的砂性土壤。

（4）添加改良剂法

向重金属污染土壤中添加钢渣、膨润土等黏土矿物、粉煤灰、沸石、石灰、有机物料等改良剂，可以通过提高土壤酸碱度，与土壤中的重金属发生离子交换、吸附作用，改变重金属在土壤中的存在状态，从而降低重金属的生物有效性。

（5）生物修复法

主要有微生物修复、植物修复和菌根修复法。微生物修复主要是利用微生物对重金属有吸收、沉淀、氧化和还原等作用，从而降低土壤中重金属的毒性。植物修复主要是通过超累积植物富集土壤中的重金属并转移到植物的可收割部分，但该法需较长的治理时间并注意收割后植物的处理，以免引起二次污染。菌根修复是近几年来新兴的修复技术，菌根真菌能改变植物对重金属的吸收和转移，直接影响了重金属对植物的有效性和毒害性。

（6）淋洗法

主要有洗土法、堆摊浸滤法和冲洗法，其主要原理是向土壤中添加重金属螯合剂溶液，提高重金属的有效态，然后收集淋洗液回收重金属并循环利用淋洗液。用来提取土壤重金属的提取剂主要有：EDTA、DTPA、硝酸、盐酸、氢氧化钠、草酸、柠檬酸等。

（7）热解吸法

将污染土壤加热，使土壤中的挥发性污染物挥发并收集起来进行回收或处理，主要用于金属汞的回收。

每种重金属污染土壤治理技术的选择因地点不同而有特殊性，目前主要开发治理效率高、成本低、易操作的治理方法，各种治理技术比较见表 6-10（Mulligan et al.，2001）。

表 6-10　各种治理技术比较

治理技术	方法	适用性	费用/（美元/t）
物理隔离	通过阻止液体的流动来阻止重金属的迁移	垃圾填埋场的覆盖与泥浆墙	10～90
封闭方法	产生惰性废物	喷射凝固的化学物质	60～290
玻璃化作用	应用电能使污染物玻璃化	浅部污染的土壤 低挥发性的金属	400～870

治理技术	方法	适用性	费用/（美元/t）
物理分离	包括泡沫浮选，重力分离，筛选等	金属浓度高的土壤	60～245
土壤冲洗	添加表面活性剂和其他添加剂溶解重金属	水溶性污染物	25～300
热解吸法	升高温度提取和去除金属	重度污染土壤	200～1000
土壤淋洗	用水冲洗淋滤污染物	易溶的污染物	100～200
电动力学法	应用电流	适宜有浅地下水流动的渗透的土壤	无有关信息
植物修复	利用植物提取重金属	浅部土壤	123 457～493 827/hm^2

五、重金属污染土壤的生物修复

生物修复是指利用生物措施治理重金属污染土壤，恢复生态环境的治理技术。主要包括微生物修复、植物修复和菌根修复技术。目前国内外正广泛深入开展该技术的研究工作。

（一）生物修复技术

土壤微生物是土壤中的活性胶体，它们比表面大，带电荷，代谢活动旺盛，且种类繁多，繁殖迅速，对环境适应能力强。受到重金属污染的土壤，往往富集多种耐重金属的真菌和细菌。虽然重金属不能被微生物降解，但是微生物可以吸附和转化重金属。基于微生物对重金属的积累和解毒作用，微生物修复技术近几年来得到了重视和发展（郭学军等，2002）。

1. 微生物修复重金属污染土壤的途径

微生物修复是土壤重金属污染的重要整治手段之一，重金属污染的微生物修复包含两方面的技术：微生物对重金属的积累和微生物对重金属的转化，微生物对重金属具有吸收、沉淀、氧化和还原等作用，从而降低土壤中重金属的毒性。

（1）微生物对重金属的积累

微生物可通过带电荷的细胞表面吸附重金属离子，或通过摄取必要的营养元素主动吸收重金属离子，将重金属离子富集在细胞表面或内部。大肠杆菌 K-12（*Escherichia coli*）细胞外膜能吸附除 Li，V 以外的其他 30 多种金属离子。V 一般不被细菌吸附，但 Fafael 等（1998）第一次从石油冶炼厂附近的重金属污染土壤中筛选出能富集 V 的 3 个菌株，其中 2 株为赫氏埃希氏菌（*Escherichia hermannii*），另 1 株为阴沟肠杆菌（*Enterobacter cloacae*）。Tobin 等（1984）报道，根霉（*Rhiopus*）对 UO_2^+ 和 Cu^{2+} 离子的最大吸附量达 820mmol/kg 和 210mmol/kg。Siegel 等（1986）和 Galum（1987）报道，根霉对 UO_2^+ 和 Cu^{2+} 的最大吸附量分别为 42mmol/kg 和 230mmol/kg。Tsezos 和 Volesky（1987）报道，无根根霉（*R. arrhizus*）对 Cu 的最大吸附量达3000mmol/kg，并且活菌丝体与死菌丝体的吸附能力差别甚小。菌丝体对重金属的吸附能力跟菌丝体和重金属离子的种类有关。根霉对几种重金属的最大吸附量顺序为 UO_2^+＞Pb^{2+}＞Zn^{2+}＞Cd^{2+}＞Cu^{2+}，$P.\ oligistatum$ 的吸附顺序为 Zn^{2+}＞Cu^{2+}＞Cd^{2+}＞Pb^{2+}＞UO_2^+。这说明不同类型的真菌，对重金属的吸附表现出一定的差异。pH 也影响真菌菌丝体对重金属的吸附，但不同的菌丝体，其对重金属的吸附受 pH 的影响不同。Krantz-Rulcker（1996）报道，木霉（$Trichoderma\ harzianum$），小刺青霉（$Penicillium\ spinulosum$）和深黄被包霉（$Mortiertierell\ isabellina$）即使在 pH 很低的情况下，对 Zn，Cd，Hg 都仍有很强的富集作用（郭学军等，2002）。

（2）微生物对重金属的转化

微生物可通过多种渠道改变重金属的活动性，使重金属在其活动相与非活动相之间转化，从而影响重金属的生物有效性。微生物转化重金属的主要方式有 4 种：

1）通过其主动与被动金属堆积作用而使重金属转化为不活动相。

2）通过微生物的金属转移作用，如氧化、还原作用或烷基取代作用等，而使重金属从一种状态转化为另一种状态。有些微生物，如嗜酸铁氧化细菌（如氧化亚铁硫杆菌、氧化亚铁钩端螺旋杆菌等）能够氧化 Fe^{2+}、还原态的 S（如 H_2S，$S_2O_3^{2-}$ 等）和金属硫化物来获得能源，影响许多金属的活动性。除了通过氧化金属离子外，微生物还可把一些重金属还原成可溶性的或挥发性的形态（如有些微生物可把难溶性的 Pu^{4+} 还原成可溶性的 Pu^{3+}，把 Hg^{2+} 还原成挥发性的 Hg，铁锰氧化物的还原也可把吸附在难溶性 Fe^{3+}，Mn^{4+} 氧化物上的重金属释放出来，此外，一些微生物 $Geospirillum\ arsenophilus$、$Geospirillum\ bornseii$、$Chrysiogenes\ arsenatis$ 在嫌气条件下以 As^{5+} 作为电子受体，并把其还原成 As^{3+}，这一过程可以促进 As 的淋溶）。

3）微生物产生影响重金属活性的物质，如微生物新陈代谢过程中产生的简单有机化合物、大分子腐殖酸和富里酸或微生物渗出物等都能络合环境中的重金属，实现不同重金属形态间的转化。

4）通过微生物的活动改变环境介质中溶液的特性（如 pH 等），从而改变环境介质对重金属的吸附特征。最后微生物在死亡分解时又可释放出原来固定的重金属（陈素华等，2002）。

2. 微生物修复重金属污染土壤存在的问题及发展趋势

重金属污染土壤的微生物生态效应，不仅在土壤微生物生物量、种群结构、生理生化代谢活性以及生物修复机理等基础理论研究上取得了一定的研究进展，且在生产实践中也得到一定程度的应用。但其广泛应用难度较大，目前尚未获得突破性的进展。主要存在的问题：

1）微生物修复重金属污染土壤方面的研究目前侧重于室内培养试验，研究结果与野外实际条件存在很大差异。因此将来需要做大量的野外试验以获得准确的试验参数来验证室内试验的结果，建立标准的研究方法。

2）目前应用微生物修复重金属污染土壤仍存在许多技术上的难题，如环境中的重金属污染往往呈复合形态，怎样将具有不同修复功能的高效菌株加以混合培养，怎样将微生物修复技术与其他环境净化技术进行有效组装、配套等问题（滕应等，2002）。因此今后应加强微生物修复技术与其他重金属修复技术联合应用处理重金属污染土壤的研究。

（二）植物修复技术

植物修复主要是利用超累积植物对重金属进行提取、运移和富集并通过收获地上部来达到减少土壤重金属含量的目的。目前已发现有 400 多种植物能够超量积累各种重金属，部分植物对重金属的超量累积情况见表 6-11（韦朝阳等，2001）。

表 6-11　一些典型的超富集植物及其植物体中最大金属含量　（单位：$\mu g/g$）

种	产地	Cu	Pb	Zn	Cd	Ni	Co	Cr	As
Aeollanthus biformifolius De Wild	非洲砂坝哈	3 920					2 820		
Haumaniastrum robertti	非洲砂坝哈	2 070					10 200		
Armeria martitima var. Balleri	德国		1 600						
Cardaminossis balleri	德国			13 600					
Dichapetalum gelonioides	非洲砂坝哈			30 000					
Minuaritia verna	南斯拉夫		11 400						
Polycarpaea synandra	澳大利亚		1 050	6 960					
Thlaspi brachypetalum	法国			15 300					
T. caerulescens	欧洲中西部		2 740	43 710	2 130				
T. ochroleucum	希腊		1 210	4 130					
T. rotundifolim subsp. Cepaeifolium	奥地利/意大利		8 200	17 300					
T. caerulescens	英国		864	23 036	258				
T. rotundifolim (L.) Gaudin Cepaeifolium subsp.	中欧		8 200						
Viola calaminaria	比利时/德国			10 000					
Alyssum bertolonii	意大利					13 400			
Bornmuellera tymphacea	希腊					31 200			
Dicoma niccolifera Wild	津巴布韦						1 500		
Sutera fodina Wild	津巴布韦						2 400		
Pterisvittata L.	中国								5 000

1. 植物修复重金属污染土壤的途径

植物修复重金属污染土壤主要通过植物提取、植物挥发、植物稳定等途径减少重金属对环境的危害。

植物提取　是利用超累积植物的根吸收重金属，并将其转移、储存到植物茎叶中，然后收割茎叶并经过热、微生物、物理或化学的处理。如 Mcgrath 等（1997）研究表明，十字花科遏蓝菜属植物（*Thlaspi carulescens*）具有很强的吸收锌和镉的能力。

植物挥发　是指植物将重金属元素吸收到体内后又将其转化为气态物质，并挥发出植物表面的过程，该方法应避免对大气的污染。Rugh 等（1999）研究表明，将来源于细菌中的汞抗性基因转入到植物，可以使其具有在通常生物中毒的汞浓度条件下生长的能力，而且还能将土壤中吸取的汞还原成挥发性的单质汞。这种作用也同样表现在转基因植物对硒的吸收和挥发上。

植物稳定 利用植物根系吸收和沉淀来降低土壤中重金属的活性和生物有效性，从而防止其进入地下水和食物链，减少其对环境和人类健康的污染。Cunningham 等（1995）研究了植物对环境中土壤 Pb 的固定，发现一些植物可降低 Pb 的生物利用性，缓解 Pb 对生物的毒害作用。

2. 植物修复重金属污染土壤存在的问题及发展趋势

植物修复重金属污染土壤的研究尽管起步较晚，但由于属于原位修复，成本低，且不会破坏景观生态环境，因此受到欢迎并得到迅速发展。但该方法也存在一定的局限性，植物修复今后的研究值得考虑和需要解决的问题主要有：

大多数超积累植物生物量小，生长缓慢且干物质积累少，因此在单位时间内所能吸收的重金属量受到限制而影响修复效果。因此，今后应利用分子生物学和基因工程技术培育出生长速度快、生物量高、生长周期短和吸收重金属浓度高的超积累植物，促进植物修复技术的发展。

由于一种超积累植物通常只对一种或两种重金属起作用，而对其他重金属或其他污染物则表现出中毒症状，而环境污染通常以复合污染为主，因此应注意筛选出能同时吸收几种污染物的植物，以用于实际环境中。

重金属在植物中的累积可能会对野生生物造成威胁，另外，已累积的重金属可能会通过落叶等途径重返土壤，因此应注意重金属修复植物回收方法和回收技术的研究。

（三）菌根修复技术

菌根修复技术是近年来污染土壤修复技术中新兴的一门修复技术，美国、澳大利亚、加拿大等国对菌根技术的研究最为活跃。菌根是指真菌与植物根系共生形成的共生体，真菌从植物中获得光合作用产物，植物通过根外菌丝吸收土壤中的矿质养分。菌根与土壤的交互作用形成菌根际，它是由有生命的真菌、植物和非生命的土壤形成的微生态系统。系统中植物和真菌的生长代谢影响着土壤的理化性质，同时，土壤性质的变化影响着植物的生长和真菌对矿质养分的吸收（黄艺等，2000）。

菌根对重金属污染土壤的修复是由于菌根真菌能借助有机酸的分泌活化某些重金属离子或以其他形式如离子交换、分泌有机配体、激素等间接作用影响植物对重金属的吸收。Thompson（1996）的盆栽实验表明，在长期抛荒的土壤中接种 VA 菌根，可以促进亚麻对磷、锌的吸收。没有接种真菌孢子的亚麻长势极差，需补施 P，Zn。单独接种 *G. macrocarpum*，由于侵染速度较慢，亚麻根伸长相对较小，经济产量较低。而接种真菌孢子（*Glomus mosseae*，*G. mosseae and G. etunicatum*）显著地促进了亚麻对 P，Zn 的吸收和干重的提高。因此，在一定程度上，可以通过接种 VA 菌根孢子缓解土壤的 P，Zn 的缺乏。Shuman 等在研究水稻对重金属形态影响时发现，耐重金属水稻在栽培期间，通过将土壤中交换态锌转化为氧化态锌从而降低 Zn 的毒性（郭学军等，2002）。

六、重金属污染土地的复垦利用案例

重金属污染土地治理的原则是"以防为主、治理为辅"。土地一旦被重金属污染，其污染治理的难度和成本都很大，一定要做好预防，避免或减少土地的污染。对于已经被重金属污染的土地，在复垦利用中应因地制宜确定适宜的土地利用目标和采取适宜的修复措施，一般而言，污染土地复垦利用的目标是非食用植物，尤其是以林业用途、绿地、停车场或娱乐用地等为优先利用方向。治理措施的选择则是依据复垦利用的目标，在前面介绍的污染土地修复的技术中进行优选。下面，我们将通过一个重金属污染土地的复垦利用实例来比较不同复垦技术的优劣（胡振琪等，2003）。

Geevor 矿位于英格兰西南部的康沃县（Cornwall County）兰站城（Lands End）的 Pendeen 和 Trewallard 村之间。距最近的商业和工业中心城市 Penzance 7 英里（1 英里＝1.609344km）。这是一个铜锡矿，在经历了千余年的开采后，于 1990 年关闭。尽管该矿的开矿时间无法确知，但 1860 年左右是其最高峰，主要生产铜和锡，并生产少量砷、铅、锌。该矿区海拔标高 60m，缓坡地表具有遭受严重侵蚀的海岸线，属海洋性气候。该矿山土地以铜的污染最为严重，土壤中铜含量是临界值的 9 倍以上。为了治理污染、恢复植被，对矿山经过实地勘测和分析，选择了五块试验田进行了研究，分别采用表土剥离法、矿物修复法和客土覆盖法进行了复垦试验。

五块试验田的特征为：试验田 A（plot A）为对照田（未进行修复的原始矿山土地），地表坡度为 20°～25°，地表呈黑色（含有机质），存在许多已死亡的植物根系，土壤疏松，无地表植被；试验田 B（plot B）采用表土剥离法复垦技术（与试验田 A 紧邻），1994 年剥离污染表土约 15cm 左右，地表裸露，石粒含量较高，地表呈黑色（含有机质），仍有一些死亡植物的根系，但比试验田 A 要少，地表坡度为 20°～25°，无地表植被；试验田 C（plot C）使用工业矿物进行修复（与试验田 A 紧邻），1995 年使用工业矿物蒙脱石作为改良剂，按蒙脱石与土壤比为 1∶30 施用，地表坡度为 20°～25°，地表黑色，有许多死亡植物根系，地表疏松，与试验田 B 类似，地表植被覆盖率约 50％以上；试验田 D（plot D）采用心土覆盖技术（距试验田 A、B、C 约 50m），从 7 英里外的工业城市 Penzence 运来心土覆盖在污染土地上，地表坡度 20°，地表呈黄色，石粒含量较高，有机质较少，有很多黏土，有一些植被，但较试验田 C 少得多；试验田 E（plot E）为对照田 2（有少量植被的原始矿山土地，距 A、B、C 约 80m），地表坡度为 5°～8°，地表呈现多种颜色，主要有黄色、黑色等，有机质较多，地表有部分植被。

复垦后对五块试验田进行了分析，重点对三种修复技术复垦的土壤进行了取样，测试了土壤的物理、化学特性，其中重金属含量及酸碱性为分析测试重点。

1. 石粒含量与土壤粒级分布

采用筛分的方法分析颗粒的分布特征，其结果列于表 6-12。结果表明心土覆盖的试验田 D 石粒含量最高，对照田 A 石粒含量最低（石粒的标准为 10cm 以上（Rowell，1994））。

2. 土壤含水量

土壤含水量结果见图 6-4。基于 SAS 软件的方差分析，5 个实验田之间的水分含量在 0.001 置信水平下差异显著。从图中可以看出，试验田 D 含水量最低，但仍适宜于植物生长，与其石粒含量高相对应。对照田 A 含水量最高，达 58.8%，反映了排水不畅，重金属离子与酸性离子活动强烈，致使土壤污染严重，无植被生长。

表 6-12　粒径分布及石粒含量　　　　　　　　　　　　　　（单位：%）

颗粒大小/mm	试验田 A	试验田 B	试验田 C	试验田 D	试验田 E
<0.075	15.33	14.85	11.28	7.43	10.71
0.075~0.4	28.23	25.01	23.93	11.62	18.35
0.4~2	38.34	33.63	40.65	30.26	44.71
2~4	9.42	12.70	12.91	9.36	9.99
4~10	5.77	8.37	4.26	18.47	7.88
石粒含量（≥10）	2.91	5.44	6.96	30.28	8.36

3. 土壤化学特性和污染物

土壤 pH 和电导率是土壤重要的化学特性。测试结果见表 6-13、图 6-5 所示。可以看出，未采用任何修复措施的污染土地对照田 A 的 pH 最低，污染土壤呈强酸性，pH 在 3 左右；表土剥离修复措施（试验田 B）未能达到修复目的，土壤仍呈强酸性；用心土覆盖的修复技术（试验田 D），使污染土地成为中性，效果最好；采用工业矿物作为改良剂的修复技术（试验田 C）也取得了较好的效果，使 pH 从 3 左右变为 5.26。

采用水土比 5:1 的浸出液作电导测定结果，可以看出，未采用任何修复措施的对照田具有最大的 EC 值，反映了其有最高的可溶性盐含量。但所有的 EC 值均较适宜植物生长。

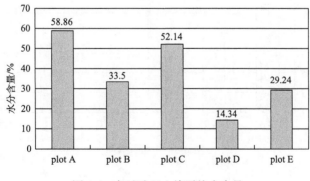

图 6-4　各试验田土壤平均含水量

该研究采用 AAS 原子吸收仪测试分析了各试验田土壤中重金属的含量（表6-13），结果表明在试验田 A 中铜污染最严重（图 6-6），超出土壤临界值 9 倍以上（International Committee on The Redevelopment of Contaminated Land, 1987）；只有心土覆盖技术的试验田没有污染；使用工业矿物作为改良剂的修复技术能明显去除 Fe 和 Pb，但对 Cu 和 Zn 的去除效果轻微且土壤中铜和铁的含量仍较高。

表 6-13　化学特性及重金属含量

分析项目	试验田 A	试验田 B	试验田 C	试验田 D	试验田 E	临界值
Cu/（μg/g）	1088.68	838.83	1021.93	37.74	676.76	130
Zn/（μg/g）	14.79	3.39	12.10	7.25	4.49	300
Fe/（μg/g）	4186.46	2160.41	1910.54	174.54	990.69	
Mn/（μg/g）	3.89	8.06	46.36	166.33	9.7	
Pb/（μg/g）	166.52	47.24	68.47	28.62	74.7	500
Cd/（μg/g）	0	0	0.05	0.1	0	3
Ca/（μg/g）	80.15	45.42	2921.25	1514.65		
Mg/（μg/g）	35.63	29.65	117.31	167.48	60	
K/（μg/g）	78.16	85.17	142.15	200.04	56.55	
pH	3.34	3.4	5.26	6.94	3.88	
EC/（μs/cm）	227	122	97	164	109	

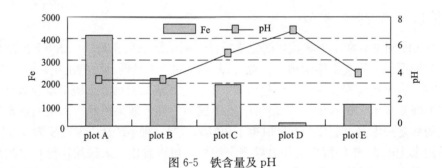

图 6-5　铁含量及 pH

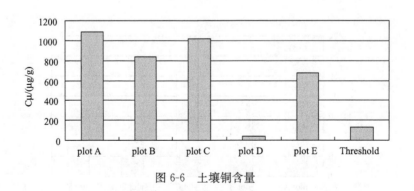

图 6-6　土壤铜含量

　　土壤铁含量是反映土壤酸性的重要指标，铁含量高的土壤通常呈酸性。对照田 A 的铁含量最高（图 6-5），因此土壤酸性也最高；但同样是对照田的 E，因地势平坦、侵蚀小，有植被生长，含铁量相对低，但其含量仍比心土覆盖高得多，因此仍呈强酸性。表土剥离技术能大大降低铁含量，可以将铁的含量约减少至初始值的一半，但铁的含量仍然较高且 pH 较低；心土覆盖技术可以有效治理污染土壤，使土壤铁的含量和 pH 都正常；使用工业矿物作为改良剂的修复技术能够去除污染土壤中的铁，虽然该方法略好于表土剥离技术，但其铁含量仍较高。试验田 C 也呈酸性，但测定其 pH 已升高至 5.26，这主要是由于改良剂降低了从强酸溶液中去除金属阳离子的能力和增加了 H^+ 的交换能力，也表明矿物改良剂的使用能净化污染土壤的孔隙水和提高 pH。矿物含钙量高（表 6-13）也是 pH 升高的一个重要因素。

另外，心土覆盖试验田和工业矿物治理的试验田都含有植物生长所需的大量的营养物质且植被覆盖率高于其他试验田。使用工业矿物作为改良剂的试验田 C 植被覆盖率最大，而对照田 A 和表土剥离技术处理的试验田 B 几乎都没有植被。这一结果表明矿物改良剂能加快金属污染地区的自然植被修复。

该实验表明，表土剥离技术可以去除一些金属，但研究发现该技术处理后的土地金属含量仍较高，且 pH 较低。只有心土覆盖技术处理的土地是修复后不污染的土地，即低的金属含量、中性 pH、较多的养分含量，但石粒含量较高是该技术的一个主要问题。用工业矿物修复污染土地技术可以明显去除铁和铅，也去除部分铜和锌。但是复垦后土壤中铜和铁含量仍很高。该技术的最大效果是有效地降低了土壤 pH、提高了养分含量和植被覆盖度。由此可见，重金属污染土地的修复应根据污染区的具体情况进行分析，选择适宜的土地复垦技术。

七、土地整理复垦过程中防治二次污染

我国土地整理复垦工作已呈现蓬勃发展的大好形式，每年都有大量的土地得到整理和复垦，但是在整理复垦中，有可能出现二次污染，主要污染源是机械设备、充填材料、改良材料等。尤其是我国广泛采用的煤矸石或粉煤灰充填复垦采煤塌陷地，往往可能造成二次污染。下表是我们在河南和安徽某塌陷地用粉煤灰复垦以后的土壤分析情况，研究地块取样分析表明，粉煤灰充填覆土重构土壤重金属污染严重，重构土壤中 Cd 含量超过土壤环境质量 2 级（适用于一般农田土壤）标准 5 倍，Cu、Pb 的含量也较标准高见表 6-14。

表 6-14　粉煤灰充填复垦塌陷地土壤重金属含量　　　　（单位：mg/kg）

土壤层次	As	Cd	Cr	Cu	Hg	Ni	Pb	Zn
河南某地充填覆土层	0.75	2	33	12	0.05	20	510	78
河南某地充填粉煤灰层	7.25	3	75	113	0.41	55	326	74
安徽某地充填粉煤灰层	2.8	3	71	102	0.05	50	56	189
土壤环境质量标准 2 级	25	0.6	250	100	1.0	60	350	300
农用粉煤灰控制标准	75	10	250	250		300	250	

鉴于已整理复垦土地发现的潜在的二次污染，我们建议整理复垦工程必须注意施工作业的清洁和施加材料的清洁，避免二次污染。对于不得不用有污染潜能的材料进行充填复垦的，应该在复垦技术上加以革新，减轻污染，并对复垦土地的利用方向加以限定并进行较长期的污染监测。

第三节　固体废弃物对土地的污染与防治

　　所谓固体废弃物是指在社会的生产、流通、消费等一系列活动中产生的一般不再具有原使用价值而被丢弃的以固态和泥状赋存的物质（芈振明等，1993）。固体废弃物问题是随着人类文明的发展而产生的。人类最早遇到的固体废弃物问题是生活过程中产生的垃圾污染问题。不过，在漫长的岁月里，由于生产力水平低下，人口增长缓慢，生活垃圾的产生量不大，增长率不高，没有对人类环境构成像今天这样的污染和危害。随着生产力的迅速发展，人口向城市集中，消费水平不断提高，大量工业固体废弃物排入环境，与生活垃圾的产量相伴剧增，成为严重的环境问题。同时，固体废弃物压占了大量土地，浪费了大量土地资源。固体废弃物严重污染了人们赖以生存的土地和环境，危害了人民群众的健康。在中国这样一个人口多，人均耕地少的发展中国家，研究固体废弃物对土地的污染与防治具有非常重大的意义。

一、固体废弃物类型

（一）废弃物的来源

　　固体废弃物来自于人类活动的许多环节，主要包括生产过程和生活过程的各个环节。表 6-15 列出从各类发生源产生的主要固体废弃物。

表 6-15　从各类发生源产生的主要固体废物

发生源	产生的主要固体废弃物
矿业	废石、砖瓦和水泥、尾矿、金属、废木、砂石等
冶金、金属结构交通、机械等工业	金属、渣、黏结剂、污垢、废木、塑料、橡胶、纸、砂石、模型、芯、陶瓷、涂料、管道、绝热和绝缘材料、各种建筑材料、烟尘等
建筑材料工业	金属、水泥、黏土、陶瓷、石膏、石棉、砂、石、纸、纤维等
食品加工业	肉、谷物、蔬菜、硬壳果、水果、烟草等
皮革塑料橡胶、等工业	橡胶、塑料、皮革布、线、纤维、染料、金属等
石油化工工业	化学药剂、金属、塑料、橡胶、陶瓷、沥青、污泥油毡、石棉、涂料等
电器、仪器仪表等工业	金属、玻璃、木、橡胶、塑料、化学药剂、研磨料、陶瓷、绝缘材料等
纺织服装工业	布头、纤维、金属、橡胶、塑料等
木材、造纸、印刷等工业	刨花、锯末、碎木、化学药剂、金属填料、塑料等
居民生活	食物、垃圾、木、布、庭院植物修剪物、金属、玻璃、塑料、陶瓷、燃料灰渣、脏土、碎砖瓦、废器具、粪便、杂品等
商业、机关	同上，另有管道、碎砌体、沥青、其他建筑材料，含有易爆、易燃腐蚀性、放射性废物以及废汽车、废电器、废器具等
市政维护、管理部门	脏土、碎砖瓦、树叶、死禽畜、金属、锅炉灰渣、污泥等
农业	秸秆、蔬菜、水果、果树枝条、糠秕、人和禽畜粪便、农药等
核工业、放射性医疗单位	金属、含放射性废渣、粉尘、污泥、器具和建筑材料等

　　注：引自《中国大百科全书·环境科学卷》。

（二）固体废弃物的产量

随着经济的不断增长，生产规模的不断扩大，人类需求的不断提高，固体废弃物的排出量也不断地增加。目前，工业发达国家的工业固体废弃物每年平均以 2%～4% 的增长率增加（芈振明等，1993）。其主要发生源是冶金、煤炭、火力发电三大部门，其次是化工、石油、原子能等工业部门。

近年来，工业发达国家由于城市化和居民消费水平的提高，城市生活垃圾的增长也十分迅速。美国 1970～1978 年，因为经济萧条，生活垃圾增长不快，仅为 2%，1978年后，随着经济复苏，增长率恢复到 4% 以上，目前达到 5%。欧洲经济共同体国家生活垃圾平均增长率为 3%，原联邦德国为 4%，北欧瑞典为 2%，韩国近几年经济发展较快，生活垃圾年增长率为 11%（Holahan et al.，2000）。

据不完全统计，目前我国每年生产各种固体废物和尾矿近 6 亿 t，其中煤矸石和尾矿各占 1 亿 t，各种工业锅炉渣为 8000 多万 t。1991 年仅粉煤灰就达 6800 万 t。1991 年与 1990 年相比，我国固体废物的产量增长了 1.7%（未包括乡镇工业）（国情与决策，1990）。表 6-16 为全国工业固体废弃产生量发展趋势（1981～2000 年），由表可知，80年代以来，我国工业固体废弃产生量增长相当迅速，到 2000 年达到了 6.9 亿 t，约比1985 年增长 50%，此外，我国可回收的再生资源数量相当大。

表 6-16　我国工业固体废弃产生量发展趋势（1981～2000 年）（国情与决策，1990）

年份	1981	1985	1987	1995	2000
工业固体废弃/万 t	37660	46150	52920	61420	69350

我国城市化进程不断加快，1980 年城镇人口 1.9 亿，城市化水平 19.4%，1997 年达到 29.1%。目前，城市垃圾人均年产生量约 440kg，且以年 8%～10% 的速度增长，京、沪等特大城市达 15%～20%。全国 400 个大中城市中，2/3 处于垃圾包围之中。据统计，1998 年全国城市垃圾产生量为 1.4 亿 t，历年堆存量达 60 多亿 t（顾润南，2001）。

1990 年我国城市人口已达 2.6 亿（不包括市辖县镇），约占全国总人口的 21.2%。此外，还有流动人口 5000 万（蔡英茂等，2000）。据统计，我国 200 万以上人口的城市，人均日排生活垃圾 0.62～0.98kg，中小城市 1.1～1.3kg。1990 年全国约产生城市生活垃圾 8000 万 t，目前，全国城市生活垃圾的年增长率平均为 10%，2000 年我国城市生活垃圾的产生量为 1.4 亿 t（王伟等，1997）。

根据全国 300 多个城市的统计（聂永丰等，1992），目前我国城市居民人均每天产生粪便 0.5kg，全国每年粪便的产生量正以 10% 的速度增长。

（三）固体废弃物的分类

固体废物分类方法有多种：若按其来源可分为矿业废物、工业废物、城市垃圾、农业废物和放射性废物；若按其组成可分为有机废弃物和无机废弃物；若按形态可分为固体（块状、粒状、粉状）的和泥状（污泥）的废弃物；若按其危害状况可分为有害废弃物和一般废弃物，但我们一般是按来源进行分类（芈振明等，1993）。

1. 工业固体废物

工业固体废物是指工业生产过程和工业加工过程产生的废渣、粉尘、碎屑等。主要有以下几种：

（1）冶金固体废弃物

冶金固体废弃物主要是指各种金属冶炼过程排出的残渣。如高炉渣、钢渣、铁合金渣、锌渣、铅渣、镍渣、铬渣、镉渣、汞渣、赤泥等发。

（2）燃料灰渣

燃料灰渣是指煤炭开采、加工、利用过程排出的煤矸石、粉煤灰、烟道灰、页岩灰等。

（3）化学工业固体废弃物

化学工业固体废弃物是指化学工业生产过程产生的种类繁多的工艺渣。如硫铁矿烧渣、煤造汽炉渣、油造气炭黑、黄磷炉渣、磷泥、磷石膏、烧碱盐泥、化学矿山尾矿渣、废母液、废催化剂等。

（4）石油工业固体废弃物

石油工业固体废弃物是指炼油和油品精制过程排出的固体废弃物。如碱渣、酸渣以及炼厂污水处理过程排出的浮渣、含油污泥等。

（5）粮食、食品工业固体废弃物

粮食、食品工业固体废弃物是指粮食、食品加工过程排序的谷屑、下脚料、渣滓。

（6）其他

此外，尚有机械和木材加工工业产生的碎屑、边角下料、刨花、纺织、印染工业产生的泥渣、边料等。

2. 矿业固体废弃物

矿业固体废弃物主要包括废石和尾矿。废石是指各种金属、非金属矿山开采过程中从主矿上剥离下来的各种围岩，尾矿是在选矿过程中提取精矿以后剩下的尾渣。

3. 城市固体废弃物

城市固体废弃物是指居民生活、商业活动、市政建设与维护、机关办公等过程产生的固体废弃物，一般分为以下几类：

（1）生活垃圾

城市是产生生活垃圾最为集中的地方，主要包括炊橱废物、废纸、织物、家用什具、玻璃陶瓷碎片、废电器制品、废塑料制品、煤灰渣、废交通工具等。

（2）城建渣土

城建渣土包括废砖瓦、碎石、渣土、混凝土碎块（板）等。

（3）商业固体废弃物

商业固体废弃物包括废纸、各种废旧的包装材料、丢弃的主、副食品等。

（4）粪便

工业先进国家城市居民产生的粪便，大都通过下水道输入污水处理厂处理。我国情况不同，城市下水处理设施少，粪便需要收集、清运，是城市固体废弃物的重要组成部分。

4. 农业固体废弃物

农业固体废弃物是指农业生产、畜禽饲养、农副产品加工以及农村居民生活活动排出的废物，如秸秆、人和禽畜粪便等。

5. 放射性固体废弃物

放射性固体废弃物包括核燃料生产、加工，同位素应用，核电站、核研究机构、医疗单位、放射性废物处理设施产生的废物。如尾矿、污染的废旧设备、仪器、防护用品、废树脂、水处理污泥以及蒸发残渣等。

6. 有害固体废弃物

有害固体废弃物，国际上称之为危险固体废弃物（hazardous solid waste）。这类固体废弃物泛指放射性废物以外，具有毒性、易燃性、反应性、腐蚀性、爆炸性、传染性因而对人类的生活环境产生危害的废物。基于环境保护的需要，许多国家将这部分废物单独列出加以管理。1983 年，联合国环境规划署已经将有害废物污染控制问题，列为全球重大的环境问题之一。这类固体废弃物的数量约占一般固体废弃物的 1.5% ～ 2.0%，其中大约一半为化学工业固体废弃物。据不完全统计，1985 年我国有害固体废弃物产生量为 820 万 t（许红星等，2000）。

日本将固体废弃物分成两类：产业固体废弃物和一般固体废弃物。前者是指来自生产过程的固体废弃物，其中包括有害固体废弃物；后者是指来自生活过程的固体废弃物。

我国目前趋向将固体废弃物分为四类：城市生活垃圾、一般工业固体废弃物、有害固体废弃物及其他。其中，一般工业固体废弃物是指不具有毒性和有害性的工业固体废弃物。至于放射性固体废弃物，则自成体系，进行专门管理。

二、固体废弃物污染土地分类

固体废弃物是一种被废弃的宝贵资源，但若处置不当则会造成环境污染，固体废物对环境的污染是多方面的。在对水体的污染方面，不少国家把废物直接倾到入河流、湖泊、海洋中，甚至把海洋投弃作为一种固体废物处理方法。固体废物进入水体后，不仅直接影响水生动植物的生存环境，造成水质下降、水域面积减少等直接的恶劣影响，而且还可以通过食物链的作用，影响与水有关的动植物的生存。在对大气的污染方面，固体废物中的尾矿、粉煤灰、干泥和垃圾中的尘粒随风进入大气中，直接影响大气能见度和人的身体健康。废物在焚烧时所产生的毒气和恶臭，也直接影响大气质量（张颖等，1998）。废物对土壤也造成影响，由于废物的堆积和填埋不当，经日光暴晒及雨水浸淋所产生的浸出液及滤液中所含有害成分会直接进入土壤，破坏土壤微生物的生存条件，对土壤结构和土质产生有害影响，妨碍植物根系的生长，或在植物机体内积蓄。此外，有毒有害废物一旦污染环境，则会酿成持续长期难以解决的后果。有害废物包括有毒性、易燃性、腐蚀性、反应性和放射性的固体、半固体以及除废水以外的液体。这些废物若弃于水体，会大大提高处置的难度和投资，若任意堆弃或混入一般固体废物中，不但会造成燃烧、爆炸，对水体或大气等表观的污染外，还将长期影响土壤和地下水的质量。固体废弃物特别是有害固体废弃物，处理处置不当，能通过不同途径危害人体健康。通常，工矿固体废弃物所含化学成分能形成化学物质型污染；人畜粪便和生活垃圾是各种病源微生物的孳生地和繁殖场，能形成病源体型污染（丁兆运，2001）。固体废弃物同时侵占污染了大量土地，造成土地大面积污染和减产。固体废弃物污染水体、污染大气和影响环境卫生，下面重点介绍固体废弃物对土地的污染危害。

固体废弃物对土地的污染危害分为两类：侵占土地、污染土壤。

1. 侵占土地

固体废弃物不加利用，需占地堆放，堆积量越大，占地越多。截至1991年，我国工矿业固体废物历年累计堆存量达59.6亿t，占地50 539hm²，占用农田达到35万亩。全国2/3的城市被垃圾层层包围（陈晓芳等，1999）。

我国大多数城市利用四郊设置垃圾堆场，也侵占了大量农田。据调查，中国668个城市中至少有200个以上的城市处于垃圾的包围之中，城市周围历年堆存的生活垃圾量已达60亿t，侵占土地面积多达5亿m²。据1985年航空遥感技术调查，广州近郊地面堆放的各类固体废弃物，占地165.8hm²，仅垃圾堆就有69.04hm²（尚谦等，2001）。

中国是一个以煤为主要能源的发展中国家，煤在一次能源消耗中占75.1%，高出世界平均数的1倍。中国近年煤年产量已达10亿t，同时产出的固体废弃物——煤矸石超过1亿t。迄今全国已堆积了30多亿吨的煤矸石，占据的土地约有1.1亿m²。煤矸石可用以发电、造气、生产化工产品及建筑材料等，开发利用中国的煤矸石不仅具有重大环境意义，而且具有良好的社会和经济效益（张文彬等，2000）。

1999年（谢永霞等，2001）安阳市工业固体废弃物年产生量为417.24万t，其中冶炼废渣198.39万t，粉煤灰57.70万t，炉渣23.66万t，尾矿78.27万t，煤矸石

9.15万t，危险废物1653t，其他废物9.42万t。工业固体废弃物综合利用量为260.42万t，储存量为60.29万t，处置量为93.3万t，排放量为3.23万t，工业固体废弃物累积堆存量695.12万t，占地面积165.38万m^2（谢永霞等，2001）。

这种固体废物任意侵占农田的现象，在我国许多个城市存在相当普遍。

2. 污染土壤

土壤是植物赖以生存的基础。长期使用带有碎砖瓦砾的"垃圾肥"，土壤就严重"渣化"；未经处理的有害废物在土壤中风化、淋溶后，就渗入土壤，杀死土壤微生物，破坏土壤的腐蚀分解能力，导致土壤质量下降；带有病菌、寄生虫卵的粪便施入农田，一些根茎类蔬菜、瓜果就把土壤中的病菌、寄生虫卵吸进或带入体内，人们食用后就会患病。

固体废弃物堆放，其中有害组分容易污染土壤。土壤是许多细菌、真菌等微生物聚居的场所。这些微生物与其周围环境构成一个生态系统，在大自然的物质循环中，担负着碳循环和氮循环的一部分重要任务。工业固体废弃物特别是有害固体废弃物，经过风化、雨雪淋溶、地表径流的侵蚀，产生高温和有毒液体渗入土壤，能杀害土壤中的微生物，破坏土壤的腐解能力，导致草木不生。

20世纪60年代，英国威尔士北部康卫盆地，某铅锌尾矿场由于雨水冲刷，毁坏了大片肥沃草原，土壤中铅含量超过极限（0.05%）100多倍，严重污染了植物和牲畜，造成该草原废弃，不能再放牧（Ren，1997）。

20世纪70年代，为了控制道路粉尘，美国密苏里州曾把混有2、3、7、8-TCDD的淤泥废渣，当作沥青铺洒路面，造成多处污染，土壤中TCDD浓度高达300ppb，污染深度达60cm，致使牲畜大批死亡，人们备受各种疾病折磨。在市民的强烈要求下，美国环境保护局同意全体市民搬迁，并花了3300万美元买下该城镇的全部地产，还赔偿了市民的一切损失（Ren，1997）。

20世纪80年代，我国内蒙古的某尾矿堆污染了大片土地，造成一个乡的居民被迫搬迁（Zhang et al.，1997）。

据报道，我国受工业废渣污染的农田已达25万亩。

三、固体废弃物压占土地形势及其控制

固体废弃物产生以后，需占地堆放，堆积量越大，占地越多。据估算，每堆积1万t渣约需占地1亩。据统计，一些国家固体废弃物侵占土地为：美国200万hm^2，原苏联10万hm^2，英国60万hm^2，波兰50万hm^2。城市固体废弃物侵占土地的现象日趋严重，我国现在堆积的工业固体废弃物有60亿t，生活垃圾有5亿t，估计每年有1000万t固体废弃物无法处理而堆积在城郊或公路两旁，几万公顷的土地被它们侵吞。1994年为止，我国仅工矿业废渣、煤矸石、尾矿堆累积量就达66亿多吨，占地90多万亩。1997年为止，山西省工业固体废弃物、生活垃圾等年产生总量达6300万t，堆存总量已超过4亿t。其中煤矸石2500万t，电厂粉煤灰及炉渣540万t，其他工业粉煤灰及炉渣1400万t、冶炼渣600万t、尾矿600万t、赤泥280万t、化工渣80万t。随着经济和社会的发展，固体废弃物压占土地的形势仍在继续加重。据预测，2010 年，工业固体废弃物将新增 7000 万 t，城市生活垃圾 100 万 t。

仅从煤炭开采行业来看，我国每年生产 1 亿 t 煤炭，排放矸石 1400 万 t 左右；从煤炭洗选加工来看，每洗选 1 亿 t 炼焦煤排放矸石量 2000 万 t，每洗 1 亿 t 动力煤，排放矸石量 1500 万 t。去年，全国各类煤矿生产煤炭 1045 亿 t，洗煤 385 亿 t，排放矸石量 19 亿～20 亿 t。因而，全国国有煤矿现有矸石山 1500 余座，堆积量 30 亿 t 以上（占我国工业固体废物排放总量的 40% 以上），占用土地 300～400hm²（周树理，1995）。

矿山固体废弃物主要有煤矸石、露天矿剥离物、尾矿。我国每年工业固体废物排放量中，85% 以上来自矿山开采。全国国有煤矿现有矸石山 1500 余座。历年堆积量达 30 亿 t，占地 5000 hm²。各矿山尾矿累计约 25 亿 t，并以每年 3 亿 t 的速度增加，不仅占用大量土地，而且对土壤和水资源造成了污染。

截至 1996 年底，全国待复垦土地 400 万 hm²，其中，露天采矿场、排土场、尾矿场及塌陷区破坏土地 100 万 hm²，煤矸石、粉煤灰、尾矿砂、工业废渣等固体废弃物压占土地 80 万 hm²，如果将这些废弃地进行复垦，将增加耕地 200 万 hm² 以上（鹿心社，2001）。据调查（董保澍，2001），广州近郊地面堆放的各种废物占地达 165.8 hm²，其中仅垃圾堆放就占有 69hm² 多。这种垃圾任意侵占农田的现象，在我国许多城市相当普遍。随着生产的发展和消费的增长，垃圾占地的矛盾日益尖锐。我国许多城市利用市郊设置垃圾堆场，也侵占了大量农田。

我国人口多，人均耕地少，耕地后备资源不足，由于人口不断增加，为确保粮食安全，解决十几亿人"吃饭"问题，现有耕地数量不能再减少，根据"十五"规划，2005 年末，全国耕地保有量要达到 1.28 亿 hm²（19.2 亿亩）。因此我们应该严格控制固体废物压占土地的形势，搞好固体废弃物的综合利用与资源化、无害化处理，减少固体废弃物排放，大幅度降低固体废弃物压占土地，实现固体废弃物的增减平衡。

（1）对工业固体废物污染防治的对策和措施

1）加强有关法律的宣传教育，提高公众的环境意识。充分利用宣传舆论工具进行广泛宣传，引起全社会的关注，让大家都来关心、支持，自觉参与固体废物污染的防治工作。

2）强化监督执法力度，推进各项管理制度的执行。以减量化、资源化、无害化为固废管理的基本思路，实行产生、收集、运输、储存、利用、处置、排放的全过程管理，建立科学的管理体系，寻求合理的管理模式，建立健全管理机构，扩大充实管理力量。

根据国家颁布的危险废物名录，结合城市实际，抓住重点污染源，尽快制定相关的法规和规章以及危险废物管理办法。加强对污染物产生、利用、处置和排放各环节的监控。通过严格执行"三同时"制度、环评制度、排污申报制度、许可证制度、转移报告制度，进行总量控制。

3）将固废防治工作纳入国民经济和社会发展计划，制定和实施防治技术政策，建立市级固体废物处置交换机构。同时，加快治理队伍建设，鼓励和扶持综合利用示范工程，促进处置的产业化进程。推广先进填埋、焚烧和物化处理技术。

4) 加大科技投入，鼓励开展对固体废物处置技术的开发研究。组织科研课题的立项招标，进行技术经济性分析，使管理决策建立在科学可行的基础上，使处置方法先进、实用、高效。

5) 优化处置办法，重视前置管理，鼓励交换利用，避免焚烧的二次污染，减少直接填埋，逐步提高综合利用率。强化经济杠杆作用。按照污染者负担原则和排污费略高于治理投资的原则，实施排污费征收；完善法律，加大对违法行为的处罚力度；对区域性的危险废物综合利用、处置和交换实行集中企业化经营、社会化服务、有偿处理和代处置。

6) 推行清洁生产工艺，改变粗放型经营为特征的发展模式，进行产业结构调整，淘汰高能耗、高物耗、高废物产生量的工艺装备和产品，抓源头，挖掘减量化潜力，充实资源回收利用系统，扶持综合利用产业，减少固废产生量。

7) 加强监测队伍建设、提高监测水平、完善监测标准、提高监测装备档次。

8) 加强对进口废物的监督管理，完善审批程序，严格现场检查，避免环境风险。

9) 加强国际间技术合作、技术交流，了解国外动态、学习成功的经验和失败的教训，掌握适合国际的处理方案制定，评价方法以及专项处理技术，重点发展新型环保机械套设备。

(2) 对城市生活垃圾防治对策

要合理有效地解决城市垃圾污染问题，同样应遵循"三化"原则，应从以下几方面着手：

1) 注重从源头削减，加强废旧物资的回收，提高综合利用率，这不但可减少需处置的废物量，而且回收的可利用资源产生可观的经济效益。

2) 加强宣传教育，提高全民环境意识，使大家认识到垃圾分类袋装的好处，为回收利用和处置提供便利。

3) 加强对安全填埋处置技术的开发和研究，包括风险预测鉴定和评估方法、预处理技术、填埋场构造优化、防渗材料研制，示范性填埋工程实施监控与管理研究，同时研究对渗出污水的净化技术，达到卫生填埋的标准。

4) 进一步推广实施垃圾堆肥技术，利用我国垃圾中可堆腐有机物含量高，比较适合堆肥的优势，发展高温堆肥，控制原料构成，提高产品质量。

5) 焚烧方法因其无害化彻底，减量幅度大，资源转换利用可靠，可节约大量土地资源而备受关注，加速焚烧设备的国产化是发展垃圾焚烧的关键，应针对不同的垃圾种类，动用不同的焚烧方式，以提高其燃烧效率，保证最佳运行状况。同时应开发配套市郊除尘设备和烟气净化设备以及势能利用装置，在保证安全处置的条件下，减少燃料消耗，逐步降低生产成本，推动焚烧处理品的发展。

6) 开发专项垃圾资源化技术，如烧结固化制砖工艺，塑料再生和裂解制细技术，橡胶制品再生技术，废电池、重金属回收工艺，以及沼气发电供热技术等。

四、废弃物污染土地复垦与利用

固体废弃物污染土地主要包括固体废弃物堆及其附近的土地以及用固体废弃物充填复垦的土地。

（一）固体废弃物堆及其附近污染的土地的复垦与利用

固体废弃物堆及其附近污染的土地的复垦与利用主要通过两种方式：一是采用第二节的土壤修复技术后再利用，二是直接恢复植被。第一种途径已在第二节介绍了，本节将重点讨论直接恢复植被的复垦利用法。

固体废弃物堆及其附近污染的土地直接恢复植被一般包括五个阶段：固体废弃物堆及其附近污染的土地直接恢复植被的可行性论证、整地、绿化品种选择、植物的科学种植和种植后的抚育管理五个阶段。下面以煤矸石山绿化为例，介绍直接恢复植被的技术模式。

1. 矸石山直接恢复植被的可行性论证

为了确定待植被土地直接恢复植被的可行性，应该对影响恢复植被的所有因素进行分析，找出影响恢复植被的主导因素，按主导因素、社会需要、资金来源，投入产出比等来确定直接恢复植被的社会效益，从而确定直接绿化的可行性。

煤矸石山的立地条件与其他矿区废弃地一样，影响植被生长的立地条件包括气候、地形、土壤（实质是煤矸石的物理与化学性质）、水文与植被条件等。但与其他种类的造林地（或退化生态系统）相比，面临的主要环境问题突出表现在以下几方面：

1）地表组成物质由煤矸石及岩石组成，无土壤可言，有机质含量少，物理结构极差，尤其是保水、持水、保肥能力差；

2）存在限制植物生长的物质，包括 pH、重金属及其他有毒物质等；

3）缺乏营养元素，尤其缺乏植物生长必需的氮和磷；

4）土壤生物缺乏，尤其缺乏对植物生长有利的动物，如蚯蚓、线虫及微生物等方面。

这些因素正是植物生长的限制因子，即煤矸石立地条件的主导因子，集中表现在煤矸石山地表组成物质的物理与化学性质方面。同时由于不同煤矸石山的地表组成物质具有不同的来源，上述主导因子的种类与含量具有较大差异。

因此，煤矸石山在植被恢复工作之前，首先应分析煤矸石山的物理化学性质，寻找出植物生长的主导限制因子，同时确定煤矸石山对植物生长的供水能力进行预测。这是植物种类选择和确定植物栽培方式的最基础工作。

2. 整地

由于煤矸石山山高坡陡（常成自然安息角）且较松散，没有经过压实处理，加上表面有一定的风化碎块，人在矸石山上行走易造成碎矸石的下滑，如遇大风和雨水极易造成径流和侵蚀，立地条件差，不利于植物生长。因此，为了获得煤矸石山绿化造林的成功，对矸石山进行整地是十分必要的。国外多采用推平整地法，而我国往往采用穴坑整地和梯田整地。穴状整地往往是直接挖穴配土或不配土种植且多布成鱼鳞状，故称之为"鱼鳞坑"。配土种植即是在穴坑中填入部分土壤，按填入穴（坑）中土壤数量可分为半换土（一般 20kg 土壤）和全换土。也有采用容器式育苗及移植的方法，它也是全换土整地种植的一种。一般情况下，多采用半换土达到缓苗保墒作用即可。穴内不配土种植，一般也应将穴外风化的矸石粉填入坑内作为植生土，这种方法在鹤岗矿区已取得了成功。穴径一般为 50cm，70cm 或 100cm，穴深相应为 30cm，70cm 或 100cm。梯田整地依据其形式又分为水平梯田和倾斜梯田两种。因倾斜梯田较水平梯田耐侵蚀且蓄水保墒能力强，所以多采用倾斜梯田方式，如山东新汶矿务局华丰矿矸石山采用从山基沿山体向上建造成 15°螺旋线倾斜小梯田，梯田面宽为 1.5m 左右；而山西潞安矿务局王庄煤矿则采用从山顶向山下建造反坡环山带梯田的整地法，梯面宽 2.0m。这种方法适宜于坡度大的矸石山，适宜连片发展，且能很好地起到减小雨水冲刷和保存水分的作用。

此外，由于煤矸石山通透性比较好，一般降雨可渗入地下，不会有水土流失，但在降雨强度大时会引起面蚀，面蚀较严重时，可使高处风化层变粗变薄不好种植。严重时会形成浅沟、切沟，它溶解而污染的水流出矸石山可能影响周围环境，所以矸石山的绿化也应进行配套的水土保持工程。

3. 绿化品种选择

植物品种的选择直接关系到绿化造林的成败。在我国煤矸石山绿化造林的实践中不乏因品种选择不当而失败的例子。我们认为煤矸石山绿化应遵循先绿化、后经济的原则，应根据煤矸石山的立地条件选择或是引进对各种限制因子较少的先锋树种作为首选种植，随着先锋树种的生长、繁育、生境的逐渐改善，再种植其他植物种。先锋植物品种的选择应基于当地煤矸石山立地条件的特殊性，结合当地的地理位置、气候等自然条件，优先选择那些耐干旱、耐贫瘠的优良品种，并尽可能采用乡土植物。此外，根系发达有利于促进矸石风化，所以根系发达的植物品种也应优先考虑。在大规模种植前，需进行小区多品种栽培试验以优选。

大量试验资料证明，抗性强的乡土植物适于矸石山种植，木本植物一般以刺槐、侧柏、火炬松、臭椿较好。如果当地的降雨量大也可以种植杨树、柳树等。灌木以紫穗槐、锦鸡儿等为主。草本植物以豆科牧草和禾本科牧草混种较好，因为多种混播可以发挥各种牧草的优势。避免草地早衰。由于矸石山无灌溉条件，植物利用的水分依赖降水和矸石山体所蓄的水分，所以种植植物各类及数量应根据矸石山可供水量确定。例如，鹤岗矿区以樟子松、落叶松作为矸石山绿化的主要树种，新汶地区以火炬树、臭椿为主要绿化树种，山西阳泉以侧柏、杜松、刺槐等树种为主，山西潞安矿区则选择刺槐、侧柏、国槐、臭椿、丁香、榆叶梅等多种乔、灌木和草本植物。表 6-17 给出了抚顺矿务局矸石山造林树种成活及生长状况。

4. 绿化植物的科学种植

在栽培季节上，矸石山绿化造林的实践已表明"秋整春造"——即秋季挖坑，春季

表 6-17　抚顺矿务局矸石山造林树种成活及生长状况（苏铁成，1998）

树 种	当年成活率/%	第4年保存率/%	平均树高/m	生长发育情况	10年后腐殖质层/cm
刺槐	88	71	9.91	旺盛	>5
樟子松	76	60	2.14	一般	3～5
白榆	84	74	7.43	一般	3～5
锦新杨	92	80	—	旺盛	>5
沙棘	88	56	3.98	旺盛	>5
锦鸡儿	86	85	2.11	旺盛	>5
胡枝子	79	50	1.67	一般	>5
皂角	84	82	1.67	一般	3～5
南蛇藤	72	38	1.22	较差	<3
细叶小檗	76	20	0.67	较差	<3
小叶朴	81	36	1.67	较差	<3

植树是行之有效的方法。风化的矸石经过一冬的熟化以及雨雪水的渗透，有利于保墒。穴内的含水量一般在 8% 以上，有利于新植幼苗生根缓苗，加速树坑内部矸石的风化，有利于树木成活。

在种植方式上，应针对不同的植物品种选择适宜的种植方式，其中保苗工作至关重要。目前大多采用配（客）土栽植，也有容器育苗移植、带土球移植和沾泥浆种植。配土栽植、带土球移植以及容器育苗移植，均能够在短期内局部改善土地条件，在根系和煤矸石之间起着一种缓冲作用，有利于树木成活和生长。带土球移植和容器育苗移植均属原土种植，成活率高，但成本也高。实践表明（张光灿等，1999；2000）：对落叶乔、灌木应采用配土栽植；对常绿树种则应带土球移植；对于花草等草本植物的种植一般宜采用沾泥浆或拌土播撒，若直播，因幼苗易受高温烧灼致死，故不易成活，我们建议采用薄土层覆盖（2～3cm）避免遭高温危害。对于有些落叶乔灌木如火炬树、刺槐等，在栽前还应采用短截。强剪或截干以促进其生长。

5. 抚育管理

苗木的后期管理是绿化造林的最后一关，管理质量的好坏将直接影响到整个矸石山的绿化效果。根据煤矸山的特点，煤矸石山绿化造林的管理工作重点是：

（1）浇灌工作

煤矸石中含有大量的碳，吸热快，水分蒸发快，所以矸石山地温高，且表层易干旱缺水。定期的浇灌工作是至关重要的。足够的水一方面能降低矸石山温度和利于矸石风化，另一方面又能增加根系土壤和矸石中的水分，促进植物生长。在炎热的夏季更应勤浇水降温以防烧苗。一般情况下，引矿井水上山是经济、实用的方法。

（2）树苗管理

在植树结束后，应对树苗采用培土、扶正、踏实、保墒抚育等措施。特别是暴雨过后应及时了解径流、侵蚀情况，及时修整冲倒的树苗并采取相应的水土保持措施。

（3）施肥与病虫害防治

因为矸石山风化物极粗，土壤中植物速效养分含量低，即使是可自行固氮的豆科植物，还是缺少不少的植物生长所需要的养分，有条件的地方，应视矸石山立地条件，适当施肥以促进树木生长。施肥以氮肥为主，钾肥磷肥次之。最好是施有机肥，但不可能大量施用有机肥，也可以用城市污泥（即污水处理厂或是清淤污泥）代替，这些符合农用标准的污泥在施入矸石风化物中后，不仅可以增加风化物的养分和颗粒细度，还可以降低地面黑度，从而降低了地面高温，从而促进微生物活性，所以施用污泥是一种综合改良剂。若污泥养分不足可以和部分化学肥料混用，效果更好。

矸石山种植初期很少发生病虫害，但在树木生长两年后应注意各种病虫害的防治，经常观察，及早发现，及早根治。

（4）树木修剪工作

为促进树木生长，达到美化、净化环境的作用，适当的修整工作是必要的。

（二）用固体废弃物充填复垦的土地利用问题

矿山存在大量固体废弃物堆积占地和污染的同时，还存在大量采煤塌陷地，如果采取用矿山固体废弃物充填复垦塌陷区的复垦方法，既可以复垦利用土地、又可以减少矿山固体废弃物的堆放，一举两得。我国常用露天矿剥离物、煤矸石、粉煤灰、城市垃圾和江河湖泥等固体废物作为充填材料进行复垦采煤塌陷地。一般情况下，充填材料上应该覆盖一定的土壤以利植物生长。但用固体废弃物充填复垦的土地往往存在潜在的二次污染，因此，在复垦利用时应注意采取防治措施，避免污染的迁移。主要采取的措施：一是衬地措施，在充填区域的底部使用土工布、黏土等材料铺设底层以阻止污染物的渗漏。二是覆盖措施，在充填材料上覆盖足够的土层或相关材料，防止或减轻污染物的向上迁移。下面，我们以煤矿固体废弃物充填采煤塌陷地复垦利用的实例加以介绍：

1. 煤矸石充填采煤塌陷地复垦利用

利用煤矸石作为充填材料复垦塌陷地，既可使采煤破坏的土地得到恢复，又可减少矸石占地，消除矸石山对环境的污染。煤矸石充填复垦可分为三种情况，即井下新排矸石复垦、推平矸石山复垦和洗选煤厂矸石复垦。

1）新排矸石复垦是指不再起堆矸石山，将矿井新生产的煤矸石直接排入塌陷坑。然后推平覆土造田，成为排矸复田系统。这是最经济合理的矸石复垦方式，并且新排矸石复垦由于新排矸石尚未风化，颗粒比较大，当矿车运输时，即使沿途洒落，也不会对环境带来大的危害。所以，这种复垦方式应该大力提倡。

2）对老矸石山，部分矸石运输，充填到塌陷区。如矸石山不能全部用尽，可将余下的矸石山推平，若用于建筑，可用强夯法处理矸石地基。根据国外经验，一般对于老矸石山都是出于保护要求，推平到一定程度，稍加覆土，能够绿化即可。也可恢复到种植农作物的程度，但工作量较大。

3）对洗选煤厂矸石，直接充填到塌陷区，经过处理用于建筑或农林种植。洗选煤厂矸石直接排入塌陷区，最大的危害是对沿途及复垦区的地表土壤和地下水的危害。

矸石充填程复垦技术流程如图 6-7。

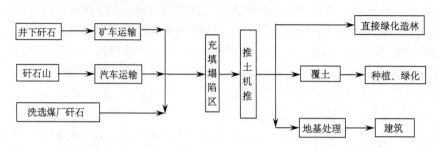

图 6-7　矸石充填塌陷区复垦技术流程（胡振琪，2001）

目前，煤矸石充填技术已在安徽淮北、河北唐山、山东、江苏徐州等矿区复垦了大量土地并在日益推广应用。根据上述技术流程，国内到目前为止主要有以下几种煤矸石充填复垦利用模式：

建筑用地　一般采用分层回填、分层振压方法充填矸石，这样可获得较高的地基承载能力和稳定性。若因条件限制，矸石必须一次充填全厚，应进行强夯加固处理。将煤矸石分层充填，分层夯实，分层厚度以 30cm 左右为好。充填至原地面标高后，通过一定地基处理措施复垦为建设用地。徐州矿务局已利用矸石造地 1253 亩，其中 1013 亩用于扩大工业广场和其他建筑用地。该局夏桥矿在塌陷矸石造地复垦区内盖有一栋三层的办公楼，使用 4 年多未有破坏。肥城矿区利用推土机将矸石山的矸石直接推至塌陷区复垦 300 多亩，经过分层压实，盖了二层楼房用作医院教学楼、办公楼和平房数栋用作家属宿舍，使用数年结构完好（严志才等，1988）。淮北矿业集团岱河煤矿从 20 世纪 80 年代起开始进行矸石回填造地，至 1998 年度已累计造地 47hm^2，其主要用于建筑和绿化。范各庄矿煤气厂设计占地 7.8hm^2，其厂址选用了采煤塌陷地。塌陷地用矸石充填，厚度约 10m，为抑制充填的矸石层自燃，采用灌浆法进行防灭火处理，浆液用粉煤灰配置，灌浆孔深 3～4m。为提高矸石层的承载力，采用"强夯法"进行加固，强夯后矸石地基的容许承载力超过 300kPa，建筑设计地基最大承载力为 260kPa。煤气厂建成后，经过 1 年多的监测，建筑物基础下沉最大为 10mm，对所建构筑物采取增设变形缝的技术措施，未发现建筑物损坏。开滦矿务局属吕家坨矿，1991 年起，在浅塌陷地进行了复垦后建住宅楼的试验。该矿首采区设计开采水平-125～-425m，采面于 1979 年结束，地表移动早已停止。1991～1992 年，在首采区塌陷地建住宅楼 15817m^2，楼层高 2～4 层，占地 3.5hm^2。住宅楼进行了抗变形设计，并结合抗震设计，设置了基础钢筋混凝土圈梁、层间圈梁和构造柱，楼板和屋面板采用现场整体浇注。经过对已建成的建筑物进行 10 多年的观测，未发现有任何破坏现象。浅塌陷地复垦后建住宅楼，建筑物抗变形设计与抗震设计相结合，基本未增加建筑造价。

林业用地　煤矸石充填后，上覆表土 30～50cm，复垦为林业用地。开滦矿务局唐家庄、范各庄矿将排矸系统改造成排矸造地复田系统，用火车将矸石运至塌陷区进行充填，用挖泥船从塌陷坑内取土，边填矸，边复土交替进行，覆土厚度为 30～50cm。1984 年造地 50 亩，用于植树造林。之后，每年可复田约 80 亩。吕家坨矿在 80 年代推平矸石山充填塌陷区，用挖泥船配合人力覆土，覆土厚度约为 50cm，用于植树造林，生长良好。

农业用地 煤矸石充填后，上覆表土 40～60cm，复垦为农业用地。淮北岱河煤矿塌陷区自 1985 年以来进行充填复垦。表层覆土 50～60cm。科技人员先后在复垦土地上进行了 24 种瓜果蔬菜，进行农作物品种对比实验。实验表明：煤矸石复田土壤与普通土壤相比各种作物均能正常生长，其农作物产量与普通土壤基本相当甚至超过。淮北杜集区高岳镇东部行政村的土地受岱河煤矿采煤影响，80 年代已形成稳定塌陷区近 60hm²。1987 年以来用煤矸石充填复垦 15hm²。复田上进行各种农林种植。朱仙庄煤矿在临近工业广场和工人村之间的二、四采区小黄河以南的塌陷土地 1580 亩进行回填利用，排矸道直接铺接到塌陷区，将矸石直接回填入区，待达到设计标高后，在其上覆土 0.5m 厚，用于农业生产（赵瑞平等，1999）。

我国煤矸石充填采煤塌陷地复垦利用的主要技术要求见表 6-18。

表 6-18　我国煤矸石充填采煤塌陷地复垦利用的主要技术要求（李树志，2000）

复垦方向	用　途	技　术　要　求
农业用地	耕地菜园	土地平整，铺表土层。对粮食作物，表土层不小于 0.5m，其中腐殖土层厚不小于 0.2～0.3m，含硫高的酸性矸石其覆土厚度应超过 0.7m 以上，充填材料不能含有害元素，如含有害元素，则需铺设隔离层，其层厚不小于 0.4m，且需夯实，水力条件好。表土层要求：土壤质量密度不大于 1.5g/cm³，黏土和砂的粒度组成为 1：3 或 1：2，孔隙度不小于 40%～45%，可溶硫酸钠和硫酸镁含量不超过 5%，氯化钠不超过 0.01%，pH 为 6～8
林业用地	栽种树木果园	地形可有适当坡度。需铺表土层，对种植树木，表土一般不小于 0.3m，树穴处局部深挖铺土 1m 左右，客土栽植。充填材料如含有害元素，需铺设 0.4m 厚的隔离层，需夯实
建筑用地	民用或工业建筑用地	土地需很好夯实。房屋需适当采取加固措施
文化娱乐用地	休养所、疗养院、体育场、公园、游泳池等	土地需很好夯实，房屋适当采取加固措施

2. 煤灰充填采煤塌陷地复垦利用

采煤塌陷地的粉煤灰充填复垦方法，是 20 世纪 80 年代兴起的一种新方法。塌陷地粉煤灰充填复垦吃灰量大，在解决粉煤灰排放问题的同时，还增加了土地面积，是一举两得的事情，而且由于近年中国采取变输煤为输电的策略，许多大型坑口电站相继建成，这大大降低了煤矿区塌陷地充填运输费用，从而给塌陷地充填复垦创造了条件。粉煤灰充填区域的范围一般是由漏斗形封闭积水区的范围来确定的。面积不大时，不修中间隔离坝，沿边界修筑土围坝。围坝建设以不出现遗漏和灰水四溢为标准，一般宽 1～

1.5m，高 50cm。利用电厂原有设备及增加所需要的输灰管道，便可将灰水直接充填到塌陷区。排灰管道的铺设尽量不影响交通和生产，本着节省材料，减少投资成本的原则，以直线铺设为最好。当冲灰至一定标高后（农用一般低于农田原标高 50cm），即可停止输灰。排水后，自然沉降一段时间。灰水由灰场的排水口流经排水沟，泄入河流或用于农田自流灌溉。由于这种充填复垦对地下水有潜在的影响，建议复垦时采用塑料薄膜衬底。其工艺流程见图 6-8。

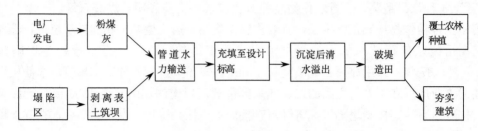

图 6-8　电厂粉煤灰充填塌陷区复垦工艺流程

根据上述工艺流程，国内到目前为止主要有以下几种粉煤灰充填复垦模式：

（1）建设用地

直接用粉煤灰充填至原地面标高，通过压实等地基处理措施将塌陷地复垦为建设用地。山东龙口市煤矿自 70 年代开采以来，因塌陷导致绝产土地 1105.64hm²，减产良田 2076hm²。给当地农业生产带来了严重影响。80 年代起，对塌陷较深，范围较小，无水源条件但交通便利的地块，直接以煤矸石或粉煤灰充填至原地面标高，复垦为建设用地。部分区域覆盖 50cm 土层，复垦成农用地。

（2）林业用地

粉煤灰充填后，上覆表土 30～50cm，复垦为林业用地。淮北市 1986 年开始先后从中国林科院、江苏省林科所、安徽省林科所等单位引进国内外杨、柳、榆、槐等 10 多个树种 300 多个无性系品种，在粉煤灰复田上营造出不同类型的用材林和防护林。大量树种均能正常生长，且树高、树径生长量均能达到或超过其在普通土壤上的生长量。淮北矿务局粉煤灰上覆表土 40cm，种植杨树已有 10 年历史，生长状况良好；自 80 年代以来，山东肥城矿区在粉煤灰充填复垦土地上种植林木树种 10 余个，均生长良好。唐山市每年排灰量达 180 万 m³，唐山矿稳定的塌陷区用粉煤灰充填复垦，粉煤灰上覆土 30cm，复垦土地面积 797 亩，种植林木，目前生长良好。宿东电厂坐落在朱仙庄煤矿东侧，因无排灰场地，原粉煤灰直接排入小黄河内，造成河道淤积，河床抬高，水流不畅，不但污染了小黄河水质，也给矿区防洪带来困难，直接威胁矿井安全。后经过论证，决定在北岸四采上方的塌陷区充填复垦。初期造田 576 亩，可以节省排灰用地 1000 亩，待排放结束后覆土 50cm，作为经济林开发。

（3）农业用地

粉煤灰充填后，上覆表土 40～60cm，复垦为农业用地。山东省肥城，自 1980 年以来，石横电厂已对肥城矿区 3 大片积水 3~8m 深的塌陷区进行了粉煤灰充填，总面积 153.3hm²。目前有效种植的农作物和蔬菜种类为 20 余个。种植农作物的面积达 93hm²，其中耕作 2 年以上的面积为 43hm²，8 年以上为 26hm²，14 年以上为 24hm²。并采取了覆土 30，50 和 60cm 等不同厚度做比较。石横镇北高余村现有耕地全部为充填塌陷地覆土还田所得，已种植 14 年之久。

（4）花卉、苗木用地

粉煤灰充填后，上覆表土 30~50cm，栽植苗木、花卉及草本地被植物。自 1985 年起，淮北先后在粉煤灰复垦土地兴建了 3 处绿化苗圃，引进栽植雪松、龙柏、广玉兰、桂花、梅花、月季、玫瑰、红花草、白三叶、高草茅、早熟禾等近百种造林、绿化苗木、观赏花卉和草本地被植物，总面积达 500 多亩。结果表明：所种植物的生根、发芽、展叶、开花、结果等与普通土壤条件下的植株生长状况无明显差异。植株生长旺盛，花色鲜艳。

复垦利用粉煤灰作填充材料时会造成地下水的污染及对植物吸收的毒害，经食物链进而构成对人体的危害。粉煤灰中所含的 B，Cd，Pb，Cu，Se，Zn，Hg，F 和 Ni 等有毒元素的含量较高（表 6-19），煤中含有的一些放射性元素，经燃烧后浓缩富集在粉煤灰（渣）中，这些过量元素对土壤、地下水和空气等人类赖以生存的环境带来了潜在的危害。但多个粉煤灰充填覆土复垦农田进行的作物调查和取样中，农田作物籽实的重金属含量均不超标，特别是随着时间的推移，污染迁移到农田作物籽实的危险性减小，因此，到目前为止的若干粉煤灰充填复垦土地的作物是食用安全的。表 6-20 是粉煤灰充填覆土复垦农田作物籽实的重金属含量对比情况。

表 6-19 中国各地粉煤灰中重金属元素含量与不同标准的对照表（严志才，1998）（单位：10^{-6}）

重金属元素	As	Cd	Cr	Pb	Cu	Ni	Se	Zn	Hg	F	B
曹仁林粉煤灰	8.30	1.83	8.1	63.7	89.3	2.38	1.00	472.7	0.36	30	150
平顶山粉煤灰	7.25	4.25	74.9	39.7	95.9	51	—	47	0.41	62	—
淮北粉煤灰	2.8	3	71	56	102	50	2.86	189	0.05	50	171
土壤本底值	10	0.5	80	25	22	45	0.5	100	0.34	19.5	64
中国土壤环境质量标准	40	1.0	—	500	400	200	—	500	1.5	—	—
荷兰土壤环境标准	29	0.8	100	15	36	35	—	140	0.3	—	—
中国农用粉煤灰污染物控制标准	75	10	250	250	250	300	15	—	—	—	25
欧盟土壤含量标准	10	3	25	500	130	70	3	300	1	—	3

表 6-20 粉煤灰充填覆土复垦土壤与作物籽实的重金属含量（单位：mg/kg）

作物籽实	Cd	Hg	As	Pb	Cr	Cu	Zn	Ni
豆粒	—	0.02	0.24	—	—	4.6	13.4	1.6
花生粒	—	0.02	0.05	—	—	6.4	19.6	1.6
粮食标准上限	2.0	0.02	0.70	1.0	1.0	10.0	50.0	7.0

参 考 文 献

白中科，赵景逵，朱荫湄．1999．试论矿区生态重建．自然资源学报，14（1）：35～41

蔡英茂，王晓燕．2000．包头市"十五"及 2015 固体废弃物环境保护规划．内蒙古环境保护，12（4）：12～16

陈怀满，郑春荣，涂从等．1999．中国土壤重金属污染现状与防治对策．人类环境杂志，28（2）：130～134

陈怀满．1996．土壤-植物系统中的重金属污染．北京：科学出版社

陈建芳，戎秋涛，刘建明等．1996．模拟酸雨对不同层次的红壤元素迁移作用的影响．农业环境保护，15（4）：
150～154

陈素华，孙铁珩，周启星等．2002．微生物与重金属间的相互作用及其应用研究．应用生态学报，13（2）：
239～242

陈晓芳，杜留根．1999．固体废物的污染及综合利用．河南科技，4

陈志良，仇荣亮，张景书等．2001．重金属污染土壤的修复技术．工程与技术，（8）：17～19

仇荣亮，吴箐．1997．陆地生态环境酸沉降敏感性研究．环境科学进展，5（4）：8～21

丛艳国，魏立华．2002．土壤环境重金属污染物来源的现状分析．现代化农业，（1）：18～20

丁兆运．2001．中国城市生活垃圾资源化研究．烟台师范学院学报，17（2）：134～137

董保澍．2001．我国工业固体废弃物现状和处理对策．中国环保产业 CEPI．10

龚子同，黄标．1998．关于土壤中"化学定时炸弹"及其触爆因素的探讨．地球科学进展，13（2）：184～191

顾润南．2001．城市生活垃圾处理技术综述．青海环境，11（4）：152～155

郭景恒，张晓山，汤鸿霄．2003．酸沉降对地表生态系统的影响 I．土壤中铝的活化与迁移．土壤，35（2）：89～93

郭学军，黄巧云，赵振华等．2002．微生物对土壤环境中重金属活性的影响．应用与环境生物学报，8（1）：
105～110

国家环境保护局科技标准司．土壤环境质量标准．1996 年 3 月 1 日起实施

胡声泰．1997．铜矿山废水对周边耕作土壤的影响及对策．环境与开发，12（4）：25～27

胡振琪，凌海明．2003．金属矿山污染土地修复技术及实例研究．金属矿山，（6）：53～56

胡振琪．2001．一种新型沉陷地复垦技术．煤炭科学技术，17～20

黄艺，陈有键，陶澍．2000．菌根植物根际环境对污染土壤中 Cu、Zn、Pb、Cd 形态的影响．应用生态学报，
11（3）：431～434

李金惠．1998．中国降水酸沉降通量的空间特征．环境科学研究，11（2）：18～20

李树志．2000．中国煤炭开采土地破坏及其复垦利用技术．见：国际土地复垦学术研讨会专辑．8～19

廖金凤．2001．城市化对土壤环境的影响．生态科学，20（1，2）：91～95

廖万有．1998．我国茶园土壤的酸化及其防治．农业环境保护，17（4）：178～180

陆军．2001．煤矸石发电是扩大煤矸石综合利用的有效途径．中国煤炭，7

鹿心社．2001．论中国土地整理的总体方案

罗承德，张健，刘继龙．2000．四川盆周山地杉木人工林衰退与铝毒害阈值的探讨．林业科学，36（1）：9～14

马立锋，石元值，阮建云．2000．苏、浙、皖茶区茶园土壤 PH 状况及近十年来的变化．土壤通报，31（5）：205～
207

孟赐福，傅庆林．1995．施石灰石粉后红壤化学性质的变化．土壤学报，32（3）：300～307

孟范平，李桂芳．1998．酸雨对土壤元素化学行为的影响．中南林学院学报，18（1）：27～34

芈振明，高忠爱等．1993．固体废物的处理与处置．北京：高等教育出版社

聂永丰，董保澍．1998．中国固体废物管理与减量化．环境保护，2：6～10

潘根兴，冉炜．1994．中国大气酸沉降与土壤酸化问题．热带亚热带土壤科学，3（4）：243～252

秦淑琴．1998．治理土壤重金属污染的方法概述．新疆环境保护，20（1）：19～23

戎秋涛，杨春茂，徐文彬．1996．土壤酸化研究进展．地球科学进展，11（4）：396～401

戎秋涛．1997．模拟酸雨对浙东北红壤中盐基离子和铝的淋失影响研究．环境科学学报，17（1）：32～38

尚谦，袁兴中．2001．城市生活垃圾的危害及特性分析．黑龙江环境通报，25（2）：27～31

史秀华，刘予宇，浮田正夫．2000．日本酸雨及其对环境生态系统的影响．内蒙古农业大学报，21（4）：109～114

述虞．1996．铁矿酸性排水的人工湿地处理．环境工程，14（4）：3～7

苏铁成．1998．矸石山复垦造林树种选择的试验研究．林业科技通讯，（1）：24～26

唐鸿寿．2001．土壤酸化对油松生长的影响．应用与环境生物学报，7（1）：20～23

陶家元．1997．矿区生态环境的初步研究．长江流域资源与环境，（6）：355～262

滕应，黄昌勇．2002．重金属污染土壤的微生物生态效应及其修复研究进展．土壤与环境，11（1）：85～89

王代长，蒋新，卞永荣等．2002．酸沉降下加速土壤酸化的影响因素．土壤与环境，11（2）：152～157

王德春，赵殿五．1998．中国酸雨概述．世界环境，（2）：8～10

王力军．1993．模拟酸雨对土壤化学及蔬菜生长的影响．农业环境保护，12（1）：17～20

王庆仁，刘秀梅，崔岩山等．2002．我国几个工矿与污灌区土壤重金属污染状况及原因探讨．环境科学学报，22（3）：354～358

王慎强，陈怀满，司友斌．1999．我国土壤环境保护研究的回顾与展望．土壤，（5）：255～260

王伟等．1997．我国的固体废弃物处置现状与发展．环境科学，18（2）：87～91

韦朝阳，陈同斌．2001．重金属超富集植物及植物修复技术研究进展．生态学报，21（7）：1196～1203

魏忠义．2002．煤矿区复垦土地土壤重构研究．中国矿业大学博士学位论文

温志良，莫大伦．2000．土壤污染研究现状与趋势．重庆环境科学，22（3）：55～57

吴杰民．1998．模拟酸雨对土壤酶活性的影响．环境科学，9（1）：26～30

夏立江，王宏康．2001．土壤污染与防治．上海：华东理工大学出版社

肖辉林．2001．大气氮沉降对森林土壤酸化的影响．林业科学，37（4）：111～116

谢永霞，郭惠敏．2001．安阳市固体废弃物现状调查及污染防治对策．黑龙江环境通报，4

徐仁扣，Coventry D R．2002．某些农业措施对土壤酸化的影响．农业环境保护，2l（5）：385～388

许红星，马宏图等．2000．燕化公司工业污染现状和防治对策．石化技术，7（4）：226～228

严志才等．1989．土地复垦．北京：学苑出版社

杨昂，孙波，赵其国．1999．中国酸雨的分布、成因及其对土壤环境的影响．土壤，（1）：13～18

殷捷，陈玉成．2000．土壤重金属污染的全过程控制．四川环境，19（1）：27～30

俞元春，丁爱芳等．2001．模拟酸雨对土壤酸化和盐基迁移的影响．南京林业大学学报，25（2）：39～42

曾希柏．2000．红壤酸化及其防治．土壤通报，31（3）：111～113

张光灿．1999．不同密度刺槐无性系人工林冠层结构与光合生产力的研究．山东农业大学学报，（专辑）：102～116

张光灿．2000．黄土半干旱区集水造林水分环境容量研究．北京林业大学博士学位论文

张士功，张华．2001．酸雨对我国生态环境的危害及防治对策．中国农业资源与区划，22（1）：41～44

张文彬，宋焕斌．2000．中国煤炭固体废弃物的综合利用．昆明理工大学学报，25（4）：15～24

张新英，宋书巧．1999．重金属环境背景值研究．广西师院学报，16（4）：98～101

张颖，张小丹．1998．固体废物的资源化和综合利用技术．环境科学研究，11（3）：49～52

中国科学报社．1990．国情与决策．北京：北京出版社，9：239

中国土壤学会编写组．1994．土壤科学与农业持续发展．北京：中国科学技术出版社，291～315

周树理．1995．矿山废地复垦与绿化．北京：中国林业出版社

周泽义．1999．中国蔬菜重金属污染及控制．资源生态环境网络研究动态，10（3）：21～27

朱荫湄，周启星．1999．土壤污染与我国农业环境保护的现状、理论和展望．土壤通报，30（3）：132～135

Amoto U, Ladd J N, Euington A et al. 1987. Decomposition of plant material in Australian Soils, N. Decomposicon of ^{14}C-and ^{15}N-labeled legume and wheat materils in a rang of southern Australion soils. Aust. J. Soil, 25：95～105

Cregan P D, Scott B J. 1998. Soil acidification—an agricultural and environmental problem. In：Pratley JE and Robertson A ed. Agricultture and the Environmental Imperative. CSIRO Publishing：Melbourne, 98～128

Cronan C S, Grigal D F. 1995. Use of calcium/aluminum ratios as indicators of stress in forest ecosystem. J. Environ. Qual., 24：209～226

De Vries W, Breeuws ma A. 1987. The relation between soil acidification and element cycling. Water, Air, and Soil

Pollution, 35; 293~310

Gottlein A, Heim A, Matzner E. 1999. Mobilition of aluminum in the rhizosphere soil solution of growing tree roots in an acidic soil . Plant&Soil, 211; 41~49

Holahan V, Greeves J, Trottier C A. 2000. Development anduse of criteria for release of buildings and land con— taminated with radioactive material. Proceedings of IRPA—10 (M/CD), PS-2-2

http://www. cppcc. gov. cn/2003/zhuanti/ti _ an/taxd2065. htm

http://www. sdep. cei. gov. cn/fazhan/sanxi/sanxi9. htm 30K 2002-06-04

http://www. sdinfo. net. cn/hjinfo/tubiao/

http://www. ynaae. com/xgzs/nylt001. htm

http://www. ynaae. com/xgzs/nylt001. htm 29K 2002-11-07

http://www. yucai. sh. cn/teacher/yjxkt/chenjiang/ljywm. htm

http://www. zgmt. com. cn/zgmt/zgmt7/mgdfd. htm

International Committee on The Redevelopment of Contaminated Land. 1987. *Guidance on the Assessment and Rede-velopmet of Contaminated Land*; ICRCL 59/83. ICRCL, 2nd

Jensen A B, Wwbb C. 1995. Ferrous sulphm^{2}te oxidation using Thiobacillus ferrooxidans; a review . Process Bio-chem, 30 (3); 225~236

Marec J P et al. 1994. Neutyalization of acid mine water with calcium carbonate . Water Sci. Tech. , 29 (9); 285~296

Matzner E. 1989. Acidic precipitation; Case study solling. In; Adriano D. C&Havas M. (ed.) Acidic precipitation. Vol. 1. Springer-Verlag, New York

Mitsch W J, Wise K M. 1998. Water quality, fate of metals, and predictive model validation of a constructed wetland treating acid mine drainage . Wat. Res. , 32 (6); 1888~1900

Mulligan C N, Yong R N, Gibbs B F. 2001. Remediation technologies for metal—contaminated soils and groundwa-ter; an evaluation. Engineer Geology, 60; 193~207

Ren Xin. 1997. Cleaner Production Opportunities in The Straw-based Pulp and Paper Mills. (China National Cleaner Production Center, Chinese Research Academy of Environmental Sciences, Beijing 100012) ; Chin. J. Environ. Sci. , 18 (2); 82~86

Reuss J O, Johnson D W. 1986. Acid Deposition and the Acidification of Soils and Waters. New York; Springer-Ver-lag

Rowell D L. 1994. *Soil Science; Methods & Application*. England; Longman Scientific & Technical

Ulrich B. 1989. Effects of acidic precipitation on forest ecosystem in Europe . In; Acidic Precipitation, Vol 2. Spring-verlay

Van Breemen N, Driscoll C T, Mulder J. 1984. Acidic deposition and internal proton sources in acidification of soils and waters . Nature, 367~599

Zhang Tong, Huang Hui et al. 1997. Development on Studies for Treatment of Or-ganic Chloride from Pulping Wastewater Us-ing Enzymes. Chin. J. Environ. Sci. , 18 (2); 79~81

第七章　耕地贫瘠化和耕性恶化的防治

第一节　耕地贫瘠化的成因与防治

一、耕地贫瘠化的概念

广义的耕地贫瘠化指耕地资源中的土壤养分的总量及有效性不断降低的过程。狭义的耕地贫瘠化指耕地在生物生产过程中，单位时间内向耕地投入的有效养分量不足以弥补同期作物从土壤中吸收的养分量，造成土壤有效养分含量下降，从而影响作物正常生长的一种退化现象。

衡量耕地是否贫瘠化，略去养分自然流失和母质风化释放对土壤养分量的影响，可用耕地养分平衡指数来判定。平衡指数计算公式为 K＝养分投入量（纯 N，P，K）/养分吸收量（纯 N，P，K）。K＝1 平衡；K＞1 盈余；K＜1 贫瘠。

耕地贫瘠化是由施肥量不足以弥补作物对养分的吸收、养分淋失量过大和非种植作物的固定等原因造成的。当耕地生态系统的原有的物质循环已被破坏，如果不辅以人工施肥，则耕地就会变得越来越贫瘠，而最终丧失生长农作物的能力。人工施肥就是为了平衡因物质和能量流失到系统之外而失去养分的行动，如果养分的投入量不能弥补农作物对养分的消耗量，耕地就会向贫瘠化方向发展。图 7-1 说明耕地生态系统是一个不断输出农产品，而又不断输入肥料的开放性系统，如输入小于输出，物质平衡被打破，系统走向贫瘠化，耕地退化（图 7-1）。

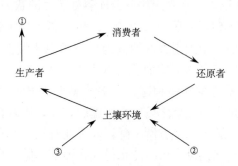

图 7-1　贫瘠化引起耕地地力退化示意图
①农产品输出，带走的大量养分物质；②人工施肥带入的养分物质；③矿物风化释放的养分

养分的投入量与作物吸收养分的数量之比可作为养分的平衡系数（K）。当 K＜1 时，耕地土壤的养分支出大于收入，土壤养分向贫瘠化方向发展。

二、中国耕地贫瘠化概况

研究表明，我国耕地的总体养分平衡指数为 0.81，处于养分失衡状态。各大区中，仅有青藏高原和华南区的耕地养分平衡指数大于 1，耕地养分略有盈余，其他各区的耕地均表现出养分的贫瘠化（表 7-1）。

表 7-1　全国及各区 1991 年耕地有效养分（N，P_2O_5，K_2O）平衡状况

地区	作物吸收有效养分	有机肥提供有效养分	化肥提供有效养分	有效养分的盈亏	有效养分平衡指数（K）
全国	2828.74	1012.61	1271.98	−544.15	0.81
东北区	358.69	79.70	118.19	−160.80	0.55
华北区	691.63	193.08	312.22	−188.33	0.73
黄土高原区	162.46	75.70	79.35	−7.41	0.95
西北干旱区	151.27	53.75	44.79	−52.73	0.65
青藏高原区	11.83	8.80	3.37	+0.26	1.03
长江中下游区	828.28	262.85	408.26	−157.17	0.81
华南区	254.57	126.56	163.34	+35.33	1.13
西南区	370.01	212.17	144.4	−13.38	0.63

土壤肥力下降等土壤贫瘠化现象在全国各地都有报道，例如，河北省低平原土壤养分监测表明，20 世纪 80 年代初与 50 年代中相比，有 53.9％的样点的有机质质量分数下降，15.4％样点稳定，30.7％样点增加。江苏里下河地区 1984～1988 年监测表明，平均土壤有机质质量分数从 2.07％下降到 1.86％，速效钾质量分数从 138mg/kg 下降到 84.7mg/kg。河南省 1980 年和 1992 年土壤养分平衡状况的统计结果表明，1980 年钾素（K_2O）质量亏损 27.83 万 t，占支出量的 40.8％；1992 年产量大幅度增加，因而钾的质量亏损增至 56.1 万 t，占支出量的 52％。新疆 1966～1993 年养分库容的动态变化研究表明，自 1966 年以来，新疆土壤养分库容处于亏缺状态，氮（N）、磷（P_2O_5）、钾（K_2O）质量分别亏空 61.84 万 t、3.0 万 t、26.9 万 t、钾库容以每年 3.4 万 t 的速度减少。在微量元素方面，中国南方和西南地区有占总土壤面积为 90％的土壤缺硼和钼；华北平原和黄土高原有占总土壤面积为 80％的土壤缺锌和钼；中国西北干旱地区有超过总土壤面积 80％的土壤缺锌和锰。大部分黑土垦殖年限久的已达 270 余年，也有近几十年才开垦的。黑土被开垦之后，由于施肥较少，耕后管理不善和土壤侵蚀等因素的影响，有些黑土地的肥力水平有所下降，表现在有机质、全氮和全磷质量分数的减少，土壤容重增大，离子交换量、田间持水量及孔隙度降低（张学雷等，2003）。

三、耕地贫瘠化的成因

耕地贫瘠化的影响机制可分成自然和人为两种，其中人为影响机制占主导地位。根本原因是人口、资源、环境与粮食之间日益尖锐的矛盾，导致人类对各种自然资源的不合理利用，特别是侵蚀增加和耕作管理失调造成耕地养分循环与平衡的严重紊乱，最终引起土壤养分的贫瘠化。

（一）土壤侵蚀与水土流失

土壤侵蚀是引起土壤养分降低的主要因素。水土流失造成肥沃的表土流失，导致土壤肥力下降，土壤养分越来越贫瘠。我国每年流失土壤超过 50 亿 t，约占世界总流失的 1/5，相当于全国耕地削去 10mm 厚的肥土层，损失 N，P，K 养分相当于 4000 多万吨化肥。全国受土壤流失危害严重的耕地约占 1/3。

据黄河水利委员会陕西绥德水土保持试验站 1986～1989 年的观测，由于水土流失，坡耕地每年每平方公里流失氮素 928kg、磷素 1521kg、钾素 44 274kg、有机质 13 592kg；相当于 20 152kg 尿素、21 735kg 过磷酸钙、88 555kg 氯化钾和 56 632kg 干草。水土流失使黄土高原土壤 A 层已被全部侵蚀掉，目前的耕作层都是黄土母质出露，而且耕层不断流失，剖面上下层的肥力没有差别，土壤越来越贫瘠（张凤荣等，2000）。黄土高原有 81％的耕地处于入不敷出的情况。

黑龙江三江平原属草甸黑土地区，"黑土一把油汪汪"反映了刚开垦时深厚黑土的天然肥力。近年来，丘陵漫岗区水土流失的发展使黑土逐渐变成黄土（图 7-2）。

图 7-2　黑土景观变化与土层被蚀的关系

据黑龙江省的调查观测与试验分析，黑龙江省开垦 40 多年的坡耕地由于水土流失，有机质含量一般下降了 30％～50％，每年每公顷流失氮 157.5kg、磷 52.5kg、钾 300kg。黑龙江克山地区，黑土有机质中的 N，P，K 含量分别由 8％～10％、0.35％～0.40％和 0.18％～0.20％下降到 1.0％～5.0％、0.15％～0.20％和 0.10％～0.12％。加上土壤流失使土壤黏粒大量减少，保蓄养分，水分能力下降，势必引起作物减产。黑龙江因土壤流失每年减产 10 亿～12.5 亿 kg 粮食。我国东北地区辽宁、吉林、黑龙江三省共有坡耕地 561.47 万 hm^2，因水土流失每年损失氮 92.4 万 t、磷 39.9 万 t、钾 184.4 万 t。据湖北省有关部门观测分析，坡耕地每年流失土壤约 2.1 亿 t，其中有机质损失 273 万 t，氮、磷等养分损失 231 万 t（张凤荣等，2000）。

江西某地不同侵蚀下 N，P，K 的积累与流失（表 7-2）。长江流域重点流失县土壤物质流失量为物质形成量的 4～15 倍。

表 7-2　江西某地不同侵蚀强度下 N，P，K 的积累与流失比较

植被	土壤流失量 / [t/ (km^2·a)]	N，P，K 积累量 / [kg/ (hm^2·a)]	N、P、K 流失量 / [kg/ (hm^2·a)]	盈亏
密林	2000	115.5	64.66	＋50.8
稀疏地	5000	64.5	164.51	−100.0
稀疏草地	10000	8.37	460.27	−451.9
无植被	50000	2.82	2264.27	−2261.7

据研究，在第四纪红黏土区，每年每公顷随地表径流流失的水解氮为 84.04kg，磷（P_2O_5）为 0.83kg，钾（K_2O）为 422kg（土壤侵蚀监测研究课题组，1993）。南方红壤丘陵区目前水土流失面积为 24.8 万 km^2，占土地总面积的 21.4%。湘赣闽桂粤 5 省 1993 年的水土流失面积比 50 年代增加了 236.5%，比 80 年代增加了 18.4%，50 年代为 540 万 hm^2，80 年代为 1530 万 hm^2，目前为 1810 万 hm^2。据统计，桂、粤、闽、湘、赣、浙 6 省每年表土流失量为 58 500 万 t，由此损失的土壤有机质为 877.5 万 t，N、P、K 等无机养分为 918.5 万 t，相当于 6 省年施肥量的 2～4 倍。可见，水土流失是造成土壤养分衰减的一个最直接和最重要的原因（孙波等，1995）。

（二）土 壤 沙 化

土壤沙化首先造成土壤的结构破坏，土壤抗风蚀的能力降低，遇风起沙。土壤沙化后其保持水分的能力下降，土壤更容易发生干旱，土壤沙化造成土壤养分含量的降低。据估算，全国每年因风蚀损失土壤有机质、氮素和磷素 55.9 亿 t，折合化肥约 2.68 亿 t，价值近 170 亿元，如果要使严重沙漠化土地中的有机质、氮、磷等营养元素恢复到原生土壤状况，即使是在采取人工措施的条件下，也需要几十年、上百年甚至更长的时间。干旱和养分贫瘠使耕地的地力下降，影响了作物生长，又进一步加剧了风沙危害，直至使耕地完全丧失地力，不得不弃耕，破坏了农业生产的基础（张凤荣等，2000）。

（三）养 分 淋 失

淋失是一种自然过程，它引起土壤中营养元素的大量损失。试验发现，雨林、季雨林、常绿阔叶林和人工幼林中，土壤各种元素（氧化物）每年每公顷的深层渗漏量分别为 61.3、69.8、34.0 和 23.8kg。在江西余江，无论裸地还是种植了植物的土壤，矿质元素的淋失量均较同一地区人工林下第四纪红黏土发育的红壤中的淋失量要高。不种作物时，不同质地土壤中钙、钾、镁和 NO_3-N 的平均淋失量分别为 41.4、16.7、7.9 和 32.5kg/（$hm^2 \cdot a$）；种植作物后，淋失量明显减少，平均值分别为 29.1、10.5、5.0 和 18.59kg/（$hm^2 \cdot a$）（孙波等，1995）。

（四）土 壤 污 染

土壤污染的"重灾户"是耕地，因为耕地受人为影响最大，人们在耕地上投入的化学物质最多。耕地污染一方面是"工业三废"造成的，另一方面是为了增加产量大量投入化学物质造成的。工厂排放的废气中含有相当数量的 SO_2，SO_2 被降雨洗刷形成酸雨。在我国南方造成的酸雨危害相当严重。酸雨更进一步增加了南方土壤的酸度，使土壤中的钙、镁、钾等营养元素淋失，磷和其他微量元素的肥效降低，土壤愈易贫瘠化（张凤荣等，2000）。

（五）土 地 开 垦

热带、亚热带森林林冠茂密、结构层次多、根系发达，其巨大的蒸腾作用和选择吸收性能是各种养分元素运动的动力，最终通过凋落物的分解促进了土壤的"生物自肥"速率，这种生物富集过程是土壤肥力不断提高的基础。一旦开垦利用，森林即开始退化，引起水土流失增加、养分大量损失、土壤水热状况恶化、凋落物分解加快和土壤肥力退化。研究表明，林下土壤耕垦后，土壤有机质和养分迅速降低。

江西省丘陵山地主要林地的土壤养分状况分析结果表明（表 7-3），土壤的养分状况以天然常绿阔叶林土壤为佳，其有机质、全氮量、全磷量和速效氮、磷、钾的含量均明显高于其他受人为因素作用的林地的这些养分的含量。特别是土壤的有机质和全氮量分别高达 86.37g/kg 和 3.26g/kg，为其他土壤的 1.82～6.72 倍和 1.90～3.46 倍。土壤养分状况的好坏依次为：天然阔叶林＞人工杉木林＞人工马尾松林＞人工油茶林＞荒地。天然阔叶林在其生态系统的进化过程中通过林地自身的物质循环和自肥作用可以保持林地处于较高的肥力状态。其砍伐后人为形成的各种人工林地由于土壤的加速侵蚀作用和物质输入的减少或中断，地力不断耗竭，致使土壤养分状况恶化。

表 7-3　江西省主要林地土壤的主要养分状况（吴蔚东等，1997）

林地类型	有机质 / （g/kg）	全氮 / （g/kg）	全磷 / （g/kg）	全钾 / （g/kg）	碱解氮 / （mg/kg）	速效磷 / （mg/kg）	速效钾 / （mg/kg）
天然阔叶林	86.37	3.26	0.53	23.5	23.1	8.7	96.4
人工杉木林	47.5	1.72	0.47	24.1	18.4	5.3	74.5
人工马尾松林	23.42	1.04	0.49	24.4	16.3	4.8	47.4
油茶林	18.34	1.16	0.50	25.6	31.7	7.2	69.1
荒地	12.86	0.94	0.61	22.7	8.0	2.2	36.7

从表 7-4 可见，在人为干预作用较小或相对微弱的天然阔叶林下，由于土壤有机质和土壤黏粒的胶结和聚合作用使土壤形成了良好的团粒结构，其团粒含量达 91.34%，在这种具有良好土壤结构的土壤中，土壤的容重小、土壤的孔隙度和非毛管孔隙度大，土壤物理性状好。而在各种其他受人为作用强烈的林地土壤中，则由于土壤的粗骨化和有机质的减少其物理性状明显恶化（吴蔚东等，1997）。

表 7-4　江西省主要林地土壤的主要物理性状（吴蔚东等，1997）

林地类型	团粒结构/%	容重/（g/m³）	总孔度/%	非毛管孔度/%	毛管孔度/%
天然阔叶林	91.34	1.04	57.30	40.20	17.28
人工杉木林	82.71	1.23	51.27	39.28	11.89
人工马尾松林	72.39	1.25	49.62	41.33	8.30
油茶林	62.15	1.32	49.33	43.76	5.47
荒地	53.57	1.39	47.16	41.27	5.09

从表 7-5 可看出，福建耕地土壤养分含量，特别是有机质含量大大低于相应的自然土壤。耕垦后土壤氮素含量将普遍减少，自然土壤在开垦后起初的 3～5 年内，土壤有

机质下降很快，以后下降速率减缓（表 7-6）（钱乐祥等，1999）。

表 7-5　福建农田和自然植被下土壤氮素含量的变化（钱乐祥等，1999）

取样地点	万木林	万木林	黄华山	黄华山	房道	徐敦
土地利用类型	阔叶林	混交林	马尾松林	坡耕地	坡耕地	果园
全 N/（g/kg）	3.32	2.09	1.35	1.23	0.92	0.74

表 7-6　土壤养分和有机质随人为利用年限的变化（钱乐祥等，1999）

项目	人为利用年限/a	有机质/（g/kg）	N/（g/kg）	P_2O_5/（g/kg）	K_2O/（g/kg）
红壤	荒地	27.32	1.23	1.14	10.40
红壤	3～5	19.78	2.8	2.36	2.09
红壤	10	17.7	0.74	0.96	6.50

史衍玺、唐克丽应用定位观测资料，研究了人为开垦林地对土壤侵蚀的影响。通过比较墚坡林地开垦不同年限后的土壤养分变化动态，分析了土壤养分退化的过程及特征，表明人为开垦林地后，土壤侵蚀强度剧增，呈加速侵蚀特征。在人为加速侵蚀影响下，有机质含量与开垦年限之间呈指数关系。土壤腐殖质组成也随开垦年限而发生变化。土壤全氮、碱解氮、有机磷是反映土壤养分退化速率的敏感性指标。林地开垦 20 年后，土壤有机质、有效氮、有效磷含量降低到与侵蚀黄绵土相当的水平；有效态 Zn、Cu、Mn 含量低于或接近临界值，已达严重退化的程度。林地及不同开垦年限的农地中，土壤 pH，$CaCO_3$ 含量和 CEC 的变幅分别为 8.06～8.44、102～135kg/g 和 7.8～19.25cmol/g。随开垦年限的增加，土壤的保肥能力明显下降（史衍玺等，1996）。

（六）养分投入不合理

在施肥结构上出现"两重两轻"的现象，即重化肥轻有机肥、重氮肥轻磷钾肥。农家肥料施用量亦大幅度下降，传统的农家肥为主的施肥结构，已改变成以化肥为主的施肥结构。在高投入的条件下，土壤养分含量增加。但目前耕地的投入水平普遍较低，特别是有机质投入日趋减少。以江西省为例，耕地每亩平均亏缺约 17.2kg 的有机质，需补充 100kg 左右的稻草。低产稻田每亩需补充 175kg 的秸秆或种植鲜草量达 1000kg 以上的绿肥，才能维持有机质的平衡。虽然在高产稻田中，有机质基本平衡，但如果不施有机肥，也不种绿肥，其有机质含量将迅速降低，第一年中即可下降 10.4%（孙波等，1995）。

施用化肥的氮磷钾比例也不合理，也造成土壤养分失调。从监测点养分平衡状况看，氮磷均达到平衡，钾为亏缺。四种农田比较，水田收支差别比旱地大，氮磷盈余和钾亏缺均是水田高于旱地。从不同地块肥力水平的养分平衡看，氮均表现盈余，其中北方旱地低产田多于高产田，北方水田和南方旱地中产田最多，而南方水田高产田多于中产田和低产田。磷除了北方水田高产田和南方水田中产田表现亏缺外，其余均是盈余，盈余量以北方旱地中低田高于高产田，而南方水田高产田高于低产田。钾均为亏缺，高产田比低产田严重，以北方水田高产田亏缺最为严重，达 200mg/kg 左右，其次是南方旱地高产田，除南方水田，高产田钾的亏缺多于中低产田（图 7-3）。

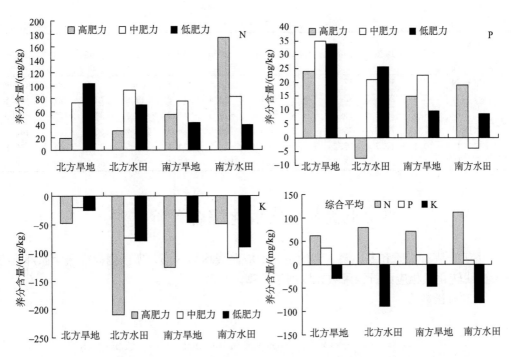

图 7-3　不同类型农田不同地力水平下土壤养分收支平衡状况（高祥照等，2000）

从不同年份的养分平衡状况看（表 7-7），近几年养分亏缺状况有所改观，1991 年之后氮磷钾盈余的点数占总点数的比例高于前几年；所有年度均是氮高于磷，且显著高于钾。从表 7-8 可以看出，氮盈余量随年度变化北方旱地、南方旱地和水田稳中有升；而北方水田逐渐下降；磷盈余北方旱地和南方水田稳中有升，南方水田则由亏缺转为盈余；钾亏缺南方水田正在缓解，而其他农田则正逐渐加大（高祥照等，2000）。

表 7-7　1984～1995 年土壤肥力监测点中养分盈余占总点数的比例　（单位：%）
（高祥照等，2000）

年份 项目	1984	1985	1986	1987	1988	1989	1990	1991	1992	1993	1994	1995
N	100.0	50.0	54.5	63.6	72.1	63.8	63.1	69.8	68.6	70.0	63.9	69.3
P	—	38.9	51.5	44.2	55.9	60.3	56.0	65.6	65.7	63.8	63.9	66.3
K	100.0	16.7	30.3	28.6	26.5	24.8	24.1	33.1	27.9	33.1	24.6	33.7

表 7-8　不同类型农田各年度土壤氮磷钾收支平衡状况（高祥照等，2000）

	年份 项目	1985	1986	1987	1988	1989	1990	1991	1992	1993	1994	1995
北方	旱地 N	—	86.2	67.1	87.8	44.6	37.2	56.2	32.8	79.8	54.8	103.0
	P	—	34.6	19.4	15.9	24.8	30.2	30.9	25.3	38.9	32.7	58.4
	K	—	198.9	42.4	−52.5	−6.9	−6.3	−47.2	−72.0	−21.1	−61.0	−38.1
	水田 N	—	—	—	77.4	95.5	85.8	79.5	121.9	84.2	47.5	55.6
	P	—	—	—	33.6	27.7	42.3	11.2	−5.7	6.2	2.1	26.7
	K	—	—	—	−128.4	−99.7	−77.1	−60.7	−89.0	−93.1	−101.9	−94.7

项目		年份	1985	1986	1987	1988	1989	1990	1991	1992	1993	1994	1995
南方	旱地	N	−6.0	17.9	77.0	41.7	57.5	80.0	77.9	90.0	45.9	91.7	88.6
		P	8.3	27.5	32.1	12.2	14.3	23.4	13.8	19.8	18.9	21.3	4.5
		K	−59.8	−30.4	10.6	−51.8	−56.6	−49.9	−46.9	−40.7	−53.7	−25.4	−65.9
	水田	N	27.9	72.8	63.8	72.2	58.9	96.2	144.3	143.2	166.4	134.7	145.5
		P	−10.4	−10.7	−7.2	−1.0	−0.6	−0.7	11.9	16.5	27.2	13.4	17.5
		K	−104.8	−110.7	−73.2	−103.7	−125.1	−128.9	−55.4	−73.8	−50.7	−58.0	−46.1

四、土壤养分贫瘠化综合评价方法

由于土壤有机质和氮、磷、钾的植物效应曲线均为 S 形，所以据模糊数学原理，把 S 形曲线转化成相应的折线函数，以利于计算。

其隶属函数为

$$f(x) = \begin{cases} 1.0 & x \geq x^2 \\ (x-x_1)/(x_2-x_1) \times 0.9 + 0.1 & x_1 \leq x < x_2 \\ 0.1 & x < x_1 \end{cases}$$

式中：x_1、x_2 分别取严重贫瘠和肥沃两种水平的养分含量。根据上述隶属函数，可以计算出各养分贫瘠化指标的隶属度值。此隶属度值为 0.1～1.0，1.0 表示土壤养分充足，0.1 则表示土壤养分严重缺乏。得到各养分贫瘠化指标隶属度值后，再利用多元统计中因子分析法，先求出反应养分贫瘠化状况的各因子主成分特征值和贡献率。然后计算相应的载荷矩阵，求出各养分贫瘠化指标的公因子方差，最后计算出各项养分贫瘠化指标的权重值（孙波，1995）。有了养分贫瘠化指标隶属度值和权重值后，就可以计算土壤养分贫瘠化状况的综合性指标值 INDI（integrated nutrient depletion index），INDI 值越小，表示养分贫瘠化程度越严重，反之则贫瘠化程度较轻。

$$INDI = \sum_{i=1}^{n} W_i \times N_i$$

式中：N_i 和 W_i 分别表示第 i 种养分贫瘠化状况指标的隶属度值和权重。

五、耕地贫瘠化的防治对策

耕地养分贫瘠化是农业持续发展必须解决的诸多问题之一，这些问题相互关联、相互影响，必须应用系统论原理，从调整农村产业结构、发展农村经济开始，增加农业的整体投入，优化农业生态系统的结构，合理施肥，减少水土流失，最终达到防治耕地贫瘠化的目的。

（一）优化立体农业生态结构

开发集农林牧渔为一体的多样土地利用生态系统，兼顾生态和经济效益、长远和眼前效益，提高系统资源利用率相产出率，并采用生物措施和工程措施相结合的办法，减少水土流失，提高土壤养分水平。

从景观生态学角度出发，建立适合当地条件的高效益生态—经济型农林牧复合立体农业布局，特别是"顶林、腰果、谷农、塘渔"的利用模式，发挥经作、经林、果树的优势，充分利用光、热、水、土资源。生物措施主要是采用合理的种植制度，增加地面覆盖，减少地表冲刷，增加土壤有机质含量。坡度大于15°，尤其是大于25°的陡坡必须退耕还林。当山丘上的次生林被砍伐后，在山丘中上部，必须首先保护灌木和草被，然后穴栽经济林果，而在山丘的下坡与低丘岗地，可以等高种植经果经作，特别应发展复合农林系统（如套种、间作绿肥、药材、牧草、作物等），在防治水土流失、提高土壤养分含量的同时增加农民的经济收入（孙波等，1995）。

（二）生物措施和工程措施相结合

特别是在土壤严重侵蚀区的治理初期，主要依靠工程措施，如等高开垦、修筑拦水坝、挡水墙等。要提高农业生产水平，防治坡耕地养分流失，提高坡耕地生产力，最根本的途径是搞好农田基本建设和提高土壤有机质含量，创造良好的土壤环境。坡耕地养分流失严重，应修筑水平梯田，以减少土壤有机质和矿质元素的流失。据延安地区土肥站测定，坡耕地修筑水平梯田后，其土壤有机质含量、氮矿化势和速效磷等养分含量都有明显提高，粮食产量也成倍增加，其中糜子、谷子和高粱单产分别由 $885kg/hm^2$、$645kg/hm^2$ 和 $720kg/hm^2$ 提高到 $1717.5kg/hm^2$、$2130kg/hm^2$ 和 $1650kg/hm^2$，依次增产 94%、230% 及 129%（张兴昌等，1996）。工程措施费用较高，而费用低、见效快的一种措施是结合少、免耕技术进行地面覆盖（如秸秆覆盖、残茬覆盖、活体覆盖和塑料薄膜覆盖等）（孙波等，1995）。

（三）建立土壤养分的良性循环相平衡的机制

一方面因土种植，另一方面提高养分投入水平，调节养分投入比例，并收集、优化和推广适合不同地区、不同土壤条件的施肥方法，不断提高土壤养分水平。从我国土地的具体情况来看，为克服耕地贫瘠化问题，根据各地耕地的本底肥力情况和作物对养分的需求差异，实行化肥的配方施肥和增加有机肥的施用量。如前分析，耕地贫瘠化的原因主要是耕地生态系统基本物质输入输出不平衡，即输入小于输出，输出的营养物质中的比例失调，即化肥多，有机肥少，氮肥多，磷、钾不足等。因此，要提高肥力，必须改善系统物质的输入。

要保持土壤养分的良性循环和平衡：

首先必须增加土壤有机质含量，充分利用各种有机废弃物（如作物残茬、家畜粪便、城市生活垃圾等）和有益的天然生物过程（如固氮作用），并合理施用化肥，适当增加贫瘠化耕地的化学肥料使用量。主要有如下几个途径，一是改变燃烧秸秆的做法，将秸秆粉碎直接还田，可增加土壤中粗有机质；二是用秸秆饲养牲畜，使秸秆过腹还田；三是利用耕地冬闲，种植绿肥，压青肥田；四是增施农家肥、堆肥和饼肥。另外，要增加化学肥料的施用量，扩大贫瘠化耕地的物质循环，使有机肥使用量与无机肥的用量保持 1∶25 的比例。

其次，改革耕作制度，恢复和坚持倒茬轮作制度，实行用养结合，种植豆科作物，实行草田轮作，达到"以草肥田，以肥养田"的目的。这是在肥源不足情况下，培养地力的基本途径和措施。旱田高产作物只能连种一到二年，每年必须与豆科作物轮作一次，大力提倡积极采用生物固氮的方法，南方水田可采用"早稻-田菁-晚稻"或"小麦-浮萍-晚稻"或"水稻-豆科作物-油菜"等轮作方式提高土壤肥力。据测定，三年生草苜蓿地后茬，每公顷增加干有机肥 6187.5kg，可增加 300kg 左右的氮素。生长良好的苜蓿茬，每公顷积累的氮素，相当于 7.50kg 硫酸铵的含量。而遗留在土壤中的根茬每公顷可达 7500kg 以上；还有落叶。可增加有机质。不仅如此，还可以改善土壤特性，提高土壤肥力，增加产量。两年生草木樨的后茬地种植谷子每公顷产 2251.5kg，较一般谷子增产 900kg；4 年生紫花苜蓿后茬地，第一年种植马铃薯，每公顷产 11 250kg，比一般增产 4125kg，第二年种植谷子，比一般谷子增产 945kg，达到 2593kg。实践证明，只要合理地进行草田轮作倒茬，可促进地力不断上升，产量不断提高。

再次，合理安排归还率较高的作物，各种作物的自然归还率不同，从有机物质和营养元素理论总归还率来看，冬绿肥为全归还作物；油菜为少取多返作物；水稻为半取半返作物；麦类有机质为半取半返，N、P 为多取少返，K 为少取多返；大豆的有机质和N 是少取多返，P、K 多取少返（见表 7-9）。根据各地的自然条件合理搭配种植归返率高的作物，有助于调节土壤养分的平衡。

表 7-9　主要农作物物质归还率统计表

有机质归还率	农作物品种	N 归还率	P 归还率	K 归还率
100%	绿肥	100%	100%	100%
50%	麦类	25%~32%	23%~24%	76%
62%	油菜	51%	65%	83%
51%	水稻	39%~63%	32%~52%	84%
64%	大豆	24%	34%	37%

最后，在立体大农业布局下，根据土壤的养分特性，选择适种的林木与作物品种。如红壤地区普遍缺磷、缺钾，可以选择一些耐低磷（萝卜菜、食用甜菜等）和耐低钾（白菜等）的作物。在新开垦的贫瘠土壤上，只能种植抗逆性强加先锋植物（如马尾松、胡枝子、猪屎豆、甘薯、花生等），然后随着土壤的不断熟化，扩大种植的范围（如油菜、豆类、烟草、中药材等）。此外，还可以采用现代生物技术，改进作物的遗传特性，以适应各种苛刻的土壤养分条件（孙波等，1995）。

研究表明（张瑞清，2002），由于大量施用化肥，采取秸秆还田等耕作措施，近年来我国耕地中有机质含量、氮、磷养分水平都呈现增加而且处于略有盈余状态。但由于农作物产出增加带出的土壤钾素多于施肥补充的钾素，土壤有效钾处于亏缺状态（表7-10）。

表 7-10   全国 2000 年耕地有效养分（N，P，K）平衡状况   （单位：万 t）

有效养分	作物吸收 有效养分	有机肥提供 有效养分	化肥提供 有效养分	有效养分 的盈亏	有效养分 平衡指数/K
N	1854.8	726.2	2295	1166.4	1.63
P	293.1	93.7	206.5	7.1	1.02
K	1623.5	855.2	319.1	−449.2	0.72

资料来源：张瑞清. 2002. 我国农田生态系统的养分平衡. 山东莱阳农学院硕士学位论文.

第二节   土壤耕性恶化的成因与防治

一、土壤耕性恶化的成因及其危害

土壤耕性是由耕作所表现出来的土壤物理性质，它包括：耕作时土壤对农具操作的机械阻力，即耕作的难易问题；耕作后与植物生长有关的土壤物理性状，即耕作质量问题。适耕性表示土壤在耕作时能够很好的破碎成团块，并需最少的牵引力的这种最适于耕作的状态。在适耕状态下耕作，不但保证耕作质量，而且能够减少燃料的消耗和机具的磨损（黄昌勇等，2003）。

（一）土壤耕性恶化的成因

（1）压实作用引起土壤耕性恶化

犁耕过程在疏松土壤的同时，由于机械的行走对土壤有压实作用。过度的压实会影响耕作质量，对作物生长不利，这种过度的压实又称为土壤压板问题（黄昌勇等，2003）。

耕作不当会造成土壤固相部分增大而气相部分减少，即造成土壤结构的破坏和压实。Trouse 和 Baver（1965）报道了一个由履带式拖拉机带动旁装收割机进行收获作业造成土壤压实的典型例子。经收获作业压实后，土壤渗透速率由原来无人车来往区的 7.874cm/h 降至 2.032cm/h，渗入水减少 74%；厚度 15.24cm 的表层土壤的气相部分减少，即土壤容重增大；压实影响达 50.8cm 深，主要表现在土壤孔隙大小分布上，即小孔隙数目增加，而通气孔隙减少（Baver et al.，1983）。

另外一个例子发生在美国休斯敦（Houston）的变性土上。经过 90 年的耕种，也表现为土壤中大孔隙和总孔隙减少，小孔隙增多，固相部分增大，土壤板结，其影响深度达 24cm 以上；表层容重由 1.11g/cm³，增至 1.32g/cm³；相应的，三相比发生了变化，由原来的 41：27：32 变至 50：34：16。耕层土壤由原来的松紧适宜变为紧实和偏紧，使耕作牵引阻力加大（表 7-11）。

表 7-11　土壤松紧度与牵引阻力 （Baver et al. ，1983）

容重/（g/cm³）	<1.00	1.00～1.25	1.25～1.35	1.35～1.45	>1.55
总孔隙/%	>62.3	52.8～62.3	49.1～52.8	45.3～49.1	<41.5
松紧度	过松	适宜	偏紧	紧实	坚实
牵引阻力/（kg/cm²）	<0.3	0.3～0.4	0.4～0.5	0.5～0.6	>0.7

　　由于土壤过紧实，渗透速率减弱，除了雨后易形成表涝之外，在耕作上，适耕期缩短。有时为了农时的需要，不得不进行湿作业，这样不但造成土壤进一步压实板结，而且很难保证有良好的作业质量。耕作质量好的土壤，地表大于 5cm 土块的面积，应小于总面积的 15%，耕性不良的土壤很难达到这个标准，其直径大于 5cm 的土块很多，造成表层漏风，影响出苗。

　　在长期的耕作中，由于农机具的压实作用，又在耕翻层之下形成水平片状的犁底层。有些地区 7 年就形成 4～5cm 甚至厚 9.5cm 的犁底层。犁底层很紧实，容重达 1.3g/cm³ 以上（表 7-12），切断了上下土层间的沟通，根无法下扎，不易于作物吸水，不抗旱不担涝，这是由压实造成的土壤耕性不良的又一表现。

表 7-12　犁底层与上下层的比较 （姚贤良等，1986）

层次	耕层	犁底层	犁下层
容重/（g/cm²）	1.15	1.38	1.18
总孔隙/%	56.5	48	55.4
稳定透水系数/（cm/d）	5.61	0.00536	—

　　土壤耕作作用具有两重性，即疏松土壤和压实土壤。但从长远来看，耕作土壤与自然土壤相比较，总是趋于紧实。随着农业机械化的发展，一方面增加了农业机械压实土壤的频率，另一方面也因农具本身重量的增加而增强了其压实作用。干燥的土壤承受荷载时，主要是垂直方向上的正应力（压力），使孔隙减少，容重增大。在土壤水分含量较高时，除正应力外，还产生切应力（剪力）。在压力和剪力共同作用下，土壤颗粒趋向于极紧密排列，孔隙大量减少，土壤的透水性和通气性减弱，甚至消失，这种现象称为黏闭。

　　拖拉机在通过潮湿的土壤时，在轮子的挤压下，土壤发生塑流，使轮子下陷，同时也有压实土壤的作用。土壤的压实和土壤含水量呈抛物线的关系（图 7-4）。即当土壤含水量在土壤塑性范围内时，土壤最易压缩；这是因为在水分很少的情况下，土粒之间黏结力和内摩擦力都很强，土壤不易压缩；随着水分的增加，黏粒周围水膜增厚，润滑作用增强，在压力作用下极易变成紧密的定向排列；当含水量进一步增加，因土粒之间的距离加大，再加上水对压力的支撑作用，土壤容重又趋减低，土壤又变得不易压缩（朱祖祥等，1983）。

　　影响土壤压缩的因素，除了上述的水分含量之外，还有土壤有机质含量和交换性阳离子种类。有机质有促进稳定性团聚体形成的作用，其本身并具有一定弹性，所以有机质含量高的土壤，不易压板；交换性阳离子影响胶体扩散层的厚度，扩散层厚度增加，则土粒之间的距离随之增大，因而可压缩的程度增大。例如高岭石的压缩性，按交换性

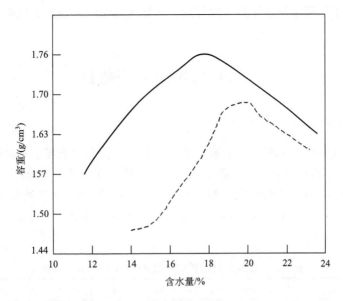

图 7-4　两种土壤压缩过程容重和含水量的关系（朱祖祥等，1983）

离子种类依次为 Li>Na>K>Ca>Ba；蒙脱石则为 Li>Na>Ca>K>Ba，钾蒙脱石压缩性较小，是因为钾在固定于晶体内后表面水化程度减弱所致（朱祖祥等，1983）。

（2）其他原因造成的土壤耕性恶化

物理化学原因　威廉斯认为大气降水中至少含有三种可溶性铵盐，即 NH_4NO_3、$(NH_4)_2CO_3$ 和人工腐殖酸铵，这是因为大气中的氮不断地同氢和氧化合形成 NH_3 和 HNO_3，两者化合形成 NH_4NO_3，或者与 CO_2 化合形成 $(NH_4)_2CO_3$。人工腐殖酸铵是燃烧有机物形成的，在燃烧不完全时就形成 NH_3 和人工腐殖酸，进一步化合为人工腐殖酸铵（威廉斯，1957）。这些铵类化合物中的 NH_4^+ 与土壤胶体吸附的钙离子发生交换，使土壤团聚体丧失稳定性，土壤结构也随之遭到破坏。过去施用的氮肥中的以铵盐为主，特别是硫酸铵使土壤发生板结，故现在硫酸铵基本被淘汰，其他铵盐化肥，如碳酸铵、硝酸铵等也逐渐被尿素代替。盐化土壤淋洗脱盐过程中，土壤胶体上钙离子被钠离子代换，也使土壤结构变坏。

生物学原因　土壤中稳固的团聚体，许多是由腐殖质胶体黏结的，这些起黏性作用的活性腐殖质是在嫌气条件下形成的，而在旱作条件下，土壤通气条件好，腐殖质将被分解，土壤稳固的团聚体也随之被瓦解。

种植农作物的影响　当土壤被开垦种植后，在多数情况下，结构会被显著地破坏。种植中耕作物，由于地表裸露和耕作作业次数多，对土壤结构的破坏更加严重。据报道，因为种植农作物，损失了原有团聚体的 80%，连作玉米后土壤形成坷垃，影响了耕作质量（Shauj，1965）。

土壤侵蚀　由于流水的冲力和风力而产生的土壤团聚度降低，土壤结构破坏和土壤有机质含量的减少，影响到土壤物理性质，而使土壤耕性变坏。

灌溉　长时期的灌溉，由于灌溉水的冲刷和灌溉水中的沉积物，可使土壤质地变黏和土壤板结；喷灌等于增加了降水的强度，破坏土壤结构，也对土壤耕性不利（Shauj，1965）。

（二）土壤压实的危害

（1）压实造成土壤通透性下降

由于结构破坏和土壤压板，造成土壤耕性不良，使湿润土壤的蒸发增强，蓄水和保墒的能力降低，同时，通气大孔隙大量减少，导致土壤透水性减弱。由于土壤通气性差，好气性微生物活动受到抑制，影响到有机质的分解和对农作物所需速效氮的供应（表7-13）。氮素供应不足，常是耕性不良土壤作物减产的重要原因之一（沈阳农学院，1961）。

表 7-13　压实土壤的矿化氮数量（Baver et al.，1983）

土壤容重/（g/cm³）	Monongahola 砂壤土的矿化氮/（mg/kg）	Warton 黏壤土的矿化氮/（mg/kg）
未压实	50	110.5
1.3	—	74.7
1.5	2.4	23.6
1.7	23.7	30.7

（2）土壤压实造成耕作阻力加大

土壤压实导致土壤结构被破坏，土壤耕作阻力显著增大。压实和未压实的土壤比较，产生耕作阻力的土壤黏结力增大半个到一个数量级。对于结构小的和无结构的土壤而言，土壤压实后。土壤的黏结力也显著增大。1～0.5mm 粒径的小团粒，比 2～1mm 的大团粒，其黏结力增大 1 倍左右；无结构的土壤再经压实后，其黏结力要比无结构自然状态的土壤大 5～10 倍。

由于土壤耕作阻力增大，增加了耕作时的能量消耗，并且影响整地质量。在土壤被压后，土壤容重由 1.49g/cm³ 增至 1.64g/cm³ 时，耕作时大于 5cm 的土块的数量增加了 5 倍以上，土块的抗剪强度增大 1 倍。

（3）犁底层影响作物根系发育

当有犁底层时，根系难以下扎，其生长发育受到限制，根系主要集中在耕层，因而缩小了作物根系吸收营养的范围，必然影响地上部分的健壮生长，最终导致产量降低。

不同作物根系对土壤的穿透能力不同，小麦是须根系，穿透力较强，当孔隙度为38.7％，容重为 1.64g/cm³ 时，才不易穿透；黄瓜的根系穿透力弱，当容重 1.45g/cm³，总孔隙 45.5％时，就不易穿透（山西农业大学，1992）。土壤压实后，土壤容重增大，使根系生长的阻力增加，从而影响根系生长。我国研究者指出，影响玉米幼苗生长的红壤临界容重值在 1.4g/cm³ 以上，容重变化的同时，水分、养分的贮量和移动性也起变化，不能简单的归结为机械功能的作用。但是土壤压实，容重增大，抑制根系的穿透及长粗，从而影响作物地上部分生长的事实是普遍存在的（姚贤良等，1986）。

耕性不良的土壤，对块根和块茎作物的影响也很严重，据报道，压板的硬土层，甜菜植株矮小，产量和糖分都很低，在土壤通气孔隙小于2％时，甜菜的产量损失在50％以上。土壤压实，通气减少，不仅限制了根系的生长，同时也限制了根对养分和水分的正常吸收，严重影响甜菜的出苗和产量（张兴昌等，1996）。块茎作物如马铃薯，在耕性不良的压板土壤上，畸形薯块增多，总产量也明显降低（福斯，1984）。

（4）压实对产量与水肥气热综合变化的影响

　　不同程度的压实作用对作物、水肥气热的影响见图7-5，可以清楚地看到水肥气热随着压实作用的增强而随之增减，呈规律性变化。经过一季作物后未耕动土壤经1～10次压实减产幅度呈规律性变化，压实次数越多，减产幅度越大；随着压实次数增多，土壤有效水、自然含水、凋萎水增多，只有持水量减少。这与土壤不同形态孔隙值减少是一致的，呈正相关。即压实有保墒作用，但没有蓄水作用；随着压实次数增多，土壤最低温值升高，有增温作用；而土壤最高温值降低，有降温作用。日较差随压实作用减小，日均温则随着压实作用而降低，即压实减小温度变幅，使温度变化变缓。原状土壤大拖拉机1～10次压实没有增产作用，而是累加减产，对土壤理化性状和生育性状也呈

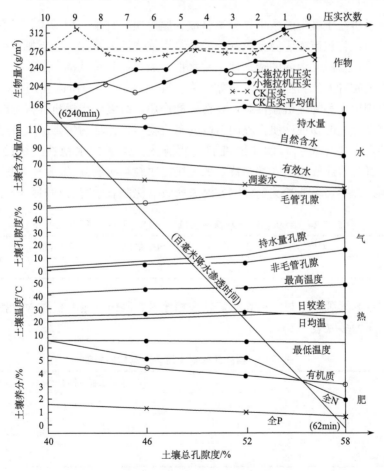

图7-5　不同程度压实对作物与水肥气热的综合影响

系统累加作用。即压实是一种危害正常生产的因素，生产中应预防或避免（迟仁立，2001）。

（5）耕性变坏影响出苗

耕性不良的土壤，由于整地质量差，土块多，孔隙过大，作物种子或幼苗的根系不能与土壤紧密接触，不能吸收水分和养分，造成种子萌发和出土困难，出苗不齐，甚至已经出土的幼苗，出现"吊死"现象，农民把这种耕性不良的土壤称为"漏风土"。

二、土壤耕性改良与农业生产

由于土壤的物理性质直接关系到土壤耕性的好坏，因此土壤耕性改良主要是通过掺砂、增施有机物料和改良土壤结构等，即通过改变土壤物理性质的办法来改善土壤的耕性。

（一）增施有机肥

由于有机质在土壤中经微生物分解合成为腐殖质，它是一种胶体，具有松软、絮状和多孔的性质，它包被在矿质土粒的外表，易形成散碎的团粒，使土壤变得比较松软而不再结成硬块，从而使土壤的透水性、蓄水性、通气性和耕性都有所改善。同时，由于土壤有机质的黏着力比黏粒小一半，黏结力比黏粒小 11 倍，所以施用有机物料，对于调节土壤物理性质和物理机械性质，有良好的作用，最终使土壤耕性得到改良。

为了改良土壤的物理性质，施用新鲜的有机物料，比堆腐后再施入要好得多。新鲜秸秆直接还田，要比将秸秆制作成堆肥后再施入，形成的水稳性土壤团粒结构要高96.4%；新鲜苜蓿还田比施入堆制苜蓿的土壤的团粒结构要高 76.1%（表 7-14），这可能是在堆制过程中，多糖类受到分解或淋失所致（沈阳农学院，1961）。

表 7-14　有机物料与水稳性团粒的含量（沈阳农学院，1961）

处理	对照	新鲜秸秆	堆制秸秆	新鲜苜蓿	堆制苜蓿
团粒含量/%	2	98.7	2.3	77.6	1.5

水稻和冬季绿肥轮作与水稻和小麦轮作相比较，稻田土壤有机质含量和水稳性团粒的数量均明显增多（表 7-15）。

表 7-15　绿肥轮作对土壤团粒结构的影响

处理	有机质/%	各级水稳性团粒/%				
		>5mm	5～3mm	3～1mm	1～0.5mm	<0.5mm
水稻＋紫云英	1.45	44.5	34.5	13.6	2.4	5.1
水稻＋蚕豆	1.2	74.5	10	9.7	2.1	3.7
水稻＋小麦	1.09	87.8	3.9	2	1.6	4.7

草炭的基本组成部分就是有机质，平均有机质含量为 $546\pm138g/kg$，其容量小，一般为 $0.15\sim0.2g/cm^3$，只有矿质土的 $1/5\sim1/10$。施用草炭后，可以使紧实的土壤变疏松，土壤容重明显降低，据在三江平原国营农场试验，每公顷施草炭 $225\sim600m^3$ 时，土壤容重平均可降低 $0.065\sim0.181g/cm^3$（表 7-16）。由于容重的降低，土壤耕性也得到改善。

表 7-16　白浆土施草炭后土壤容重的变化

试验单位	草炭施用量/（m³/hm²）	平均容重/（g/cm³）*		差值
		未施草炭	施草炭	
858 农场 8 队	450	1.065	0.885	−0.180
856 农场 11 队	300	1.125	1.000	−0.125
850 农场 10 队	300	1.04	0.975	−0.065
云山农场 3 队	600	0.985	0.804	−0.181
855 农场 15 队	225	1.133	0.96	−0.173
857 农场 25 队	375	1.105	0.975	−0.130

* $0\sim10cm$ 和 $10\sim20cm$ 土层的平均。

（二）客 土 掺 砂

为了改良土壤的物理性质，许多地区还在小面积上施炉灰和掺砂子，通过改变土壤矿质颗粒组成的方式改善土壤的耕性。例如，在黑龙江省三江平原黏质草甸土上，每公顷掺砂 $165m^3$ 和 $405m^3$ 进行改良，土壤的物理性黏粒分别降低到 8.6% 和 21.7%，土壤的物理性质得到显著改善，土温提高 $0.3\sim0.6℃$，农作物增产 $35\%\sim38\%$（赵德林，1992）。在实践中发现，在耕性不良的黏质土壤上，如果有机质含量低，在掺砂的同时，必须施用有机物料，否则会使土壤耕性进一步变坏，这是由于黏土加砂后强度增大，土壤变得更加僵硬。有限于砂源和运输等问题，客土掺砂大面积应用有一定困难。但将发电厂的粉煤灰、砖瓦窑的炉灰等这些废弃物掺和到黏质土中，不但可以改良土壤耕性，而且减少了这些固体垃圾压占耕地面积，是一石二鸟的好办法。

（三）防止土壤压实

在耕作过程中，土壤物理性质变坏，耕性变差，影响到农作物的产量，称为土壤的物理退化，有些是不可避免的，但有些情况可以通过采取措施，减缓或者完全消除土壤物理退化的发生，比如，我们可以最大限度地防止土壤压实。

（1）在土壤宜耕期间耕作

在土壤适宜耕作时进行耕作，就可以保证土壤的耕作质量，不会压实土壤。土壤的宜耕性决定于土壤的黏结性、黏着性和可塑性等物理机械性质，而这些性质又与土壤质地、土壤含水量密切相关。土壤质地是固定不容易改进的，所以，主要是考虑土壤水分，即在一定的土壤水分含量范围内或适耕期内进行耕作。一般认为在相对含水量

70%～80%时，为最佳耕作时期，此时既有利于土粒间相互黏结和团聚，也不会发生土壤黏附农具的现象，翻转土垡的碎土效果好，土壤阻力小，可以减少耕作时的机械功的消耗。

各种土壤适耕的含水量大小范围不同，凡黏结性大的土壤，其可塑性也大，则其适耕的含水量范围就小。而砂土不受限制，在任何含水量时，均可耕作。对于黏土和壤土来说，在土壤过干时进行耕作，由于土壤含水量少，只有黏结性而无可塑性，虽然牵引阻力稍大，易起土块，但不会陷车，也不会因挤压而变形，但在土壤过湿时进行耕作，除了陷车和阻力增大之外，因为土壤具有可塑性，受力后变形，严重地破坏土壤结构。所以，在耕作时必须掌握宁干勿湿的原则。

（2）农具设计的改进

为了减轻对土壤的压板，要注意农具的改进，如发展四轮驱动的拖拉机和增加轮胎的宽度及轮子直径和链轨的长宽度等，以增加与土壤的接触面积而减小压强。发展旋转式或振动式类型的农具，使其有较好的碎土作用，而且压实作用小。农具的切土部分锋利，以减轻对土壤的压实和减少牵引阻力。

（3）固定车道

美国农业工程师协会研究，在田块内专门划定可使用一年或数年的半永久性的车行道，在车轮经过处，不种作物，二车轮之间，种植 3～4 行作物，而在两条车行道之间种植 4～8 行作物。有的为了加固车道，施用土壤结构改良剂。虽然固定车道减少了种植面积，但使其余的面积不受压实。据阿比姆大学的多年试验，固定车道，多年平均棉花增产 83%，在干旱年可增产 1～2 倍，大豆比一般田增产 25%，蔬菜作物也增产。增产的原因是在雨后立即可下地作业，不误农时和种植作物的地下不被压板，保持良好的肥力状态，同时由于车道坚实，滚动阻力小，而种植作物处未被压实，耕耙阻力也小，提高了工效，节省了燃料，即使不增产，经济上也是合算的（张学雷等，2003）。

（4）推行少耕和免耕

尽可能的减少作业次数是减轻土壤压板和降低生产成本的有效措施。在我国实现农业现代化的过程中，因地制宜地减少耕作次数，实行少耕法，具有普遍的意义。免耕法多适用于干旱、半干旱地区，轻质（如砂壤和轻壤土等）排水良好的土壤上，而且对杂草防除和病虫害的控制有较高的要求。因此，免耕法还存在一些尚待解决的问题，具有一定的局限性。少耕法是普遍推广的方法，可以明显地防止土壤压板和减轻能耗。和传统耕法相比较，土壤容重降低 $0.06～0.07g/cm^3$，碎土程度较好，耗能减少 11% 左右（沈阳农学院，1961）。

（5）适当地提高作业速度

提高耕作速度，可以减轻土壤的压板，不管是在黏壤上还是砂壤土上，在机车作业行进速度由每小时 1609m 增至 4828m 时，在各种土壤湿度条件下，对土壤的压板均有明显的降低（表7-17）。除此之外，提高作业速度，还可以延长适耕期，例如，土壤相对含水量 70%~80% 为最佳适耕期，如果把拖拉机的行走速度由 1.06m/s，增加到 1.46m/s，其适耕的土壤相对含水量增加到 60%~90%，并可获各满意的结果（姚贤良等，1986）。

表 7-17　压滚的前进速度与土壤压板的关系

滚压时的土壤湿润状况	土壤容重/%			
	黏壤土		砂壤土	
	1609m/h	4828m/h	1609m/h	4828m/h
全湿	20.1	6.5	19.3	13.8
干燥 1 天后	14.7	10.0	13.8	13.1
干燥 5 天后	10.9	9.0	10.5	3.9
干燥 10 天后	9.2	5.1	8.1	6.9
全干	6.0	3.2	7.1	4.9
阵雨后	13.7	12.3	7.5	5.4
细雨后	13.2	10.9	21.4	12.0

土壤耕性改良给我们所带来的效益也是明显的，根据有关资料，概括起来，主要有以下内容：

• 增强土壤的透水能力，有利于土壤水分的积蓄，起到保墒抗旱的作用；

• 土壤耕性改良后，土壤松紧适当，增加了土壤的通气性，既满足了作物根系对空气的需求，又不至于有土坷垃架空，使根系不能与土壤紧密接触而死亡；

• 适当的通气状况，有利用土壤有机质的矿化和有效养分的供应；

• 由于土壤疏松，根系容易生长，有利于豆科作物根瘤的增殖和固氮能力的增强；有利于根茎和块根类作物生长，从而提高了产量，改善了产品质量；

• 作物根系发达，扩大了营养范围，同时提高了化肥的利用率；

• 由于整地质量好，种子的发芽和成活率高，出苗整齐，幼苗生长粗壮；

• 由于地面坷垃少，中耕时不会埋苗和伤苗；

• 土壤耕作牵引阻力小，降低能耗，可以节省油料并减轻农具的损耗；

• 土壤耕性改良，可延长田间作业的适宜时期，从而可以按时或适当提前作业，争取了时间，保证了农时。

因此，在农业持续发展中，必须重视对土壤耕性改良。

土壤耕性的恶化，是土壤退化的一种表现，即土壤的物理退化，这样的土壤，通气、透水、适耕性差，不利于水分、养分物质的吸收，不利于作物根系生长，影响作物产量，造成巨大损失。但我国尚未对由于土壤耕性不良所造成的损失进行统计，据美国 Gill W R 估算（黑龙江省土壤普查办公室，1992），在美国由于土壤耕性改良和防止土壤压板，每年可以挽回 11.8 亿美元作物减产的损失。因此，在农业持续发展中，必须使用恰当的耕作方法，综合考虑其他各种措施防止土壤耕性变坏。

参 考 文 献

迟仁立，左淑珍，夏平等. 2001. 不同程度压实对土壤理化性状及作物生育产量的影响. 农业工程学报，17（6）：
　39～43

福斯 H D. 1984. 土壤科学原理. 唐耀先等译. 北京：农业出版社

高祥照，马文奇，崔勇等. 2000. 我国耕地土壤养分变化与肥料投入状况. 植物营养与肥料学报，6（4）：363～369

黑龙江省土壤普查办公室. 1992. 黑龙江土壤. 北京：农业出版社

黄昌勇. 2003. 土壤学. 北京：中国农业大学出版社

钱乐祥，吕成文. 1999. 福建土壤贫瘠化特征. 地理研究，18（3）：289～296

山西农业大学. 1992. 土壤学（北方本）. 北京：农业出版社

沈阳农学院. 1961. 农业土壤学. 北京：农业出版社

史衍玺，唐克丽. 1996. 林地开垦加速侵蚀下土壤养分退化的研究. 土壤侵蚀与水土保持学报，2（4）：26～33

孙波，张桃林. 1995. 南方红壤丘陵区土壤养分贫瘠化的综合评价. 土壤，3：119～128

土壤侵蚀监测研究课题组. 1993. 侵蚀退化与劣地恢复. 见：中国科学院红壤生态实验站编. 红壤生态系统研究.
　南昌：江西科学技术出版社

威廉斯 B P. 1957. 土壤学-农作学及土壤学原理. 傅子祯译. 北京：高等教育出版社

吴蔚东，郑诗樟，卢志红等. 1997. 江西省丘陵山区红壤非耕地土壤退化的研究. 江西农业大学学报，19
　（1）：28～31

姚贤良，程云生等. 1986. 土壤物理学. 北京：农业出版社

张凤荣. 2000. 中国土地资源及其可持续利用. 北京：中国农业大学出版社

张兴昌，卢宗凡. 1996. 陕北黄土丘陵区坡耕地土壤肥力退化原因及防治对策. 水土保持研究，3（2）：2～6

张学雷，龚子同. 2003. 人为诱导下中国的土壤退化问题. 生态环境，12（3）：317～321

赵德林. 1992. 三江平原低产土壤与改良. 黑龙江：黑龙江科学技术出版社

朱祖祥. 1983. 土壤学. 北京：农业出版社

Baver L D, Gardner W H, Gardner W R. 1983. 土壤物理学（第四版）. 周传槐译. 北京：农业出版社

Shauj B T. 1965. 土壤物理条件与植物生长. 冯兆林译. 北京：科学出版社

第八章　土地保护规划

土地保护规划是针对我国土地资源紧缺、生态环境脆弱、土地利用结构不合理等原因导致的我国粮食安全与生态安全问题而提出的。土地保护规划是指在一定的历史条件下，人们从保障土地生态环境或满足社会需要出发，为防止土地退化及不合理占用土地等，以一定的政策、法律和经济手段，对某些区域或地块所采取的限制和保护性措施（邹玉川，2002）。土地保护规划不等同于土地利用规划，它专门针对紧缺或生产、生态意义重大的土地资源，是以保护其生产力和生态功能为重点进行的土地利用规划。

第一节　土地保护规划的原则、任务与程序

一、土地保护规划的原则

土地保护规划应坚持如下原则：

一是坚持因地制宜原则。土地保护规划应因地制宜，合理安排用地，宜农则农，宜牧则牧，宜林则林；在用地适宜的基础上，保证土地利用过程中土地不发生退化，促进其持续利用。

二是坚持食物安全优先原则。食物安全，特别是粮食安全是我国国家安全的重要组成部分。中国的食物安全问题，关系到中国社会经济的可持续发展、乃至民族的存亡。保护土地，特别是保留一定面积的耕地，提高其持续生产能力，是我国土地资源利用与管理中必须坚持的基本国策。

三是坚持保护和改善土地生态环境原则。土地资源保护是土地资源优化利用的基础。在过去比较长的时间内，由于偏重资源的开发，过分地追求土地资源开发利用的经济效益，引起了土地资源退化。在未来土地资源开发利用过程中，必须坚持保护与开发并举，在开发中注重保护，在保护中实现开发；并采取一切必要的措施，恢复和重建被破坏的生态环境。

四是坚持统筹兼顾原则。土地保护规划必须根据区域土地资源特点、人口增长以及国民经济发展状况和趋势，统筹规划各类保护与开发用地，协调局部与全局、近期与长远的关系。

二、土地保护规划的任务

土地保护规划的基本任务是因地制宜的规划土地用途，确定要保护的土地类型及其规模、各类土地保护区的分布及其范围、保护重点与保护级别，并使各类受保护土地的质量不退化，生产力不下降，土地生态环境质量得以维持或改善。

土地保护规划不仅应该包括对各种土地利用类型所采取的合理利用方式和措施，确保其在利用过程中不发生退化，而且更要注重以下特殊土地资源的保护：

1）对人类生存与发展，如食物安全等具有特殊意义的土地资源，如基本农田、名优特农产品生产基地和牧草地等。

2）对土地生态环境的保护具有突出作用的土地资源，如林地、湿地等。

3）以保护珍稀物种和自然历史纪念物为主的土地资源，如自然保护区，文物古迹保护区等（邹玉川，2002）。

三、土地保护规划的程序

各种类型的土地保护规划由于目的不同，任务各异，因此没有固定的工作规范。但一般都包括土地资源状况与利用问题分析、数量保护、质量保护、优化土地利用结构、保护措施、经济可行性分析与规划实施等方面，其一般性编制程序如图 8-1。

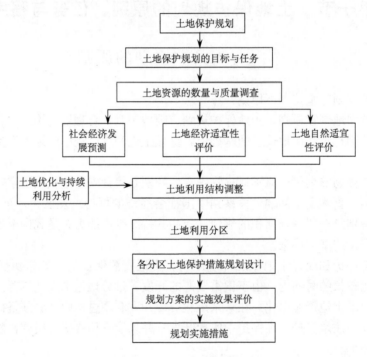

图 8-1　土地保护规划流程图

第二节　土地保护规划中的土地适宜性评价

自然适宜性是土地资源保护的基础，只有按照土地自然适宜性合理安排、利用土地，才不会导致土地的退化。土地自然适宜性有两方面的含义，一方面是指某种土地对特定土地用途的适应状况，即某类土地用作农林牧业等生产中哪一样才能发挥它的生产潜力；另一方面是指在正常生产条件下，土地的永续利用不受限制，生产过程中土地生产力不致衰退和枯竭，对当地和邻近土地也没有不利影响（梁朝仪，1992）。

一、土地利用的适宜性是土地可持续利用的基础

(一) 土地利用适宜有利于保护环境

一种土地利用方式符合当地土地的特性，人的行为和自然条件相协调，而未对自然条件做太大的改造，也就能够保护自然环境。

如地形起伏的山地丘陵区，在原始洪荒时代是大片森林，森林植被有效地保护了土壤使其免遭侵蚀，或者是使土壤侵蚀的速率小于土壤形成的速率。这种土地的最适宜用途就是林地。可当人们把它开垦为农田时，自然植被受到了破坏，地表没有了保护植被，土壤侵蚀加剧，土地退化，环境破坏。

再如，自然湖泊本是水生动物的家园，其土地利用适宜的方向，应是水产捕捞或养殖。可是人们围湖造田，不但破坏了自然生态平衡，而且可能出现虽然投入了大量人力和物力，但却得不到应有经济效益的情况。

(二) 土地利用适宜有利于稳定生产

如果土地利用方式符合土地特性，那么它的生产性也是稳定的。因为这种土地利用方式顺其自然，不违背常规，必定具有一定的稳定性。

如低洼地易遭洪涝，如果选择耐渍涝的作物，比如水稻，生产就有一定的稳定性，无论是丰水年，还是枯水年都会有相当好的收成；而若种植小麦肯定在涝年歉收，只有在旱年才可能有个好收成。

黄土高原十年九旱，坡地更是易旱，所以耐旱的谷子是这里的当家作物，是适宜的，产量虽然不高，但相对稳定。如果种植玉米，虽然在多雨年份丰收，产量比种谷子高，但在大多数年份会因为干旱而歉收。

水向低处流是自然规律，因此处于坡地上的土壤易遭侵蚀。培育森林，种植牧草可防止水土流失，也能保证较稳定的生物量。但如果开垦为农田，就得冒加速水土流失的风险，结果是肥沃的表土丧失、土层变薄、土壤养分和水分的调节能力降低，导致生产的稳定性降低、风险性增高，甚至土壤剥光，基岩裸露，最终土地丧失了生产力。

(三) 土地利用适宜有助于保护生物多样性

大自然是丰富多彩的，有森林，有草原，有河流，有湖泊。自从有了农业以来，人们砍伐森林，开垦草原，截流打坝，围湖造田。虽然农业生产不断提高，但单一农业破坏了生物多样性，使物种限制在有限的几个品种上。种植业不但使植物品种迅速减少，而且由于破坏了动物的栖息地，动物种类也迅速减少。

因地制宜，宜农则农，宜林则林，宜牧则牧，宜渔则渔，就山川水势、地形高低而经营，就不会破坏生态环境，才能保持物种的多样性。

（四）土地利用适宜长远利益大

有人可能说，改造自然，是为了提高生产力，增加经济效益。从某方面说这是对的。但人们改造自然，应是顺应自然规律，因势利导；而不是违背自然规律的蛮干。大禹的父亲治水采用的是打坝设堤的围堵方法，结果一旦堤决坝毁，洪水如猛兽而一发不可收。大禹治水采取的是疏导的方法，让河水走其路，因而大获成功。

有人开垦地下水位高，而且水矿化度高的低洼地为农田。开垦之初，谷物收成不错。多年之后，由于土壤水分运行是以上行水为主，水分蒸发后将盐分遗留在地表，造成土壤盐碱化，丧失了生产力，毁坏了那些本来是产芦苇香蒲，生物量相当高的土地。

只有适宜地利用土地，土地质量才不会退化，才能保持持久的土地生产力，也才有持续的经济效益。

二、土地适宜性评价

适宜性评价可以仅仅根据自然因素，也可以同时考虑社会和经济因素。评价土地的生产力或适宜性首先需要鉴定土地单元，这些土地单元是可辨别可确定的地形、植被、土地类型、土地利用现状、社会和经济因素的组合；第二步是确定土地利用类型，以便将它们和一定的土地单元匹配，决定合理的生产方式和管理措施，并评价其环境效应。

（一）土地适宜性分类

土地适宜性分类就是根据一定的标准，确定土地对某种土地利用的适宜性和适宜程度。

适宜性评价适用于所有的尺度，从全球到某一块土地；因此，要求土地单元的分类是多等级的。最高水平的分类可能是根据气候，下一个等级可能是依据主要的地理单元，再次等级可能是根据自然地理单元，如此等等。因为每一个土地单元都有自身的特性和问题，一旦它们被圈划下来，就要定义其目前的状态，并为每一单元制定适宜的利用计划，同时监测其变化。

联合国的《土地评价大纲》中的土地适宜性分类采用的是四级分类体系（FAO/UNESCO，1976）：

最高分类等级是土地适宜性纲。根据土地评价单元的土地特性对一定土地利用方式是否适宜而划分为适宜（S）和不适宜（N）两个纲。对于土地自然适宜性评价来讲，适宜的基本含义是土地评价单元的土地特性能够满足某一土地利用的要求，而又不至于导致土地资源质量退化。

土地适宜性分类的第二个等级是土地适宜性级。土地适宜性级是根据纲内对某一土地利用而言土地限制性因素的强弱而划分的，用顺序的阿拉伯数字表示，如在土地适宜纲内再划分为三个级：

S_1级：高度适宜级，表示土地对一定的土地用途及持续利用无限制或只有轻微的限制

S_2级：中等适宜级，表示土地对一定的用途及持续利用有中等程度的限制

S_3级：勉强适宜级，表示土地对一定的用途及持续利用有严重限制

不适宜纲内又分为两个级：

N_1级：暂时不适宜，指土地的某一或某些因素对某土地用途限制严重，以致在现时的技术水平条件下，该土地不能投入该种土地利用。但这种限制性是暂时的，土地的限制性因素可以通过土地改良的方法加以克服。比如，盐土对作物不适宜，但通过灌溉洗盐后可以种植作物。

N_2级：永久不适宜，指土地的限制性因素在特定的技术条件下也不能克服，其限制性是永久性的。比如，高山冻土在可以预见的未来是不能够投入农业生产的。

土地适宜性分类的第三个层次是适宜性亚级，在适宜性级内根据限制性因素的种类划分，用有一定意义的小写字母作为下标修饰适宜性级，如在中度适宜级别内，S_{2m}表示水分有一定的限制；S_{2o}表示土壤通气性差，氧气缺乏；S_{2n}表示养分条件差；S_{2e}表示有一定的侵蚀危险；N_{1m}表示水分缺乏使土地不能利用。

土地适宜性分类的最后一个级别是土地适宜性单元，它是亚级的续分单元，表示的是亚级内限制性因素的空间变异性，在亚级符号后面用一连字符加阿拉伯数字表示，如S_{2m-1}，S_{2m-2}。

这种土地适宜性分类体系结构可以用图 8-2 来表示。

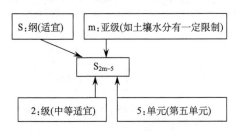

图 8-2 FAO 土地适宜性分类结构图

（二）土地适宜性评价原则

1. 以一定的利用为前提

不同的土地利用对于土地条件的要求是不同的。例如，适宜于种植水稻的土地不一定适宜于种植棉花，水稻可忍受排水条件不太好的土壤，而棉花必须种植在通气良好的农田上；牧草地可在土层浅薄、多岩石露头的山地丘陵，而这样的土地要种植需耕作的作物就不合适。沼泽地经过一定的改造可辟为稻田或鱼塘，而若在其上筑路盖楼则一定要深处理，打好地基。

2. 双向性

土地适宜性评价应是双向的。不但要评价不同的土地单元对同一土地利用的适宜性，即用地的多选择评价，而且要评价同一土地单元对不同土地利用的适宜性，即土地

的多宜性评价，以便发掘土地的最优用途。

3. 综合性

土地适宜性评价涉及多学科知识，包括地学、农学、工程、经济学和社会学等各个方面。进行土地适宜性评价时，要从多学科角度入手，综合地考虑土地的适宜性，不可偏颇。只有这样，评价结果才能为大众接受，才有实际操作意义。

（三）土地适宜性评价程序

土地适宜性评价是评定土地对一定的用途的适宜性及适宜程度。因此在评价过程中，第一步要清楚一定的土地利用对土地条件的要求；第二步是搞清土地评价单元内土地的特性；第三步是将土地评价单元的土地性质与土地利用所要求的土地条件相互匹配比较；第四步是根据土地性质与土地利用要求匹配比较的结果，按一定的标准对土地评价单元进行该种土地利用的适宜性分类。以上土地适宜性评价的步骤可用图 8-3 表示。

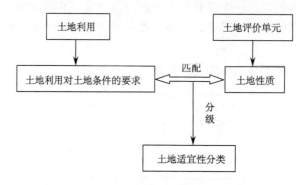

图 8-3　FAO 土地适宜性评价步骤图

土地适宜性评价的四个步骤中，关键的是第三步，即匹配过程。很多情况下，当将土地评价单元的土地性质和某土地利用的要求条件相比较时，往往是土地特性不能满足土地利用要求。这时，可以通过改变土地利用方式使土地特性符合土地利用要求，如冲积扇扇缘洼地因地下水位高，当评价其对果树是否适宜时，必然是不适宜；可当改变土地利用方向，改种水稻时，评价结果是适宜的。也可以通过降低土地利用要求的标准，来达到适宜，如山地土层薄，且多基岩露头的土地，当种植作物时，若使用大机械是不行的，但若用手工工具就可行了。这就是所谓的"因地制宜"。土地适宜性评价的过程就是为各土地评价单元找出适宜的土地利用方式，达到地尽其利的目的。

土地适宜性评价也包括土地经济适宜性评价。土地经济适宜性评价就是从经济角度来研究土地自然评价（土地生产潜力评价和土地适宜性评价）结果的社会经济可行性。土地经济评价通过成本-收益分析来评价不同的土地类型在一定的土地利用方式下的经济效益。FAO 在 1976 年出版的《土地评价纲要》（*A Frame work for Land Evaluation*）中提出了土地自然适宜性评价和经济适宜性评价同时进行的平行法，和在自然适宜性评价之后进行经济适宜性评价的两步法两种方法。土地的经济适宜性评价要考虑因时间而改变的土地投入和产品的价格因素，也要考虑不同利用形式下的边际效益。

（四）主要作物对土地的适应性程度

1. 作物对地形条件的要求

考虑到不同作物对于引发土壤侵蚀的危险性，不同坡度的土地适宜于不同作物。如树木和牧草就可种植在较陡的坡地上，坡度可以大于25%；而块根作物，像甘薯和马铃薯，由于其块茎膨大时，拱松土壤，以及收获时的耕翻方式，极易引起土壤侵蚀，所以就只能种植在平地或坡度较缓的地上。

表8-1给出了一些作物对地形坡度的要求，可作为参考。

表8-1　作物对地形坡度的要求

作物	坡度		
	适宜的	可忍耐的	经过改造可利用的
多年生木本植物	0～8°	8°～15°	15°～25°
旱生谷类作物	0～8°	8°～15°	15°～25°
中生谷类作物	0～5°	5°～8°	8°～15°
水稻	0～3°	3°～5°	5°～8°
豆科作物	0～5°	5°～8°	8°～15°
薯类作物	0～5°	5°～8°	8°～15°
棉花、花生	0～5°	5°～8°	8°～15°
草地	0～8°	8°～15°	15°～25°

2. 主要作物对土壤条件的要求

不同的作物对土壤条件有特殊的要求，也有些作物的要求不苛刻。表8-2、和表8-3、表8-4分别给出了一些主要作物对土壤条件的最适要求和变化范围。

表8-2　主要作物对土层厚度与土壤质地的要求

作物	土层厚度/cm		土壤质地	
	适宜范围	忍耐范围	适宜范围	忍耐范围
木本植物	>150	75～150	砂壤—轻壤	砂土—中壤
小麦、玉米	>50	30～50	中壤—重壤	砂壤—黏土
谷子、高粱	>50	25～50	轻壤—中壤	砂壤—黏土
棉花、豆类	>100	75～100	轻壤—中壤	砂壤—重壤
花生	>50	25～50	砂壤—轻壤	砂土—中壤
薯类	>75	50～75	砂壤—轻壤	砂土—中壤
水稻	>100	50～75	中壤—重壤	砂壤—黏土
草地	>50	10～50	砂壤—中壤	砂土—重壤

表 8-3 主要作物对土壤盐分、碱度和 pH 的要求

作物	土壤盐分/ (mmho)		土壤碱度/ESP		pH	
	适宜范围	忍耐范围	适宜范围	忍耐范围	适宜范围	忍耐范围
大麦、棉花、谷子	0~8	8~12	0~30	30~40	6.0~8.0	5.5~8.5
小麦、玉米	0~5	5~8 (10)	0~20	20~40	6.0~8.2	5.2~8.5
甘蔗、柑橘	0~4	4~8	0~15	15~25	5.5~7.5	5.2~8.2
豆类、花生	0~3	3~6	0~5	5~12	5.5~8.0	5.2~8.2
甘薯、马铃薯	0~3	3~6	0~5	5~12	5.5~8.0	5.2~8.2
水稻、香蕉	0~2	2~4	0~4	4~10	5.5~7.5	5.0~8.2
茶、橡胶	0~1	1~2			4.5~5.5	4.0~6.5

表 8-4 主要作物对土壤排水条件的要求

作物	最适宜排水条件	边缘条件及忍耐幅度
柑桔、茶、橡胶、香蕉	良好的排水	较好的排水到稍过量的排水
甘蔗	较好的排水到良好的排水	较差排水到稍过量的排水
马铃薯、木薯	良好的排水	较好的排水到稍过量的排水
甘薯	较好的排水到良好的排水	较好的排水到稍过量的排水
花生	良好的排水到稍过量的排水	较好的排水到过量的排水
棉花	良好的排水	较好的排水到稍过量的排水
大豆	较好的排水到良好的排水	较差排水到稍过量的排水
谷子	良好的排水到稍过量的排水	较好的排水到过量的排水
小麦、大麦、玉米	较好的排水到良好的排水	较差排水到稍过量的排水
旱稻、高粱	较好的排水到良好的排水	较差排水到稍过量的排水
水稻	较差的排水到良好的排水	极不良的排水到良好的排水

3. 作物灌溉对土地条件的要求

适当灌溉可成功提高粮食产量，但灌溉不当也可引发负效应，如次生盐碱化、沼泽化，土壤板结等。表 8-5、表 8-6 和表 8-7 分别给出了灌溉对土壤物理条件、土壤盐分组成和地形坡度以及排水条件的要求。

表 8-5 灌溉对土壤物理条件的要求

物理性状 土地利用类型	土壤质地		土层厚度/cm		亚表层砾石量/%	
	适宜范围	边缘范围	适宜范围	边缘范围	适宜范围	边缘范围
水浇地	轻壤—中壤	砂壤—黏土	>100	50~100	<1	5~20
水稻田	中壤—重壤	轻壤—黏土	>100	50~100	<1	5~20

表 8-6　灌溉对土壤盐类的要求

盐类　　　适宜性　　土地利用类型	CaCO₃/%		CaSO₄/%		易溶性盐/(m mho/cm)		碱度/ESR	
	适宜范围	边缘范围	适宜范围	边缘范围	适宜范围	边缘范围	适宜范围	边缘范围
水浇地	0～30	30～60	0～10	10～25	0～8	8～16	0～15	15～30
水稻田	0～15	15～30	0～3	3～15	0～2	2～4	0～20	20～40

表 8-7　灌溉对地形坡度与排水条件的要求

灌溉条件　　　适宜性　　土地利用类型	地形坡度		排水条件	
	适宜范围	边缘范围	适宜范围	边缘范围
水浇地	0～2°	2°～5°	良好排水	较好排水到不完全排水
水稻田	0～2°	0～2°	不完全排水	不良排水到良好排水

第三节　耕地保护规划

耕地保护事关我国的粮食安全、经济发展和社会稳定，党中央、国务院一直从国计民生和民族安危的战略高度来看待耕地保护工作的重要性。怎样有效地保护耕地，特别是优质耕地，提高耕地的持续生产能力，最大限度地满足未来我国人口增长和经济发展对耕地的需求，实现食物安全、经济发展和社会稳定目标，是我国未来土地资源利用必须首先考虑的战略问题。

一、耕地的特征与功能

（一）耕地的特征

1. 耕地的区域性

耕地具有区域性特征。这种区域性特征首先是由它所处的自然地理环境决定的；其次，区域社会经济发展水平的差异也影响着耕地的区域特点。不同区域的气候条件、地貌形态、水文条件和土壤特性等土地构成要素影响着耕地的自然生产力。如山区的耕地有水土流失的风险，低平原的耕地有渍涝之虞，半干旱区的耕地受风蚀沙化的威胁。耕地的区域自然特性决定了我们在利用耕地时要因地制宜，趋利避害，保护耕地的生产力，使其永续利用。

2. 耕地的稀缺性

耕地是土地资源的一小部分。耕地对土地资源的天然禀赋要求较高，如必须有一定厚度的疏松的土层，一定的养分、水分条件，还必须有一定的热量条件。因此，不是所有的土地都能够开垦为耕地。比如新疆有些地方虽然土层疏松深厚，但全年降雨量小于

50mm，如果没有条件引水灌溉，即使土质再好，也不能开垦为耕地。南方降雨条件虽好，但如果是坡度大、土层薄的山区土地，也不能开垦为耕地。寒冷的地带，即使土地提供的植物生长所要求的水分、养分和立地条件再好，也不一定能够开垦为耕地，如我国大兴安岭北端，因为气候寒冷，就不能种植农作物（张凤荣等，2003）。因此，耕地是土地资源中最为稀缺宝贵的一种，是土地中最具备作物（或植物）生产能力的那一部分，必须切实保护好耕地。

3. 耕地是受人类干预控制较强的土地系统

耕地是人工和自然相互作用下的复合土地利用系统。在所有生产植物产品的土地中，耕地与其他林地、草地等相比，是受人工干预控制最为强烈的土地利用系统，凝结着千百年来人类的物化劳动。人类通过自己的努力改变自然环境条件，如通过基本农田建设工程极大地改变了自然土地的地形特征；通过灌溉、耕作、施肥、喷洒农药等细致地调节作物生产过程；甚至可以通过建造温室大棚等来建造人工生产环境。种种措施的目的是使耕地系统能够按人们的目的运转。各种人工控制措施，使自然土地附加了或多或少的人工设施，如灌溉与排水系统、农田防护林体系等，它们已经固化在土地上，成为耕地不可分割的组成部分。

当然人类只能在一定空间范围和时间尺度上控制耕地系统，如人只能对土地进行一定的改良，使盐土脱盐免除盐分对作物的危害，但不能完全改变由区域水文地质条件决定的潜在的盐渍化威胁，更不能改变其所处地理位置决定的气候生产力。人类只能依据自然规律，协调运用土地的自然生产潜力，使其向适合人们意愿的方向发展。

耕地系统功能的大小，或者说强弱，由土地资源质量与生产资料投入和管理水平以及土地资源特性与耕地利用方式的匹配程度决定。在相同的外部环境和土地利用方式下，自然质量好的耕地，其产出必定超过质量差的耕地，可以产出更多的超额利润；而外部投入，如施肥、使用良种、改良土壤等则可能使质量差的耕地产出大幅度提高，同样可以产出更多的利润；土地资源与土地利用方式要求匹配得越好，耕地的产出就越多或越好，对土地资源与生态环境的保护也越好，耕地的功能就越强；反之，耕地的功能就越差。

4. 耕地的多种适宜性和利用上的多变性

农作物种类的多样性和土地条件的综合性，使耕地为农作物的生长提供了多种可能性。同时，由于人们对农产品的需求在不断变化，使耕地的利用形式也表现出多样性和多变性，即根据农产品市场变化，进行种植结构调整是农民的理性选择。耕地不同于城镇土地，如商业大楼、工厂厂房等，一旦利用方式和土地结合，从此土地利用很难改变，即使改变，其成本也很大。而耕地，既适宜粮食作物，也适宜某种经济作物，还适宜于林、果、牧等，更容易被城市化改变为建设用地。这些都表现出耕地适宜的多样性和多变性。

(二) 耕地的作用

1. 耕地为人类提供了绝大部分的农产品，是农业的基础

耕地提供了人类生命活动 80% 以上的热量和 75% 以上的蛋白质，人类 88% 的食物来自于耕地，95% 以上的肉蛋奶产量也由耕地农副产品转化而来（张凤荣，1996）。在我国人多地少、食物需求大、人地矛盾尖锐的基本国情下，耕地的持续利用首先以生产出足够的食物来满足人类的最低食物需求为底线。因此，保护耕地就是保护耕地的食物生产能力，使其持续满足人民的食物需求。

2. 耕地是轻工业原料的来源

我国轻工业产值占全国工业总产值的近一半，而以农产品为原料的加工业产量就占轻工业总产值的 50%~60%。目前，轻工业原料，特别是纺织工业、食品工业等原料大多来源于耕地。

3. 耕地的生态功能

作物从土壤中吸取营养元素和水分，利用太阳辐射能，进行光合作用，把太阳能转变成为化学能，建造作物体，包括其经济部分（籽粒与果实）和副产品（秸秆和根茬）。各种作物的有机残体被土壤中的动物（如蚯蚓、啮齿类动物、昆虫等）和微生物食用和分解，合成腐殖质，然后再分解腐殖质，构成了土壤中生物小循环的一个不可缺少的环节，并导致腐殖质的形成和土壤腐殖质层中营养元素的积累。绿色植物以及存在于土壤中的各种动物、微生物，和土壤之间处于相互依赖、相互作用状态，构成了一个完整的土壤生态系统。

作物是绿色植被的重要组成部分，因此，耕地是陆地生态系统的重要组成部分。耕地的生态功能并不亚于林地和草地的生态功能。而且，由于耕地的高投入、高生产性和快速的物质循环，其生态功能可能还优于林地和草地生态系统。

耕地系统与其他土地利用子系统共处于一个总的土地利用系统内。各种不同规模、不同分布位置的土地利用子系统相互影响、相互转换，构成有机联系的整体，满足社会生产、生活各方面的需要。如耕地周围的防护林地，能对耕地起防护作用，提高耕地的稳定产出；而农田周围的大型有污染的厂矿，如果其"三废"排放控制不好，就可能造成农田污染；陡坡耕作引起的水土流失，会造成坡麓河谷的农田遭受水冲沙埋，河道淤积，洪患横行。

二、耕地数量保护

耕地的数量保护就是通过各种措施严格控制现有耕地面积数量上不减少。从区域持续发展角度看，耕地保护数量应是满足人口高峰年食物需求所要求的耕地量。

（一）人 口 预 测

人口发展规模和人口结构是决定耕地保护数量的最基本因素。人口规模和年龄构成直接关系到社会对农畜产品的需求及对农业用地的需求，所以耕地需求量预测首先要从人口预测开始。

总人口的预测分为人口自然增长预测和人口机械增长预测。

1. 人口较稳定地区的人口预测

在人口变动比较稳定的地区，人口预测可用人口自然增长预测：

$$P = P_0(1+K)^n \pm \Delta P$$

式中：P 为规划期总人口；P_0 为规划基期总人口；K 为规划期间人口自然增长率；n 为规划年限；ΔP 为规划期间人口机械增长数。

人口自然增长率应根据计划生育部门公布的历年人口自然增长率和计划生育指标，分析人口年龄与性别构成状况予以确定。人口机械增长，宜按平均增长法计算，依公安部门统计的多年人口净迁入（出）量计算平均值，并分析影响机械增长的因素予以确定。

2. 人口变动大的地区的人口预测

在人口变动不稳定的地区，人口预测应分析影响人口变动的因素，采用不同方法测算：

1）人口自然增长率变化较大的，应分析人口自然增长趋势，按上述公式分段或逐年确定 K 值计算。

2）建设重大项目引起人口变动的，可按带眷系数法计算人口机械增长

$$\Delta P = A\left[W_c\left(1 - \frac{W_{双}}{2}\right)C + W_{单}\right]$$

式中：ΔP 为新建项目人口机械增长数；A 为新建项目迁入职工总数；W_c 为带眷职工占职工总数的比例（％）；$W_{双}$ 为双职工占带眷职工的比例（％）；C 为带眷系数；$W_{单}$ 为单身职工总数。

3）受资源、生态条件严重制约的，应按环境容量法确定适宜的人口规模。

（二）耕地需求量预测

规划期耕地需求量应根据人口高峰年对各类农产品需求量和作物单产、复种指数变化趋势，预测人口高峰年耕地需求量。各类农产品需求量包括当地基本需要量、国家定购任务和调出（入）量，其中当地基本需要量根据预测的人口总规模和计划要求达到的人均农产品占有标准确定。保证国家食物安全是各级政府的任务；因此，各地应努力保护耕地及其产出，尽量减少调入量，增加调出量。

作物播种面积、单产和耕地复种指数根据多年实际变动和物质投入、技术进步情况

预测。

1. 确定农产品需求量

预测到人口高峰年区域当地需求和外调出（入）量（外地市场需求）所需各类农产品数量，包括粮食、蔬菜、肉类、禽类、鲜奶、水果等，如下式：

$$T_i = L_i + F_i$$

式中：T_i 为第 i 种农产品需求量；L_i 为第 i 种农产品当地需求量；F_i 为第 i 种农产品净调出（入）量；其中：$L_i = P \times A_i$；P 为规划期总人口；A_i 为规划期计划第 i 种农产品人均占有量。

2. 预测农作物播种面积单产

各类农作物播种面积单产 Y_i 的预测方法很多，如自然增长法、回归分析等。

（1）自然增长法

$$Y_i = Y_0(1+r)^n$$

式中：Y_i 为人口高峰年第 i 种农产品的单产；Y_0 为基期第 i 种农产品单产；r 为第 i 种农产品单产的年平均增长率（%）；n 为基期至人口高峰年年限。

（2）回归分析法

回归分析法是通过相关分析确定在一定生产条件下各项因素与产量之间存在的内在联系及紧密程度，以及这些因素之间的相互关系，建立多元回归模型进行耕地生产预测的方法。

产量与影响因素之间的关系为

$$Y = b_0 + b_1x_1 + b_2x_2 + b_3x_3 + \cdots + b_nx_n + n$$

式中：Y 为某种农产品的产量；b_i 为回归系数；x_i 为影响该种农产品产量的因素，如化肥施用量、机械化和水利化程度等；n 为常数项。

3. 预测耕地复种指数

规划期耕地复种指数 m，应根据水利条件和耕作制度，结合历年实际变动情况确定。其方法可与单产预测方法相同。

4. 预测耕地需求量

规划期耕地需求量 C 计算公式为

$$C = \sum_{i=1}^{n} \frac{T_i}{Y_i \cdot m} \quad (i = 1, 2, \cdots, n)$$

式中：C 为规划期耕地需求量；T_i 为第 i 种农产品需求量；Y_i 为第 i 种农作物的播面单产；m 为规划期耕地复种指数。

为简化运算，可先计算粮食和主要经济作物的耕地需求量，再按一定比例确定其他农作物的耕地需求量。

（三）耕地保护数量分析

耕地需求量预测得到的耕地数量只是理论上耕地保护的数量，当地实际耕地保护数量还应根据地区土地资源特点和社会经济条件具体确定。

1. 平原农区

如黄淮海平原、长江中下游平原、东北平原等广大农区，耕地资源丰富，在满足当地最大人口高峰年所需耕地后，还有盈余外调。同时其耕地的土壤条件好，供肥能力强，生产水平较高，在我国农业生产中占有举足轻重的地位。因此其耕地保护应以我国的粮食安全为目标，尽可能地保护质量较好、产量较高的优质耕地。

2. 郊区

在郊区尤其是人多地少的大中城市郊区，平坦肥沃的农地往往既是城市居民生活所需粮、菜、肉、蛋的生产基地，又是建设用地和农业用地争夺的焦点。由于人多地少，因此其耕地保护不能按当地人口高峰年食物安全保障要求预测的数量实施保护，而必须考虑部分建设用地的需求，在协调的基础上优化、调整，尽可能保障一部分必需的农田以减轻农区食物生产压力。另外，在郊区，特别是城乡交错带保留部分农田，还可以发挥其生态服务功能与景观文化功能（张凤荣等，2005）。

3. 山区

山区是自给型农业为主的地区，但耕地较分散，农田设施不齐全，高产稳产田较少。为了保证人民生活需要，最大限度地保护有较好立地条件的宜农耕地，保障山区自给是耕地保护的重点，其耕地保护数量就是耕地需求预测量。但是这种耕地保护是以不影响当地生态环境为基础的耕地保护。山区生态脆弱，对一些土层薄，环境恶劣，水土流失严重的地区必须坚决退耕，其耕地保护数量也可能少于所预测的耕地需求量。

（四）耕地数量保护措施

我国基本农田保护区规划、土地利用总体规划及其土地用途管制、耕地占补平衡与土地整理都从不同侧面加强了耕地的数量保护（参见第九章）。

三、耕地质量保护

耕地质量是指耕地用于一定的农作物栽培时，在农作物的适宜性、生物生产力（耕地地力）、耕地价值和耕地环境四个方面的综合状况。耕地适宜性是指耕地对特定作物的适宜程度；耕地生产力是指在特定的管理制度下耕地能生产某种或某系列产品的能力，一般可以用产量来衡量；耕地的价值是指耕地生产能力进行市场交换后产生的货币数目，是与一定的生产经营活动密切联系的；耕地环境被污染是指某些有毒、有害物质进入耕地环境的数量超过了其自身的自净能力，造成耕地的状态和性能发生变化。耕地质量保护必须首先保护高质量的耕地，并针对耕地质量评价中的限制因素，采取适当措施提高耕地质量，同时保证耕地在利用过程中质量不下降。

（一）影响耕地质量的因素

耕地是自然、经济综合体，是人类在长期的生产实践中，施加劳动逐渐形成的。耕地的质量既受自然因素的制约，也受人类活动的影响。

1. 气候

影响粮食生产的最主要气候因素是太阳辐射、温度和降雨量。

太阳辐射是地球上一切生命活动的能量源泉。植物通过光合作用把太阳辐射转化为潜能储存起来，供动、植物和人类滋生，太阳辐射能是作物生长所必需的能量。

水热因子如活动温度、积温、降雨量等对作物的正常发育和生长起着决定性作用。温度与水分及其对比状况不仅决定作物的种类、熟制、产量和品质，而且在很大程度上也决定土地利用方式和发展农业生产中应采取的方向性措施。水热状况表征较大范围内土地自然生产力的差异，是耕地质量评价的基本因素。但是，一般气候条件是相对稳定的因素，人类活动难以改变。

2. 地形因素

主要包括地貌类型、海拔、坡度、坡向等。地形条件在很大程度上决定着土地利用、农田基本建设、土地改良与土地开发等的经济效益。尤其对于山地丘陵区的土地评价，地形因素起着主导作用。

3. 土壤因素

土壤是土地质量的重要因素之一。肥力水平，即土壤能够供应和协调作物生长发育所必需的水分、养分及其他立地生活条件影响着耕地的生产力。在耕地质量评价过程中，应着重考虑土壤类型、有效土层厚度、土壤质地、土体构型、障碍层的有无、有机质和各种营养元素的含量、pH、盐分状况等。

4. 水文与水文地质

水文一般指地表水状况，是影响土地质量与农作物产量水平的重要因素之一。特别在干旱、半干旱、盐碱化和沼泽化地区，水文条件在土地评价中起重要作用。它具体可用水源保证率、地表积水状况等指标表示。

水文地质条件主要指地下水状况，它影响土壤性状和土壤改良的可能性与难易程度，主要考虑径流条件、埋藏深度与矿化度（梁朝仪，1992；张启凡等，1997）。

5. 社会经济因素

社会经济因素主要包括地理位置与交通条件、生产水平与管理条件等。地理位置反映土地与城市、河流、主要交通道路的相对关系，是决定土地利用方向、集约利用程度和土地生产力的重要因素。生产水平与管理条件如农田水利建设状况、农业装备水平、科研力量等对土地利用状况也有重要影响。

（二）农用地分等

农用地分等是依据一定的标准与方法将具有不同质量或生产力水平的农用地分为不同的等别，以反映它们的质量差别。这里的农用地主要指耕地及其他宜耕土地。农用地分等实际上是耕地质量评价的具体化。2003年，国土资源部发布了行业标准《农用地分等规程》（中华人民共和国国土资源部，2003），指导全国的农用地分等工作。

1. 农用地分等的目的和作用

农用地分等的目的是科学量化农用地质量及其分布，科学核算农用地生产潜力，为实施土地管理提供科学依据。

农用地等别划分是依据构成土地质量稳定的自然条件和利用状况，在全国范围内进行的农用地质量综合评定。农用地等别划分侧重于反映因农用地潜在的（或理论的）区域自然质量、平均利用水平和平均效益水平不同，而造成的农用地生产力水平差异。农用地分等成果在全国范围内具有可比性。

农用地分等是在计算农用地自然生产潜力的基础上，利用土地利用系数和土地经济系数逐级修正得到不同层次的农用地等别。农用地自然质量等指数是农用地分等的最主要成果，它主要反映影响农作物生长的气候和土壤条件以及田间工程状况，可应用于一切有关土地质量评价的工作，在土地利用总体规划和耕地占补平衡评价等工作中有广泛应用价值。作物产量不仅受农用地的质量影响，而且还受投入与管理的影响；农用地利用等指数等于农用地自然质量等指数乘以土地利用系数，它反映了土地、资本和劳动三个生产要素相互作用的综合结果，它与农用地自然质量等指数相结合，反映了人们利用土地的能力和意愿，可间接指导通过增加投入和改进管理等方式来挖掘农业生产的潜力；农用地经济等指数等于农用地利用等指数乘以土地经济系数，农用地经济等指数可以反映农业生产效益，可用来指导农业税费改革（张凤荣，2005）。

2. 农用地分等原则

（1）综合分析原则

农用地质量是各种自然因素、经济因素综合作用的结果，农用地分等应以对造成质量差异的各种因素进行综合分析为基础。

（2）分层控制原则

选用不同的评价因素，建立不同层次的农用地等别，以反映气候、地形、土壤、田间工程条件、利用和投入状况等造成的农用地质量差异。不同层次的评价成果都有其特有的作用。

（3）主导因素原则

农用地分等应根据影响因素的种类及作用的差异，重点分析对土地质量及土地生产力水平具有重要作用的主导因素的影响，突出主导因素对土地分等结果的作用。

（4）土地收益差异原则

农用地分等既要反映出土地自然质量条件和土地利用水平对不同地区土地生产力水平的影响，也要反映出不同投入水平对不同地域土地生产力和收益水平的影响。

（5）定量分析与定性分析相结合原则

农用地分等尽量做到把定性的、经验的分析进行量化，以定量计算为主。对现阶段难以定量的自然因素、社会经济因素采用必要的定性分析，将定性分析的结果运用于农用地分等定级成果调整和确定阶段的工作中，提高农用地分等定级成果的精度。

3. 农用地分等方法与步骤

农用地分等建立在全国统一标准上，以各标准耕作制度（指当前有利于生产或尽可能发挥当地土地生产潜力，未来仍有较大发展前景，不致造成生态破坏，较能满足社会需求，已为或将为当地普遍采纳的作物熟制）下的指定作物的光温（气候）生产潜力为基础，通过对土地自然质量、土地利用水平、土地经济水平逐级订正，综合评定土地等别。具体流程如下（图8-4）。

（1）资料收集整理与外业调查

包括农用地自然条件资料（土壤、地形、水文、农田基本建设等）、利用资料（区域标准耕作制度中各作物的面积、单产、总产等）、经济资料（亩均资金投入、亩均纯收益）及土地利用现状图、土壤图、地形图等的收集整理及外业调查。

（2）划分评价单元

分等单元是土地质量相对均一、单元之间有较大差异的基本空间单位，以土地利用现状图、地形图、土壤图等通过叠置法形成，并获得评价单元有关农用地的地形坡度、土壤条件等属性。

（3）划分指标区、确定指标区分等因素并计算农用地自然质量分

依主导因素原则和区域分异原则划分分等因素体系一致的区域，并确定各区域分等因素及权重。计算农用地自然质量分的因素包括土壤、地形因素、农田灌溉、排水等方面。具体的有土壤质地、土层厚度、土壤剖面构型、盐渍化程度、有机质含量、pH、土壤中砾石含量、坡度、灌溉条件（灌溉保证率）、排水等级等。

选择分等因素，一定要选择反映当地农用地质量差异的因素。如在平原地区，地形一致，就没有必要选择坡度作为评价因素，而地下水埋深很可能就是影响耕地质量的主要因素，应予以注意。湿润的南方没必要考虑土壤盐分，但土壤的 pH 就成为评价

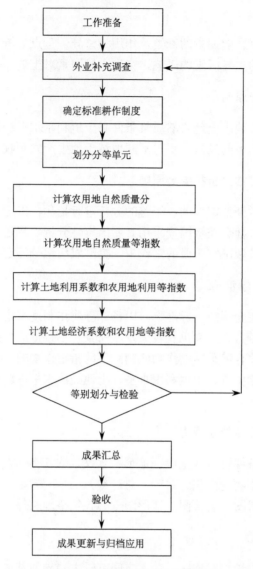

图 8-4　农用地分等工作流程图

指标。

为体现主导因素的作用，分等单元农用地田间自然质量分的计算采用加权平均法。计算模型为

$$C_{Lij} = \frac{\sum_{k=1}^{m} w_k \cdot f_{ijk}}{100}$$

式中: C_{Lij} 为分等单元指定作物的农用地自然质量分; i 为分等单元编号; j 为指定作物编号; k 为分等因素编号; m 为分等因素的数目; f_{ijk} 为第 i 个分等单元内第 j 种指定作物第 k 个分等因素的指标分值, 取值为 $(0 \sim 100)$; w_k 为第 k 个分等因素的权重。

（4）根据指定作物的光温（气候）生产潜力指数计算农用地自然质量等指数

农用地自然质量等指数是按照标准耕作制度所确定的各指定作物，在农用地自然质量条件下，所能获得的按产量比系数折算的基准作物产量指数。计算公式为

$$R_i = \sum R_{ij}$$

$$其中，R_{ij} = \alpha_{tj} \times C_{Lij} \times \beta_j$$

式中：R_i 为第 i 个分等单元的农用地自然质量等指数；R_{ij} 为第 i 单元第 j 种指定作物的自然质量等指数；α_{ij} 为第 j 种作物的光温或气候生产潜力指数；C_{Lij} 为第 i 个分等单元内种植第 j 种指定作物的农用地自然质量分；β_j 为第 j 种作物的产量比系数，其目的是为了将不同的粮食作物统一折算到国家指定的标准粮食作物，比如 5kg 甘薯相当于 1kg 小麦。

（5）计算土地利用系数及农用地利用等指数

农用地利用等指数是按照标准耕作制度所确定的各指定作物，在农用地自然质量条件和农用地所在土地利用分区的平均利用条件下，所能获得的按产量比系数折算的基准作物产量指数。即

$$Y_i = \sum Y_{ij}$$

$$其中，Y_{ij} = R_{ij} \times K_{ij}$$

$$K_{Lj} = Y_j / Y_{j\max}$$

式中：Y_i 为第 i 个分等单元农用地利用等指数；Y_{ij} 为第 i 个分等单元第 j 种指定作物的利用等指数；K_{Lj} 为土地利用系数等值区第 j 种指定作物的土地利用系数；Y_j 为第 j 种指定作物单产；$Y_{j\max}$ 为第 j 种指定作物的省级二级区内最高单产。

（6）计算土地经济系数及农用地等别指数

分等指数是按照标准耕作制度所确定的各指定作物，在农用地自然质量条件、农用地所在土地利用分区的平均利用条件和农用地所在土地经济分区的平均经济条件下，所能获得的产量指数

$$G_i = \sum G_{ij}$$

$$其中，G_{ij} = Y_{ij} \times K_{cj}$$

$$K_{cj} = \alpha_j / A_j$$

式中：G_{ij} 为第 i 个分等单元第 j 种指定作物的农用地等指数；G_i 为第 i 个分等单元的农用地等指数；K_{cj} 为第 j 种作物的土地经济系数；α_j 为第 j 种指定作物的产量成本指数；A_j 为第 j 种指定作物的省级二级区的产量成本指数。

（7）农用地自然等别、利用等别及农用地等别划分与校验

根据农用地自然等指数、利用等指数、等指数分别进行农用地自然等、利用等、和农用地等的划分，对划分结果进行实地校验与调整。

(8) 成果验收整理

对分等成果进行汇总，形成成果报告、成果表、成果图和附件，对其进行验收后，进行成果归档与应用。

（三）耕地质量保护措施

农用地分等所确定的耕地质量等级为耕地质量保护提供了依据。

1）通过土地利用总体规划或基本农田保护区规划，优先将等级高、质量好的耕地划入耕地区或基本农田保护区，这是保证耕地质量的关键措施。

2）耕地质量保持与提高，即通过维护排灌工程设施，改良土壤，提高地力，防止土地沙化、盐渍化、水土流失和污染，保持或提高耕地质量及其生产能力，维护或改善生态环境，促进农业可持续发展。

3）耕地质量动态监测。进行耕地质量的监测可回答如下一些问题：①土壤性质的变化对作物产量的影响如何；②某些作物和作物轮作方式是否更易使土壤退化；③耕作方法对土壤质量是否有影响；④土壤中是否有足够的有机质，什么方法可以提高土壤有机质含量；⑤土壤侵蚀问题有多么严重，什么种植方式存在增加或减少土壤侵蚀的危险；⑥土壤结构破坏到了什么程度，如何减少农机具对土壤结构的压实作用；⑦何时及使用什么方法施用农药或化肥最合适，当这些化学物质在土壤中积累后，会出现什么问题；⑧农田灌溉、排水等基础设施的维护与改善状况。

耕地质量监测对及时发现耕地质量的变化，寻找耕地利用中存在的问题，及时调整耕种方式或田间管理方法，保护和提高耕地质量具有重要意义。

四、基本农田保护规划

（一）基本农田的概念

实行基本农田保护是我国土地管理的一项基本制度。国务院 1994 年颁发的《基本农田保护条例》中，给基本农田的定义是"基本农田是指根据一定时期人口和国民经济对农产品的需求以及对建设用地预测而确定的长期不得占用的和基本农田保护区规划期内不得占用的耕地。"《基本农田保护条例》第十二条中规定，原则上将下列耕地划分基本农田：①国务院有关主管部门和县级以上地方人民政府批准确定的粮、棉、油和名、优、特、新农产品基地；②高产稳产田和有良好的水利水土保持设施的耕地以及经过治理、改造和正在实施改造计划中的中低产田；③大中城市蔬菜生产基地；④科研教学试验田划入基本农田保护区。因此，基本农田保护实质上是强调保护高产稳产田。

基本农田保护包含了三层含义：①基本农田保存，即根据区域社会和经济发展需要，维持区域必需的农田数量和质量动态稳定，保存农田生产力。通过立法、行政监管与经济手段，防止农田被破坏，使其保证一定的质量水平；②基本农田利用，即保持农田的持续开发利用，以取得最佳的生态、社会和经济效益；③基本农田监测和管理，即利用行政、科学手段，对基本农田的环境、基础设施、土壤肥力和土地利用状况进行监测和管理。其中保护的主体是保存农田生产力，保护的目的是保证农田的持续有效利用，而监测和管理是保护的手段，也是农田持续利用的保证。

（二）基本农田保护区规划的意义

我国人多地少，耕地资源十分紧缺，特别是优质农田少。而在经济建设过程中，大片高产农田被占，农业在国民经济中的基础地位受到严重威胁。

1. 基本农田保护区规划是稳定发展我国农业的一项根本性措施

从长远看，未来农村要按相对集中、合理布局的原则，将土地分为基本农田保护区和经济建设区两大块，根据人口对粮食的需求和经济发展对建设用地的需求，科学划定经济建设区和基本农田保护区，既有利于基本农田的集中连片，推进农业适度规模经营和农业现代化，又有利于公共基础设施建设，节约用地，节省投资。

2. 基本农田保护区规划是社会经济持续发展的根本保证

我国人口众多，吃饭始终是第一件大事，因此各地都应做到农产品自给或基本自给，而不能单纯依靠外地调运，把发展农业的重任压到另一些地方。保证基本农田，解决好吃饭问题是社会稳定的基础。另一方面，基本农田不仅为居民提供必需的农产品，同时可调节生态环境，保护基本农田对每一个地区都具有十分重要的经济、生态和社会意义。

（三）基本农田保护规划的编制程序

基本农田保护规划的核心是对基本农田保护区内农田实行特殊保护。基本农田保护规划的编制程序大致包括确定基本农田保护指标、保护区划区定界、面积量算与汇总、清绘成图、设立保护牌，制定保护措施等内容。

1. 方案和保护区划定

其工作程序是在土地类型和土地利用现状的调查分析的基础上，进行耕地分等定级，并根据人口发展预测，计算粮食需求，确定耕地保护面积。

除了建设预留地，其他发生严重土地退化需要生态退耕的耕地外，下面的耕地划入基本农田保护区：

（1）能起到隔离城市组团和改善生态环境作用的耕地

这些耕地由于临近城区，目前也可能因为农业结构调整或绿化需求，种植牧草、花卉、果树、苗木等，发挥着重要的生态和景观服务功能。对这些区域的耕地实施特殊保护，不仅可在局部区域形成田园景观与城市景观相映成趣、和谐共存的"田园城市"，而且可以实现城市组团间的有效隔离，改善城市环境条件，减轻城市热岛效应等。因此要根据城市规划的需要，将城市周边的部分耕地划为基本农田，利用基本农田永不得占用的"尚方宝剑"，将这些耕地保护起来，从而起到隔离城市组团和改善生态环境的作用（张凤荣等，2005）。

（2）各交通主干道沿线的耕地

交通沿线的耕地由于交通便利，往往是城市发展的增长点。人口、资金、技术和材料等生产要素通过交通主干道向外辐射，之后刺激干道之间交通基础设施的完备，进一步填充其间的空缺，直至形成新的城区。这种蔓延趋势若不加以遏制，会产生交通拥堵，甚至造成城市"摊大饼"，导致环境恶化等城市弊病。将交通干道沿线耕地划入基本农田强化保护是遏制耕地被无序占用的有效办法，也是阻止"马路型"城市发展，防止交通拥堵的有效途径。

（3）生产能力高的耕地

该类耕地地形平坦，土壤肥力高，土层深厚，无障碍层次；耕地水利设施齐全，灌溉保障率高，具有完备的排水设施；路网和林网建设较为完善。该类耕地在利用上属于高产稳产田，利用基本上没有限制，因此应予以重点保护。

（4）集中连片的耕地

相对于破碎度较大的耕地来说，集中连片的耕地适于机械化耕作和规模经营，不仅利用率高，而且其景观效果也好，因此应该优先保护。尤其是在平原地带和粮食产区，集中连片的耕地通常也是耕作时间长，水肥充足，产出能力高的优质耕地，应该作为基本农田保护起来。

2. 落实规划方案

将规划方案逐级分解下达到乡、村，并落实到地块，并在田间设立保护标志。保护标志分为基本农田保护区牌（图）和基本农田地块保护牌。基本农田保护区牌（图）有乡（镇）和村两级，内容包括保护区图、保护面积、保护区负责人和保护措施等。基本农田地块保护牌内容有：村名、地块编号、面积和四至、保护负责人、保护期限、立牌日期等。

3. 制定保护措施

规定占用基本农田的审批手续和权限；建立基本农田登记制度、损失补偿制度、地力保养和环境保护制度、基本农田保护区监督检查制度；并确立政府在基本农田保护中的责任，逐级签订基本农田保护责任书直到村委会。

根据 1998 年《中华人民共和国土地管理法》与《基本农田保护条例》，基本农田保护制度有三方面的内容：一是划定基本农田保护区，对优质耕地实行特殊保护；二是严禁占用基本农田，即基本农田保护区划定后，任何单位和个人不得改变或占用，国家重点建设项目选址确实无法避开基本农田保护区时，必须经国务院批准方可占用，这是保证基本农田面积不减少，质量不降低的根本措施；三是建立和严格执行基本农田保护制度，包括基本农田责任制度、基本农田用途管制制度、占用基本农田严格审批与占补平衡制度、基本农田质量保护制度、基本农田环境保护制度和基本农田保护监督检查制度等，通过严格执行有关制度，保证基本农田数量和质量的长期稳定。

第四节　林地保护规划

一、森林资源的生态功能

森林资源除了能够提供木材、薪柴等资源性产品外，还具有以下生态功能：

涵养水源功能　森林改变了降水的分配形式，其林冠层、林下灌草层、枯枝落叶层、林地土壤层等通过拦截、吸收、蓄积降水，涵养了大量水源。

调节径流功能　森林对河川径流的影响主要表现在两个方面：①影响河川径流总量，②调节河川径流的分配。森林在湿润地区可以减少雨季的洪水流量，增加枯水期流量，即增加有效径流量，从而增加可供人们利用的有效水量。

减少土壤侵蚀功能　森林对土壤的保护作用突出表现在两个方面：①阻止和减小降雨对土壤的直接冲击，②削弱地表径流及其对土壤的冲刷，减少和消除外部动力对土壤的侵蚀功能，保护了土壤。其直接功效表现在4个方面：减少水土流失面积、减少土壤侵蚀量、减少河川径流的输沙量和减少泥沙淤积。

净化水质功能　森林对水质的影响作用，①净化大气降水中的污染物质：森林的林冠层、土壤层能吸收、吸附降水中携带的各种物质，包括有机污染物和无机污染物质，从而减少了穿透雨中的污染物浓度；②森林能减少河流中的含沙量：江河湖库中泥沙含量对人类饮用、灌溉、发电、航运等有重要影响；③森林能调节径流中化学元素含量：森林与径流中化学元素含量关系取决于两个过程：吸收过程与淋溶过程，"多则吸，少则补"，确保径流中化学元素不出现过高、过低的水平，从而有利于人类利用；④森林可以改善部分水质指标：森林与水质指标的研究表明，森林能明显改善水质标准指标，同时对少数指标可能有副作用，但与标准指标的偏差不会太远（王治国等，2000）。

改善农田小气候功能　在林带作用范围内，由于风速和湍流交换减弱，林网内部的土壤蒸发要比旷野小，从而减少林网内农田土壤的蒸发量和作物蒸腾量，土壤蒸发和作物蒸腾在近地层大气中逗留的时间也相应延长，空气湿度增加，从而改善了农田的水分状况。林带还能保护农田上的积雪不被风吹走，提高土壤含水量。

防风固沙功能　风沙区固沙造林不仅能有效减缓风速，固定沙尘源，减少沙尘和流沙，减小气温、地温的剧烈波动，而且对沙地水资源状况如地面蒸发、近地层空气湿度、土壤湿度等，也有突出影响。

净化大气　森林影响大气有以下几个方面：①森林是天然的吸尘器。森林以其高大树干，稠密树冠，减弱风速，从而降低了空气携带灰尘的能力；②森林是有害气体的过滤器。林木一方面受毒气所害，另一方面对有毒气体存在着抗性和除毒潜力。不少树木，可把浓度不大的有毒气体吸收掉，从而避免在大气中积累达到有害的浓度（张佩昌等，1996）；③森林是 O_2、CO_2 浓度的调节器。森林吸收 CO_2，放出 O_2，地球上的

O_2 60%来自于陆地植物尤其是森林（王治国等，2000）。

另外，森林资源还具有保护生物多样性、防止噪声污染作用。

二、保护林地的社会经济意义

森林的生态环境功能使得对林地的保护具有多方面的意义。

1. 保障农牧业稳产高产

从多年的实践看，林业为农、牧业创造的生态屏障效益是非常明显的。森林可以减缓风速、减少土壤蒸发量，增强抵御干热风、冰雹、霜冻等自然灾害的能力，促进农业稳产增产。（张佩昌等，1996）。在我国北部风沙灾害十分严重的地区，防护林对固定流沙、保护农田、牧场不受破坏具有重要意义。

2. 削减洪峰，保证水利设施正常效能的发挥

森林通过林冠截流、枯枝落叶层吸收、土壤蓄水和渗透过程，能把50%～80%的降水转入地下，从而起到阻滞洪水作用。在黄土高原的研究结果表明，与无林地比较，有林地可削减洪水流量70%～95%（张佩昌等，1996）。许多水灾的教训都说明森林破坏后，会导致洪峰流量迅速增加。

同时，林地有助于减少地表径流及其速度。大量研究表明，覆盖率30%的林地较无林地减少土壤流失的60%，这就保障江、河、湖、库等不被淤塞。水利是农业的命脉，森林则是保证水利设施正常发挥效能的生态屏障。

3. 发展农村经济，确保人民安居乐业

我国西部贫困山区，由于风沙干旱，植被稀少，生态系统十分脆弱，粮食产量低而不稳，生产结构单一，对人民生产和生活产生严重影响。大力发展林业，是繁荣农村经济，改善生态条件的重要途径。近年来，各地大力发展用材林和经济林，造林种果，因地制宜发展各种木本"粮、棉、油"，积极推行林粮、林果、林菜、林药的合理间作，不仅满足了人们对林产品的需求，还取得了良好的经济效益和社会效益。

4. 为人类提供美好生活环境

森林是巨大的绿色调温箱，一般森林绝对最低温度比林外高3.4℃，绝对最高温度比林外低4℃。同时森林对大气的净化功能，对O_2的调节以及森林的减弱噪音、杀菌作用都给人们提供了舒适、健康的生活环境。

三、林地保护规划

林地保护规划是在林地立地分析的基础上，本着因地制宜的原则，就森林布局、森林营造进行规划，其目标是提高林地生产力，促进林地资源的持续利用。这里介绍人工林的适地适树、林地布局与森林营造等内容。

（一）林地立地条件评价

林地是森林生长的外部环境，是一个复杂的生态系统，包括大气、土壤、生物等组成的复合系统。林地既具有区域气候、地理、植被的地带性特征，又具有其自身固有的特征，立地条件是众多环境因子的综合反映。组成林地的各种生物与环境因子相互关联，相互影响，相互制约。林地本身的特性及其变化规律，对于选择适宜的树种、设计合理的结构及确定最佳的技术措施具有重要意义。

1. 立地条件分析

凡是与森林生长发育有关的自然环境因子综合称为其立地条件（梁朝仪，1992）。在一定的地区，虽然大气候和大地貌基本一致，但由于森林所处的地形部位不同，具有不同的小气候、土壤、水文、植被及其他环境状况，即其立地条件不同。

（1）海拔高度

海拔每升高 100m，气温即下降 0.5～0.6℃。随着海拔的升高，气温降低，空气湿度逐渐增加，气候由低海拔的干燥温暖状况，转变为高海拔的湿润寒冷。如在暖温带刺槐垂直分布范围上限达 2000m，而适生范围却在 1500m 以下。

（2）纬度

对大区域气候是决定性影响因子，不同的纬度地带分布着最适生的树种。纬度不仅影响立地条件，而且影响植物的分布。我国的气温分布由北向南递增，表现为寒温带—温带—暖温带—亚热带—热带气候；植被分布自北而南表现为：针叶林、针叶落叶阔叶混交林、落叶阔叶林、落叶阔叶与常绿阔叶混交林、常绿阔叶林、季雨林和雨林。在某一较窄的区域，即使纬度的较小变化，也会引起树种分布和生长的变化。

（3）地形

树种分布除受纬度和海拔影响外，对于由局部地表条件所引起的中、小区域气候的变化也有反映。地形对光、热、水等生态因子起着再分配的作用，引起温度和湿度的变化。如在黄土丘陵区，海拔 1200～1500m 的川道及沟谷中，核桃、花椒等往往因冻害而不易栽培，而塬面或梁峁坡的背风向阳处却生长较好；在海拔 1200m 以下，梁峁上只能栽植耐干旱的山杏、侧柏类，而在沟谷、沟川上却可生长苹果、核桃等。

（4）坡向与部位

在地形起伏的山区丘陵区，小气候主要由坡向和坡位决定，不同的坡向、坡位，受光的时间和强度、风力强弱、水分状况等都有明显的变化。总的来说，阳坡光照充足、干燥温暖；阴坡光照较差、阴湿寒冷，一般阴坡的土壤含水量比阳坡高 2%～4%；按坡向从北坡—东北坡—西北坡—东坡—西坡—东南坡—西南坡—南坡，干旱程度逐渐加重。从山体坡位看，从上部到中部，再到下部，土层厚度逐渐增加，水分条件逐渐变好。

（5）土壤条件

包括土壤水分、养分、土层厚度及其理化性质。一般将土壤分为湿润土壤和干旱土壤（水分条件）；酸性土壤、盐碱土和碱性土壤（pH）；肥沃土壤和瘠薄土壤（养分条件）；厚土、中土和薄土（土层厚度）。不同的树种对土壤条件要求不同，有的树种对水分要求严格，如刺槐水淹稍久即死亡；有的对土壤 pH 要求严格，如落叶松、山杨等喜偏酸性土壤。

（6）水文

地下水位深度及其季节变化，地下水的矿化度及其成分组成，有无季节性积水及其持续性，地下水侧方浸润状况，被水淹没的可能性、持续期和季节等都会影响植物的生长。

（7）生物

造林地上植物群落、组成、盖度及其地上部分与地下部分生长状况；病虫害状况；有益动物及微生物的存在状况等，也能够直接或间接影响植物的生长。

（8）人为活动

各项人为活动对上述各环境因子的作用及其影响程度，都会在不同程度上间接影响植物的分布和生长。

个别情况下还需要掌握一些特殊的环境因子，如林地与风口的相对位置，是否处于冰雹带之内，附近有无大气污染源，土壤中某些微量元素的含量，河滩地淤积泥沙的速度和成分等（王治国等，2000）。

立地分析就是从错综复杂的环境因子中，因地制宜地寻找影响林木生长的主导因子。一方面是逐个分析各环境因子与植物必需的生活因子（光、热、气、水、养）之间的关系，从中找出对生活因子的影响面最广、影响程度最大的环境因子；另一方面则是找出那些处于极端状态，有可能成为植物生长的限制因子的环境因子。

2. 林地生产力评价

评价立地质量的直接指标，应是在其上生长的林分的材积生长量或生物量生长量。林业工作者用地位级和立地指数来判断和评定林地的生产力（孙时轩，1995）。

（1）地位级

研究表明，在一定的立地条件下，即使立木密度有所差异，但林分的平均树高的数值是比较一致的。林学上常用地位级来表明森林立地条件的好坏。所谓地位级，就是一定年龄的林分按其平均树高划分的等级。以Ⅰ级表示森林生产率最高，也即立地条件或生产力最好，以下按Ⅱ、Ⅲ、Ⅳ、Ⅴ级依次递减，以Ⅴ级表示地位级最差。地位级的概念对天然林比较合适，因为天然林人为干扰少，林分的平均树高在很大程度上能反映立地条件的好坏和生产力的高低。但是自然灾害如病虫害、火灾等以及人为措施如采伐、抚育、施肥等都可能扰乱这种相关性。

(2) 立地指数

所谓立地指数是指一定标准年龄的林分中优势木的平均树高，有的林分也可以考虑亚优势木的平均树高。优势木和亚优势木指的是林冠上层的、生长良好、高度最大和稍次的林木。在我国，北方大多数树种的指数年龄可定为 50 年，南方的速生树种可定为 20 年。立地指数也可以用于略小于或略大于指数年龄的林分。

地位级和立地指数都是直接评价森林立地条件及生产力的重要指标；立地指数是地位级的一种表达方式，它们都有局限性。在使用地位级时可能出现这样的问题：同是生长不好的Ⅳ地位级的林分，生长不好的原因却不同：有的可能因为干旱，有的可能由于贫瘠。这就是说同一地位级所代表的立地条件是不一致的。立地指数也有同样的弊病。此外，立地指数必须与一定的树种相联系，而不能成为许多树种的共同尺度，因为不同树种对立地条件的反应是不同的，对于宜林荒山荒地，更没有进行直接评价的条件。因此，对林地的评价，除了注意林木生长的状况外，还必须考查地质、地貌、土壤、气候条件、植被状况等因素，研究其对林木生长的相关关系，以立地因子进行评价或立地因子与林木相结合进行综合评价，这就是间接或称综合评价方法。

(3) 适地适树

适地适树就是使造林树种的特性，主要是生态学特性和造林地的立地条件相适应，以充分发挥生产潜力，达到该立地在当前技术经济条件下可能达到的高产水平。地和树是统一体的两个对立面，适地适树是相对的，能动的。适地适树的途径有三条：第一是选树适地，也包括选地适树；第二是改树适地，即在地和树之间某些方面不太相适的情况下，通过选种、引种驯化、育种等方法改变树种的某些特性使它们能够相适，如通过育种工作，增强树种的耐寒性、耐旱性或抗盐性，以适应在寒冷、干旱或盐渍化的土地上生长；第三是改地适树，即通过整地、施肥、灌溉、混交、土壤管理等措施改变土地的生长环境，使其适合于原来不适应的树种的生长。如通过排灌洗盐，能使一些不太抗盐的速生杨树品种在盐碱地上顺利生长。这三条途径是互相补充、相辅相成的。在当前的技术、经济条件下，改树或改地的程度都是有限的，而且改树及改地措施也只有在地、树尽量相适的基础上才能收到多快好省之效，即后两条途径必须以第一条为基础。

要正确选树适地，必须首先了解"地"和"树"的特性。确定造林树种时，需要把造林目的与适地适树的要求结合起来统筹安排。将最适生、最高产、经济价值最大的树种列为主要造林树种，而将其他树种，如经济价值很高但要求条件苛刻，或适应性很强但经济价值较低的树种，列为次要造林树种。把立地条件好的造林地，优先留给经济价值高而且对立地条件要求严格的树种，把立地条件差的造林地，留给适应性较强而经济价值较低的树种。

（二）林地保护规划

1. 林地的布局与森林营造

森林具有强烈的区域性，不同地区的林地具有不同的特性，有着不同的造林方向和任务。如在西北、华北及东北西部的一些水土流失及风沙地区要以营造防护林为主，形成"三北"防护林体系。华北及中原平原地区以营造农田防护林为主，实现农田林网化。南方丘陵山地则以营造速生用材林及经济林为主，建立速生用材林基地及经济林基地。因此各地应根据当地的自然条件及社会经济发展要求，因地制宜地确定林地发展方向。

（1）用材林

用材林是以收获一定量的木材为目的的，同时也能够保持水土，是具有较高生态效益和经济效益的林种。木材是林业的主产品，当前我国森林资源不足，木材供需矛盾十分突出，大量营造用材林是解决这一矛盾的主要途径。

速生、丰产、优质是用材林的基本目标。多年来的生产实践表明：北方山地和黄土高原，由于长期侵蚀的影响，即便有相对较好的立地，也很难获得优质木材，只能培育一些小规格的小径材；南方水土流失地区的坡面，石多土薄，特别是崩岗地区，风化严重，地形破碎，尽管降水量大也不可能取得很好的效果。用材林一般配置在坡度较缓、立地条件较好、水土流失相对较轻的区域。一般平缓坡面都已开发为农田，很少能被用作林地，但也有一些因距离村庄远，交通不便的平缓荒地、荒草地、灌草地或弃耕地、退耕地，或因水质、土质问题而不能居住人的边远山区可辟为用材林。沟塌地和坡麓地带也是用材林的适用地类，可以开辟为护坡用材林地。

按照《1989～2000年全国绿化纲要》，全国规划了20大片和5小片用材林基地，其中北方12片，南方13片。南方的杉木、马尾松、桉松等，西南的柳杉、华山松，华中的杨树、泡桐，东北的落叶松等都是速生、丰产、优质的用材林树种。

（2）经济林

营造经济林的主要目的是生产木材以外的其他林产品。我国自然条件多样，经济林产品的名目很多，如油料、果品、橡胶、树脂、药材、香料等，它们大多具有很大的经济价值，有些还是传统的出口物资。营造经济林是建设山区、脱贫致富的主要途径。营造经济林还兼有绿化荒山、美化国土、改善生态环境的作用。

根据我国自然条件，我国经济林建设在南方以木本油料、工业原料树种为主，北方以木本粮食树种为主。同时大力发展南北干鲜用品、木本纤维、木本药材、香料调料等。经济林的营造必须选择地形比较平缓，土壤较肥沃，排水良好，土层厚度在80cm以上的退耕地或山脚缓坡地带，在山地建设基地，其坡度不宜大于25°。同时由于经济林需要较长的无霜期，且一般抗风、抗寒能力差，因此选择在背风向阳坡面。

在品种安排上，一般以地方名优特品种为主，还须根据市场需求，合理安排大宗品种和小宗品种，早、中、晚熟品种，鲜食、制干、加工品种的搭配比例，综合平衡，有计划、有步骤地发展高产优质高效经济林。

（3）薪炭林

以树木枝干作为燃料是树木的传统用途，为满足这种需求而专门营造的人工林称为薪炭林。木质燃料是许多贫困的农村地区赖以生存的廉价燃料。发展薪炭林解决农村能源比起开发其他能源有其独特的优势，主要表现为投资少、见效快、生产周期短、无污染。在水土流失地区，利用坡面荒地营造薪炭林，不仅能有效解决农村能源需要，而且本身也是一种很好的水土保持措施。

薪炭林一般选择距村庄近，交通方便，利用价值不高或水土流失严重的沟坡荒地。薪炭林的树种，一般应选择生长迅速、森林生物产量高、樵采周期短和易于繁殖的树种。最好是有多种用途的树种，即除了做薪材之外还可提供饲料、肥料、木料和其他林副产品。此外，还应选择适应性强，对旱、热、冷、瘠、偏酸、偏碱等不良的立地条件有较大忍耐性的树种（王治国等，2000）。

我国用于薪炭的树种很多，南北各地的橡、栎类树种、干旱沙区的梭梭木、热带的铁刀木、东南沿海的木麻黄，都是优质的薪炭树种。为了结合水土保持，兼生产部分饲料和果实等，在华北西北的半湿润、半干旱地区，刺槐、紫穗槐、柠条、沙棘等也是很好的薪炭林树种。

（4）防护林

防护林的主要目的是利用森林的防风固沙、护农护牧、涵养水源、保持水土及其他有利防护性能。防护林以其主要防护对象不同而分为农田防护林、牧场防护林、水土保持林、水源涵养林、防风固沙林、护岸林、护路林等。

防护林的用地及树种选择，因防护对象不同而有不同要求。

农田防护林的主要使命是保证农田高产稳产，同时生产各种林产品和美化环境。其用地一般在农田四周，可与农田灌溉、排水渠系和道路结合，尽可能减少占用耕地。其树种要求：①抗风力强，不易风倒、风折及风干枯梢，在次生盐渍化地区还要有较强的耐盐渍能力；②生长迅速、树形高大、枝叶繁茂，以便更快更好地起防护作用；③寿命相对较长，生长稳定，能长期具有防护效能；④树冠以窄形的为好，根系不伸展过远，不妨碍农作物的生长，没有和农作物共同的病虫害；⑤本身具有较高的经济价值，能充分利用其生长的良好条件，生产大量木材和其他林产品。

水土保持林的主要任务是减少、阻拦及吸收地表径流，固定土壤免受各种侵蚀。水土保持林一般配置在风、水等外力较强的条件下，如陡坡地上，坡度大多在30°以上，总的特点是水土流失十分剧烈，侵蚀量大，立地条件恶劣。因此对水土保持林的树种也有特殊要求：①根系发达，能笼络土壤，在表土疏松、侵蚀作用强烈的地方应采用根蘖性强的树种或蔓生植物；②树冠浓密，落叶丰富，且易分解，具有改良土壤的性能，能提高土壤的保水保肥能力；③生长迅速，郁闭紧密，避免雨点直接冲击地表，能在林下形成良好的枯枝落叶层，保护土壤；④能适应不同类型水土保持林的特殊环境，如护坡林的树种要能耐干旱瘠薄，沟底防冲林及护岸林的树种要能耐水湿，抗冲淘等。

固沙林的主要任务是防止沙地风蚀，控制沙粒移动危及各项生产事业，并合理利用沙地的生产能力。对固沙林的树种要求如下：①根系伸展广，根蘖性强，能笼络地表沙粒，固定流沙；②耐风吹露根及沙埋，有生长不定根的能力，耐沙割；③落叶丰富，能改良土壤；④耐干旱、耐瘠薄、耐地表高温，或耐沙洼地的水湿及盐碱。沙地环境复杂多样，如流动沙丘的迎风坡、背风坡、丘间地是三个对植物影响极不相同的立地条件类型。在实际应用中必须针对不同部位选择适宜树种。

2. 划分营林区、林班和小班

营林区是为了有效地进行森林经营活动，考虑到生产、生活的方便，护林防火工作量的大小而划定的管理范围。其面积大小一般依据森林资源集中和分散程度、地形地势的特点、居民点分布的疏密、树种的特性、火险等级、交通条件及经营水平而定。其管理半径，以步行计算，最远处不超过 1.5h 路程为宜。营林区的界线最好结合自然地物，如河流、沟谷、山脊等自然界线。

林班是营林区内划分的具有永久性经营管理的地段，是森林资源调查统计的基本单位。林班一般根据护林、抚育、采伐、集运材的要求，结合地形、树种、经营水平，特别永久性道路状况来划分的，其面积一般在 $50 \sim 200hm^2$。林班应集中连片，外形力求规整。

小班是根据经营要求和林木特性，划分不同的林分地段。主要考虑土壤、林种、优势树种、龄级、郁闭度、林型、地位级、出材率、林权等，每一小班内自然条件基本相同，并具有相同的经营目的和经营措施（王万茂，1996）。

此外还应根据营林、护林、采伐等要求规划道路、防火设施、贮木场、仓库、工人居住区等。

第五节　草地保护规划

世界草地面积占全球陆地的 51%，在除森林以外的农用土地中，草地占 70%。在地球上把太阳能转变为生物能的绿色植物中，草地是种类最多、适应性最强、覆盖面积最大、周转速度最快的可更新资源。但天然草地本身又是比较脆弱的生态系统，尤其是在我国，草地资源连片分布在西、北部干旱和半干旱地区，生态环境较脆弱。在不断增强的人为活动影响下，已出现大范围的草地退化、沙化、盐碱化和荒漠化，导致生态环境恶化，严重影响了社会经济的发展。保护草地，维持草地资源的持续利用对维护生态平衡和保持良好的生存环境具有不可替代的重要作用。而草地利用规划是保护好草地的基础性工作。

一、草地的功能

从土地利用角度看，草地是一种土地类型，是草本和木本饲用植物与其着生的土地构成的具有多种功能的自然综合体。草地是一种自然资源，是自然界中存在的、非人类创造的、可以再生的农业自然资源，它不仅是发展国民经济的物质基础，还是维护陆地生态环境的天然屏障。

1. 畜产品的生产基地

草地是人类最重要的畜产品生产基地。人类通过草食家畜把人们不能直接利用的草本植物，转化为人们可直接利用的肉、奶、皮、毛等畜产品。草地是发展节粮型畜牧业的主要资源基础。

2. 生态屏障

草地是中国面积最大的绿色屏障，是绿化国土的主体、改造荒漠的先锋。中国黄河、长江等主要水系的中上游大都是草原区，因此草地资源又是保持水土的主力。草地的生态屏障功能主要包括：防风、固沙、净化空气、涵养水源、防止水土流失和保护生态环境等多种作用。许多研究成果表明，草地对防止水土流失、减少地面径流具有显著作用。如生长 3～8 年的林地，拦蓄地表径流的能力为 34％，而生长 2 年的草地拦蓄地表径流的能力为 54％，高于林地 20 个百分点（戎郁萍，2003）。草地中的豆科牧草，可改良土壤、培肥地力，是最经济、最有效的改良土壤的措施之一。此外，草地还可吸附大气中的尘埃和某些有毒气体，减缓噪音等，对净化空气、美化环境具有重要作用。

3. 丰富的植物资源

草地上的植物种质资源非常丰富，这对满足人类今后对特殊种质的需求非常重要。草地上的很多植物具有遗传研究潜力和经济开发价值。

4. 野生动物的栖息场所

草地几乎是所有陆栖野生动物最主要的栖息场所。天然草地还是草食野生动物的主要食物来源。这些野生动物多数具有很高的肉用价值、狩猎价值和美学上的观赏价值。而且只有在草地资源不退化，保持良好的生态系统稳定性，能给其提供充足的食物来源和栖息地时，它们才能存在、繁衍和生息。

5. 提供休闲娱乐场所

草地游憩主要包括观光旅游、科考探险特殊旅游和度假休闲等，草地的开阔空间、景物和美学价值使其成为人们户外休闲的主要场所。

二、草地资源评价

草地是人类的一种重要的可更新的自然资源，但是这种可更新性，只有在人类的适宜开发与利用下，才能够获得草地资源生态与生产功能的良性循环；过度利用并超过草地资源的最大承载能力和随意开垦，必然使生态环境恶化，草地质量下降，最终导致草地资源不能持续利用。草地资源评价是确定草地开发利用方向是否适宜的基础。

草地资源评价主要包括两方面，一是针对草场生境的评价，包括水源、坡度、草场利用时期、地表状况等；二是针对草地质量的评价，包括草群的品质和草群的产量（戎郁萍，2003）。

（一）草地生境评价

1. 水源

草地水源包括地表水及地下水。水源丰富与否决定于水源相隔的距离及水量，缺水的草场往往不能充分利用，不适宜于牲畜饮用的水，不宜作为水源。

2. 坡度

坡度直接影响着水分的再分配和土壤机械组成的变化。通常岗坡地比较干燥，而低洼地及河漫滩地则比较潮湿。因而植被的成分及结构在某一地区内受地形所制约。地形对草地利用也有很大影响。通常大中地形对地区地表水多寡及地下水埋深起着决定性的作用，即决定草地的水源。同时坡度还直接影响着牲畜的放牧活动及配置牲畜的种类。

3. 土壤条件及地表状况

土壤条件决定草场的发育及草场的耐牧与否。通常壤质土具有弹性，比较耐牧；沙土在重牧情况下往往造成严重的破坏作用，容易沙化。地表状况主要是小地形造成的沟、坑、土丘、草丘以及树桩、灌木丛、石块的混杂程度，其混杂程度越高，草地质量等级越差。

4. 草场利用时期

草场利用时期主要受水源、地形、植被等条件制约。水源缺乏的草场往往只能在冬季积雪期利用，高山草场只能作为夏季草场。

（二）草地质量评价

1. 草群品质

草群品质是由草群中各饲用植物的品质来确定的。各饲用植物的品质可由饲用植物的营养价值、饲用植物利用率和饲用植物适口性等来评定。

2. 草场产量

产草量目前多采用开花结实期的最高产量（鲜重）衡量。不同质量的草场生产力差异很大，生产力高的草地亩产鲜草可达 800kg 以上，而差的仅 50kg 或更少，据此可对草地质量进行分级。用鲜草产草量进行草地质量评价有不完善的地方，一是草群地上部分的产量包括可食的、不可食的、有毒有害的生物量之和，它只有生物学意义，而不完全有饲用价值。二是影响植物鲜重的因素很多。因此，可以用可食风干草的产量来确定草地级别。

草地评价是草场管理的一个重要方面，通过对草地的评价，确定其等级，可以确定草地的载畜潜力，这对指导草地保护规划，提高草场的经济效益都具有重要意义。

三、草地保护规划

长期的科学研究和实践证明，合理放牧利用是保护草地、防止退化的最有效、最经济、最实用的措施。因此，有人说"合理利用就是保护"。

（一）放牧地规划

放牧是我国牧区家畜饲养的主要方式。放牧地规划是对放牧地的合理利用与培育建设进行规划，以达到改善草地品质，充分发挥草地生产潜力的目的。放牧地规划的内容包括确定划分季节牧场，对不同畜群合理划定放牧地，制定分区轮牧，牧场轮换的发展规划等方面。

1. 划分季节放牧场

根据草地的季节适宜性和放牧习惯划分季节放牧场。决定草地季节适宜性的因素主要是地形、地势、植被组成、水源条件。按照季节变化、海拔高低、草层生长和枯萎时间、经营习惯等不同，划分季节牧场。

（1）冬季牧场

地形低凹、避风、向阳、植被覆盖度大，植株较高，不易被雪埋没，距居民点和饲料基地较近，便于管理，有较好的水源，并有一定的棚圈防寒设施。总之，应把条件最好的草地留在冬季这个最难度过的季节。对于山地地形起伏大的地区，应把山谷地带和背风向阳坡划归冬季牧场。

（2）春季牧场

基本同冬季牧场，同时地形开阔、向阳、风小、植被萌发早。

（3）夏季牧场

地势较高，通风凉爽，蚊蝇较少，有可靠水源。这些地方的植被只有在夏季生长旺盛，此时不利用，其他时间更难利用。对于山地地形起伏大的地区，应将高山处和阴坡地段划归夏季牧场。在丘陵地形起伏较小的地区，可把岗坡、台地划入夏季牧场。

（4）秋季牧场

地势较低，平坦开阔，植被丰富且多汁而枯黄较晚的草地，以便催肥出栏。

在划分季节牧场时，应考虑尽可能使草地集中连片，便于管理，各季节牧场便于畜群转移。加强牧区冬春饲草储藏，减少家畜的冷季损失。草地生产力在时空上的差异和变化，是放牧型草地畜牧业饲草供需的基本矛盾。这种供需之间的不平衡集中反映在灾害歉收年份，特别是每年的冬春季节。冬春饲草不足，家畜体质弱，易受灾害的袭击从而容易造成重大损失，这就是所谓"夏壮、秋肥、冬瘦、春乏"的过程。解决灾歉年减产及冬春家畜掉膘和死亡损失问题，必须贮草备料，通过草料补饲来满足家畜的营养需求。我国人多地少，精料的供应有限，冬春补饲主要靠打草、贮草，利用天然草地夏秋刈割，调制干草是最经济的贮草途径，也是我国牧区采用的最普遍的打贮草方法，它可部分解决灾歉年及冬春的饲草不足，减轻灾害造成的损失。

2. 对不同畜群合理划定放牧地

按照不同种类家畜的生物学特性，结合草地类别进行适宜性匹配，使不同的草地，配置最适合的家畜。不同的畜群，像牛、马、羊，对牧草有采食偏好，根据它们的喜食特性，将生长它们爱吃的牧草的地段分配给它们。

(1) 畜群放牧地段面积的确定

$$S = (A \times t \times B)/C$$

式中：S 为放牧地段面积；A 为牧畜头数；t 为放牧天数；B 为每头牧畜每天的食草量；C 为单位面积草地的产草量。

上式中合理确定放牧天数，即合理确定季节牧场的始牧期和终牧期对草场保护与利用具有重要的意义。过早放牧不仅会损害牧草的生机，影响其再生力，而且在刚刚解冻的草地上放牧还会破坏草皮，草地产量也低，满足不了牧畜的需要。过迟放牧会造成牧草粗老，降低其营养价值，同样减少牧草的再生时机，最终导致降低产草量和供应期。一般情况下，季节草地在生长期内的始牧期，以牧草萌发后 15～20 天为宜，也可根据牧草的高度判断。草地的终牧期，同样不宜过早或过迟。过早浪费牧草，过迟将影响第二年牧草的生长。一般以在牧草生长季节结束前 30 天停止放牧为宜。根据草地的始牧期与终牧期即可估算出季节牧场的放牧天数。

(2) 不同畜群放牧地段配置

1) 牛群。牛喜平坦放牧地。有陡坡的放牧地不宜放牛。最好是平坦谷地，河流沿岸地带。牛喜食禾草、豆科草、杂草。草层密度大，具有中等高度的草甸草地为最好牧牛地段。

2) 羊群。羊利用坡地的能力较强，能适应地形崎岖的地形，对水源要求也较低，故觅食范围广，除禾草、豆科草外，也能觅食各种矮小杂类草和灌木丛草地。

3) 马群。马适于平坦宽广或略有起伏的丘陵地，起伏过大或低湿草场均不适宜马的放牧。对牧草质量要求较严，适宜马的草类应为中高型禾草及豆科草。距水源也较远（可达 10km）。

3. 确定合理载畜量

载畜量是指一定时间内单位面积草地上能够饲养家畜的头数。

载畜量对生产者而言，意味着家畜数量的多少或畜产品的高低，它直接关系到生产者的经济利益，对于草地而言，意味着草地可以承受的放牧强度的高低和放牧压力的大小，它直接影响到草地的再生能力。合理的载畜量，必须将放牧强度控制在草地可承受的范围内。当载畜量过高，放牧强度过大时，采食过于频繁，牧草光合组织损失增加，再生能力受阻，严重时导致牧草死亡，因而确定合理的载畜量是草地保护规划的关键。合理的载畜量应该是根据当地各类草地的生产力来确定，既能够获得最大经济效益，又可以避免草地退化，使草地得以持续利用的载畜量。

在制定载畜量时还必须考虑草地生产力在不同年际间、不同季节间的动态变化。在干旱、灾害年份以及冷季要及时调整、压缩载畜量，处理过多的家畜，既可减轻对草地的压力，达到了保护草地的目的，又避免了不必要的经济损失。在选择、配置季节草场的过程中，要着重解决好冷季草场面积小的冷暖季草场比例失调的问题，扩大冷季草场面积，减轻冷季草场超载的压力。自然灾害频繁的地区，应在季节草场内，特别是冬春草场内留有一定面积的备荒放牧地，平时禁止放牧，在灾害袭击时启用。

4. 轮牧小区的设计

在确定了季节牧场和适宜的载畜量的基础上，对草地要实行科学的放牧规划，以便充分、均匀、合理地利用草地。科学的制定轮牧规划，可充分地利用草地，使草地得到系统的休闲，保证在整个放牧季家畜得到均衡的高质量饲草供应。

实行分区放牧就是把分配给一个畜群的放牧地段再划分成若干个小区称轮牧小区，进行轮流放牧。轮牧小区是畜群放牧地段内进行轮牧的基本单位。分区放牧是提高牧场生产率、保持草地生产力的有效方法，同时也符合放牧饲养的防疫要求。

(1) 轮牧小区数目

轮牧小区数目按下列公式计算

$$M = T/t + S$$

式中：M 为轮牧小区数；T 为轮牧周期；t 为小区内放牧天数；S 为休闲区数。

上式中轮牧周期指在放牧地段内，每个小区从第一次放牧到下一次放牧相隔时间，其取决于牧草的再生速度，牧草再生快，则周期短，反之长。牧草本身的再生速度又与草地的环境条件（雨量、气温、土壤、植被）有关。一般的轮牧周期为 25～45 天。

(2) 放牧频率

放牧频率与轮牧周期成反比关系。放牧频率也取决于牧草生长情况。放牧频率指在一个放牧季节内，每个小区循环利用的次数。

(3) 小区内放牧天数

小区内放牧天数，主要取决于牧草再生高度的限制。一般在牧草生长旺盛时期每天可长高 1～1.5cm。再生草长到 5～6cm 时，牧畜必须转移，以免新生草被牧畜吃掉。因此，小区内放牧天数为 5～6 天。从防治常见牧畜寄生虫害的要求看，若小区内的放牧天数在 6 天以内，也可有效防治牧畜寄生虫病的蔓延。

(4) 轮牧小区的大小与布局

分区的大小取决于草地生产力、草地质量和家畜密度。草地生产力高，放牧畜群密度则大，稀疏的草地家畜密度要降低。分区的生产力应大致相等，面积则不必完全相等。

分区的形状可依自然地形及放牧场的面积划分，最适宜的为长方形，一般小区的长度为宽度的 3 倍。大面积的分区可为正方形。

轮牧小区的划分与布局要考虑以下几个问题：

1）轮牧小区应配置在同一类型的草场上，以使各小区草层一致，更好地利用放牧场。

2）把畜群的空行减少到最低限度。这样，应使小区短边与畜道走向结合，畜群移动方向最好与主风向垂直，并尽量避免畜群逆光行进。

3）从任何一个小区到达饮水处或畜圈的距离不应超过畜群所能达到的距离。

4）若以河流为饮水水源，则应使小区的放牧顺序自下游向上游排列，以免河水污染。

5）各轮牧小区之间应设牧道联系。

6）小区界线应尽量与自然地物为标准，有条件地区应设置围栏（壕沟、堑岸、石墙、土墙、刺丝网或生物围篱等）。

(5) 轮牧小区的放牧组织

轮牧小区的放牧可有许多类型，须根据具体情况设计适合的轮牧计划，总的目的是减少放牧，保护草场。

一区连续放牧指在整个放牧季节内不受限制的放牧方式。在草层矮小，一年生草，适口性草类数量少的草原采用一区连续放牧往往可收到较好限制杂类草的效果。至于连续放牧时间则应有效控制，不使发生过牧，以免发生沙化。

季节性重复放牧指草场每年同一时期放牧的方式，当牧草具有明显的季节性变化或畜群有季节性变化时多采用季节性重复放牧。例如，某些植物一年中只在某一季节有适口性。也有些植物只有在雨后才生长。

轮牧指畜群按规定的轮牧计划从一块草地转向另一块草地的放牧方式。轮牧式放牧多在一些特殊情况下采用。例如，在牧草生长早期，草的生长速度慢，草的供应不足时，可采用"一日过放牧法"。

在实践中有时采用短期超放牧法。例如，先超放牧 1～2 个月，然后停牧 6 周至 5 个月。目的是为了消灭那些适口性不好的草类并促使草地在较长时间内恢复、减少不良植物对优良植物的竞争。

迟延放牧指在草类种子成熟以前不进行放牧的方式。

休闲轮牧制是指多种轮牧方式联合使用。例如，两个畜群的轮牧计划可以拥有一个休闲小区，两个短期春季放牧小区等。

(6) 放牧地保护规划步骤

总的来看，放牧地规划包括以下步骤：

1）分析、研究本地区草地资源调查的有关成果资料，全面掌握调查成果所提供的本地区和经营范围内的草地资源状况及其生产性能；

2）按照经营范围的草地资源状况结合经济效益的高低，确定适宜饲养家畜的最佳畜种结构、品种结构和畜群结构；

3）制定畜牧业生产发展的近、中期计划，确定经营范围内不同草地类型的适宜载畜率；

4）根据不同草地类型，不同植物类别、生物学特性及营养动态规律，确定经营范围内各草地的利用率和放牧时间。根据我国牧区的现实状况，利用率一般控制在55%～70%左右，在已经退化、坡度较大以及干旱地区的利用率应低一些，在早春牧草返青后半个月内以及晚秋牧草枯黄前一个月，利用率应更低一些；

5）制定好轮牧计划，区数不宜多，一般 3～8 个，各区条件应该一致，面积相近，各区放牧时间长短不限，应该包括延迟放牧、休闲及早春的短期放牧和秋季减少放牧。畜群转移时间按草群的利用率进行；

6）选择并配置好各个季节营地，要按照地形地势（主要是冬暖夏凉）、植被（草群的繁殖、营养、适口性等）、水源（主要是饮水半径、水源状况等）、管理需要（棚圈的条件和居民点，打草场、饲料地的远近）以及载畜率的高低、草地的潜力等状况，因地、因草、因时制宜地将草地划分为四季、五季或两季营地；

7）推行季节营地内的分段轮牧。在调整、配置好季节营地后，进一步将各季节分为若干段，实行分段依次放牧。对夏秋营地可根据其产草量、载畜量以及牧草的再生能力、水源状况等条件，实行分段轮牧。

（二）割草场规划

由于牧草地的产草量存在着明显的季节间的不均衡性，夏、秋季节产草多且营养好，冬季节严重不足，所以为了保证全年均衡供应饲草，必须在天然草地或人工草地上打草，加工成青饲、干草或干草粉储存起来，备冬季补饲之用。因此割草是牧草地利用的又一主要方式，对保证草地畜牧业高产稳产具有重要意义，必须对其进行合理的保护性规划。

1. 割草地的选择

首先要求草地植株生长旺盛，茎秆高大，且草质好。一般以根茎性或繁丛性疏禾科草类或高大丛生的豆科草类以及上述草类的混合型为好。杂草类在干燥过程中枝叶易脱落，不易调制成良好的干草，其占草地的草类比例以不超过 10% 为宜，作为割草地，还要求植被的再生能力强。

从地形来看，地势低平，土壤水分条件较好，集中连片，障碍物少的低洼地草地，河滩草地，河谷地和排干的沼泽地都可以配置割草地，这些地方牧草生长好，又便于管理和机械割草。

2. 轮割区的划分

(1) 轮割制度规划

如果连年在同一地段同一时期割草，会限制根部的正常生长、茎叶的发育和种子的形成，从而导致草地产草量下降，因此应对割草地实行轮割制度，进行轮割制度规划。

割草地轮割制度是按一定顺序逐年变更收割时期、收割次数、休闲与培育措施等的一种轮换制度，以保证草地植物营养物质的积累及种子形成，改善生长条件，保护草地的生机。

割草地轮割制度因各地的自然和经济特点不同而异。例如，按照牧草的发育阶段和培养草场的要求，轮割制中包括以下环节：休闲、抽穗期收割、始花期收割、盛花期收割、结籽后收割。

(2) 轮割区的划分

轮割区是轮割制度的基本作业单位，可按割草地的总面积、轮割制度、地形条件、割草的机械化程度、草地改良和保护的要求、劳动组织等条件划为几个轮割区。轮割区外形应力求规整，以适应机械作业的要求；牧草类型基本一致，以便于在同一时间内打草；应有方便的道路联系；区内草轮割区之间的面积应基本相等，以保证获得均衡的产草量。

3. 储草场的设置

对收割的青草的主要利用方式是调制干草，储存起来以备冬季饲草的不足。因此需要规划储草场，选择场址，确定占地面积和进行储草场的内部布局。

(1) 场址选择

长期储存干草的场所应选在冬季牧地内距牲畜棚舍较近，运输方便的地方。场地要求干燥，地势平坦，排水良好，以防干草受潮变质。此外还要注意防火，设在背风处，四周设围栏。

(2) 储草场占地面积估算

①首先根据草堆的形状和规格，计算出每个草堆的体积；②实测单位体积干草的重量，根据草堆体积即可求得草堆的干草总量；③预测干草总需要量，根据总的干草需要量和一堆干草的重量计算所需草堆数；④根据草堆的占地及间距、草堆与外围的间距和附属设置的占地估算整个储草场的占地面积。

(3) 储草场内部配置

一般草堆呈行列状布置，两相邻草堆相隔约5m左右，前后两排草堆之间间距应不小于30m，草堆与储草场围栏之间距离应保持在15m以上，草场内设置储水池和消防用具及管理人员住房等。

（三）人工草地规划

人工草地实质上是对天然草地进行耕翻，人工种植牧草，形成新的植物群落，创造出高产的草地。人工草地的规划应解决选址、利用方式、水、电、林、路、草畜配套，草地改良措施的采用等一系列问题。

1. 选址

人工草地应选在土层较厚、地形条件较好，有天然水源，距居民点较近的地方，要具备一定的运输条件，以便运送畜产品。

2. 水、电、林、路、草畜配套

水、电、林、路要统一规划布局，以便于生产和管理；其次草畜要配套，目前南方山丘地区建立的大片人工草场，往往形成山上草多畜少，山下畜多草少，使人工草场的效益不能充分发挥。

3. 人工草地改良措施规划

包括开垦天然草场，清除灌木、石块，进行耕翻整地；施肥与灌溉；播种优良牧草；消灭有害植物及杂草；清除草地的鼠害；改良土壤等。

第六节　湿地保护规划

由于湿地有许多特性，目前有 50 种以上的定义。我国湿地主管部门——国家林业局在 1997 年对湿地的定义为：湿地系指天然或人工、长久或暂时性沼泽地、湿原、泥炭或水域地带，还有静止或流动淡水、半咸水、咸水水体者，包括低潮时水深不超过 6m 的海域。湿地是重要的自然生态系统或自然资源，具有巨大的经济、生态和社会效益，是实现可持续发展的重要基础。我国湿地类型主要为海岸湿地，湖泊湿地，河流湿地，沼泽湿地与人工湿地，其中人工湿地（包括稻田、水库）是面积最大的一类湿地（吕宪国，2004）。但是，本节讨论只限于沼泽地和滩涂的保护开发规划。

一、湿地的形成及其功能

湿地生态系统是自然界重要生态系统之一，其特点是由湿生、沼生和水生植物、动物、微生物及其与上述生命形成有关的非生命的水、光、热、无机盐等组成。多水（积水或饱和）、独特的土壤和适水的生物活动是湿地的基本要素，积水或淹水土壤、厌氧条件和相应的动植物，是既不同于陆地系统也不同于水体系统的本质特征。

湿地生态系统的形成条件主要包括三个方面：①相对的负地形。即在同一地貌类型分布区内相对地势较低的区域。这些相对负地形往往是区域地表水和地下水的汇流中心，更容易积水或土壤水饱和而形成厌氧的环境，形成湿地；②水源补给条件。湿地的形成最主要是水，要使地表积水或土壤水饱和足够长的时间。形成湿地的水源有地表水源、地下渗流、冰雪融水和直接的大气降水等形式；③隔水层。区域隔水层的存在不仅可以使汇集到相对负地形中的水不至于垂直渗漏或者向区域外渗漏，而且可以使区域地下水位达到一定的高度，从而使相对负地形区积水或土壤水饱和。

湿地形成的三个条件在不同区域的具体特征及其组合是千差万别的，因此形成了多种多样的湿地。

湿地的功能主要包括水文功能、生物地球化学功能和生态功能三个方面：

1. 湿地水文功能

湿地水文功能指湿地在蓄水、调节径流、均化洪水、减缓水流风浪的侵蚀、补给或排出地下水及沉积物截留等方面的作用。湿地一般都位于地表水和地下的承泄区，是上游水源的汇聚地，具有分配和均化河川径流的作用，是流域水文循环的重要环节。

（1）蓄水、调节径流和均化洪水功能

湿地被称为陆地上的"天然蓄水库"，在调节径流、防止旱涝灾害等方面具有重要意义。凡是和河流、湖泊相连通的湿地一般都具有调蓄洪水的作用，包括蓄积洪水、减缓洪水流速、削减洪峰、延长水流时间等。湿地调蓄洪水功能的发挥主要取决于湿地的植被类型、植被覆盖范围以及被保护对象的坡度、土质和水位差等。

（2）沉积物截留功能

湿地具有独特的吸附、降解和排除水中污染物、悬浮物、营养物，使潜在的污染物转化为资源的过程，这一过程既包括物理作用，也包括化学和生物作用。

（3）补给地下水

在雨水丰沛期，湿地接纳雨水并渗入地下含水层，调节地下水的供给能力。

2. 生物地球化学功能

湿地处于大气系统、陆地系统与水体系统的界面，在水分、养分、有机物、沉积物、污染物的运输转移中处于重要地位，具有 CO_2 等物质的"源"、"汇"功能，是全球 N、S、CH_4 等物质循环的重要控制因子。

3. 生态功能

生态功能主要指湿地在建立生态系统持续性和食物链维持力等方面发挥的作用。具体地说，主要包括：①维持食物链。湿地由于其特殊的水、光、热等条件，初级生产力高，能量积累快，是地球上最富有生产力的生态系统之一，其产生的物质和能量沿食物链从绿色植物转移到昆虫、鱼、虾等食草动物，再进入水禽、哺乳类等食肉动物，最后部分有机物被微生物分解进入再循环，大部分能量散失，构成巨大的食物链；②重要物种栖息地。由于湿地提供的巨大食物链及其所支撑的丰富的生物多样性，为众多的野生

动植物提供独特的生境，使湿地拥有丰富的野生动植物资源，是众多野生动植物，特别是珍稀水禽的繁殖和越冬地，被称为"生物超市"、"生物多样性的保护神"，具有很高的研究价值。

二、湿 地 价 值

根据国内外研究，湿地价值可以分为湿地使用价值和非使用价值，它们可以进一步划分，使用价值可分为直接使用价值和间接使用价值两部分，而非使用价值包括选择价值、遗赠价值和存在价值三部分（姜文来，2004）（图 8-5）。

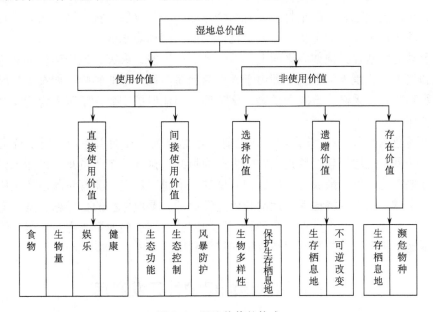

图 8-5　湿地价值的构成

对于湿地的直接使用价值大家比较熟悉，这里不再赘述。

湿地的间接使用价值　即湿地的功能，湿地的生态功能、生物控制与风暴防护功能在不同程度地保护人类的活动，是未被直接利用的财产，或者支持和维护自然和生态系统的过程，被经济学家称为"间接利用价值"。

湿地的选择价值　选择是有价值的，由于选择的目的不同，最终结果存在着很大的差异。如一块湿地，当我们将其夷为平地建设高楼时，我们获得的效益就是大楼所产生的效益，失去的则是湿地所具有的一切价值。湿地保护为我们或我们的子孙后代选择湿地利用方式的增多创造了十分有利的条件，但湿地的保护也要付出代价和费用。湿地选择价值的存在，使一些潜在的使用者愿意付出一部分费用来保存它，以便将来有更多的机会利用。

存在价值　存在就有价值，有一句格言："世上本没有垃圾，有的只是放错了地方的财富"。在现实条件下，无论湿地是否有用途，它的存在都具有价值。湿地的存在价值受多种因素的影响，如个人素质、社会文化背景等，在欧美一些国家，有许多个人不遗余力地保护濒临绝种的野生动物、具有重要价值而且非常敏感的海岸及文物资源等。

遗赠价值 这是站在子孙后代的角度来考察的。我们无法估计我们的后代对湿地资源的态度；但我们有理由确信，对清新的空气、干净的水及大自然景观的基本需求和爱好是每一个人所必然要求的；因此保留湿地，将其遗留给我们的子孙后代是非常有意义的。

三、湿地保护规划

湿地是具有多种功能和价值的生态系统，是人类最重要的环境资源之一，被誉为"地球之肾"。然而由于全球变化影响和对湿地的过度开发，大多数湿地生态系统处于不良状态。对湿地生态系统的干扰主要有两个方面，一是自然干扰，即无人为活动介入的在自然环境条件下发生的干扰。气候变化（气温升高和降水变化）是影响湿地分布和功能的主要动力因素，其他如海平面上升、外来物种入侵、火灾、地壳运动都能造成湿地的退化和消失。二是人为干扰，即由于人类活动对湿地产生的影响。如农业开垦、城市开发、水利工程、采矿、道路和桥梁、旅游等。湿地保护主要是限制人为活动对湿地的侵占或破坏。

从世界范围来看，在20世纪中叶之前，除部分湿地被加以保护，用于狩猎、捕鱼和水禽保护外，湿地管理主要是以农业生产为目的，排水、疏干湿地。20世纪70年代以后，湿地功能评价逐渐成为湿地保护领域的一个研究热点，随着对湿地功能认识的不断深化，全球范围内的湿地保护运动开始蓬勃展开。湿地保护的指导思想是：坚持"全面保护、生态优先、突出重点、合理利用"的方针，维护湿地系统生态平衡、保护湿地功能和湿地生物多样性，实现湿地资源的持续利用。

（一）沼泽地的保护性开发利用

沼泽地是湿地的主要类型。沼泽地区低平的地貌、丰富的水土资源和动植物资源等，构成了独具特色的生态系统，可以通过排水除涝建设成为商品粮基地，也可发展牧业，开发湿地植物资源，有利于农、林、牧、副、渔综合发展。我国沼泽地 4 255 933hm^2，主要集中在东北，大约占全国的70%，其次是青藏高原，大约占全国的10%（张凤荣，2001）。

1. 沼泽地的成因和特性

沼泽地一般都出现在低洼地形处。在山区多见于分水岭上的碟形洼地、山间汇水盆地、沟谷地；在平原地区多分布在山前洪积扇缘洼地、浅洼地、河间线形洼地、河流三角洲；此外还有滨海洼地、熔岩盆地等。地形低洼，地面坡降小，排泄不畅，在接受过量大气降水或地面来水时，水分潴积起来，形成沼泽地。沼泽地上的土壤称为沼泽土。

沼泽化土壤质地多黏重，土壤颗粒组成以黏粒和粉砂为主，同时黏粒在剖面上的分布又多呈现两层性，即下层的黏粒含量比表层高一倍以上。由于质地黏重，导致土壤的渗透性很弱。土壤的渗透不良，起到隔水和托水的作用，阻碍了上层水与下层水的联系，为上层滞水和潜水的形成创造了条件。沼泽地土壤水分过多，造成土壤通气不良、土温低、土壤养分减少和有毒物质积累等。

沼泽地的分布不受气候条件的限制，只要有潮湿积水的条件，在任何地带都可发生。但我国温带和亚热带地区开发早，沼泽地基本上都已改造为农田。因此，沼泽地在我国主要分布在东北平原、青藏高原、天山南麓，在华北平原、长江中下游及东南滨海地区也有零星分布，另外，在山区的河谷地带也有分布（张凤荣，2001）。

2. 沼泽地开发利用的影响因素

(1) 水分过多，土壤通气不足

过多的土壤水分，减少了土壤和大气之间的气体交换，因此，沼泽土通常是氧气不足和二氧化碳积累，引起根系呼吸困难和根系总体积的减少。持续通气不良，导致根的死亡。根系死亡的另一个原因可能是在嫌气条件下，土壤微生物活动会产生像硫化物和丁酸一类的化合物，对植物生长产生毒害作用，影响土壤和植物的代谢系统，使农作物受害。

(2) 土壤过湿对作物营养物质的影响

一些金属，特别是锰，在高浓度下，对农作物有害。在土壤过湿缺氧还原条件下，锰有较大的溶解度，造成土壤中的锰浓度的增加。

在过湿缺氧还原条件下，土壤有机质分解减慢，减少了土壤养分物质的释放和供应，而且有利于反硝化作用的进行，造成氮的损失或产生亚硝态氮的累积，不利于作物的营养。良好的排水条件每公顷供氮56kg，而排水差的沼泽土，每公顷供氮只有18kg。在黏质土上所做的地下水位对土壤供氮量影响的试验表明，在地下水埋深40cm时，土壤平均供氮量为55kg/hm²，在地下水埋深90cm时，土壤平均供氮120kg/hm²，地下水埋深150cm，则土壤平均供氮150kg/hm²，即随着地下水位的降低，土壤供氮状况得到改善（张凤荣，2001）。

(3) 沼泽地土温低对农作物的影响

沼泽地由于土壤水分过多而使土温降低，这是因为水的热容量大，比土壤固体部分大两倍左右，造成吸收同样热量情况下沼泽地升温低。此外，大量的土壤水在蒸发时需要吸收热量，也是造成沼泽地土温低的原因之一。土温低，土壤有机质分解减慢，使土壤养分含量减少，从而影响农作物生长。

(4) 土壤过湿对田间作业的影响

过湿的土壤进行耕作，会引起机械设备被胶着住，增加牵引阻力，甚至由于土壤过湿造成土壤承载力过低而不能进行田间作业。湿土作业，还会造成土壤压实，土壤结构破坏，使土壤生产潜力下降。如果不能及时进行播种、收割等，将使农作物减产，甚至完全绝收（如播种太迟）。

3. 沼泽地保护性开发利用

沼泽地的开发，首先是要排除过多的水分。在一个地区采取什么样的形式进行排水，要根据地形、土壤和水分来源来确定。例如，在山地丘陵地区要修截流沟，防止山水进入农田；在平原地区，首先要考虑排水出口的问题，在内部要修建排水网络系统；在封闭的洼地，有的需要抽水排水。考虑土壤因素主要是指按土壤质地层次及其透水性能，选择明排或暗排。根据造成沼泽化的不同水分来源，采取不同措施。如由地下水引起的沼泽化，要深沟排水，降低地下水位；由地面水引起的，主要靠明渠浅沟排水；由江河泛滥引起的，则必须疏通河道和修筑堤防；由坡积水引起的，要修截水沟等。除了工程措施外，还可适当采用生物措施和农业技术措施。

排除水后，沼泽地的开发利用方向可有以下选择：

(1) 开垦为水稻田

沼泽地排水以后可以种植多种作物。但沼泽地的作物适宜性不同，种植不同的作物其产量和效益肯定也是不一样。1977年，黑龙江宝清县在新开垦的沼泽地上种植大豆、小麦和水稻，亩产分别是62kg、115kg和302kg，说明种水稻是最适宜的。1978年大旱，大豆和小麦依然获得了较高的产量，说明沼泽土的土壤水分条件较好。但一般年份还是种植水稻好（张凤荣，2001）。

对一般旱田来说，如果土壤空气中的氧少于9%～12%，根系发育将受到影响，少于5%，大多数作物的根将停止生长。二氧化碳的浓度在1%左右为最合适，如果达到9%～10%，大多数作物将很快死亡。水稻是喜湿的作物，在大部分生长期内，需要保持较多的水分，这是由于水稻的根、茎、叶具有通气组织，可与田面以上的大气进行交换，所以水稻可以较长时间生活在含水量饱和的土壤中，但是如果积水过深过久，或地下水经常过高，也会造成通气不良，水稻根部缺氧，根扎不深，易倒伏，并易产生黑根、烂根等，导致水稻减产。所以，种植水稻也必须有排水措施（张凤荣，2001）。

(2) 开辟为牧场

沼泽地草场主要有小叶樟、芦苇、苔草草场。其中小叶樟是最主要的牧草植物，它不仅是一些草场的主要建群种，而且常常以优势种或伴生种出现于各类草场之中。小叶樟的粗脂肪含量高于紫苜蓿，低于羊草；而粗蛋白含量高于羊草，低于紫苜蓿，是优良的牧草。沼泽草场如经排水，生态环境改变，可逐渐向小叶樟草场演变。

(3) 建立芦苇基地

芦苇是重要的造纸和人造纤维工业原料。用2.5t芦苇可以生产1t纸，能代替5m³优质木材（张凤荣，2001）。芦苇是喜水植物，在沼泽积水条件下，可以繁殖生长。但如长期淹水，土壤养分缺乏，氧气不足，芦苇根系上升地表，淹没在水里的茎结会长出大量的不定根，使芦苇产量不高。因此，为了建设芦苇生产基地，提高产量，应修建一定的排灌工程，做到能灌能排，使沼泽水分状况适应芦苇的生长要求。

这些利用方向对沼泽地生态系统影响较少，同时又容易恢复其沼泽地特性的方式，既有利于人类的开发利用，又可防止生态条件恶化。

（二）滩涂的保护性开发利用

滩涂与沼泽的共同点是水分过多；不同点是滩涂比较有规律地间断地被水淹没和露出水面，面积和水深的变化都比较大；而沼泽相对来说水分比较停滞，面积和水深的变化较小。由于水进水退，使滩涂土壤的水分更新和气体交换频繁，因此，滩涂土壤中一般无还原物质积累，这也是滩涂与沼泽的不同点之一。我国滩涂面积 769 907hm²，是重要的后备土地资源，开发潜力巨大（张凤荣，2001）。

1. 滩涂的类型

滩涂应该包括海涂、湖滩地及河滩地。沿海大潮高潮位与低潮位之间的潮浸地带称为海涂，是滩涂的主要类型，狭义上的滩涂就是海涂。湖泊常水位至洪水位间的滩地和水库、坑塘的正常蓄水位与最大洪水位间的面积称为湖滩地。河流常水位至洪水位间的滩地称为河滩地。

2. 滩涂的性质

（1）经常有水淹的危险

自然条件下的滩涂，周期性地遭受水淹。海涂随着每天的潮涨潮落，受海水的淹没；河滩地和湖滩地每年随着雨季和洪水的来去，也周期性的遭受水淹。按遭受水淹的频率来说，以海涂最为频繁，河滩地次之，湖滩地再次之；按遭受水淹面积的变率来说，以河滩地最为频繁，湖滩地次之，海涂再次之。筑堤围滩开发要充分注意这些特点。

（2）沙质

与沼泽地不同，各种滩涂的质地都较沙。沼泽地的土壤是静水沉积物，沉积物颗粒细，土壤黏重。而滩涂受潮浪冲击，沉积物颗粒较粗。但海涂、湖滩地和河滩地这三种滩涂的土壤质地也不尽相同。一般来说，湖泊的水较稳定，因此，湖滩地的质地是三种滩涂中质地最细的，以轻壤土或沙壤土为主。河滩地的水流不稳定，沉积物较粗，一般以沙土为主。海涂虽受风浪冲击大，但其泥沙来源本来就是经河流长途搬运后进入大海的，物质较细，海浪只是将其再次分选；因此，海涂的质地一般介于湖滩地和河滩地之间。海涂的质地与海岸类型也有关系，一般平原型海岸，海涂面宽，质地较细，为粉沙至沙壤；山地型海岸海涂较窄，质地较粗，海滨浴场一般选择在山地型海岸的滩涂上。

（3）地下水浅

由于邻接水体，各种滩涂的地下水位都很高，即使在露出地面时，滩涂的地下水位也不超过半米。但它们的地下水水质不同，湖滩地和河滩地的地下水一般为淡水（咸水湖除外），而海涂的地下水为咸水（临近河流，受河流淡水补给的除外）。

3. 滩涂的保护性开发利用

滩涂的开发利用与沼泽不同，由于风急浪大，首先要营造防护林，修筑堤防。

(1) 营造防护林带

滩涂造林具有防风和防浪的双重作用。滩涂地形平坦，邻接水面，容易起风，而且风大，特别是海涂的风比湖滩地、河滩地的风更大。如果没有防护林的保护，种植大田作物难以成活或成长。风大浪大，浪对农田、堤防的冲击力更大，在堤防临水一面种植防护林带，有直接的保护堤防作用。防护林带一般布置在堤防的外围，林带的宽度10m左右，间距200～300m，主林带应垂直于主风向。防护林还具有减少蒸发，抑制土壤盐化的作用。

防护林树种要选择耐水渍的树种，乔木有杨树、柳树、刺槐、侧柏；灌木树种有紫穗槐、圣柳等，其中，刺槐、侧柏、紫穗槐和圣柳还具有耐盐的特性，特别适宜于在海涂上栽种。热带和亚热带地区的海涂可以栽植适生的红树林。为了达到更好的防风效果，林带要乔灌结合。

(2) 修筑堤防

防护林仅能起到降低风速，减小风浪冲击的作用，若开发滩涂，还必须修建防潮堤。防潮堤的作用是将潮浪涌起的海水或湖水或河水拦截在堤防之外，并有利于排除堤防之内的水。防潮堤的高度应是最高潮位与最低潮位之差加最大波浪爬高，再加上适当的安全超高。防潮堤的断面规格和筑堤物料的选择要根据抗浪击潮涌强度的要求，可以通过水工试验获得参考数据。防潮堤要选在滩面稳定、植被情况较好的地段。

(3) 围滩造田

在有了防护林和堤防的前提下，可以围滩造田。由于地下水位高，所以围滩造田也要兴修排水系统。排水一般采用抽水排水方式把过多的水排出堤外。同时可以采取台田方式抬高地面，即通过挖塘的办法，将挖出的泥土垫在田面上，珠江三角洲的桑基鱼塘就是这种办法。围出来的田一般还要经过培肥和改良。对于海涂要通过灌溉淡水洗掉土壤中的盐分。种稻洗盐是一种好办法。

但是必须看到，湖区围滩造成调蓄洪水能力下降，河滩造地减少了行洪断面，都可能造成更大的洪涝灾害；因此，围湖造田、围河滩地造田，都要适度，以保证湖面有足够的调蓄洪水能力，并且以不阻碍河流行洪为原则。

(4) 水产养殖

滩涂的开发也可以开展水产养殖业。我国江苏、浙江、福建、广东的沿海水产养殖就是利用的滩涂，获得了很好的经济效益。

(5) 滩地牧场

利用滩地水草丰富茂盛的特点，进行季节放牧，不用修筑堤防，是一种经济快捷的开发利用方式。利用滩涂栽植发展芦苇、香蒲、莲藕等耐水渍植（作）物，其收益也相当可观。

（三）湿地保护区规划

对于许多湿地，由于各种原因如生态脆弱、拥有珍稀物种等，当前不适宜开发，需要建立湿地自然保护区，对其加以特殊保护。湿地自然保护区是人类为了保护湿地资源而由政府或其他机构根据受保护对象的分布、活动范围划定的专门的保护区域。建立湿地保护区是进行湿地保护和管理的有效方式。

1. 建立湿地保护区的条件

建立湿地保护区的目的是保护湿地生态系统、保护湿地资源及湿地区域的生物多样性，因此选择湿地保护区应具备以下条件（李杨帆等，2003）：

1）典型的自然湿地生态系统，或已遭到破坏但经保护能够恢复的湿地生态系统和景观。

2）珍稀濒危湿地野生生物的集中分布区或繁殖区，包括重点保护动物的集中分布区或繁殖地，湿地旅游、候鸟地繁殖、越冬和主要迁徙停歇地，重点保护湿地植物的主要产地，野生生物种、标本的集中地等。

3）具有重要保护价值的水源涵养地。

4）具有特殊保护意义的湿地自然风景区。

2. 湿地保护区选址

保护区的选择是一个十分复杂的问题，根据建立湿地保护区的条件，可从多个方面对其进行评价：①典型性评价：选择有代表性生物群落的地区建立保护区；②稀有性评价：稀有种、地方特有种或群落及其独特生境，以及汇集了稀有种的所谓动植物避难所的地区，在保护区选址中具有特别重要的优先地位；③脆弱性评价：对环境改变敏感的生态系统具有较高的保护价值；④多样性评价：选择保护区还应考虑群落的数量、类型、保护区地貌条件以及植被演替过程等，进行综合描述；⑤潜在价值评价：由于各种原因被破坏后的湿地，若采取一定措施使其原有生态系统恢复，有可能发展成为比现在价值更大的保护区；⑥科研潜力评价：一个地区的科研历史、科研基础和进行科研的潜在价值。

3. 湿地保护区设计

确定选址后，要根据保护区的生态特征，进行保护区的大小、形状等设计。湿地自然保护区设计要求：

（1）水文情势完整性

这是湿地保护区不同于其他保护区的设计。因为湿地保护区依靠水而生存，水是制约湿地功能的关键因子。水文情势的完整性，即维持完整的小流域或积水区域，使保护区受到的自然水文条件得以维持。

（2）景观多样性

景观多样性是决定物种和基因多样性的基础。一般保护区要包括不同的景观类型，如岛状林、灌丛、湿草甸、沼泽、河流和湖泊等，这样才能满足各种生物的需要，维持食物链的完整性。

湿地保护区的面积、形状与功能分区等与一般自然保护区相同，见第七节。

在湿地保护区规划的基础上，建立完善的政策和法制体系是有效保护湿地，实现湿地资源持续利用的关键。

第七节　自然保护区规划

耕地、林地、草地、湿地的保护规划都是对特殊用途的土地资源保护规划，其主要目的是保护土地资源持续地为人类提供各种产品。而建立自然保护区的目的则主要是保护和发展稀有和珍贵的生物资源以及濒危物种，以及观察研究自然界的发展规律，进行生态系统以及与工农业生产有关的科学研究和环境监测。

一、自然保护区概述

（一）自然保护区的概念

人类在长期的生产实践中逐渐认识到，如果对原有的自然资源不加保护，全部耗尽，后果将是不堪设想的，因此，人们越来越强烈地感到自然和自然资源保护的重要性，建立自然保护区就是保护自然和自然资源的重要手段。

所谓自然保护区是指在不同的自然地带和大的自然地理区域内，划出一定的范围，将自然资源和自然历史遗产保护起来的场所，包括陆地、水域、海岸和海洋在内。这个场所是一个活的自然博物馆，也是自然资源库。它为观察研究自然界的发展规律，保护和发展稀有和珍贵的生物资源以及濒危物种，引种驯化和繁殖有价值的生物种类，进行生态系统以及与工农业生产有关的科学研究和环境监测，开展生态学和环境学教学和参观游览等提供良好的基础（王献溥等，1989）。

（二）自然保护区的主要类型

自然保护区由于其本身的特点不同，各有各的个性。自然保护区的分类可以按保护的对象、保护的时期、保护面积、保护区的归属和性质等来划分。

根据保护区的性质，自然保护区可以分为七个类型（王献溥等，1989）。

1. 科研保护区

由于人为活动的影响，各地自然环境发生迅速变化，为了保持自然的原来面貌，有必要在各个自然地带不同的生物地理省范围内，选择若干不受或少受人为干扰的原生性生态系统类型保存较好的地区，建立成科研保护区，以供研究自然过程的基本规律和环境监测之用，并作为自然资源遗传基因库，为工农业生产提供不时之需。如吉林的长白山、陕西的太白山、湖北的神农架、四川的卧龙、云南西双版纳勐腊等。目前这一类型的保护区无论在数量上还是从分布上都远未能满足各种生态环境和遗传基因库建设的要求。科研保护区的首要任务是保护和科研，但为了维持，也可能划出一定的区域，开展某些生产经营业务，对外开放。

2. 国家公园

一般说，国家公园选定的条件和标准与科研保护区类似，也具有科研区的目的和作用，但它们大多包括一些著名的文化和历史古迹，风景优美，特别值得对外开放，在旅游事业上占有更大的比重。因此旅游区域应该被特别突出地划分出来，以免影响到对核心区的保护。许多国家对国家公园保护区的划定和建设十分重视，如美国的黄石国家公园和澳大利亚的皇家国家公园等，举世闻名，面积也很大，均在 50 万 hm^2 以上。我国似乎还未真正建立以国家公园命名的保护区，湖南张家界保护区被命名为国家森林公园，但性质多少有些差别。那里原生性森林面积有限，完整性也较差，从地矿部门的意见来看，更多地强调其地质地貌特点及其美学价值。因此我国还应在一些风景优美的地方或著名的名胜古迹区域建立国家公园，构成一类特殊的保护区。

3. 管理的保护区

这类保护区一般在典型的生物地理省范围内，已无适当的原生性生态系统类型存在，但在一些人为干扰较轻的地段，即使是由次生生态系统类型组成，但稍作管理，如封山育林或其他人工管理，即可恢复原生性的生态系统类型的地区。此外，为了保护和促进特定的濒危动、植物的恢复和发展，也可建立这类保护区，如保护熊猫、猿猴、扬子鳄、水杉等物种。保护区面积大小主要由所保护的对象及其生物学和生态学特性的要求来决定，也要考虑经济发展的因素。

4. 资源管理保护区

顾名思义，资源管理保护区的目的在于使某些资源生产能够持续供应，如水源、木材、药材、经济动植物和其他林牧副产品等。只要使所要利用的资源保持一定的平衡，最大限度地持续供应，而环境又不发生根本改变，即可达到建立保护区的目的。资源管理保护区对我国西半部的草原、荒漠、高寒灌丛和草甸以及湖泊、湿地、海岸和海洋等建立保护区具有非常重要的意义。因为这些区域的资源不可能进行绝对的保护，但又不可能过分地开发利用，以免导致环境恶化，影响人们生产和生活水平的提高。

5. 自然古迹保护区

这里指自然古迹具有科研、教育和旅游价值的区域，但所在地不一定保存有原生性生态系统类型，也并非处在保护区范围之内，可根据实际情况和要求，适当扩大一定的面积建立保护区，使其能开展多方面的经营。如引人注目的大瀑布、火山口、陨石坑等，就适于建立这类保护区。广西、贵州的岩溶景观、云南的石林、吉林的陨石雨区等，许多地方都适于建立这类保护区。

6. 历史文化景观保护区

指过去人类的各种生产和文化活动所创造的有科研、教育和旅游意义的区域。如不同区域的万里长城、四川的都江堰以及各地著名的庙宇、桥梁、运河、古代园林等，都值得建立成独特的保护区，加强保护和管理。

7. 考古保护区

指由于具有考古价值，需要进行保护的地区，使其能在科研、教育以及旅游等方面起更大的作用。如北京的周口店北京猿人生活过的区域、陕西临潼秦始皇兵马俑（应该把秦始皇墓和周围相当面积的农地景观划出，专门建立一个历史保护区）。

实际上，许多自然保护区具有自然资源保护、科研、教育、生产开发和旅游等多方面的功能。特别在我国土地资源紧缺，未受干扰的处女地少的情况下，设立自然保护区要考虑"一专多能"，多重利用，以发挥其最大效益。

二、自然保护区规划

（一）选择自然保护区的条件

自然保护区不是任何地方都可以建的，必须选择一些典型的有代表性和有科学或实践意义的地段，并使保护区的建立和布局形成科学体系。一般可作为自然保护区的条件如下：

1）不同自然地带和大的自然地理区域内，天然生态系统类型保存较好的地区，首先应考虑选为自然保护区；有些地区天然生态类型已遭破坏，但其次生类型通过保护仍能恢复原来状态的区域，也应选为保护区。

2）国家一、二类保护动物或有特殊保护价值的其他珍稀濒危动物的主要栖息繁殖地区。

3）国家一、二类保护植物或有特殊保护价值的其他珍稀濒危植物的原生地或集中成片分布的地区。

4）有特殊保护意义的天然景观、洞穴、岩溶地貌、风蚀地貌、岛屿、湿地、水域、海岸和海洋等。

5）有科学研究价值的地质剖面、化石和孢粉产地，历史和考古区域，冰川遗迹、火山口、陨石区等自然历史遗产地。

6）维护生态平衡方面具有特殊意义需要加以保护的区域。

7）在利用与保护方面具有成功经验的典型地区。

上述各条件不是孤立的或相互排斥的，有时几个条件同时体现在一个区域内。实际应用时，应和建立自然保护区的目的结合起来，明确其主导因素。

（二）确定保护区具体地点与名称

建立自然保护区，应根据地区的自然条件、自然资源和社会经济条件等基本情况，明确当前存在的问题和发展潜力，然后确定其保护区类型及具体地点。

一般以自然生态系统和自然资源整体为保护对象的保护区，选点时应尽可能选择受人为影响较少、各类生境保存比较完整、足以代表特定自然地带和区域的典型自然生态系统及其演替类型保护较好、物种比较丰富的地区，并将能保持主要种群生存、繁衍和发展等所必需的最合适的空间确定为保护区的面积；如果以特定的动植物资源为主要保护对象的保护区，应从这些种类的分布区全面考虑，选择分布较多，环境较典型的区域，并考虑到保护对象的生物学和生态学特征，为其划定适宜的区域；其他类型的保护区，主要根据其特殊要求来确定。但无论哪种保护区，都必须同时考虑与当地经济建设、文化和科学发展以及居民生活等多方面的关系。

自然保护区名称一般采用三名制，即保护区所在省、县名＋保护区所在地名＋保护区类型名，或采用保护区所在省＋具体地名＋保护区类型名，如吉林长白山温带森林保护区。

（三）自然保护区面积的确定

大的保护区比小的保护区能更好地保护物种和生态系统，保护区面积越大，生态系统越稳定，生物种群越安全，但可供生产和资源开发的区域则越小。因此保护区面积适宜很重要。保护区的面积应根据保护对象和目的而定，应以物种与面积关系、生态系统的物种多样性与稳定性以及岛屿生物地理学为基础来确定保护区面积。一般物种数随面积而增减，计算公式为

$$S = C \times A^z$$

式中：S 为物种数；A 为岛屿面积；C、z 为常数，C 取决于测度单位及栖息地和生物类群，z 值一般在 0.4 ～ 0.34 之间。

（四）保护区的形状

考虑到保护区的边缘效应，狭长形的保护区不如圆形的好；因为圆形可以减少边缘效应。狭长形的保护区造价高，受人为影响大，还没有真正的核心区，所以保护区的最佳形状是圆形。实际上，在设计保护区的形状时要结合当地实际情况，根据地貌条件来具体设计。

（五）保护区功能分区

在进行保护区功能分区时，一般分 3 部分：① 核心区，在保护区范围内，划分出一部分保存完好的天然状态的地区，进行绝对保护，禁止一切人为干扰，甚至禁止在此

区内开展科研活动；② 缓冲区，在核心区周围划出一定面积的缓冲区，在此区内可允许进行非破坏性的科研和标本采集工作；③ 实验区，缓冲区的外围可设实验区，进行植物引种、栽培和动物的引种、饲养和驯化等实验，也可开展一些旅游参观活动，取得一定的经济效益，补贴保护区的开支。

（六）保护区的管理

（1）保护区是向人们开放的

保护区应向外开放，而不是一个封闭于"罐"内的禁区。实践证明，封闭式的保护区是难以做到的，特别是中国人口众多，当地居民靠山吃山，靠水吃水，把具有丰富资源的保护区和人民隔绝开来，社会的压力和内部工作的困难会导致保护区瓦解。强调保护区是开放的，不等于说任何地方都可进入，都可随意开发，而是要求在保护区内，通过划定不同的区域和制定各种各样的措施，使必须得到严格保护的区域得到应有的保护，并通过研究试验使本地丰富的资源，能最大限度地、持续地满足各方面的需要。

（2）保护区要和当地的经济建设和人民生活的要求密切联系起来

要特别加强保护区和当地居民的生产和生活的密切联系，使保护区和邻近地区的供需相互协调，并使当地居民成为保护区的真正保护者。

参 考 文 献

姜文来，袁军. 2004. 湿地. 北京：气象出版社

李杨帆，刘青松. 2003. 湿地与湿地保护. 北京：中国环境科学出版社

梁朝仪. 1992. 土地评价. 郑州：河南科学技术出版社

吕宪国. 2004. 湿地生态系统保护与管理. 北京：化学工业出版社

戎郁萍，赵萌萌，韩国栋等. 2003. 草地资源持续利用原理与技术. 北京：化学工业出版社

孙时轩. 1995. 造林学. 北京：中国林业出版社

王万茂. 1996. 土地利用规划学. 北京：中国大地出版社

王献溥，金鉴明，王礼嫱等. 1989. 自然保护区的理论与实践. 北京：中国环境科学出版社

王治国，张云龙，刘徐师等. 2000. 林业生态工程学. 北京：中国林业出版社

张凤荣，安萍莉，孔祥斌. 2005. 北京市土地利用总体规划中的耕地和基本农田保护之我见. 中国土地科学，(1)：10～16

张凤荣，王静，陈百明等. 2003. 土地持续利用评价指标体系与方法. 北京：中国农业出版社

张凤荣. 1996. 持续土地利用管理的理论与实践. 北京：北京大学出版社

张凤荣. 2001. 土地资源保护与农业可持续发展. 北京：北京出版社

张凤荣等. 2005.《农用地分等规程》的几个理论问题及应用方向. 资源科学，27（2）：33～38

张佩昌，袁嘉祖等. 1996. 中国林业生态环境评价、区划与建设. 北京：中国经济出版社

张启凡，王智才. 1997. 耕地质量评价理论与实践. 西安：西安地图出版社

中华人民共和国国土资源部. 2003. 农用地分等规程（TD/T 1004—2003）. 北京：中国标准出版社

邹玉川. 2002. 全国耕地保护工作全书（上、中、下）. 北京：中国农业科学技术出版社

FAO/UNESCO. 1976. A Framework for Land Evaluation. Soils Bulletin No. 32, Rome

第九章 中国土地保护法律

我国是一个土地资源（特别是耕地资源）十分匮乏的国家，也是土地生态环境十分脆弱、土地退化非常严重的国家。近年来，随着人口的增长和经济的发展，土地遭到了严重的人为破坏，因此，有必要通过立法来规范人们利用土地和保护土地的行为。

法律是国家制定和认可的调整人们社会关系的行为规范，具有权威性、规范性和强制性等特征。广义的法律，是指国家机关制定或认可的具有权威性、规范性和强制性的种种文件，如宪法、法律、法令、条例、决议、命令等；狭义的法律，专指由全国人大及其常务委员会依照立法程序制定和颁布的规范性文件。我国是一个法治国家，采用法律手段实施土地保护是我国的重要国策。我国已经制定和颁布了许多有关土地保护的法律法规，构建了比较完整和有效的土地保护法律体系。本章介绍我国土地保护立法的沿革和概况，并分别介绍耕地保护和土地生态保护两大方面的法律规定。

第一节 土地保护立法概况

一、新中国成立前的土地保护法律

（一）中国古代土地保护法律

我国是农业大国，历代王朝都非常注重土地的利用和保护，制定了许多政策和法律，以便发展农业生产，增加政府财政收入和巩固王朝政权。有关土地保护的法令，可以追溯到遥远的夏、商、周三代。据文献资料记载，夏禹曾下禁令："春三月，山林不登斧斤，以成草木之长，夏三月，川泽不入网罟，以成鱼鳖之长。"（见《周书，大聚篇》）。西周时期曾颁布《崇伐令》："毋填井，毋伐树木，毋动六畜，有不如令者，死无赦。"（见《说苑》）这些也许可称之为世界上最早的有关土地及其生态环境保护的法规。对中国古代的土地及其生态环境保护法规进行一番清理，以期从中得到某些启示，这是十分必要的。

1. 关于耕地保护的法律

周王朝设有专门负责改良土壤的"草人"一职："草人掌土化之法以物地"，他掌理改良土壤使其肥美的方法（见《周礼·地官》）。为了保护田地和水利设施，王朝立有"禁野之横行径喻"的条令，即禁止在野地从田中横过或穿越沟渠堤防（见《周礼·秋官》）。对于那些无故不承担国家所规定的种田植树任务者，周王朝则有相应的惩罚制度：住在乎地的居民，"凡宅不毛者，有里布，凡田不耕者，出屋粟"（见《周礼注疏》卷十三）。即住宅周围不种树者仍按住宅占地面积的标准纳税，有田不耕使之荒芜者，罚以三家之税粟。住在山林的居民，凡是"不耕者，祭无盛，不树者无椁"（同上）。即不耕田者，祭祀不能用祭谷；不种植树木者，死后有棺而不能用椁。

在先秦时期，人们就已经认识到适宜地使用土地的重要性。《黄老帛书·君正》指出："人之本在地，地之本在宜……知地宜，须时而树，节民力以使，则财生。"其意思是说，人之根本在于土地，而土地的根本则在于使用适宜，知道适宜地使用土地，按时种植，并有节制地使用民力，则能生财。该书的《国次》篇还将过度地使用土地称之为"五逆"之一，诫告统治者加以防范。秦代以后，随着统一的封建国家的发展和强大，历代政府更是充分运用国家的行政职权制定各种法律和措施，调动各方面的力量拓荒垦田，兴修水利，保护农田。如《唐律》就规定了对于荒废农田者的处罚条例："诸部内田畴荒芜者，以十分论，一分笞三十，一分加一等，罪止徒一年。"在以农业为主的中国封建社会，这类法令很多，因篇幅所限，此不赘。

2. 关于林地和树木保护的法律

据周王朝经国治民的宪典《周礼》记载，当时设有专门负责看护山林的"山虞"之职，"山虞掌山林之政令，物为之厉，而为之守禁。仲冬斩阳木，仲夏斩阴木……令万民时斩材，有期日。"（见《周礼·地官·山虞》）这段话的大意是说，山虞执掌山林，使山林之内的树木禽兽等物各有藩界，令当地伐木之民根据不同树木的生长特点，以时入山采伐，而且采伐的时间亦有期限（见《周礼注疏》卷十六郑众、贾公彦注疏）。在山虞的官职之下又设有"林衡"一职，"林衡掌巡林麓之禁令，而平其守。以时计林麓而赏罚之。若斩木材则受法于山虞，而掌其政令"（见《周礼·地官·林衡》）。由此可见，周王朝不但设有负责管理森林树木的专职人员，而且制定了相应的赏罚制度。林麓蕃茂，民不盗窃则有赏，否则罚之。若采伐木材，则按照以上所订之法规，执行山虞之令。

《周礼》一书中对于百姓伐木的时间、地点均做了规定："春秋之斩木不入禁"。意即春秋之时，百姓伐木不能进入山林的藩界，而只能砍伐四野平地所生之木。然而，即使是四野之树木，也并非可以毫无限制地砍伐。例如，在春蚕生产的季春之时，对于四野的桑树及其取代品柘树却仍然采取保护措施，这一措施见于《礼记》一书中。在这部补充解释古礼的文献资料的《月令》篇中记载："命野虞无伐桑柘"，即命令野虞禁止民众砍伐桑树、柘树。其目的是为了确保春蚕的食物来源。《月令》中还记载："季夏之月……树木方盛，乃命虞人入山行木，毋有斩伐。"即在季夏之时命令山虞入山巡视森林，防止有人伐木。必须要等到草木凋零的冬季才能入山伐木，即"草木零落，然后入山林"（见《礼记·王制》）。

对于违反规定而采伐木材者，政府亦将予以刑罚处置；"凡窃木者有刑罚"（见《周礼·地官》）。另据《全上古三代文》所载，先秦时期还在军队出行之时，立下了"不得刈稼穑、伐树木"的军令，并明申"违令者斩"，上述一系列法令表明，当时对于保护树木的问题是非常重视的。

随着封建国家各项制度的完善，礼与法正式分离开来，有关土地保护的正式法律条文亦随之产生。1975 年 12 月在湖北云梦县出土的秦简记载的《秦律·田律》中，就明文规定："春二月，毋敢伐材木山林及雍（壅）堤水。不夏月，毋敢夜（野）草为灰，取生荔……"（《睡虎地秦墓竹简》，文物出版社，1978 年版）意思是说，春二月不准入山砍伐林木，不准堵塞水道，不到夏季，不准烧野草作肥料，不准采集刚发芽的植物。在《唐律》中，也订有对破坏树木等行为的处罚原则："诸弃毁官私器物及毁伐树木、稼穑者，准盗论。"《明律》、《清律》也有诸如此类的规定。

3. 关于草地保护的法律

为了保护草地，周王朝立有禁止随意焚烧草地的法令，国家设立了"司煌"一职，掌握用火的政令，其职责之一便是按时下达焚烧野草的命令。如有擅自焚烧野草者，"则有刑罚焉"。此外，又有掌管牧地的"牧师"之职，他在牧场周围设置藩篱，严禁外人擅自入内。在孟春之时，他又负责焚烧牧场的陈草，以便于新草的生长（见《周礼·夏官》）。

（二）新民主主义革命和民国时期的土地保护法律

中国古代在以土地自由买卖为前提的封建地主经济体制下，土地兼并一直是一个非常严重的问题。清朝道光年间，全国人口达 4 亿多，而当时的荒地又开垦完毕，人地失衡现象日趋严重。辛亥革命后，在孙中山先生"平均地权"学说的基础上，邓演达根据长期的革命实践，于 1931 年 5 月起草了中国国民党临时行动委员会的政治纲领《我们的政治主张》，在关于土地保护方面，它（第三条）明确规定：由国民会议规定土地法，并斟酌各地方情况，分别规定农户占有耕地的最高额和最低额及国家收买土地定价法。（第八条）领用土地而不耕作，或怠工，耕作不力的农民，剥夺其土地使用权和收益权；耕作私有土地的农民如犯以上条件，则剥夺其占有权。邓演达的土地保护主张较孙中山先生的"平均地权"，更进一步具体化，更切实可行，更具有平民的性质。但 1931 年他牺牲后，其土地保护主张也就无法实施，却给后人留下许多借鉴之处。

1930 年，国民党政府综合《土地法》、《土地使用法》、《地价税法》、《土地征收法》、《土地登记法》等法律草案制定成新的土地法，屡经修改，直至 1946 年修正后才正式公布实行。在土地保护方面，除了一般的规定之外，在第一编中它明确规定：对农地、林地、渔地、牧地、狩猎地、盐地、矿地、水源地、要塞和边境地不得设定负担或租赁与外国人；外国人租赁或购买土地，其面积、地点应受当地政府法律的限制；外国人经营工业所需要土地的面积、地点须经该事业的中央主管机关核定，并不得作为核定以外的用途；公有土地非经规定部门同意不得处分或设定负担或超过 10 年之租赁。

抗日战争后期，在土地荒废，大后方粮食危困的情况下，国民党政府先后颁布了《九省荒地开垦计划》、《非常时期难民移垦规则》，垦荒原则为：大批可耕荒地面积在 1 万亩以上而能实行大规模经营者，由中央设立国营垦区管理，尽可能采用集体耕作经营方式；开垦荒地必须是有耕作能力的人；促进省营、县营及民营垦殖并尽量给予经济上、技术上帮助；鼓励民间金融、实业团体出面招民垦殖。结合 1938 年制定的《水利建设纲领》，在一定程度上解决了后方大军的粮食问题，支援了抗日战争。

中国共产党从诞生之日起就把土地问题作为反帝反封建的民主革命的首要任务。因此，在这一时期，中国共产党领导的工农民主政权制定了一系列土地保护法规。第二次国内革命时期，中国共产党相继颁布了《井冈山土地法》、《兴国土地法》和《中华苏维埃共和国土地法》。抗日战争时期，各根据地抗日民主政权大都制定了土地法规，其中比较有代表性的是《晋冀鲁豫边区地区土地使用条例》。在解放战争时期，中国共产党于1947年公布了《中国土地法大纲》，其中对大森林、文物古迹等特殊的土地及财产规定了不同的处理办法，并规定了土地管理机关。这部法规在我国土地保护立法史上有着承前启后的历史作用，为以后的土地保护立法奠定了基础。

二、新中国成立后的土地保护法律

新中国成立以后，党和国家十分重视土地资源的保护和合理利用工作，开展了大规模的兴修水利、改良土壤、水土保护、农业区划、土地利用规划等工作，并针对我国土地资源保护和利用中存在的问题，颁布了一系列的法律、行政法规，运用法律手段规范土地资源开发利用的有关活动。

建国初的土地保护法规主要有：1951年农业部、水利部《关于加强灌溉管理工作的联合指示》，其中关于耕地保护的规定为："各灌溉事业领导机关为保持土壤肥沃，防止盐碱化及获得农田的高度生产量，应对各种土壤、各种作物作最适当的灌溉方法、期距、水量等，以及农田地下水位之升降、盐碱地改良、作物耕作方法等进行实验研究。"1953年《国家建设征用土地办法》强调凡属有空地、荒地可资利用的地方，国家建设就不征用或少征用良田。这一时期，保护土壤、防治土壤退化是土地保护立法的重要内容。1955年11月9日，《农业生产合作社示范章程草案》规定："合理地使用耕地；兴修小型水利，增加水田，扩大灌溉面积，改善灌溉方法；增加肥料，合理地施肥；改进耕作方法；修整耕地、改良土壤，护林造林，培养草坡，进行农、林、牧、水综合的水土保持措施；在不妨碍水土保持的条件下开垦荒地。"1956年，《全国农业发展纲要》第十二条规定："农业合作社和国营农场，都应积极改良和利用盐碱地，注意防止盐碱化，山地必须有计划地修整梯田，用各种办法把瘠薄的土地变成肥沃的良田"，根据这一精神，全国进行了大规模的农田基本建设，如平整土地、修筑梯田、改造坡耕地和改良土地，使耕地质量有一定程度的提高，耕地数量也有增加。在1955年10月，1958年8月和1959年12月，曾三次召开全国水土保持工作会议，讨论水土防治工作。1957年7月25日，国务院发布的《水土保持暂行纲要》第八条规定："原有陡坡耕地在规定坡度以上的，若人多地少地区，应该按照坡度大小、长短、规定期限，修成梯田或者进行保水保土的田间工程和耕作技术措施。若是人少地多地区，应在平地和缓坡地增加单位面积产量的基础上，逐年停耕，进行造林种草。在规定坡度以下的耕地，也应该进行必要的水土保持措施。轮歇地应该种植牧草，以增加地面覆被。"1958年8月，中共中央发布《关于深耕和改良土壤的指示》，要在两年内对全国约14亿亩需要改良的土地，采取不同的改造方案进行改良。同时，要把一切能深耕的土地深耕一遍。1959年，农业部发出《关于加强人民公社土地利用规划工作的通知》，要求土地利用规划应切实抓住深耕、改良土壤、挖掘肥源、平整土地、因地制宜，充分利用闲散地，扩大耕地面积。这一通知以深耕改土为中心，是土地保护的相关法规。1962年9月27日，《农村人民公社工作条例修正草案》明确提出"要爱惜耕地，基本建设必须尽可能地不占用或者少占用耕地"，而且提出开荒的前提是"不破坏水土保持，不破坏山林、不破坏草原"。所以这一时期土地保护的重点是防止占用耕地和破坏水土保持，同时以深耕改土为中心来增加耕地面积。

1973 年，国家计划革命委员会、国家基本建设革命委员会发出《关于贯彻执行国务院有关在基本建设中节约用地的指示的通知》，要求基本建设征用土地，必须实行节约用地的原则。凡是可利用荒地、空地、劣地进行建设的，就不得占用耕地、良田。必须占用耕地时，也要精打细算，尽可能少占，并帮助群众采取造田、改土、旱地变水田等措施，努力做到占田不减产。对危害农田或占地数量大的工业废渣、废气、废水和矿山尾矿、电厂煤灰等要采取切实可行的办法，综合利用，积极治理，尽量减少占地和不占良田，兴利除害，支援农业。要发展废渣制砖和砌块，逐步代替黏土砖，避免损坏农田。这是 20 世纪 70 年代关于土地保护的一个重要法规。要求建设单位帮助改土造田的规定，体现了这一时期国家对土地保护的重视程度，同时由于这一可资实行的具体措施的规定，也比前一时期只强调少占耕地的原则规定迈进了一步。

1981 年 12 月，《全国农村工作会议纪要》提出"切实注意保护耕地和合理利用耕地"。1982 年 6 月 30 日，国务院发布《水土保持工作条例》，该条例确认，保护和合理利用水土资源，防治土壤（包括水）流失，是改变山区、丘陵区、风沙区面貌，治理江河，减少风沙、水、旱灾害，建立良好生态环境，发展农业生产的一项根本措施。该条例同时确立了水土保持工作"防治并重，治管结合，因地制宜，全面规划，综合治理，除害兴利的方针"。该条例作为国务院的行政法规，对全国的水土保持工作具有普遍约束力，对于规范土地保护起到了一定作用。这一时期，还颁布了《中华人民共和国森林法》（以下简称《森林法》）和其他有关法规，是土地保护的又一法律依据。在整个 20 世纪 80 年代，随着改革开放步伐的加快，乡镇企业用地和农民建房用地也大量增加，耕地大量被占用。有些地方发展乡镇企业，用地不搞规划，不履行审批手续，随意占用；个别农村干部目无国法，以权代法，随意批地，自批自用，甚至买卖和非法转让土地，使许多耕地改变了用途，退出了农业生产领域。由于这个原因我国的耕地面积一直在缩小，始终没有稳定下来。为了制止这种状况的继续发展，国务院于 1981 年发布了《关于制止侵占耕地建房的通知》，1982 年发布《国家建设征用土地条例》和《村镇建房用地管理条例》；1983 年 10 月发出《关于制止买卖、租赁土地的通知》。这些文件都强调要采取一切措施，制止乱占滥用和破坏耕地的行为。1986 年，中共中央、国务院又联合发出了《关于加强土地管理、制止乱占耕地的通知》，指出"我国人多地少，耕地后备资源不足……十分珍惜和合理利用每寸土地，切实保护耕地，是我国必须长期坚持的一项基本国策"。同年 6 月，我国又颁布了《中华人民共和国土地管理法》（以下简称《土地管理法》）。该法第 20 条第 2 款明确规定："国家建设和乡（镇）村建设必须节约使用土地，可以利用荒地的，不得占用耕地；可以利用劣地的，不得占用好地。"为了有效地保护耕地，我国《土地管理法》还对国家建设占用耕地的审批权限作了严格规定，将县级人民政府对耕地的审批权限于 3 亩以下。并规定农村居民建住宅需要占用耕地的，要经县级人民政府批准。这就进一步为我国耕地的保护提供了法律保障。1987 年 4 月，国务院又发布了《中华人民共和国耕地占用税暂行条例》，其目的是通过征收耕地占用税来控制非农业建设对耕地的占用，稳定耕地面积，保护珍贵的土地资源。这是建国以来我国为保护耕地而制定的第一个专门法规，它的颁布和实施对我国耕地的保护具有十分重要的作用。1987年6月，农牧渔业部、国家土地管理局发出《关于在农业结构调整中严格控制占用耕地的联合通知》，指出："耕地大幅度减少，主要是农村产业结构调整占用耕地过多"，"为保证耕地面积不致减少过多，以保持粮田面积的稳定，除对非农业建设占地采取下达指令性计划指标严格控制外，对农业内部结构调整占用耕地也必须严加控制"。具体而言，就是"严令禁止私自在承包的耕地中挖鱼塘、种果树、造林等，这要作为我国农业的一项基本规定长期坚持下去"。另外，对农业结构调整占用耕地要建立严格的审批制度，做好监督检查工作。1988修正后的《土地管理法》进一步明确了破坏耕地者的法律责任，规定："违反法律规定，在耕地上挖土、挖沙、采石、采矿等，严重破坏耕地种植条件的，或者因开发土地，造成土地沙化、盐渍化、水土流失的，责令限期治理，可以并处罚款。"这就为我们制止破坏耕地的行为、保护耕地质量，提供了重要的法律依据。1991年6月29日，第七届全国人民代表大会常务委员会第二十次会议通过了《中华人民共和国水土保持法》（以下简称《水土保持法》），这是一部水土保持的基本法。它注重对土地质量的保护，与20世纪50年代保水保土的立法，共同形成我国土地保护的两次高潮。另外，这一时期也注重对土地资源及环境的保护，我国的《中华人民共和国环境保护法》[①]（下称《环境保护法》）、《中华人民共和国水法》、《森林法》、《中华人民共和国草原法》（以下简称《草原法》）、《中华人民共和国矿产资源法》等都有关于保护环境、保护土地的规定。我国现行的土地保护法律规范是由1998年新修订的《土地管理法》、《中华人民共和国土地管理法实施条例》、《基本农田保护条例》、《土地复垦规定》、《耕地占用税暂行条例》等法律法规共同构成的，并以前三个法律法规为中心，辅以土地保护的地方法规、相关法规和专门法规，形成了我国独特的土地保护制度。

总结我国现行的土地保护法律，可以概括为两个方面：一是耕地保护方面的法律规定，如《土地管理法》、《中华人民共和国农村土地承包法》[②]（以下简称《农村土地承包法》）、《土地管理法实施条例》、《基本农田保护条例》、《耕地占用税暂行条例》等法律法规都对耕地保护做了具体规定；二是土地生态保护方面的法律规定，如《环境保护法》、《森林法》、《草原法》、《水土保持法》等法律法规对土地生态保护做了具体规定。

第二节　耕地保护法律规定

综合考察我国现有的法律、法规、条例、规程等规范性文件，对耕地的数量（面积）、质量（地力或单位面积产量）、生态环境和产权关系等四个方面的保护都做了明确的规定。

---

① 《中华人民共和国环境保护法》. 1989年12月26日第七届大陆人民代表大会常务委员会第十一次会议通过。

② 《中华人民共和国农村土地承包法》. 2002年8月29日第九届大陆人民代表大会常务委员会第二十九次会议通过。

一、耕地数量保护

（一）耕地数量保护的基本法律规定

1998 年修订的《土地管理法》具体要求省级人民政府必须采取措施，确保当地的耕地总量不减少。为了实现这个政策目标，《土地管理法》规定国家严格控制耕地用途的转变，同时还确立了"占一补一"的耕地保护政策，该项政策的内容是：凡是非农建设占用耕地的，应符合土地利用总体规划，经批准占用耕地的，要按照'占多少，垦多少'的原则，由占用耕地的单位负责开垦与所占用耕地的数量和质量相当的耕地。这项政策中的"占多少，垦多少"就是"占多少，补多少"，也就是所谓的"占一补一"；"数量和质量相当"实际上是生产能力的相当。所以"占一补一"的耕地保护政策就是建设占用的耕地与通过土地整理复垦开发补充的耕地在生产能力上相当，"一"是耕地数量和质量的总和，是耕地生产能力的"当量"。由于耕地质量的内涵通常包括单位面积耕地的产量水平和耕地生态环境的状况，因此，在补充耕地的数量、质量与建设占用耕地的数量、质量"相当"中，除了生产能力相当之外，补充的耕地不能受到污染，利用补充的耕地所生产的农产品品质也应当与利用建设占用的耕地所生产的农产品品质相当。所以，耕地"占一补一"是耕地生产能力相当和耕地农产品品质相当的总和。

由于近年来耕地"占一补一"实践实际上只是涉及数量问题；因此，在本部分耕地数量保护的分析中，虽然仍然采用"占一补一"这个名词，但具体的内容不涉及耕地质量部分。

（二）耕地数量保护的法律运行方式

（1）实施土地用途管制制度，严格控制耕地转用

土地用途管制是《土地管理法》的重要内容，是土地利用方式和管理制度的重大变革。该法第四条规定："国家实行土地用途管制制度。国家编制土地利用总体规划，规定土地用途，将土地分为农用地、建设用地和未利用地。严格限制农用地转为建设用地，控制建设用地总量，对耕地实行特殊保护。"对耕地转用管制的基本规则为：区域内的耕地在规划期内不得擅自转用；鼓励区域内的非耕地资源向耕地转化，严禁占用基本农田进行非农业建设。国家重点建设项目确需占用耕地的，应经法定程序办理耕地转用手续，如该法第四十四条规定："建设占用土地，涉及农用地转为建设用地的，应当办理农用地转用审批手续。省、自治区、直辖市人民政府批准的道路、管线工程和大型基础设施建设项目、国务院批准的建设项目占用土地，涉及农用地转为建设用地的，由国务院批准。在土地利用总体规划确定的城市和村庄、集镇建设用地规模范围内，为实施该规划而将农用地转为建设用地的，按土地利用年度计划分批次由原批准土地利用总体规划的机关批准。在已批准的农用地转用范围内，具体建设项目用地可以由市、县人民政府批准。"

（2）明确了耕地数量保护的法律责任

耕地"占一补一"的法律责任包括三个方面：

1）政府部门的管理责任，《土地管理法》规定，在省级行政区域内耕地总量减少的，当地省级人民政府应组织开垦与所减少耕地的数量与质量相当的耕地。如果市、县人民政府为实施土地利用总体规划和城市总体规划，在土地利用总体规划确定的城市建设用地区内分批次占用耕地进行建设的，由当地人民政府负责在本行政区域内通过开发整理补充耕地，若在本行政区域内无耕地后备资源可开发整理的，按省级人民政府的规定缴纳耕地开垦费，由所属的省、自治区、直辖市人民政府负责在本行政区域内统筹安排开发整理补充耕地。

2）建设单位的经济责任，即非农建设经批准占用耕地的，按照"占多少，垦多少"的原则，由占用耕地的单位负责开垦与所占用耕地的数量和质量相当的耕地。具体是建设单位在土地利用总体规划确定的城市和村庄、集镇建设用地区外单独选址的建设项目占用耕地的，由建设单位负责补充耕地，没有条件开垦或者开垦的耕地不符合要求的，按照省、自治区、直辖市的规定缴纳耕地开垦费[①]。

3）农村集体经济组织的责任，即经依法批准将土地利用总体规划确定的村庄和集镇建设用地内的耕地转为建设用地，由用地的农村集体经济组织负责补充，具体可由乡（镇）人民政府统一组织，通过土地整理补充占用的耕地，并要力争耕地面积有所增加[②]。

（3）耕地"占一补一"中补充耕地的方式是土地整理复垦与开发

几年来，在耕地的"占一补一"过程中，补充耕地的方式是土地整理复垦与开发，即实行建设用地项目补充耕地与土地开发整理项目挂钩的制度，并具体要求：以土地开发为主的项目，净增耕地面积不低于项目规划设计面积的 60%；以土地复垦为主的项目，净增耕地面积不低于项目规划设计面积的 40%；以土地整理为主的项目，净增耕地面积不低于项目规划设计面积的 10%[③]。

（4）耕地"占补平衡"中补充耕地的时序是先补后占或边补边占

为了切实做好耕地的"占一补一"，要在耕地后备资源调查、符合土地利用总体规划及土地开发整理专项规划的基础上，经过论证审查，确定补充耕地的土地开发整理项目，按不同规模建立国家、省（自治区、直辖市）、市（地）、县（市）各层次的项目库。制定建设用地项目补充耕地方案时，可在项目库里筛选。

在建立项目库的基础上，运用土地开发整理资金，先行组织实施开发整理项目，储备补充的耕地。建设用地项目占用耕地时，建设单位确实没有条件开垦或者开垦的耕地

---

① 国土资源部. 关于切实做好耕地占一补一工作的通知. 1999 年 2 月 4 日. 国土资发 [1999] 39 号。

② 国土资源部. 关于加大补充耕地工作力度确保实现耕地占一补一的通知. 2000 年 4 月 7 日. 国土资发 [2000] 120 号。

③ 国土资源部. 国家投资土地开发整理项目管理暂行办法. 2000 年 11 月 7 日. 国土资发 [2000] 316 号。

不符合要求的，按规定标准缴纳耕地开垦费，可以购买储备的耕地补偿指标，实现先补后占[①]。在土地利用总体规划确定的城市和村庄、集体建设用地范围内分批次农用地转用占用耕地的，应先通过实施土地开发整理项目储备补充耕地，做到先补后占；对于单独选址建设项目占用耕地的，建设单位可以在当地土地行政主管部门的监督指导下，按要求自行组织实施土地开发整理项目补充耕地，边补边占。

(5) 耕地"占一补一"中补充的耕地由土地管理部门会同农业部门验收

在总体上，《土地管理法》原则规定：确认补充的耕地是否与建设占用的耕地在数量和质量上相当，由国务院土地行政主管部门会同农业行政主管部门验收。

对于具体的验收工作，有关部门要求[②]：省级土地行政主管部门负责对补充耕地进行验收，补充耕地面积和质量必须做到与占用的耕地相当。委托市（地）级土地行政主管部门验收的，验收结果要经省级土地行政主管部门复核确认。国务院批准的建设用地项目补充耕地的验收结果，由省级土地行政主管部门报国土资源部备查。

对补充耕地的质量验收，可侧重从耕地的耕作层厚度、平整度、土壤质地、灌排水条件、道路和林网建设等方面来评定耕地质量，也可参照当地农业行政主管部门的有关标准进行评定[③]。

对于农用地转用的，土地开发整理新增加的耕地只有经省级人民政府土地行政主管部门验收合格后，方可提出申请[④]。对于涉及土地整理、复垦中的土地置换和耕地置换转让的，需对新增耕地面积和质量进行验收确认[⑤]。

《国务院关于深化改革严格土地管理的决定》（国发［2004］28号）中明确指出"严格执行占用耕地补偿制度。各类非农业建设经批准占用耕地的，建设单位必须补充数量、质量相当的耕地，补充耕地的数量、质量实行按等级折算，防止占多补少、占优补劣。严格保护基本农田。基本农田是确保国家粮食安全的基础。土地利用总体规划修编，必须保证现有基本农田总量不减少，质量不降低。"[⑥] 为此国土资源部又进行了具体部署，《关于开展补充耕地数量质量实行按等级折算基础工作的通知》国土资发［2005］128号要求"补充耕地数量质量实行按等级折算，是按照农业综合生产能力不降低的原则，利用农用土分等定级成果和方法，将补充耕地数量、质量与被占用耕地等级挂钩并进行折算，实现耕地占补数量和质量平衡。"[⑦]

---

① 国土资源部. 关于土地开发整理工作有关问题的通知. 1999 年 10 月 18 日. 国土资发 358 号。

② 国土资源部.《21 世纪初中国耕地资源前景分析及保护对策》(2002 年 3 月 4 日)（研究报告）。

③ 国土资源部. 关于进一步加强和改进耕地占一补一工作的通知. 2001 年 11 月 28 日. 国土资发［2001］374 号。

④ 国土资源部. 关于切实做好耕地占一补一工作的通知. 1999 年 2 月 4 日. 国土资发［1999］39 号。

⑤ 国土资源部. 关于土地开发整理工作有关问题的通知. 1999 年 10 月 18 日. 国土资发 358 号。

⑥ 国务院.《国务院关于深化改革严格土地管理的决定》. 2004 年 10 月 21 日.（国发［2004］28 号）。

⑦ 国土资源部. 关于开展补充耕地数量质量实行按等级折算基础工作的通知. 2005 年 7 月 6 日. 国土资发［2005］128 号。

二、耕地质量保护

(一) 耕地质量保护的基本法律规定

实际上，前述的"占一补一"耕地保护政策不仅涉及耕地数量的保护，还涉及耕地质量的保护。其中，要求土地整理复垦开发补充的耕地在数量和质量上与建设占用的耕地相当，其中的质量相当，就是对新补充耕地质量保护的要求。

同时，对于现有的耕地质量，相关法律法规也专门规定了对其实施保护的政策。《土地管理法》第三十二条规定："县级以上地方人民政府可以要求占用耕地的单位将所占用耕地耕作层的土壤用于新开耕地、劣质地或者其他耕地的土壤改良。"第三十五条规定："各级人民政府应当采取措施，维护排灌工程设施，改良土壤，提高地力，防止土地荒漠化、盐渍化、水土流失和污染土地。"第四十一条规定："国家鼓励土地整理。县、乡（镇）人民政府应当组织农村集体经济组织，按照土地利用总体规划，对田、水、路、林、村综合整治，提高耕地质量，增加有效耕地面积，改善农业生产条件和生态环境。地方各级人民政府应当采取措施，改造中、低产田，整治闲散地和废弃地。"

《中华人民共和国农业法》[①]（以下简称《农业法》）第五十八条规定："农民和农业生产经营组织应当保养耕地，合理使用化肥、农药、农用薄膜，增加使用有机肥料，采用先进技术，保护和提高地力，防止农用地的污染、破坏和地力衰退。县级以上人民政府农业行政主管部门应当采取措施，支持农民和农业生产经营组织加强耕地质量建设，并对耕地质量进行定期监测。"

《中华人民共和国水土保持法》[②] 第一条规定："为预防和治理水土流失，保护和合理利用水土资源，减轻水、旱、风沙灾害，改善生态环境，发展生产，制定本法。"第六条规定："国务院水行政主管部门主管大陆的水土保持工作。"

可见，耕地质量保护的内容，不仅包括了对新增耕地质量的要求，同时，包括了对现有耕地质量保护的要求，确保耕地的整体质量不断提高，防止耕地质量退化或遭到破坏。

(二) 耕地质量保护的法律运行方式

(1) 要求"占一补一"中新补充耕地的质量达到规定的标准

《土地管理法》第三十一条规定，任何依法进行的非农业建设占用耕地的，占多少耕地要负责开垦多少耕地，不仅数量，而且质量都要相当。也就是说，首先要保证耕地数量不能少；其次，开垦耕地的质量要与占用耕地的质量相当。从实际情况出发，若占用的是良田，就必须开垦成好的耕地；如果使新开垦的荒地或者劣质耕地在短时间内变

---

① 《中华人民共和国农业法》(2002 年 12 月 28 日第九届全国人民代表大会常务委员会第三十一次会议修订)。
② 《中华人民共和国水土保持法》(1991 年 6 月 29 日第七届全国人民代表大会常务委员会第二十次会议通过)。

成较好的耕地，这需要一个时间过程，占用单位可以给原耕地使用人一些补偿，用于改造和培养地力，提高土地质量；对于耕地后备资源不足的地方，占了耕地又不具备开垦耕地的条件，没有可开垦的土地，或虽然有可开垦的土地，但开垦后质量达不到所占耕地的质量，或者耕地占用单位本身没条件去开垦新耕地，就必须按照省、自治区、直辖市的规定缴纳耕地开垦费，实行易地开发，耕地开垦费也要专款专用。对于那些建设占用的耕地，其质量好、产量高的，要求占用耕地的单位在占用前将耕地耕作层的土壤搬移用于新开垦的耕地、劣质地或者其他耕地的土壤改良，这既有利于新开垦的耕地与被占的耕地质量相当，又保证新开垦耕地的质量。

近几年，国土资源部等部门的相关政策法规对耕地质量问题予以高度重视，耕地"占一补一"中对耕地的要求已开始从数量到质量的逐步跨越。在1999年和2000年这两年内，有关耕地"占一补一"的耕地保护政策[①]，都主要注重耕地的面积平衡，对于耕地的质量考虑较少，仅是原则的规定。但进入2001年后，就要求各地应充分认识耕地占一补一在耕地保护中的重要意义，进一步落实耕地"占一补一"的目标责任制，按照耕地数量、质量和生态管护三方面协调统一的要求，采取有效措施，确保补充耕地与占用耕地数量相等、质量相当，把耕地占一补一工作进一步落到实处[②]。

(2) 规定了耕地质量保护的法律责任

《土地管理法》第七十四条规定：违反本法规定，占用耕地建窑、建坟或者擅自在耕地上建房、挖砂、采石、采矿、取土等，破坏种植条件的，或者因开发土地造成土地荒漠化、盐渍化的，由县级以上人民政府土地行政主管部门责令限期改正或者治理，可以并处罚款；构成犯罪的，依法追究刑事责任。

《刑法》第三百四十二条规定：违反土地管理法规，非法占用耕地改作作用，数量较大，造成耕地大量毁坏的，处五年以下有期徒刑或者拘役，并处或者单处罚金。

(3) 采取鼓励、奖励和经济扶持的措施促进耕地质量保护

为了提高耕地质量保护的积极性和实际效果，还制定了一系列促进耕地质量保护的鼓励、奖励和经济扶持措施。《土地管理法》第四条规定："在保护和开发土地资源、合理利用土地以及进行有关的科学研究等方面成绩显著的单位和个人，由人民政府给予奖励"。又如《农业法》第八条规定："全社会应当高度重视农业，支持农业发展。国家对发展农业和农村经济有显著成绩的单位和个人，给予奖励。"

(4) 对土地利用状况和耕地质量实施动态监测

《土地管理法》第三十条规定："国家建立土地管理信息系统，对土地利用状况进行动态监测。"其中的"土地利用状况"包括耕地，当然也包括耕地地力的动态状况。对

---

① 国土资源部. 关于加大补充耕地工作力度确保实现耕地占一补一的通知. 2000年4月7日. 国土资发 [2000] 120号。

② 国土资源部. 关于进一步加强和改进耕地占一补一工作的通知. 2001年11月28日. 国土资发 [2001] 374号。

于耕地地力的保护，《基本农田保护条例》① 第二十二条规定："县级以上地方各级人民政府农业行政主管部门应当逐步建立基本农田地力与施肥效益长期定位监测网点，定期向本级人民政府提出基本农田地力变化状况报告以及相应的保护措施，并为农业生产者提供施肥指导服务。"这一规定表明，县级以上（包括县级）人民政府都应当建立监测网点，对耕地地力与施肥肥效进行监测，并根据监测结果采取措施，保护耕地质量。

三、耕地生态环境保护

（一）耕地生态环境保护的基本法律规定

如前所述，"占一补一"耕地保护政策不仅涉及耕地数量与质量，还涉及耕地生态环境保护。其中，要求土地整理复垦开发补充的耕地在数量和质量上于建设占用的耕地相当，其中的质量相当，也包括对生态环境的要求，要保证新补充耕地的生态环境达到一定的要求。

同时，对于现有耕地的生态环境，相关法律法规也专门规定了对其实施保护的政策。《土地管理法》第三十五条规定："各级人民政府应当采取措施，维护排灌工程设施，改良土壤，提高地力，防止土地荒漠化、盐渍化、水土流失和污染土地。"《环境保护法》第二十条规定："各级人民政府应当加强对农业环境的保护，防止土壤污染、土地沙化、盐渍化、贫瘠化、沼泽化、地面沉降和防止植被破坏、水土流失、水源枯竭、种源灭绝以及其他生态失调现象的发生和发展，推广植物病虫害的综合防治，合理使用化肥、农药及植物生长激素。"可见，耕地生态环境保护政策的内容也比较全面，其目标是要解决社会经济发展过程中出现的越来越严重的耕地生态环境问题，确保耕地的生态环境得以恢复乃至不断改善。

（二）耕地生态环境保护法律的运行方式

（1）采取鼓励、奖励和经济扶持的措施促进耕地生态环境保护

为了提高单位和个人对耕地生态环境保护的积极性和实际效果，政府制定了一系列促进耕地生态环境保护的鼓励、奖励和经济扶持措施。如《环境保护法》第八条规定："对保护和改善环境有显著成绩的单位和个人，由人民政府给予奖励。"

（2）对耕地生态环境实施动态监测

《基本农田保护条例》第二十三条规定："县级以上人民政府农业行政主管部门应当会同同级环境保护行政主管部门对基本农田环境污染进行监测和评价，并定期向本级人民政府提出环境质量与发展趋势的报告。"这一规定表明，县级以上（包括县级）人民政府都应当建立监测网点，对耕地生态环境进行监测，并根据监测结果采取措施，确保

---

① 《基本农田保护条例》. 1998 年 12 月 24 日国务院第 12 次常务会议通过，自 1999 年 1 月 1 日起施行。

耕地生态环境得当保护和改善。

四、耕地产权关系保护

（一）耕地产权关系保护的基本法律规定

对耕地产权关系实施有效的保护，有利于稳定耕地面积、提高单位面积耕地的产量水平和耕地生态环境的改善，具体表现在：①如果耕地的产权关系，特别是耕地的使用权或承包经营权关系稳定，就能激励生产者对耕地进行更有效的投入，培肥地力，提高单位面积耕地的生产力水平，同时，生产者为了使耕地生产的农产品免遭污染而具有较强的市场竞争力，就会主动采取措施，保护和改善耕地环境；②如果耕地的产权关系明晰，能够进行有效的流转，有利于提高耕地的配置效率和使用效益，这能够激励耕地的权益人保护耕地的积极性；③如果耕地的产权关系稳定且明晰，农民在耕地被征用过程中将处于有利地位，他们可以有效地保护自己的利益，这在一定程度上可以防止有关单位非法征用耕地。所以，耕地产权关系保护政策是耕地保护政策的重要组成部分。

对于耕地产权关系保护政策，《中华人民共和国民法通则》、《农业法》和《土地管理法》以及《中华人民共和国村民委员会组织法》先后都对现阶段农村土地产权关系进行了规定，耕地的所有权属于农民集体所有或国家所有，由单位或个人承包经营。《土地管理法》同时规定农民集体所有的土地可以由本集体经济组织的成员承包经营，也可以由本集体经济组织以外的单位或者个人承包经营，从事农业生产活动。发包方和承包方要订立承包合同，约定双方的权利和义务。农民的承包经营权受法律保护。土地所有权与使用权争议，由当事人协商解决；协商不成的，由人民政府处理。《基本农田保护条例》还规定承包经营基本农田的单位或者个人连续两年弃耕抛荒的，原发包单位应当终止承包合同，收回发包的基本农田。《农村土地承包法》不仅再一次肯定了《土地管理法》中规定的农村土地承包经营30年不变的规定，而且将土地承包经营权通过法律的形式明确地界定为物权。该法规定，承包方依法享有承包地使用、收益和土地承包经营权流转的权利，有权自主组织生产经营和处置产品；承包地被依法征用、占用的，有权依法获得相应的补偿；特别是该法第二十六条第一款规定"承包期内，发包方不得收回承包地"。这一改进，使农民的土地承包经营权成为一种有法律保障的物权，任何单位和个人再也不能随便侵犯农民的这一财产权。

对农民耕地承包经营权的保护，实际上是保护农民通过耕种土地获得收益的权利，如果农民获得长期而稳定的这种权利，无疑有利于提高农民生产积极性和保护耕地的积极性。保护了农民承包的耕地经营权，实际上就是限制了建设对耕地的占用，就是保护耕地。

（二）耕地产权保护法律的运行方式

（1）通过法律程序确认并保护耕地的所有权和使用权

《土地管理法》第九条规定："集体所有的土地，由县级人民政府登记造册，核发证书，确认所有权。全民所有制单位、集体所有制单位和个人依法使用的国有土地，由县级以上地方人民政府登记造册，核发证书，确认使用权。"第十一条还规定："土地的所有权和使用权受法律保护，任何单位和个人不得侵犯。"《农村土地承包法》第九条规定："国家保护集体土地所有者的合法权益，保护承包方的土地承包经营权，任何组织和个人不得侵犯。"第二十三条还规定："县级以上地方人民政府应当向承包方颁发土地承包经营权证或者林权证等证书，并登记造册，确认土地承包经营权。"通过这些法律规定，基本建立了我国耕地的财产权利制度，使财产权获得了法律保障。

（2）保护农地承包经营权的合法流转及承包方合法的流转收益

目前，农地承包经营权作为一种用益物权，其处置权和流转权的法律特征、实现方式都已经通过法律予以规范，同时，流转收益也获得了法律保障，如《农村土地承包法》第十条规定："国家保护承包方依法、自愿、有偿地进行土地承包经营权流转。"第三十六条还规定："土地承包经营权流转的转包费、租金、转让费等，应当由当事人双方协商确定。流转的收益归承包方所有，任何组织和个人不得擅自截留、扣缴。"这不仅能够提高耕地资源的配置效率和利用效率，还能提高农民保护耕地的积极性。

（3）法律明确了土地权属纠纷的解决途径

《农村土地承包法》第五十一条规定："因土地承包经营发生纠纷的，双方当事人可以通过协商解决，也可以请求村民委员会、乡（镇）人民政府等调解解决。当事人不愿协商、调解或者协商、调解不成的，可以向农村土地承包仲裁机构申请仲裁，也可以直接向人民法院起诉。"这一规定明确了土地权属纠纷可以有4种法律解决途径，特别是强调了人民法院的义务。实际上，这也是对耕地的产权认识的进一步深化。这样就克服了过去有些人民法院认为土地权属纠纷处理是行政部门的责任，由行政部门管理，所以不愿受理此类案件，造成了此类案件得不到处理的现象。实际上土地权属纠纷实质上是财产权利纠纷，主要是民事法律问题，通过法律手段解决纠纷可以使公民的财产权利获得更好的保障。

第三节　土地生态保护法律

一、草地和草地生态保护的法律规定

草原的数量和质量制约着畜牧业发展的规模和速度，影响着整个自然生态环境。为了加强草原的保护、管理、建设和合理利用，保护和改善生态环境，发展现代化畜牧业，适应社会主义建设和人民生活的需要，必须保护草原和合理利用草原。目前，我国草原立法主要是《中华人民共和国草原法》（2002年12月28日第九届全国人民代表大会常务委员会第三十一次会议修订），对保护和合理利用草原的规定主要有以下几个方面：

1）国家实行基本草原保护制度。下列草原应当划为基本草原，实施严格管理：重要放牧场；割草地；用于畜牧业生产和生态建设的人工草地、退耕还草地以及改良草地、草种基地；对调节气候、涵养水源、保持水土、防风固沙具有特殊作用的草原；作为国家重点保护野生动植物生存环境的草原；草原科研、教学试验基地；国务院规定应当划为基本草原的其他草原。同时，为了维护草原生物多样性，保护植物种质资源，确定了草原自然保护区制度。

2）县级以上人民政府应当依法加强对草原珍稀濒危野生植物和种质资源的保护、管理。国家对草原实行以草定畜、草畜平衡制度，防止超载过牧。

3）禁止开垦草原。对水土流失严重、有沙化趋势、需要改善生态环境的已垦草原，应当有计划、有步骤地退耕还草；已造成沙化、盐碱化、石漠化的，应当限期治理。

4）对严重退化、沙化、盐碱化、石漠化的草原和生态脆弱区的草原，实行禁牧、休牧制度。国家支持依法实行退耕还草和禁牧、休牧。

5）禁止在荒漠、半荒漠和严重退化、沙化、盐碱化、石漠化、水土流失的草原以及生态脆弱区的草原上采挖植物和从事破坏草原植被的其他活动。

6）在草原上从事采土、采砂、采石等作业活动，应当报县级人民政府草原行政主管部门批准；开采矿产资源的，并应当依法办理有关手续。在草原上种植牧草或者饲料作物，应当符合草原保护、建设、利用规划；县级以上地方人民政府草原行政主管部门应当加强监督管理，防止草原沙化和水土流失。

7）县级以上地方人民政府应当做好草原鼠害、病虫害和毒害草防治的组织管理工作。县级以上地方人民政府草原行政主管部门应当采取措施，加强草原鼠害、病虫害和毒害草监测预警、调查以及防治工作，组织研究和推广综合防治的办法。禁止在草原上使用剧毒、高残留以及可能导致二次中毒的农药。

二、林地和林地生态保护的法律规定

林地和林地生态保护的法规主要有《中华人民共和国森林法》（1998 年 4 月 21 日修正）、《中华人民共和国森林法实施条例》（2000 年 1 月 21 日国务院发布）和《退耕还林条例》（2002 年 12 月 6 日国务院第 66 次常务会议通过，自 2003 年 1 月 20 日起施行）。林地和林地生态的保护主要体现在对森林的保护，主要有以下几个方面的内容：

1）鼓励植树造林。植树造林、保护森林，是公民应尽的义务。各级人民政府应当组织全民义务植树，开展植树造林活动。25°以上的坡地应当用于植树、种草。25°以上的坡耕地应当按照当地人民政府制定的规划，逐步退耕，植树和种草。下列耕地应当纳入退耕还林规划，并根据生态建设需要和国家财力有计划地实施退耕还林：水土流失严重的；沙化、盐碱化、石漠化严重的；生态地位重要、粮食产量低而不稳的。江河源头及其两侧、湖库周围的陡坡耕地以及水土流失和风沙危害严重等生态地位重要区域的耕地，应当在退耕还林规划中优先安排。

2）防治病虫害。县级以上人民政府林业主管部门应当根据森林病虫害测报中心和测报点对测报对象的调查和监测情况，定期发布长期、中期、短期森林病虫害预报，并及时提出防治方案。森林经营者应当选用良种，营造混交林，实行科学育林，提高防御森林病虫害的能力。发生森林病虫害时，有关部门、森林经营者应当采取综合防治措施，及时进行除治。发生严重森林病虫害时，当地人民政府应当采取紧急除治措施，防止蔓延，消除隐患。

3) 禁止滥垦滥伐。禁止毁林采种和违反操作技术规程采脂、挖笋、掘根、剥树皮及过度修枝的毁林行为。禁止毁林开垦和毁林采石、采砂、采土以及其他毁林行为。禁止在幼林地和特种用途林内砍柴、放牧。

三、防止水土流失的法律规定

我国十分重视水土流失的防治工作，曾颁布一系列的法律和法规，其中最重要的有1991年制订的《中华人民共和国水土保持法》（1991年6月29日第七届全国人民代表大会常务委员会第二十次会议通过）和1993年颁布的《中华人民共和国水土保持法实施条例》（1993年8月1日国务院令第120号发布施行）。

1) 国家对水土保持工作实行预防为主，全面规划，综合防治，因地制宜，加强管理，注重效益的方针。

2) 各级地方人民政府应当根据当地情况，组织农业集体经济组织和国营农、林、牧场，种植薪炭林和饲草、绿肥植物，有计划地进行封山育林育草、轮封轮牧，防风固沙，保护植被。禁止毁林开荒、烧山开荒和在陡坡地、干旱地区铲草皮、挖树兜。

3) 禁止在25°以上陡坡地开垦种植农作物。本法施行前已在禁止开垦的陡坡地上开垦种植农作物的，应当在建设基本农田的基础上，根据实际情况，逐步退耕，植树种草，恢复植被，或者修建梯田。在5°以上坡地上整地造林，抚育幼林，垦复油茶、油桐等经济林木，必须采取水土保持措施，防止水土流失。

4) 修建铁路、公路和水工程，应当尽量减少破坏植被；废弃的砂、石、土必须运至规定的专门存放地堆放，不得向江河、湖泊、水库和专门存放地以外的沟渠倾倒；在铁路、公路两侧地界以内的山坡地，必须修建护坡或者采取其他土地整治措施；工程竣工后，取土场、开挖面和废弃的砂、石、土存放地的裸露土地，必须植树种草，防止水土流失。开办矿山企业、电力企业和其他大中型工业企业，排弃的剥离表土、矸石、尾矿、废渣等必须堆放在规定的专门存放地，不得向江河、湖泊、水库和专门存放地以外的沟渠倾倒；因采矿和建设使植被受到破坏的，必须采取措施恢复表土层和植被，防止水土流失。各级地方人民政府应当采取措施，加强对采矿、取土、挖砂、采石等生产活动的管理，防止水土流失。

5) 在水力侵蚀地区，应当以天然沟壑及其两侧山坡地形成的小流域为单元，实行全面规划，综合治理，建立水土流失综合防治体系。在风力侵蚀地区，应当采取开发水源、引水拉沙、植树种草、设置人工沙障和网格林带等措施，建立防风固沙防护体系，控制风沙危害。

6) 各级地方人民政府应当组织农业集体经济组织和农民，有计划地对禁止开垦坡度以下、5°以上的耕地进行治理，根据不同情况，采取整治排水系统、修建梯田、蓄水保土耕作等水土保持措施。

四、土地沙化防治的法律规定

严峻的沙化发展现状，促使国家把"防沙治沙"纳入法制化管理的轨道，用法律这一强有力的武器推动防沙治沙工作。2001 年 8 月 31 日第九届全国人大常委会第 23 次会议通过了《中华人民共和国防沙治沙法》，并于 2002 年 1 月 1 日起施行。这是全世界第一部关于防沙治沙的专门法律，可以为预防土地沙化，治理沙化土地，进行沙区国土整治，维护沙区生态安全，促进我国，特别是华北、西北广大地区的经济和社会可持续发展提供有力的保障。

（一）土地沙化预防

（1）对于沙化土地进行监测

国务院林业行政主管部门组织其他有关行政主管部门对全国沙化情况进行监测、统计和分析，并定期公布监测结果；由县级以上人民政府林业或其他有关行政主管部门监测；监测结果向本级人民政府和上一级林业或其他有关行政主管部门报告；监测过程中发现土地发生沙化或沙化程度加重的应及时报告本级人民政府，政府收到报告后责成有关行政主管部门制止导致土地沙化的行为，并采取有效措施进行治理。

（2）对气象进行监测

各级气象部门应当组织对两类气象进行监测、预报，一类是气象干旱，另一类是沙尘暴天气。发现这两类气象征兆时，应当及时报告当地人民政府，人民政府应当采取预防措施，必要时公布灾情预报，并组织有关部门采取应急措施，避免或减轻风沙危害。

（3）营造防风固沙林

沙化土地所在地区县级以上人民政府划出一定比例土地，营造防风固沙林网、林带，由林业行政主管部门负责确保完成。对防风固沙林带、林网严格保护，除了抚育更新性质的采伐外，不得批准采伐，进行抚育更新性质采伐前，必须预先在附近形成接替林网、林带，避免留下"真空地带"。更新困难地区不得砍伐林带、林网。

（4）保护植被

植被对防治土壤风蚀沙化具有举足轻重的作用。我国沙漠学专家通过风洞模拟实验表明，当植被覆盖度达到 60％以上时，土壤风蚀基本消失。法律规定：禁止在沙化土地砍挖固沙植物（包括灌木、药材等）；实行以产草量规定载畜量的制度，保护草原植被，防止草原退化和沙化；不得批准在沙漠边缘地带和林地、草原开垦耕地；已经开垦并对生态产生不良影响的，有计划地组织退耕还林还草；切实保护封禁区植被，禁止在沙化土地封禁保护区范围内一切破坏植被的活动。

（5）管好水资源

沙化土地所在地区都是极其干旱缺水地区，对于非常稀缺的水资源，尤其要倍加珍惜。《防沙治沙法》特别强调，在编制水资源开发利用规划和供水计划时，必须考虑植被用水的需求，要防止因水资源过度开发利用而导致植被破坏和土地沙化。这个规定遵循了生态规律，考虑了生态需求，做到了把合理利用水资源与保护植被很好地结合起来。

（6）在沙化土地范围内开发建设活动的环境影响评价要求

要就可能对当地及相关地区生态产生的影响进行评价；报告应当包括有关防沙治沙的内容。

（二）土地沙化治理

1）沙化土地所在地区的各级政府应当做好治理组织工作治理已经沙化的土地，主要采用人工或飞机播种造林种草、封沙育林育草、合理调配生态用水等措施。治理工作要注意两点，一是要按照防沙治沙规划，二是要因地制宜，不要一刀切。

2）国家鼓励开展公益性治沙活动，这种活动的前提是"自愿"，可采取捐资或其他形式。林业和其他有关行政主管部门对这类活动要提供治理地点和技术指导。这类指导应是"无偿"的。公益性治沙活动要讲实效保质量，要按照林业等有关行政主管部门的技术要求治理，所种植的林、草可以委托他人或交当地政府有关行政主管部门管护。

3）沙化土地使用权人和承包经营权人的治沙义务。必须采取治理措施，改善土地质量。地方各级政府及有关行政主管部门、技术推广部门应当提供技术指导。采取退耕还林还草、植树种草或封育措施治沙，按照国家规定，享受政府提供的政策优惠。确实无能力完成治理任务的，可以通过签订协议，委托他人或与他人合作治理。

4）营利性治沙活动。应依事先法取得该土地使用权。事先应当向县级以上林业或县级以上地方人民政府指定的行政主管部门提出治理申请，申请时要附具土地权属证明、治理协议、治理方案、治理所需资金证明等文件。国家保护治理者合法权益。治理必须按照治理方案进行。治理任务完成后，要通过原来受理治理申请的单位验收。

五、关于自然保护区的法律规定

我国有关自然保护区的专门立法主要有国务院发布的《自然保护区条例》（1994 年 10 月 9 日中华人民共和国国务院令第 167 号发布）、林业部发布的《森林和野生动物类型自然保护区管理办法》（1985 年 6 月 21 日国务院批准，1985 年 7 月 6 日林业部门发布施行）、地质矿产部颁布的《地质遗迹保护管理规定》（1995 年 5 月 4 日地质矿产部令第 21 号发布施行）和国家环境保护局、国家土地管理局联合发布的《自然保护区土地管理办法》（1995 年 7 月 24 日国家土地管理局国家环境保护局以〔1995〕国土〔法〕字第 117 号发布施行）。在《中华人民共和国环境保护法》、《中华人民共和国森林法》、《中华人民共和国海洋环境保护法》、《中华人民共和国草原法》、《中华人民共和国野生动物保护法》等法律中也都包含了关于自然保护区的规定。

（一）关于自然保护区管理体制的规定

国家对自然保护区实行综合管理与分部门管理相结合的管理体制：

综合管理 由于保护区类型众多，保护对象复杂，需要有综合管理部门实施协调和综合管理。环境保护行政主管部门负责自然保护区综合管理。国务院环境保护行政主管部门，会同有关自然保护区行政主管部门拟定国家自然保护区发展规划，组织拟定全国自然保护区管理技术规范、标准，提出新建国家级自然保护区审批建议，对全国自然保护区管理进行监督检查。

分部门管理 国务院林业、农业、地质矿产、水利、海洋等有关行政主管部门，在各自的职责范围内，主管有关自然保护区，如林业部门主管森林和野生动物类型的自然保护区。县级以上自然保护区管理机构设置，由省级人民政府根据当地具体情况确定，不强调"上下对口"。

（二）关于建立自然保护区条件的规定

凡具有下列条件之一的，应建立自然保护区：①典型的自然地理区域，有代表性的自然生态系统区域以及已经遭受破坏但经保护能够恢复的同类自然生态系统区域；②珍稀、濒危野生动植物的天然集中分布区域；③具特殊保护价值的海域、海岸、岛屿、湿地、内陆水域、森林、草原和荒漠；④具有重大科学文化价值的地质构造、著名溶洞、化石分布区、冰川、火山、温泉等自然遗迹；⑤经国务院或省级人民政府批准，需要予以特殊保护的其他区域。

（三）关于自然保护区分级的规定

自然保护区分为两级：

国家级 是在国内外有典型意义，在科学上有重大国际影响或有特殊科学研究价值的自然保护区。其建立由所在地省级人民政府或国务院有关自然保护区行政主管部门提出申请，经国家级自然保护区评审委员会评审后，由国务院环境保护行政主管部门协调并提出审批建议，由国务院批准。命名时在地名之后加上"国家级自然保护区"。国家级自然保护区由国务院的或所在地省级人民政府的有关自然保护区行政主管部门管理。

地方级 除列为国家级自然保护区以外的，其他具有典型意义或重要科学研究价值的自然保护区，由省（自治区、直辖市）人民政府批准建立为地方级自然保护区。命名在地名后加"地方级自然保护区"。地方级又可分为省级、市级、县级。由县级以上人民政府有关自然保护区行政主管部门管理。

（四）关于自然保护区功能分区的规定

为了既能切实保护好自然保护区的自然环境和自然资源，又能发挥其资源优势，兼顾科学研究、参观旅游等活动，《自然保护区条例》根据保护区内结构、功能和自然资源丰富程度，把自然保护区划分成三个各自具有独特任务又彼此联系的功能区：

（1）核心区

自然保护区内保存完好的天然状态的生态系统以及珍稀、濒危动植物的集中分布地划定为核心区，对该功能区采取最严格的保护措施，禁止任何单位和个人进入，也不允许进入从事科学研究的活动。因科学研究的需要，必须进入核心区从事观测、调查的，应事先向保护区管理机构申请，由省级以上人民政府有关自然保护区行政主管部门批准。其中，进入国家级自然保护区核心区的，要经国务院有关自然保护行政主管部门批准。

（2）缓冲区

在核心区外围划定一定面积作为缓冲区。该区只准进入从事科学研究观测活动。需要进入该区从事非破坏性科学研究，教学实习和标本采集活动的，应事先得到自然保护区管理机构批准，并要向管理机构提交活动成果的副本。

（3）实验区

在缓冲区外围。可以进入该区从事科学实验、教学实习、参观考察、旅游以及驯化、繁殖珍稀、濒危野生动植物等活动。在实验区开展参观、旅游活动，须经过省级以上有关自然保护行政主管部门批准，按批准的方案进行，并加强管理，服从自然保护区管理机构管理。严禁开设与自然保护区保护方向不一致的参观旅游项目。

（五）关于处理好与当地居民关系的规定

建设和管理自然保护区，应当妥善处理与当地居民生产生活的关系，使广大群众真正自觉自愿地支持保护区工作。

1）自然保护区范围和界线由批准建立的人民政府确定，并标明区界，予以公告。确定范围和界线，应当贯彻"兼顾原则"。即兼顾保护对象的完整性、适度性与当地经济建设和居民生产、生活的需要。要尽可能避开群众的土地、山林，确实不能避开的，应当严格控制范围，并根据国家有关规定，合理解决群众生产生活问题。

2）自然保护区核心区原有居民确有必要迁出的，由所在地政府予以妥善安置。

3）自然保护区内居民，应当遵守自然保护区有关规定，固定生产生活活动范围，在不破坏自然资源前提下，从事种植、养殖业。也可以承包保护区组织的劳务和保护管理任务，以增加收入。

4）在外围保护地带，当地群众可以照常生产、生活，但不得进行危害自然保护区功能的活动。

（六）关于限制影响自然保护区环境的生产活动的规定

建立自然保护区的目的就在于保护该区域的自然环境和资源。这必然要求严格限制一切对其有不良影响的生产经营活动。

1）禁止在自然保护区内进行砍伐、放牧、狩猎、捕捞、采药、开垦、烧荒、开矿、采石、挖河等破坏生态环境的活动（法律、行政法规另有规定的除外）。

2）不得在核心区和缓冲区建设任何生产设施。

3）禁止在实验区及其外围保护地带建立污染、破坏或危害自然保护区自然环境、自然资源和景观的生产设施；建设其他项目，其污染物排放不得超过规定的排放标准。已经建立的设施其污染物超过规定排放标准的，应依法限期治理和搬迁。造成损害的必须采取补救措施。

六、土地环境保护的法律规定

1989 年颁布的《中华人民共和国环境保护法》和 2003 年 9 月 1 日起施行的《中华人民共和国环境影响评价法》（2002 年 10 月 28 日第九届全国人民代表大会常务委员会第三十次会议通过）中，关于土地环境保护的法律规定有以下主要内容：

1）各级人民政府对具有代表性的各种类型的自然生态系统区域，珍稀、濒危的野生动植物自然分布区域，重要的水源涵养区域，具有重大科学文化价值的地质构造、著名溶洞和化石分布区、冰川、火山、温泉等自然遗迹，以及人文遗迹、古树名木，应当采取措施加以保护，严禁破坏。

2）在国务院、国务院有关主管部门和省（自治区、直辖市）人民政府划定的风景名胜区、自然保护区和其他需要特别保护的区域内，不得建设污染环境的工业生产设施；建设其他设施，其污染物排放不得超过规定的排放标准。已经建成的设施，其污染物排放超过规定的排放标准的，限期治理。

3）开发利用自然资源，必须采取措施保护生态环境。

4）各级人民政府应当加强对农业环境的保护，防治土壤污染、土地沙化、盐渍化、贫瘠化、沼泽化、地面沉降和防治植被破坏、水土流失、水源枯竭、种源灭绝以及其他生态失调现象的发生和发展，推广植物病虫害的综合防治，合理使用化肥、农药及植物生长激素。

5）加强城市及工业对环境的保护，城市人口密集，在土地使用中必须全面规划，合理布局，制定城市规划，应当确定保护和改善环境的目标和任务。对排放废气、废渣、废水不合格的工矿企业坚决予以关、停、转、迁。新建工业企业和现有工业企业的技术改造，应当采用资源利用率高，污染物排放量少的设备和工艺，采用经济合理的废弃物综合利用技术和污染物处理技术。建设项目中防治污染的设施，必须与主体工程同时设计，同时施工，同时投产使用。

6）环境影响评价，是指对规划和建设项目实施后可能造成的环境影响进行分析、预测和评估，提出预防或者减轻不良环境影响的对策和措施，进行跟踪监测的方法与制度。国务院有关部门、设区的市级以上地方人民政府及其有关部门，对其组织编制的土地利用的有关规划，区域、流域、海域的建设、开发利用规划，应当在规划编制过程中组织进行环境影响评价，编写该规划有关环境影响的篇章或者说明。规划有关环境影响的篇章或者说明，应当对规划实施后可能造成的环境影响做出分析、预测和评估，提出预防或者减轻不良环境影响的对策和措施，作为规划草案的组成部分一并报送规划审批机关。未编写有关环境影响的篇章或者说明的规划草案，审批机关不予审批。国家根据建设项目对环境的影响程度，对建设项目的环境影响评价实行分类管理。建设单位应当按照下列规定组织编制环境影响报告书、环境影响报告表或者填报环境影响登记表，建设项目的环境影响评价文件未经法律规定的审批部门审查或者审查后未予批准的，该项目审批部门不得批准其建设，建设单位不得开工建设。